복음통일과 한국교회 역할

한안석 지음

도서출판영성네트워크

복음통일과 한국교회 역할

2020년 11월 27일 1판 1쇄 발행

저 자 | 한안석
펴낸곳 | 도서출판 영성네트워크
펴낸이 | 서예석
기 획 | 유정숙
관 리 | 류권호
편 집 | 김은미, 오은경, 이성덕

주소 | 139-204 서울시 노원구 덕릉로 129길
http://www.csn21.co.kr
e-mail | socs25@hanmail.net
전화 | (02)3391-7733 팩스 | (02)930-4907

＊잘못된 책은 바꾸어 드립니다.

복음통일과 한국교회 역할

한안석 지음

| 추천의 글 |

비상하는 한민족의 남은 과제는 복음적 평화통일이다. 평화통일은 쉽게 포기해서도 안 되고 급히 서둘러서도 안 되는 민족의 남은 과제이다. 평화로운 복음통일이 된다면 세계 민족위에 뛰어난 민족이 될 것이다.

우리 한민족 앞에 놓여 있는 현실적 고통을 극복하기 위해 남북관계를 안정적으로 발전시키고 평화와 복음통일의 길을 주도적으로 열어가는 것은 우리 한국교회의 시대적 사명이다.

지금 현재의 통일문제는 거친 이념 논쟁의 대상으로 머물러 있는 상황이다. 남북관계의 발전은 북한의 완전한 비핵화를 선결하지 못한 상황에서 통일담론은 실질적인 해결방안을 제시할 수 없다. 그 동안 한국교회는 보수와 진보를 넘어 끊임없는 남북화해와 평화로운 복음 통일의 시대를 적극적으로 준비하지 못했다.

남북화해를 위한 교류와 협력은 참으로 중요한 과제이다. 그러나 문제는 여기에 있는 것이다. 북한이 핵무장을 하고 있고 북한의 인권과 자유가 보장되지 않았는데 한국교회가 어떻게 대응해야 할 것인가? 북한 동포의 고통을 해결하는데 한국교회는 적절한 과제를 수행해야 하는 것이 필요하다.

남북한은 분단 된지 75년의 세월을 흘러 보냈다. 한국교회는 복음평화와 통일을 위해 기도를 많이 해 왔다. 이제 한국교회는 남북한의 이질감이 매우 심각하지만 민족의 동질성을 회복하도록 노력을 집중해야 한다. 대북 인도적 지원부터 점진적인 교류를 확대해 상호간에 공감하는 환경을 조성하는 것이 매우 필요하다.

복음 통일의 시대가 반드시 도래 하리라 확신한다. 한안석 박사는 30여년 통일부에서 실무를 경험했고, 고려대학교 대학원에서 정치학을 전공하면서 통일전략에 대한 이론을 정립하시고, 백석대학교 기독교 전문대학원에서 "한민족 평화통일을 위한 한국교회 역할 연구"로 신학박사 학위를 받으시고 이론과 실무를 경험하신 분이다. 따라서 독자 여러분의 복음 통일에 대한 이해를 고취시키는데 이 책이 많은 도움이 되길 기대한다. 복음통일을 준비하는 한국교회 목회자들과 성도들에게 본서를 일독하기 권한다.

동북아한민족협의회 대표회장, 영안장로교회 담임목사 양병희 박사

| 추천의 글 |

'복음 통일과 한국교회 역할' 이 책은 제목 그대로 한민족평화통일을 위해 한국교회가 어떻게 역할을 해야 할 것인가를 중심으로 기술하였다.

본 추천인은 '원칙을 지키는 것을 가장 중요하게 생각해' 온 정치인이요 경영학자로서 남북한의 복음평화 통일을 위해서도 반드시 원칙이 있어야 함을 강조하고 싶다.

남북한의 통일문제는 여야와 진보와 보수, 지역과 세대를 초월하여 거족적(擧族的)으로 평화통일을 준비해야 할 것이다. 평화통일문제는 특정계층에게만이 해당되는 것이 아니기 때문이다. 따라서 한민족의 복음 평화통일은 많은 준비가 필요하다.

독일 통일의 성공은 공짜로 쉽게 이루진 것이 아니라는 것을 분명히 인식하고 독일통일을 모델로 삼되 서두르지 말고 바른 통일을 위해 국민 모두가 함께 적극 참여하는 평화통일 준비와 노력이 선행되어야 한다.

평화통일을 위해서는 가장 먼저 해결되어야 할 문제는 저자가 지적했듯이 북한의 완전한 비핵화이다. 이 문제가 선행되지 않고 평화통일은 어불성설이다. 따라서 평화통일은 한민족의 행복을 추구하는 최선의 복지국가를 지향해야 한다. 북한이 진정으로 평화통일을 원한다면 한국뿐만 아니라 동북아와 세계평화를 위협하는 핵무기 등 인간의 행복을 위협하는 요소를 사전에 모두 제거해야 국제협력을 이끌어 낼 수 있을 것이다.

한반도에서 전쟁의 위협요소를 완전히 제거하는 것은 당연한 것이다. 남북관계에서는 어떠한 코스트를 치르더라도 전쟁은 꼭 막아야 한다. 남북한 민족 공동체의 생존이 무엇보다도 중요하기 때문이다.

전쟁을 통해서 통일은 가능하지도 않고 다 죽고 망하는 것이다. 한민족의 평화통일문제는 남북한의 문제만이 아니다. 미국을 비롯하여 러시아와 중국 및 일본, EU를 포함한 전 세계가 이해하고 협력해야 하는 한민족의 복음 평화통일문제는 한국교회가 평화통일운동의 모범을 보여야 할 것이다.

복음통일의 실현을 위하여 한국교회 성도들과 남북한 평화통일 문제에 관심있는 분들에게 일독하기를 권하면서 이 책을 기쁘게 추천한다.

20대 국회의원, 전 서강대 부총장 **최운열** 박사

| 추천의 글 |

　한민족의 평화통일문제는 이론상으로는 모든 사람들이 해결방안을 예상하고 있다고 해도 과언이 아니다. 하지만 그 해법을 실현하기 위한 현실은 그리 녹녹하지 않다. 그럼에도 저자는 통일부 소속 공무원의 오랜 실무경험과 함께 목회자로서 복음통일을 위한 한국교회 역할을 제시하고 있다.

　제1부에서는 복음 평화통일의 이해를 위하여 복음통일의 필요성, 한민족복음 평화통일의 당위성, 통합이론, 통일비용 이해를 서술하고 있다. 제2부에서는 복음평화 통일과 패러다임 전환을 위해 복음평화 통일과 정책전환 및 평화통일의 경제적 논리성을 강조한다. 제3부에서는 한국교회 복음평화 통일운동의 이해를 위해 복음평화 통일운동과 성경적 이해, 복음통일신학의 중요성 및 한국교회 복음평화 통일운동에 대한 문제점을 제시한다. 제4부에서는 한국교회 복음평화 통일운동의 접근을 통하여 한국교회 복음평화통일운동의 모색과 한국교회 복음의 평화통일 운동의 방향을 제시한다. 제5부에서는 독일교회의 평화통일 운동의 시금석과 그 사례를 한국 교회에 적용하는데 타당성을 제시한다. 제6부에서는 복음평화 통일운동과 탈북자 선교를 위하여 탈북성도의 역할을 강조하면서 한국 교회의 탈북자 지원방안을 강구하고 있다. 제7부에서는 한국 교회의 복음평화 통일전략으로써 한국 교회 연합운동과 한국형 '디아코니아 재단' 운영의 필요성과 복음평화 통일문화의 기반조성을 강조한 이후에 본서를 마무리하고 있다.

저자는 한반도 복음평화 통일을 위해 자유민주주의와 시장경제원칙, 복지와 평화 및 인권이 보장된 행복한 미래의 건설이 보장되어야 함을 강조하였다. 북한의 완전한 비핵화가 실현되는 것을 전제하면서 남북정상회담과 북미정상회담 등의 남북회담이 정례화 된다면 복음평화 통일 문제는 서서히 해결될 것이다. 그러나 북한의 완전한 비핵화 없이 한반도의 평화를 보장할 수는 없다. 왜냐하면 북한의 대남적화 통일전략 전술에 동의할 수 없기 때문이다. 이에 따라 저자는 북한의 완전한 비핵화와 굳건한 한미동맹의 필요성을 강조하고 있다. 그것은 국가안보와 평화보장 없이는 복음통일과 경제발전과 복지는 상상할 수 없기 때문이다.

이 책이 한민족의 복음 통일을 위해 한국 교회의 역할이 무엇인가에 대한 고민과 그 해법을 찾을 수 있기를 바라면서, 한국 교회 목회자 및 신학생 그리고 성도들에게 일독을 추천한다.

백석대학교 신학대학원 및 기독교전문대학원 실천신학 교수 김상구 박사

| 들어가면서 |

인간관계에 있어서 갈등의 골이 깊을 때 해결해 나아가기는 결코 쉬운 일이 아닌 것이다. 하물며 민족의 남북문제와 국제관계 문제로 얽혀있는 한민족복음 평화의 통일문제를 풀어간다는 것은 인간의 노력만으로는 해결할 수 없는 난제인 것은 틀림없다. 그럼에도 불구하고 한민족의 복음 평화 통일문제 해결을 위하여 한국교회는 최선을 다해야 한다.

한민족의 통일문제는 반만년 역사 가운데 1300여 년 동안 하나의 나라였으니 남북한이 복음평화통일로써 복원되어야 한다는 것은 당연한 일이다. 한반도 평화 통일문제는 남북관계문제와 국제관계문제가 중첩되어 있기 때문에 매우 복잡한 정치외교군사관계에 있는 것이다.

대한민국은 남북분단 이후 75년 동안 자유민주주의와 시장경제체제 하에서 정치의 민주화와 경제의 근대화를 이루었고, GDP는 1조 6,932달러로 세계경제 순위가 2017년에는 11위, 2018년에는 12위였다. 우리나라 국민소득도 3만 달러가 넘어서는 등 경제성장을 계속하고 있다. 북한은 그동안 강성대국을 지향하며 경제성장을 이루지 못하고 핵무기 개발에 집중하고 있다.

한국교회는 한반도에 전쟁의 소문이 파다할 때 2017년 11월 12일 오후, 잠실종합운동장 올림픽주경기장에서 '국가와 민족, 평화를 위한 연합기도회'를 개최하여 7만 여명의 성도가 모여 평화를 위해 하나님께 간절히 기도하였다. 그 후 한반도에 평화무드가 조성되어 2018년 2월 9일부터 2월 25일까지 강원도 평창에서 동계 올림픽 대회에 북한선수단이 참가하였다. 그 이후 2018년에 남북정상회담 3차례, 싱가포르에서 북·미정상회담을 통하여 북한 비핵화를 위한 합의문을 발표하였다. 2019년 2월 27일~28일 베트남 하노이에서 제2차 북·미정상회담이 결렬된 이후 북·미관계는 좀처럼 신뢰 회복을 기대하기 어려운 상황에 있다.

한민족의 복음평화통일은 갈 길이 멀고 힘든 것이 사실이다. 그럴지라도 한민족의 복음평화통일 문제는 포기하지 말고 계속 추진해야 한다. 한민족의 남은 지상과제는 복음평화통일문제이기 때문이다. 이 과제를 해결해 가는데 있어서 북한이 완전한 비핵화에 대한 진정성을 갖고 함께 고민하며, 민족의 남은 과제를 지속적으로 풀어 가야 한다.

따라서 한민족 복음의 평화 통일을 위하여 한국교회가 무엇을 해야 할 것인가를 접근하려고 한다. 복음 평화 통일문제는 한국교회가 독자적으로 풀어갈 수 없는 남북한의 정치외교군사적인 문제인 것이다. 그러나 한반도 복음 평화통일문제는 하나님의 직접적인 주권 하에 풀어 가야하는 것이다. 민족의 복음평화통일을 이루기까지는 많은 고난이 예상되지만 우리 민족의 남은 과제인 복음 평화통일문제를 너무 조급하게 서둘러서도 안 되고 그렇다고 포기해서도 안 되며 바른 복음 평화통일을 이루기 위하여 노력을 집중해야 한다.

우리는 정의로운 평화통일과 복음통일로 통일한국을 이루어 자유민주주의와 시장경제에 의한 복지국가를 지향함으로써 선교 대국이 되어야 한다. 복음평화통일의 목적을 달성하기 위해서는 우리 한국교회가 그 역할을 반드시 감당해야 한다.

일제 강점기의 한민족해방도, 이스라엘의 독립도, 독일의 평화통일도, 천지 창조주 여호와 하나님의 손길이 분명히 배후에 있었던 것이다.

한국교회는 남북한 동포를 성실하게 섬기는 피와 땀과 눈물과 수고가 진정성이 있을 때 하나님께서는 한민족에게 복음평화통일의 선물을 주실 것이다.

한민족의 평화통일문제는 한국도 북한도 원하기는 마찬가지이다. "조국의 평화적 통일을 하루 빨리 가져와야 한다는 공통된 염원을 안고 있습니다(7.4남북공동선언)." 그러나 문제는 여기에 있다. 북한은 통일을 염원한다고 하면서 핵무기를 개발하고 강성대국을 지향하여 대남적화 무력통일을 포기하지 않고 계속 추구하고 있지만 한국은 민주화와 산업화를 이룩하고 복지국가를 지향하여 복음 평화통일한국을 지향하고 있다.

이렇게 현격한 통일 개념의 차원 앞에서 우리는 평화통일을 어떻게 복음 평화통일은 과거로의 회기가 아닌 미래를 향한 새로운 역사의 재창조 작업으로써 하나님의 주권이 개입해야만 된다고 믿는다. 그러기 위해서는 한국교회가 한민족 복음 평화통일을 위하여 다음 사항을 이해하고 실천해야 한다.

한민족 복음 평화통일의 이해, 복음 평화통일과 패러다임 전환, 한국교회 복음 평화통일운동의 이해, 한국교회 복음 평화통일의 접근, 독일교회의 평화통일운동의 시금석, 복음 평화통일운동과 탈북자 선교, 한국교회의 복음 평화통일전략 등을 모색함으로써 구체적인 복음 평화 통일 문제를 접근해 가야 할 것이다.

본서를 출판하게 된 동기는 저의 학위 논문심사 위원님께서 논문을 출판해도 좋겠다는 격려가 계기가 되었다. 그럼에도 이 책의 출판 작업에는 많은 주저가 있었다. 한편으로는 논문심사 위원님들의 말씀을 듣고 제 논문을 정리하여 한민족의 복음 평화통일을 준비하는데 조금이나마

보탬이 되는 자료를 생산하여 한국교회에 알려 주고 싶었다.

이 책이 출판되기까지 혈육처럼 늘 기도해 주시고 격려해 주신 영안교회 당회장 양병희 목사님께 깊은 감사를 드린다. 그리고 신학대학원 시절부터 기독교전문대학원 시절까지 저를 각별히 지도해 주시고 저의 논문을 책으로 출판할 수 있도록 기도하여 주신 김상구 지도교수님과 김영태 교수님께 깊은 감사를 드린다.

논문 완성을 통해 출판의 동기를 부여하시고 격려 해 주신 논문심사위원회 성종현 위원장님, 이우제, 최창국, 황종석 심사위원 교수님께 이 지면을 통하여 거듭 감사의 말씀을 드린다.

박덕기 교수님과 송영호 교수님 두 분도 평생 잊을 수 없는 스승님이시다. 이외에도 오늘의 내 삶이 있기까지 수많은 분들의 후원이 있었다. 그 중에서도 최운열 전 국회의원님을 잊을 수 없다. 지금까지 기도해 준 아내와 버팀목이 되어준 아들들과 자부들(손녀·손자들)에게 고마움을 전한다. 마지막으로 하늘나라에 계신 아버님 故 한선옥 장로님, 어머님 故 최단임 권사님, 형님 故 한시석 목사님, 장인님 故 송기성 집사님, 장모님 故 권갑례 권사님께 이 책을 바칩니다.

여호와 하나님 아버지! 우리 민족과 한국교회를 보호하여 주시고 어서 복음 통일을 허락하소서!

2020년 11월
복음통일의 꿈을 품은 주 예수 그리스도의 종 한안석 목사

목차

추천의 글 _ 양병희 박사 동북아한민족협의회 대표회장, 영안장로교회 담임목사
추천의 글 _ 최운열 박사 20대 국회의원, 전 서강대 부총장
추천의 글 _ 김상구 박사 백석대학교 신학대학원 및 기독교전문대학원 실천신학 교수

들어가면서 / 10

제1부 복음 평화통일의 이해 / 17
01 복음 통일의 필요성 / 18
02 한민족복음 평화통일의 당위성 / 29
03 통합이론과 통일비용 이해 / 51

제2부 복음평화통일과 패러다임 전환 / 95
04 복음 평화통일과 정책전환 / 96
05 복음 평화통일과 경제 논리 / 106

제3부 한국교회 복음평화통일운동의 이해 / 119
06 복음평화통일운동과 성경적 이해 / 120
07 복음통일신학의 중요성 / 157
08 한국교회의 복음통일운동에 대한 문제점 / 172

제4부 한국교회 복음평화통일운동의 접근 / 189
09 한국교회의 복음평화통일운동 모색 / 190
10 한국교회의 복음 평화통일운동 방향 / 216

제5부 독일교회의 평화통일운동의 시금석 / 239
11 독일교회의 평화통일 운동 사례 / 240
12 독일교회의 평화통일운동과 한국교회 적용 / 249

제6부 복음평화통일운동과 탈북자 선교 / 257
13 복음평화통일을 위한 탈북성도의 역할 / 258
14 한국교회의 탈북자 지원 방안 강구 / 264

제7부 한국교회의 복음평화통일전략 / 279
15 복음평화통일과 한국교회연합 운동 / 280
16 한국형 디아코니아재단 운영의 필요성 / 316
17 한국교회의 복음평화 통일문화 기반 조성 / 331

제8부 나가는 글 / 347
18 복음통일의 희망 / 348

A. 표
〈표 1-1〉 통합이론의 분류 / 60
〈표 1-2〉 남북한통일방안비교 / 73
〈표 1-3〉 2000년대 이후 통일비용 추산 / 83
〈표 1-4〉 통일비용과 통일편익 / 86
〈표 4-1〉 이상적인 교회규모 / 225
〈표 4-2〉 한국교회의 과제 /227
〈표 4-3〉 한국교회에 변화가 필요한 측면(비개신교인) / 228
〈표 4-4〉 한국교회의 가장 큰 문제점 / 229
〈표 4-5〉 한국교회의 신뢰회복을 위한 개선 필요사항 / 231
〈표 7-1〉 드라마 제작 및 시청률 내역 / 338

B. 부록
부록 1 _ 민족의 통일과 평화에 대한 한국기독교회선언(88선언) / 364
부록 2 _ 한국기독교인 통일선언(94선언) / 378
부록 3 _ 한국교회의 통일정책 선언(96선언) / 380

참고문헌 _ 383

제1부
복음 평화통일의 이해

01
복음 통일의 필요성

평화 통일의 중요성

남북 분단이 75년이 흘러왔음에도 통일문제에 깊은 관심이 있는 일부 국민들을 제외하고는 현재, 우리 국민 대부분은 분단 상황을 원래부터 주어진 것처럼 인식하고 일상에서 통일의 필요성을 크게 느끼지 못한 채 살아가고 있는 현실이다. 분단국가에서 통일문제는 국민의 생존권과 긴밀한 관련성이 있음에도 불구하고 장기간의 분단으로 인해 이제 통일은 국민의 관심에서 점점 멀어져 가고 있다.

인류의 역사는 단순히 지나간 과거는 아니다. 따라서 이 지구촌에 많은 국가와 민족이 분열과 통합의 반복된 역사 속에 흥망성쇠를 거듭한 역사적인 사례들은 통일의 의미와 필요성을 말해 줄 수 있을 것이다. 역사 속에서 수많은 통일 사례들은 국가의 생존 및 부국강병을 위한 선택이었고 국가와 민족의 무궁한 발전과 번영을 이루어왔던 것이다. 통일신라와 고려의 통일 등 우리 민족의 경우도 예외만은 아니었다. 역사 가운데 통일은 특별한 사유를 지닌 계획된 사건이기보다는 민족의 생존권과 영원한 번영과 발전에 직접 연결되어 있는 것이었다.

인간은 보다 안정된 삶, 풍요로운 삶, 행복한 삶을 추구하는 것이

본능인 것이다. 이런 복된 삶을 살기 위해서는 국가가 필요하기에 국가는 이를 보장 할 수 있는 환경을 조성하고자 부강한 나라 건설을 항상 추구하며 이를 달성하기 위한 수단 가운데 하나가 통일국가인 것이다. 그래서 분단 상황은 민족 간의 대립과 갈등을 조장하고 국가 발전과 번영에 장애물이기에 이와 같은 문제를 해결하기 위해서 통일을 해야 한다는 것을 배울 수 있는 것이다.

남북분단으로 인한 깊은 상처와 폐해를 극복하고 평화와 안녕 및 번영의 행복한 삶을 누리기 위해서 통일이 필요한 이유가 여기에 있다. 한반도 통일이란 기본적으로 분단된 남북한이 합해지는 것을 의미하지만 분단되기 이전 상태로 돌아가는 것이 아닌 한민족공동체로서 새롭게 거듭 태어나는 것을 말한다. 통일은 국토를 분단 이전의 상태로 회복하는 동시에 서로 다른 두 체제를 자유민주주의와 시장 경제의 기반 위에서 하나로 통합하여 새로운 한민족 공동체를 건설하는 것을 의미한 것이다. 따라서 통일은 과거로의 회귀가 아닌 미래를 향한 새로운 역사의 창조의 작업인 것이다.

통일의 의미는 첫째, 지리적 측면의 통일인 국토의 통일을 의미한다. 구성원 모두가 한반도내의 어느 곳이든 자유롭게 왕래하고 거주할 수 있는 터전을 마련하는 것을 의미한다. 둘째, 정치적·법적 측면에서의 통일은 체제의 단일화를 뜻한다. 통일은 대립해 왔던 남북의 정치체제를 통합하여 단일헌법, 단일 정부, 단일 국가를 수립하는 것을 의미한다. 셋째, 경제적 측면의 통일은 남과 북의 자유로운 시장경제 체제와 사회주의 북방 경제권, 동북아 경제권, 환태평양 경제권 등으로 범위를 확대해서 더 큰 경제발전의 기반이 마련된다는 것이다. 넷째, 사회문화적 측면의 통일은 다양하고 풍부한 사회 문화적 공동체로 발전됨을 의미한 것이다.

통일은 오랫동안 나뉘어 살아온 남북한 주민들 간의 마음의 분단을 극복하고 하나의 평화로운 통일 국가 내에서 새로운 문화와 미래를 함께 만들어 나간다는 의미가 있는 것이다. 한반도 분단 극복은 평화가 무엇보다 소중하다는 인식에 기초하여 그 과정과 절차 역시 평화롭게 이루어져야 한다. 그리고 통일은 영토나 정치적인 문제일 뿐 아니라 남북 모든 구성원의 삶과 직결된 문제이며 분단 극복의 과정은 남북의 합의에 기초해서 평화적이고 민주적인 방법으로 이루어져야 할 것이다.

무엇보다 통일은 남북한과 국제정치 협력 아래 우리가 주도하여 이루어야 한다. 남북한이 평화 통일을 이루기 위해서는 우선 통일을 함께 할 상대인 북한의 실체를 인정하고 호혜협력의 관계로 발전해 가야 한다. 통일은 우리 국민 모두의 생존과 직접 연결되어 있는 것이다.[1]

우리 8천만 동포의 남은 과제는 한반도의 평화 통일문제라고 생각한다. 북한에서 말하는 연방제에 의한 평화통일이란 김일성 때부터 김정은 3대 세습정권에 이르기까지 남북협상의 명목으로 한국동포들을 반미 투쟁에 동원하여 대남적화 통일을 하는 통일방안은 변함이 없는 것이다. 통일문제에 많은 관심을 갖고 있는 국민들조차 통일문제를 정확히 인식하지 못하고 있는 것이다. 곡해에 대한 최대의 원인은 통일문제와 이데올로기 문제를 혼돈하고 있다. 이데올로기의 대립은 우리나라에만 있는 것이 아니라 미국에도 있고 영국에도 있고 일본 등에도 있는 것이다.

공산 독재체제하에서는 어용적인 이데올로기 이외에는 통용될 수 없고 그 이외의 이데올로기는 수정주의, 종파주의의 누명 하에 숙청의 대상이 된다. 하지만 사상과 언론의 자유가 허용되는 자유민주사회에서는 이데올로기 대립이 있는 것이 당연하다. 이데올로기의 대립이 도리어 자유민주사회의 특징이라고 할 수 있다. 이데올로기의 대립이 정당대립으로 나타나고 정당대립이 정책대립으로 나타난다.

국민의 복리를 증진시키는 정책의 대립과 경쟁이 있어야 국민의 질적인 복지 향상을 기할 수 있는 것이다. 여기에 이데올로기 대립의 현실적 의미가 있고 정당 일반의 존재 이유가 있는 것이다. 사회질서를 문란케 하는 이데올로기가 있을 경우에도 집권자와 여당의 일방적인 이해관계로 탄압할 것이 아니라 그것을 어느 정도로 조율하는 것이 좋은가를 민의에 따라야 한다. 이 때 국민의 여론 위주로 처리해 가는 것이 민주정치인 것이다. 국민을 위하고 국민과 함께 더불어 걸어나가려는 자유민주주의 신념과 용기만 있다면 이데올로기의 대립을 무서워할 이유가 없다.

우리가 원하는 통일이 자유민주적 통일일진대 통일한국을 달성한 이후에도 이데올로기의 대립은 있을 수 있는 것이다. 이데올로기의 대립은 신념의 대립이요 인생관, 세계관의 대립인 것이다. 신념과 신념과의 대립에는 타협이 없다. 주의(主義)와 주의(主義)에도 원칙적인 타협이 있을 수 없다. 그렇듯이 타협할 수 없는 이데올로기의 대립을 타협시킴으로써 통일을 달성하려는 것은 통일을 단념하거나 무한정한 미래로 천연하는 결과가 되고 마는 것이다.

다시 말하자면 이데올로기 문제를 추궁하는 것으로는 통일문제가 해결되지 않는다는 것이다. 그렇다면 통일문제의 본질은 무엇인가. 통일한국을 이룩한다는 것은 단적으로 말하자면 미·소(구)의 세력권 투쟁에서 해방되는 것이다. 남북분단의 역사적인 과정이 증명하는 바와 같이 2차 세계대전 이후 전개된 미·소(구)의 냉전은 세력권 확보의 투쟁으로 전환된 결과에 불과한 것이다. 우리가 이데올로기를 끄집어내고 이데올로기 문제에 사로 잡혀 있는 것 역시 이러한 미·소(구)의 세력권 투쟁의 영향 하에 있는 것이다. 한민족이 자진해서 사상 투쟁을 하고 있는 것이다. 통일문제는 미·소(구)의 세력권 투쟁에서 해방되는 문제인 것이다. 우리나라의 지정학적 지위가 미·러·중·일에 미치는 이해관계를 조정해야 통일한국을 달성할 수 있을 것이다.[2]

복음통일의 필요성

이러한 통일을 이룩할 수 있는 국민 모두의 정신적인 힘을 어떻게 동원시킬 수 있겠는가. 핵무기와 생화학 무기로 대남전략 적화노선을 포기하지 않는 북한과 어떻게 평화통일을 이룰 수 있겠는가? 여기에는 예수 그리스도 복음밖에 해답이 없다. 원수도 사랑하라는 가르침과 온 인류의 죄를 감당하기 위해서 오신 예수님 사상밖에는 길이 없다. 우리 한국만 잘 살고 잘 먹고 문화생활하고 행복하게 사는 삶을 누리는 것이 하나님께서 원하시는 목적이 아니기 때문이다. 하나님의 은혜로 먼저 예수 믿고 구원받은 이 참된 복을 우리 한국만 누려서는 안 된다. 그래서 해외선교를 하고 국내전도를 하는 것이다. 해외선교도 국내전도도 우리들의 발걸음으로 어디든지 갈 수 있다.

그러나 북한은 마음대로 가서 전도할 수 없는 우리 땅이다. 우리 민족이 함께 살고 있는데도 가 볼 수 없고 북한 땅에 있는 동포들은 자유가 없어 고통 중에 있으니 우리가 어떻게 가만히 보고만 있을 수 있겠는가? 그래서 우리 한국교회 성도는 북한 동포들을 위한 복음 통일운동을 해야 하는 것이다. 분단으로 인해 억압 받는 동포들을 해방시켜야 할 책무가 있는 것이다. 김일성 주체사상의 그늘에서는 결코 인간다운 삶의 꿈을 키울 수 없는 것이다.

김정은 정권은 북한 동포들의 의식주를 개선할 수 있는 능력이 전혀 없는 대신 핵무기 등으로 적화통일의 꿈을 버리지 않고 있는 것이다. 그렇다고 해서 우리 한국교회가 수수방관만 해서야 되겠는가? 고려시대에 불교사상이 국가 사회를 이끌어 갔고, 조선시대는 유교 사상이 정치철학으로 국가사회를 이끌어 갔듯이 조국의 통일준비시대에 복음사상이 민족의 평화통일 운동을 이끌어 가는 견인차 역할이 절대로 필요한 시기를 놓쳐서는 안 될 것이다.

복음 통일은 민족의 복음화를 위해 절대적으로 필요한 것이다. 북한에서는 신앙의 자유가 전혀 없어서 일부 지하에서 부르짖고 있는 극소수의 동포들을 제외하고는 예수님을 모른 채 지옥과 같은 생활을 한체 비참하게 살아가고 있다. 한국교회는 복음 통일을 위하여 북한 지역에 있는 동족에게 복음의 광선이 발해 지도록 최선을 다해야 한다.

한민족의 복음 평화 통일문제 해결방안은 정치체제, 경제 체제, 사회단체에만 맡길 수 없었다는 것을 75년 동안 남북분단사를 통해서 알 수 있다.

남북분단사에 종지부를 찍을 만한 하나님의 일꾼이 절대적으로 필요한 시대가 도래되었다. 성경에서도 모세를 통하여 이스라엘 백성을 애급에서 구원했던 것처럼 복음통일을 위해 우리 한국교회의 헌신이 절대적으로 필요한 것이다. 모세는 이스라엘 백성을 구원해 달라고 하나님께 간절히 기도했던 애국자인 것이다. 여호수아, 기드온, 엘리야, 엘리사, 느헤미야, 에스더, 다니엘, 에스겔, 예레미야, 바울 등 많은 성경의 인물들은 한결같이 민족을 사랑하였다.[3]

한국교회는 이러한 조국의 복음 통일시대를 앞당기기 위하여 민족 앞에 하나님 앞에 연합하여 바르게 서서 복음 통일운동을 위해 적극적으로 동참해야 한다. 우리 민족이 일제 강점기에서 해방되리라고는 많은 사람이 예측하지 못했던 것이다. 그 당시 기독교인이 30만 명이었을 때 33인 독립운동가 중에서도 16명이 기독교인이었다. 우리 믿음의 선진들이 기도도 열심히 하면서 헌신하였던 결과 하나님께서는 우리 민족에게 해방을 선물로 주셨던 것이다.

지금의 기독교인들은 현실에 너무 무사안일에 묻혀 사는 이 때에서 깨어나야 한다. 한국교회가 한국교회 되게, 예배가 예배되게 이제 일어나야 한다. 예수님은 역사적으로 부활하셨다. 부활하신 예수님은 하나님이시다. "하나님! 너무 잔인합니다. 왜 코로나로 인해 사람들을 많이 죽여요?" 8살인 손자가 할머니에게 던진 질문이다. 하나님이 잔인해서 코로나로 인해 사람들을 많이 죽인 것인가? 하나님이 잔인해서 북한 정권을 통해서 북한 기독교인들을 75년 동안 박해하는가? 하나님의 사랑이 많아서 한국에 복을 많이 주어 물질적으로 풍성한 삶을 살게 하는 것인가? 이러한 인간들의 질문 앞에 답변은 쉽지 않다. 분명한 것은 한국교회를 하나님께서 사용하기 위하여 부흥의 복을 주셨다고 믿는다. 주님께서는 한민족에게 복음통일을 이루어 가기 위한 섭리가 있으므로 한국교회는 하나님의 섭리에 순종해야만 한다.

복음 통일운동에 있어서 진보와 보수, 세대, 지역 등으로 더 이상 국론이 분열되어서는 안 될 것이다. 한국교회는 복음 통일운동을 전개하기 위해서 연합해야 한다.

복음통일운동의 전개 이유

한국교회가 복음통일운동을 전개해야 할 이유는 아래와 같다.

사람은 종교적 존재이다. 사람은 정치적 동물이라는 것이다. 그 정치란 종교의 빛에 비쳐진 것이 아니라면 개미나 꿀벌의 무리와 다를 것이 없다. 여기서 사람이 종교적 존재라는 의미는 그 사람의 정신이 그 사람의 주인이라는 의미이다. 그 사람의 정신은 영원하고 무한한 것이다. 우주의 바탕을 이루고 만물을 꿰뚫어 깔려 있고 그것을 이끌어 가는 것이 사람의 정신인 것이다. 우리가 잘나고 어진 사람을 보면 나라, 민족, 예 등 차별 없이 감격해 기쁘고 존경하는 마음이 들며 위대한 자연을 봐도 또 감격한 마음에 혹 노래를 하거나 혹 손뼉을 치게 되는 것은 모든 존재가 다 한 정신의 바탕으로 되어 있는 증거인 것이다.

인생의 문제를 풀기 위해서는 삼위일체 하나님에게로 돌아가야 해답이 있다. 종교를 부인하고 유물론을 믿는 공산주의자들의 공산주의는 사실 그들의 종교라고 하는 것은 이 때문인 것이다.

그러므로 한반도의 통일문제도 당연히 종교적인 부분까지 들어가서 생각하고 다루고 행동하지 않으면 안되는 것이다. 국가는 한 개의 산 인격체이지 어떤 기관이거나 기계일 수는 없는 것이다. 그 살아 있는 공동체에서 종교는 정신적이요 정치는 행동이라고 표현할 수 있는 것이다.

그러므로 종교 없는 정치는 아주 낮은 수단이요, 종교를 생각하지 않을 수 없는 것이다. 정치는 종교적 사상의 바탕을 떠나서는 존재할 수 없는 것이 현실정치이다.

따라서 종교를 생각하지 않는 통일담론은 껍데기에 불과한 것이다. 그러므로 현재 한국에서 통일문제는 별로 흥미가 없어 보이고 있는 것이다. 한국청소년 정책 연구원 설문조사에서 청소년들은 통일할 필요가 없다고 답변한 학생은 19.7%라고 조사됐다.[4]

사실상 한반도 통일문제에 있어서 아무 열심도 나지 않고 신바람도 나지 않는 것이다. 인류 역사상 위대한 국가와 문화가 종교적 신앙 없이 이루어진 것은 없었다. 중국의 춘추·전국시대의 뒤를 이어 천하를 통일했다가 몇 해가 못가서 망한 진(秦)나라는 아무 종교 없이 무력으로만 하려 했기 때문이다. 이른바 수탉 한 마리도 붙들어 맬 힘이 없는 한고조가 그 뒤를 이어 통일의 큰 사업을 이루어 중국 역사에 큰 획을 긋는 이유는 그가 유교를 국교로 삼아 민심 통일을 했기 때문이다.

당나라의 문화의 경우 동은 일본에서부터 서는 중앙아시아에, 북은 시베리아에서부터 남은 남양군도에까지 뻗었던 것은 불교 신앙이 나타났기 때문인 것이다. 모세가 애굽의 학정 밑에서 노예살이 하는 이스라엘의 무리를 몰아 민족을 만들고 나라를 세우려 할 때에 먼저 모세는 종교 지도자로서 소양을 갖추고 있었다. 마호멧이 아라비아 사막의 장사꾼 떼를 모아 나라를 세우고자 할 때에도 먼저 한 것은 종교를 그들에게 주었던 것이다. 우리나라 역사를 보건데 삼국시대 불교신앙 때문에 그 정도 발전하였던 것이다. 불교가 민족 생명의 속에까지 들어가지 못하고 빌려다 입은 옷을 입고 다녔기 때문이다.

사실 한반도의 휴전선은 1945년 미국과 소련의 한반도 정책 때문에 생긴 우연이라기보다 하나님께서 한민족에게 주신 과제라고 생각할 수 있다. 한반도의 38선은 국제정치적으로 생기기는 했어도 해결은 복음으로 풀어가야 하는 것이다. 한반도 통일문제가 종교적 문제라면 우선 무엇보다도 먼저 할 일은 민족의 회개운동이다. 남북 분단의 원인을 국제정치적 문제, 선조들의 연약한 문제, 국력의 낮은 수준 등, 원망과 불평으로 타(他)에서 그 원인을 찾는다면 해결 방안은 너무 멀고 먼 것이 현실이다. 남북분단의 원인은 한민족의 죄악인 것이다. 우리 민족이 참 회개운동을 해야 한다.

한국교회 먼저 참 회개를 해야 한다. 한국교회의 지도층을 비롯하여 모든 교인이 하나가 되어 복음통일문화의 분위기를 조성해야 할 책임이 있는 것이다.

우리 한국교회가 참 평화와 복음 통일을 이루기 위하여 우리와 함께 북한도 회개하고 나오도록 해야 한다. 북한이 진정한 회개를 하게 되려면 오직 우리 한국교회의 진정한 회개에 의해서만 가능할 것이다.

복음 통일운동은 우리 한국교회에게 대하여 정치적 요청일 뿐 아니라 하나님께서 요청하신 지상 명령인 것이다. 그렇듯이 한반도의 복음 통일은 세계 역사적인 평화문제이므로 이 회개는 개인 개인의 마음속에서만 하는 것으로는 부족한 것이다.

복음 통일이라는 것은 유기적 통일, 인격적 통일이다. 마치 우리 개인의 한 몸이 수많은 세포가 모여서 되는 것인데 그 모든 세포가 다 각각 한 개의 생명체이면서 또 합하여 한 몸을 이루어 한 주체 밑에 있듯이 우리 각 개인이 각각 제 인격의 자주성을 가지면서 또 연합하여 한

주체 밑에 하나를 이루는 것이 나타난 것이다.

그러나 국가는 개인의 몸보다도 더 독특한 의미를 가지게 된다. 국가에서는 개인의 개성을 절대로 대접하지 않으면 안 된다. 그러면서도 국가는 국가로서 전체를 주장하는 주체가 되는 것이다. 그래서 국가는 국가로서 어려운 점이 있는 것이다. 제도를 말한다면 북한도 민주주의 제도라고 할 것인가. 북한의 인민공화국을 민주주의라 할 수 있는가? 여기 민(民)을 어떻게 파악하느냐? 어떤 관점으로 보는가?

5천년 역사를 자랑하는 우리 민족같이 주체성이 부족한 민족이 없다. 가령 한사군 하나를 실례로 본다면 중국이 강하기도 했지만 육지에 붙은 것도 아니요 바다를 건너 왔고 현대같이 교통이 편리한 것도 아닌데 고구려, 신라, 백제 삼국이 한사군을 몰아내기 위해 수백 년이 걸렸다. 민족의 주체성이 강했다면 그럴 리 없었다. 우리 민족에게 고유한 생각, 말, 글, 풍속을 다 버리고 중국문화의 한 갈래 모양으로 끌려 내려오는데 만족하고 있었으니 그 원인을 찾는다면 깊은 종교가 없었기 때문이다.

유교도 불교도 아직 남의 종교 그대로가 아닌가 싶다. 한국교회 안에 깊은 종교가 없기 때문에 아직도 복음통일을 이루지 못했고 굳센 민족정신이 없기에 남북관계 발전도, 안정적으로 관리한 통일정책도 없는 것이다.[5]

진정한 복음 통일을 이루기 위해서는 한국교회 성도의 높은 기독사상, 민족의 지혜, 국가의 높은 경제력, 세계 평화운동 등이 존재하고 한국교회가 복음통일을 위해 진정으로 연합하고 헌신할 수 있을 때만이 복음통일이 가능할 것이다.

CHAPTER 1_ 복음 평화통일의 이해

02
한민족 복음 평화통일의 당위성

복음평화통일운동의 문제

한민족의 복음평화통일을 추진하는 데 있어서 한국 교회가 반드시 중추적인 역할을 감당해야 된다고 사료되어 정부가 추진해야 할 평화통일정책과 한국 교회가 담당해야 할 역할을 제시하고자 한다. 한국 교회는 세계기독교사적 관점에서 볼 때 급성장을 거듭해왔다. 이러한 한국교회의 저력을 보면 한민족의 복음평화통일을 위한 한국교회의 역할을 충분히 감당할 수 있다고 기대한다.

남북한이 복음통일이 될 때 한민족의 복음화는 가속화 되어질 것이다. 기독교의 예배는 교회예배당 안에서도 드리고 인간 삶의 전 영역에서 정치·경제·사회·문화·교육·평화통일 등 모든 분야와 직접적인 연관성이 깊이가 있는 것이다.[6]

그러나 복음평화통일을 달성하기까지는 아직도 갈 길이 너무 멀다. 그럼에도 문제제기를 하는 것은 남북한의 통일문제가 남북한 간의 문제이며, 국제정치문제인데 한국교회가 그 역할을 어떻게 감당할 것인지가 관건이기 때문이다.

우리 민족은 유구한 역사 속에서 의식과 고유의 전통과 문화를 이어 왔다. 한국 기독교는 한민족의 혈연, 지연, 역사, 문화, 언어 공동체 속에서 태어났고, 민족공동체에 대한 책임성이 하나님의 창조 명령으로 주어져 왔던 것이다.[7] 따라서 이러한 한민족 복음의 평화통일을 위한 한국교회의 역할과 관련하여 평화통일을 위한 대화와 한국교회의 대응과 역할이 미비하고 체계적이지 못한 많은 문제가 있어서 다음과 같은 문제를 제기하고자 한다.

첫째, 남북한은 북한이 핵무기와 화학무기 등 군사력을 유지하고 있는 한 항상 전쟁의 위기를 벗어날 수 없는 것이 한반도 현실이다. 그렇다면 왜 한반도가 분단되었는지 고찰하고 한반도의 긴장을 완화하기 위해 평화통일의 의의와 당위성에 대하여 알아보고자 한다. 우리 경제도 어려운데 통일을 꼭 해야만 하는지 통일 반대론자도 많다. 그렇지만 남북분단의 극복은 민족 최대의 남은 과업이요 반드시 풀어가야 할 당면과제이다. 그래서 남북의 분단현실을 정확히 인식하여 평화통일의 문제를 풀어가야 한다. 단, 민족 간에 절대로 무력전쟁을 하지 않고 평화로운 방법만을 선택한 복음통일을 이루어야 한다. 복음평화통일을 반드시 성취하겠다고 하는 국민들의 공감대와 여론 형성을 선도해야 할 필요가 있다.

한민족의 평화 통일은 하나님의 섭리와 경륜 없이는 절대로 불가능하다. 복음평화통일 문제는 사적인 분야가 아니라 공적인 한민족의 남북 간 문제이며 국제적인 정치관계이기 때문에 하나님의 적극적인 인도하심이 절대적으로 필요한 일이다. 복음평화적인 통일문제는 공공부문과 시민단체, NGO가 국민과 함께 공동으로 풀어가야만 하는 역사적 과업이다.

둘째, 한민족의 평화 통합이론과 분단비용에 대한 이해와 실천적 대안도 미비하다.[8] 문제는 평화 통일을 위한 사회과학적인 통합이론과 방법이 있음에도 불구하고 이를 현실에 적용하지 못하고 있다. 현재로는 한국의 통일방안과 북한의 통일방안이 있지만 아무 실효성이 없다. 남북한의 정치체제를 남북한 국민들이 자유롭게 선택할 수 있는 적절한 분위기의 기회가 조성될 때 복음평화통일은 이루어질 수 있다.

한국 정부의 평화통일정책에 대한 능동적 정책을 작동할 수 있는 실천을 할 수 없다는 것이 문제인 것이다. 국민들과 한국교회도 평화통일운동에 대한 이해가 부족한 것이 현실이다. 북한의 통일정책은 대남전략 목표로써 주한미군을 철수하고 핵무기를 이용하여 적화통일을 지향하는 대남정책을 지속적으로 추진해 왔다. 그럼에도 불구하고 한국은 평화적인 방법으로 때를 기다리며 평화통일정책을 계속 추진해 왔다.[9] 복음평화통일의 기회가 오는 것이 어렵다고 해서 현실의 난관에 봉착하여 너무 비관적으로 생각해서는 안 된다. 그동안 남북분단 비용은 엄청났고 지금도 심각하다. 따라서 통일비용과 통일의 편익을 분석하여 통일의 필요성을 제기한다.[10] 남북한 당국은 통일문제를 정치적으로만 해결하려 하였고, 기능적인 평화 통일준비와 노력은 너무 미흡한 실정이다.

셋째, 한민족은 그동안 평화통일을 위한 새로운 정책적 전환과 실행이 없었다.[11] 아울러 민족화해 시대를 유인하여 국민들의 새로운 인식의 기반도 조성되어야 하고 남북경제 협력과 남북경제 공동체를 통한 평화통일을 지향하기 위해서는 북한의 비핵화가 완전히 해결되어야 한다. 따라서 한민족의 평화통일을 위한 새로운 패러다임이 필요하다. 대북정책과 남북경제공동체는 북핵문제의 해결방안을 근본목적으로 해야 한다. 한국과 북한의 문제를 평화롭게 해결하는 데 이바지할 수 있는 남북정상회담 등 새로운 패러다임이 필요하고 민족구성원의 자율성이 직접 관여해야 하며 국제기구는 이를 지원해야 한다.

넷째, 한국교회는 한민족의 복음 평화통일에 대한 이해가 너무 부족하다. 그래서 평화통일의 성경적·신학적 이해[12]와 한국교회의 복음 평화통일운동에 대한 이해를 살펴야 한다.[13] 그동안 한국교회는 전체적인 복음 평화통일론 접근이 없었고 진보진영과 보수진영 간에 복음 평화통일에 대한 입장의 차이가 너무 컸다.[14] 그렇잖아도 복음 평화통일운동의 역사적 이해와 상황적 접근을 통하여 한국교회가 해야 할 일이 있음을 제기한다.

다섯째, 한국교회는 한민족 복음 평화통일에 대한 역할이 극히 미비하였으니, 한국교회 전체적인 의견을 수렴한 복음 평화통일에 대한 역할을 제시할 수도 없었다.[15] 그렇다면 분단이 장기적으로 갈 수밖에 없었던 독일통일에서 동서독 교회가 어떤 역할을 하였기에 독일 통일에 기여 했는지 파악하여 한민족의 평화통일에 적용할 점을 찾아야 한다. 그리고 33,523 명[16]이 넘는 탈북자들의 역할을 통하여 통일시대를 준비해야 한다. 그리고 한국교회는 무슨 문제가 크게 발생한 이후 거국적인 기도운동을 하는데 그렇게 할 것이 아니라 평상시에도 평화통일을 위해서 지속적인 기도운동을 전개할 수 있는 제도적 기반을 마련해야 한다.

아울러 한민족 공동체는 인간의 한 몸과 같은 유기체인 것이다.[17] 그러한 한민족이 해방 되자마자 분단되어 이데올로기와 6.25전쟁으로 인해 분단이 고착화되었다. "몸이 하나요 성령도 한 분이시니 이와 같이 너희가 부르심의 한 소망에서 부르심을 받았느니라. 주도 한 분이시요 믿음도 하나요 세례도 하나요 하나님도 한 분이시니 곧 만유의 아버지시라 만유 위에 계시고 만유를 통일하시고 만유 가운데 계시기" 때문이다(엡4:4-6). 따라서 한국교회는 민족분단 극복을 위한 역할을 잘 감당하여 복음 통일을 이루어야 할 역사적 사명을 수행해야 한다.

한민족 분단현실과 관리

한민족의 복음 평화통일은 국민들의 선택적인 것이 아니라 필수적인 것이다. 그런데 많은 국민들이 필수로 생각하지 않고 선택으로 생각하는 경우가 많은 것이 현실이다. 우리의 소원인 통일은 너무 힘들고 어려운 난제이다. 그럴지라도 평화통일을 피해 갈 수도 없고 포기할 수도 없다. 한민족이 평화통일로 가기 위한 남북화해와 남북연합은 남북한이 근본적으로 복음 평화통일을 이룩하기 위한 인류의 대 사건이 될 것이다.

통일에 가장 필요한 것은 무엇보다 국민의 통일 감정과 사고 이후 제도 및 영토 통일, 즉 체제 통합을 이루어 한민족으로서 이질성을 극복함으로써 민족의 동질성을 회복시키는 절차인 예수그리스도의 복음 정신이 필요 할 것이다.

현재 남북한 분단 상황과 이질감이 너무 차이가 클지라도 평화통일의 당위성은 당연하다고 생각한다. 한민족의 평화통일관련 사항들은 정치 분야에 해당한다고 누구든지 그렇게 생각할 수 있다. 그래서 한민족 평화통일을 위한 한국교회 역할을 해야 하는 것은 매우 어려운 작업이라고 생각하기 쉽다. 그럴지라도 왜 한국교회가 복음평화통일 운동을 추진해야 하는 것은 우리 민족의 남은 지상과제이기 때문이다.[18]

우리나라는 해방 이후 75년간 분단 속에 통일국가를 이루지 못하고 오늘도 북한의 핵무기 위협 속에 살고 있다. 일제강점기에서 해방되자마자 북위 38도선으로 국토가 분단되었다. 그 후 6.25전쟁은 사실상 애치슨 선언[19]에 의해서 일어났으며, 분단은 더욱 고착화되었다. 이러한 분단 속에서 한국은 짧은 기간에 전 세계가 놀라운 경제성장과 민주화를 이루었다.[20]

한국은 산업화와 민주화의 성공으로 국제사회에서 계속 발전하고 있다. 그러나 지구촌에서 하나뿐인 남북분단의 연속은 국력 낭비 등 여러 측면에서 피해를 낳으며 민족의 무궁한 번영과 미래의 꿈을 저해하고 있다. 또한 남북분단의 장기화로 말미암아 남북 이질감의 심화, 남북한의 현격한 차이 등으로 민족 정체성의 확립에 많은 장애를 주고 통일에 대한 부정적 시각이 팽배하고 있다.

21세기의 국제사회는 자국의 실리만을 추구한 무한경쟁 시대에 진입했다. 이러한 추세 속에서, 한민족 평화통일은 민족의 생존과 번영을 위한 시대와 헌법적·역사적 사명이라고 할 수 있다.

한민족복음 평화통일은 남북분단의 폐해를 완전히 극복하고 국가발전을 위해서 필수적으로 성취해야 할 절체절명의 민족적인 대과제라 할 수 있다.[21]

한민족 분단의 현실을 기술하기 전에 공산주의의 기독교 탄압에 대한 역사를 먼저 기술해 보고자 한다. 우리나라에서 기독교와 공산주의가 유난히 적대관계에 놓이게 된 것은 역사적인 원인이 있지만 처음부터 그랬던 것은 아니다. 해방 직후만 해도 한국교회는 자본주의나 사회주의 양 이데올로기에 대해 탄력적이고 포용적이었다. 당시 북한교회가 중심이 되어 기독교사회민주당 운동을 활발히 전개할 정도였다. 그런데 이북에 진주한 소련군과 북한 공산당들이 종교에 대한 부정적 편견과 기독교 탄압으로 인한 무신론적 이데올로기와 교회가 대립하여 양자 사이의 대화가 전혀 불가능한 상태가 되었다.[22]

한민족의 분단은 반드시 관리 대상이다. 한국교회가 위기에 몰려 있는 현실이 관리 대상임에도 한국교회의 그 위기를 관리하는 시스템이 전혀 없다. 한국사회가 산업화되고, 민주화되고 시민사회가 성숙해지는 동안 한국교회는 옛 틀에 묶여서 변하지 않았고, 성장과 부흥이라는 목표에 사로 잡혀 자기성찰 능력을 상실한지가 오래 되었다. 그럴지라도 한국교회는 우리민족의 분단현실에 대해서 깊은 관심을 기울여야 한다.[23]

75년 분단현실은 심각한 것이다. 북한에서 온 자유 이주민 90명에게 남한 말이 이해하기 어려운 이유를 물었더니 생소한 단어를 첫째 이유로 들었고, 발음과 억양, 의미 차이를 들었다. 남한과 북한의 사전에 있는 단어들 중 서로 의미를 알 수 없는 단어들의 수가 무려 20,333개에 육박하는 남북 언어만 봐도 남북분단 현실은 매우 심각하다.[24]

한국이 일제 강점기에서 해방이 되고 남북한이 분단된 지 75년이 흘렀는데도 통일을 이루자는 여론보다는 통일을 반대하는 의견도 만만치 않은 것이 현실이다. 2010년 청소년의 통일에 대한 관심은 1997

년도 71%에 비해 57.3%로, 통일의 필요성에 대해서는 85%에서 66.6%로 급격히 줄었다.[25]

한민족의 개념

한민족의 민족통일의 의견은 국민들의 찬반에 따라 결정하여 추진할 정책이 아니다. 한국의 평화통일주의는 한국 헌법의 전문에서 사명으로 규정되어 있고, 제4조에서는 평화적 통일정책을 수립하고 이를 추진해야함을 강조하고 있다.[26]

한민족(韓民族) 또는 조선민족(朝鮮民族), 배달민족은 한반도와 그 주변의 만주, 연해주 등지에 살면서 공동문화권을 형성하고 한국어를 사용하는 아시아계 민족이다. 조선민주주의인민공화국·중화인민공화국·일본에서는 조선민족(朝鮮民族), 구소련 지역에서는 고려인(高麗人) 등으로도 부른다. 한국에서는 한겨레라는 표현을 쓰기도 하는데, 이는 조선 시대 이전의 '동포'(同胞)라는 개념과 같다. 외국에 거주하는 한민족을 말할 때에는 대개 한인(韓人)으로 약칭한다. 엄밀하게는 국적을 기준으로 한국의 국민을 주로 의미하는 한국인(韓國人)과는 다소 차이가 있으나, 관용적으로 같은 의미로 사용되고 있다.[27]

한국에서는 1950년 국무원 고시 제7호[28]에 의해 '조선'이란 명칭 사용이 기피되면서 한민족, 한인(韓人)으로 호칭하고 있다.[29] 특별히 구소련 거주 한인들, 특히 20세기 초에 연해주에 거주하다가 중앙아시아로 강제 이주된 한인들은 '고려인'(高麗人)이라고 부르기도 한다. 한국에서는 드물게 '배달민족'이라는 명칭도 사용되나, 명칭 자체가 20세기에 들어 등장하였고[30] 그 이전에 이러한 호칭이 사용되었다는 근거가 전혀 없다는 이유에서 비판이 많다. 신채호는 어윤적이 주창한 '배달'이란 호칭의 연원에 대해서 '믿기 어렵다'고 하여 비판적인 입장을 견지하였다.

인류학자에 의하면 현재 세계는 3천 여 민족이 있고 200개가 넘는 국가가 존재하고 있다. 우리 한민족의 일부 이동은 우리의 역사에서 있어 왔던 것이지만 19세기 후반부터 시작된 우리의 해외 진출은 양과 질에서 과거에는 경험하지 못한 대 이동이었다. 러시아의 연해주를 통하여 중앙아시아로 18여만 명이 이주하였다. 일본의 식민 통치를 피하여 2백여만 명이 중국의 만주 지방으로 이주하였다. 일제 강점기시대에 우리 민족은 일본군국주의의 희생물이 되어 일본에서 갖은 고생을 하였으며 그 중 돌아오지 못한 사람이 60만 명이 넘었다. 1970년 대 중반 이후 제2의 도약기를 맞은 우리나라는 유럽, 남북미 등 아시아권을 넘어 머나먼 땅까지 수십만의 한인들을 이주케 하였고 오늘까지 우리의 생활공간은 전 세계 현재 200여 개국에서 재외 동포가 자기들의 거주국에서 소수 민족으로 자리를 잡아가고 있다.

재외 동포의 존재는 우리 한민족이 복음통일시대를 준비해야 하는 시점에서 매우 중요한 역사적 사명을 안고 있는 것이다.[31]

한민족이 식민지배의 고통을 당할 때 이를 극복하기 위한 독립운동은 국내보다 해외에서 끈질기게 전개되었다. 비교적 자유로운 활동이 가능했던 해외무대가 없었다면 광복을 갈망하는 민족의 외침도 그만큼 줄어들었을 것이다. 복음통일운동도 마찬가지라고 생각한다. 해외동포가 복음평화통일 운동을 하는 것은 더 수월한 조건이 될 것이다. 그래서 해외 동포는 복음평화 통일운동의 큰 자원이 될 수 있다.

우리 한민족의 의식은 나라의 주권이 일제에게 상실되었던 시대에는 재외동포에 의해 유지 발전되었다. 독립군들은 생명을 바쳐 일제를 한반도에서 몰아내 민족의 삶의 터전을 회복하고 민족의 자주적 번영을 도모하기 위해, 치열한 항일 투쟁을 전개했다. 직접 무력 투쟁을 전개하지 않더라도 해외에 거주하는 동포들은 민족을 위해 헌신적인 노력을 기울였다. 우리는 현재 분단 상태이기 때문에 민족의 의식보다는 국민의식이 더 강한 편이라 하겠다. 민족의식에서 말하면 북한 동포는 소중하기 짝이 없는 존재이다. 민족의 의식에서 말하면 우리의 재외동포가 그렇게도 소중할 수가 없다. 이들 재외 동포가 외국의 시민권을 갖고 있든지 안 갖고 있든지 문제가 되지 않는다. 그들이 수 세대를 지나 우리말을 잊어버렸어도 문제가 되지 않는다. 그러나 우리말을 잊어버리지 않도록 노력하는 것도 복음통일운동의 일환이라고 생각한다. 그들이 우리 한민족의 자손이라는 의식을 갖는 한 그들은 한민족의 일원이다.[32]

평화의 의미

평화(平和)라는 사전적 의미는 첫째, 평온(平穩)하고 화목(和睦)함을 말한다. 둘째, 화합(和合)하고 안온(安穩)함 셋째, 전쟁(戰爭)이 없이 세상(世上)이 평온(平穩)함을 말한다. 한민족에서 평화는 평온함을 유지한 상태에서 남북이 화목하고 화합하며, 남북이 전쟁 없이 평온함을 추구하는 것이라고 말 할 수 있다.[33] 평화의 개념을 사람들이 정의했듯이 평화는 우리 한민족이 만들어가야 하는 것이다. 그것은 국제적으로 평화협정을 통해 서로 간에 침략하지 않으며 해치지 않고 위협하지 않겠다는

굳건한 약속이 선행되어야 한다. [34]

사전적 의미의 평화는 평온, 화목, 화합, 안온, 전쟁이 없는 세상 평온을 설명하고 있다. 그러기 위해서는 개인이든 국가든 건강해야 할 것이다. 이러한 바탕을 유지하기 위해서는 안보와 경제가 튼튼해야 한다. 그런데 1907년 우리나라가 일본에 의해 완전히 망하게 되는 단계에서 일본의 지배를 받지 않기 위해 마지막으로 동학혁명군이 형성되어 전쟁을 일으키지만 완전히 전멸하고 만다. 당시 관군들은 일본인이 시키는 대로 비무장상태로 경복궁에 집합하여 여러 달치 봉급을 받고 고향으로 돌아갔고, 이에 반발하여 의병이 끝까지 싸웠으나 결국은 패하고 만다. 그래서 일본의 지배를 받지 않기 위해 대책을 강구해야 했는데 당시 일본에 진 빚 1,300만 냥을 청산하면 나라를 구할 수 있다고 생각하고 힘을 합쳐 일어난 사람들이 바로 기녀들이었다. 이들은 나라의 빚을 갚기 위해 금반지 걷기 운동, 즉 국채보상운동을 벌여 231,989원 13전을 모아들였다. 개인도 국가도 빚이 많으면 진정한 평화를 유지할 수가 없다.[35]

진정한 평화(peace)는 프랭클린(Benjamin Franklin)이 말한 바와 같이 "좋은 전쟁은 결코 없었으며 나쁜 평화는 없었다(there never was a good war or a bad peace)"는 명언을 믿고 있다. 그렇기 때문에 평화연구는 전쟁의 성격에 대해 의문을 제기하고 사회에 대한 전쟁의 역할을 의문시하는 것이다. 따라서 영구적인 평화유지를 위해서는 국가의 본질 자체가 변화해야 하고 사회의 구성원이 근본적으로 변화해야 하는 것이다.[36]

진정한 평화(peace)란 단순히 전쟁 없는 상태인 소극적 평화(negative

peace)가 아니라 전쟁발생의 원인이 되는 빈부의 격차, 정치적 불평등, 성차별 등의 구조적 폭력(structural violence)을 제거함으로써 전쟁이 발생할 수 없는 국제 사회를 지향하는 적극적 평화(positive peace)를 연구하고 이를 위해 적극적으로 행동해야 한다.[37]

현재와 같은 남북관계의 상황에서 평화를 유지하기 위해서는 북한의 무력도발을 절대로 용납할 수 없고, 흡수통일도 절대로 배제하며 남북한 간 화해·협력의 적극적인 대북정책을 추진해야 한다. 아울러 남북정상회담의 정례화, 남북 자유왕래에 의한 인적 교류, 남북경제 협력의 우선과 남북경제 공동체의 형성을 지향한 평화공존관계를 계속 유지하려는 노력들을 집중하여 남북연합이 이루어져야만 평화가 존속될 수 있을 것이다. 이러한 바탕에는 북한의 완전한 비핵화가 반드시 전제되어야 할 것이다.[38]

하나님과 인간과 모든 피조물이 정의와 기쁨 충만으로 한 덩어리가 되는 것을 선지자들은 '샬롬(Shalom)'이라고 한다. 이것을 보통 평화라 한다. 성경에서 평화(Shalom)는 '보편적인 번영, 온전함과 기쁨을 말한다.[39] 그러나 우리가 죄를 짓게 될 때 샬롬을 파괴한다.[40] 따라서 샬롬을 아래와 같이 설명할 수 있다.

첫째, 평화는 구체적으로 불안에서 정치적 해방이며, 빈곤에서 경제적 해방이다. 우리 민족이 참 평화를 누릴 시대가 올 것이다(렘33:6). 평화를 완성하신 분은 하나님(왕상4:24)이시기 때문이다.

둘째, 평화는 구원과 동의어이다. 평화를 구현하는 방법은 십자가 사건을 통해 이루신다. 화해는 하나님과 인간의 화해이며 이것을 바탕으로 인간과 인간 상호간의 화해가 이루어져야 한다. 평화는 성경 전체를 통해 하나님이 예수 그리스도 안에서 성령을 통해 인류와 세계와 함께 구원의 역사를 이루어 가시는 삼위일체 하나님의 역사를 뜻한다.[41]

샬롬의 성경적 참된 의미는 세상의 종말 때, 즉 예수님 재림 때 참다운 샬롬은 완성될 것이다.[42] '그날이 되면' 한을 품고 눈물 속에 죽어가는 불행한 삶이 다시는 없을 것이고(사65:17-22) 황폐한 황무지들도 모두 회복될 것이다. 우주적 생존투쟁도 끝나고 원수들은 친구가 될 것이다(사11:6-9).[43] 이것이 바로 성경이 의미하는 샬롬의 참된 의미이다.

남북한 평화와 통일의 의미

전쟁을 피하기 위해서는 정치권과 전 국민이 힘을 통합하여 예방해야 한다. 정부와 국민은 국가 안보를 튼튼히 함께 세워 가야 할 의무가 있다. 남북한 간에 전쟁할 이유가 전혀 없다. 전쟁에 관한 연구는 시대에 따라 전쟁 발생 요인의 상대적 중요성이 변해가고 있다. 즉 1848~1914년에는 모든 전쟁의 1/3정도가 영토분쟁에 기인한 것이었고 그 이후 현재까지는 모든 전쟁의 1/5만이 영토분쟁으로 인한 것임을 보여 주고 있다. 반면에 1648~1814년에는 해방이라든가 통일 혹은 분리 운동 등의 민족운동이 전체의 3%에서 1815~1989년에는 평균 13%를 차지할 정도로 전쟁 발생 원인으로써의 상대적 중요성이 커지고 있다. 그리고 특히 냉전 이후 전쟁은 주로 종교적·인종적·문화적 충돌로 인한 전쟁이 주를 이루어 왔던 것이다.[44]

남북한은 영토 확장을 위해서, 인종적이거나 문화적이거나 그 이유로 전쟁할 이유가 없는 것이다. 단 김정은 위원장이 핵무기 등 고도의 무기를 생산하여 평화를 위협하기 때문에 그 위협을 제거하기 위한 방법과 수단으로 전쟁의 위기까지 몰고갔다가 4.27 남북정상회담을 성공적으로 이루었고, 또한 북미정상회담을 통해서 완전하고 영구적인 북한의 비핵화(CVID)[45]를 실천했다면 한반도 평화체제는 개시되었을 것이다. 뿐만 아니라 종전 이후에 남북한 간에 많은 합의를 하였지만 남북합의는 제대로 실천되지 못하였다.

따라서 주한미군은 계속 주둔하여 동북아 평화의 균형을 유지해야 한다. 큰 산을 바라보면서 바위를 넘어서야 하는 것처럼 부한 핵문제의 근본적인 해결책은 한반도 냉전구조를 해체하여 평화를 만들어 나아가는 포괄적 접근과 당면한 개별 현안을 해결해 나아가야 한다[46]

우선 북한의 완전한 비핵화(CVID)를 전제하여 남과 북이 화해하고 다방면의 교류협력관계를 발전시켜 나아가면서 평화공존을 통해 상호 신뢰를 구축해 나아가야 한다. 경제적 접근을 통해 남북경제공동체를 형성 발전시켜 나아가면서 동시에 군비통제를 실현하는 것이 탈냉전의 요체라 할 수 있을 것이다. '법적 통일'에 앞서 남과 북이 서로 자유왕래하고 서로 돕고 서로 나누는 '사실상의 통일 상황'부터 실현해야 한다.[47]

평화의 의미를 알아보기 전 먼저 살펴 볼 단어가 있다. 남한과 북한은 '우리'라는 공동체적 의미를 포함하고 있다. '우리'라는 공동체 신앙고백은 첫째, 독선주의 신앙을 배격해야 한다. 둘째, 친교의 사명이 있다. 셋째, 중보기도적 사명이 있다. 넷째, 선교적 사명이 있다. 우리 한민족공동체의 신앙고백의 바탕은 내(남한)가 있고 네(북한)가 꼭 있어야 하는 평화의 공존적 존재인 것이다.[48]

사전적 의미의 평화와 성경적 의미의 평화는 서로 상반된다고 보여진다. 전자가 땅의 것이라면 후자는 하늘에 속한 평화라고 할 수 있다. 참 평화는 하늘에서 내려오지만 육신을 갖고 사는 인간은 땅의 것도 등한시 할 수 없는 존재인 것이다. 어쨌든 사전적 의미의 평화든 성경적 의미의 평화든 마치 동전의 양면성과 같다고 생각한다. 양쪽을 서로 보완하면서 한쪽에 치우치지 않고 중도를 살펴 가는 것이 지혜로운 삶이라고 본다.

끝으로 남북한 간 평화적 의미는 '한반도 냉전구조'를 완전히 해체하고 남북한이 우선 상호 신뢰와 성실의 원칙을 지키고 미국과 북한이 적대관계를 해소할 뿐 아니라 중국, 러시아, 일본 등 국제관계가 한반도의 평화를 지지하는 단계가 확보되어야 한다. 이러한 상황은 말과 문서로만 확인되는 것이 아니라 실질적으로 한반도는 반드시 완전한 비핵화(CVID)가 되어야 한다. 아울러 한반도에 반드시 냉전구조가 해체되어야 만이 평화와 안정이 올 수 있는 것이다.[49]

냉전구조 해체 작업의 일환에서 문재인 대통령과 김정은 국무위원장의 판문점 선언에서 '한반도에서 완전한 비핵화'는 적절한 선언이다. 한반도에서의 완전한 비핵화가 이루어진다 해도 동북아에서 안정자, 균형자로서 주한 미군의 주둔은 계속 필요함을 망각해서는 절대로 안 된다. 냉전 종식 후에도 유럽에서 미군이 계속 주둔하고 있는 것을 상기하여야 할 것이다.[50]

예수 그리스도는 하나님나라의 평화를 완성하러 이 땅에 오신 것이다. 평화는 예수 그리스도만이 만들어 갈 수 있다. 우리들은 예수 그리스도의 백성들이다. 그렇다면 당연히 남한과 북한에 있는 동포들은 한 형제인 것이다.

따라서 남북한의 평화는 하나님이 철저히 간섭하시는 때가 될 수 있도록 남북한당국자도 동포도 활짝 마음 문을 열고 참 평화가 이루어질 수 있도록 평화의 분위기를 조성하는데 에너지를 집중해야 한다.[51]

한민족에서 실질적인 평화통일이란 남북한이 모두 동의하고 천명하는 통일의 방법이요 남북이 전쟁이 아닌 평화적 방법으로 하나로 가는 원칙을 말한 것이다. 여기 남북의 평화통일은 미국, 중국, 일본, 러시아 등 국제적인 적극적인 협조와 노력이 필요한 것이다. 이 점에서 통일과정의 평화적 관리는 무척 중요한 과제가 아닐 수 없다. 기존의 정치체제가 통합되는 과정에서 혼란과 충돌이 발생할 수 있고 이를 평화적이고 안정되게 관리하지 않을 경우 자칫 통일자체가 무산될 수 있기 때문이다. 이는 곧 정전체제를 대체하는 후속 평화 체제 논의와 연결되며 6.25전쟁을 종결하고 한반도 평화를 구조적이고 체계적으로 보장하는 방법이 선행되어야 한다.[52]

평화통일은 말로는 간단하다. 하지만 실질적으로는 얼마나 어려운 문제인가 따져보면 부동산 하나만 보더라도 통일문제는 매우 어려운 일이다. 우리나라 땅 부자 상위 1%가 전체 토지의 51.5%를 차지하고 있으며, 땅 부자 상위 5%의 토지 비율은 1986년의 65.2%에서 거의 20년 만에 17.5%나 급등하여 2004년 말 현재 82.7%로 편중된 것으로 조사됐다. 토지 소유 편중 현상이 1980년대 중반보다 더 심화된 것으로 나타났다는 것이다. 그리고 판교 신도시 개발지구 내의 사유지에 대한 토지보상 결과 전체 보상비의 58%인 1조 4천 5백 6십 7억 원을 서울 강남이나 분당에 사는 사람들의 소유였다고 한다.[53] 북한의 부동산은 국유지이다. 한국의 부동산은 사유지도 있고 소수의 국공유지가 있는데 이를 어떻게 통일시킬 것인지는 자본주의 체제에서는 매우 어려운 과제인 것이다.

현 상황에서 통일은 최종 결론을 중시해야 한다. 그러나 밤이 깊어 갈수록 동은 반드시 트고 있다는 것이다. 반드시 도래하고 있는 평화적 통일을 실질적으로 준비하는 민족의 지혜가 절대 필요하다. 평화통일은 단순히 과거에 복귀하는 것만이 아니다. 특히 남한교회는 공산당에게 받은 상처가 크다. 그렇지만 아물지 않은 이러한 마음의 상처는 통일 후 하나됨에 엄청난 불신 요소가 잠재되어 있다.[54]

통일은 실제적 가능성 속에서 통일을 논의하고 철저히 준비해야 한다. 민족통일의 정치적 기적은 하루아침에 이루어지지 않는다. 통일은 우리의 인내와 관용, 땀과 눈물을 엄숙하게 요구한다. 기적은 거족적(擧族的)인 노력으로만 이루어질 수 있다.[55]

한국의 미래창조를 위한 역사적 창업인 통일의 구체적 의미를 아래와 같이 기술해 보고자 한다.[56]

첫째, 지리적 측면의 통일은 국토의 통일을 뜻하며 국토의 통일은 통일 한국건설의 물리적 기반을 조성한다. 우리 한민족은 유구한 세월 동안 한반도에서 삶의 터전을 유지해 왔다. 국토통일은 한민족 구성원 모두가 한반도에서 자유 왕래하며 거주할 수 있는 터전을 조성하는 것을 말한다. 통일은 단순히 국토 면적이 확장되는 것만이 아니라 생활권의 확장도 가져올 것이다.

둘째, 정치적 측면의 통일은 체제의 단일화를 의미한다. 통일은 남북한의 정치체제를 통합하여 단일 체제로 만드는 것으로써 단일 헌법,

단일 정부, 단일 국가를 수립하는 것을 의미한다. 남북한 간에 단일정치 체제를 만드는 것은 분단 극복을 위한 핵심요소이며 통일의 중요한 과정이라 할 수 있다.

셋째, 경제적 측면의 통일은 상이한 두 경제권의 통합을 의미한다. 남한과 북한은 분단과 동시에 자유민주주의 시장경제체제와 사회주의 계획경제체제로 나누어져서 경제생활권이 완전히 단절된 상태이다. 국가 간 경제통합이 이루어져 가고 있는 국제정치의 시대적 상황을 지켜볼 때 더 나은 복지국가를 지향하기 위해 시장경제체제로의 민족경제 통합이 필요한 것이다.

넷째, 사회문화적 측면의 통일은 민족동질성을 회복하는 것이다. 우리 민족은 동일한 언어와 문화, 생활방식을 공유하며 살아왔다. 그러나 75년간 분단의 장기화로 인해 남북 간 이질화가 극심해 한민족으로서의 일체감이 점차 멀어져 가고 있다. 참된 의미의 민족통일은 이질화된 남북한 주민들의 내적인 의식과 가치관, 생활방식을 하나로 하는 동질성을 회복시키는 내적 통합이 이뤄질 때만이 완성될 것이다. 이 같이 통일은 남북한 정치체제가 하나로 통합되는 것을 의미하지만 참 의미의 통일은 남북한 주민들이 민족적 일체감을 가지고 한 국가 안에서 국민으로서 소속감을 공유하는 상태를 의미한다.[57]

복음통일의 당위성

복음 평화통일은 반드시 필요한 것이다. 제도적인 통일은 물리적으로 얼마든지 하지만 제도만이 아닌 사람들의 의식인 이념, 가치관, 관습, 문화가 통합되어 동일한 가치를 추구하는 통일의 공동체를 이룩하기는 매우 어렵다.[58] 그럴지라도 평화통일의 당위성인 평화통일이 왜 필요하며, 평화통일의 목적이 무엇인가를 알아보는 것이다. 평화통일의 당위성도 정말 중요하지만 한국교회가 직면한 심각한 영적인 문제는 하나님이 아닌 '통일의 우상'을 더 사랑해서는 안 된다.[59]

통일의 핵심주제는 통일의 당위성에 관한 철학적 입장으로서 통일을 한민족의 당연한 의무라는 사명감에서 접근하느냐 아니면 통일을 남북당사자간의 이해관계에 준하여 실용적인 목적에 따라 접근하느냐 하는 기본적인 접근방식에 대한 논리이다. 이것은 대북정책의 철학과 관련된 문제라고 할 수 있다. 윤리학에서 선을 행하는 것이 언제 어디서 무엇을 어떻게 하든지 간에 인간이 마땅히 행하여야 할 당위라고 보는 의무론적 입장과 달리 선을 행하는 이유는 '최대 다수의 최대 행복'이라는 목적을 이루기 위한 것이라는 목적론적 입장이 그대로 통일철학에 적용되어야 하는 것이다.[60]

남북한이 평화통일을 해야 하는 이유는 한민족의 역사적 당위성으로부터 공리(公利)적인 이유에 이르기까지 여러 가지를 말할 수 있겠으나, 지금보다 더 나은 생활과 인간다운 삶을 보장받을 수 있다는 기대가 있다. 그러나 통일에 대한 많은 국민들의 기대보다는 통일과정에서 발생되는 경제적인 부담과 사회 혼란 등을 더 많이 우려하여 통일 회의감이 확산되고 있는 것이 현실이다. 국민들의 한민족 통일의식은 분단의 장기화로 말미암아 통일에 대한 부정적인 인식이 증폭되고 있는 것이 사실이다.

대체로 우리 국민들은 분단국의 구성원으로서 통일의 당위성에 대해서는 긍정적이지만 남북한 간의 현실적인 경제적 격차 앞에서 통일을 부정적으로 인식하는 측면이 강하게 나타나고 있다. 이런 점에서 국민들의 적극적인 관심과 참여 속에 통일운동을 전개하기 위해서는 무엇보다도 기독교인을 비롯하여 국민들의 통일에 대한 인식이 긍정적으로 바뀌어야 한다.

한국교회가 지속적으로 통일에 대한 소명을 가지고 이를 실천해 나아가야 하는 다양한 노력들도 필요하지만 상황의 변화에 좌우되지 않는 기독교 통일 역할의 방향 및 비전이 한국교회 안에서 분명하게 공유될 수 있어야 복음통일이 가능할 수 있다.[61]

복음통일이 사회·경제적 혼란으로 야기되는 비용보다 훨씬 큰 이득을 준다는 확신과 함께 21세기 민족의 무궁한 번영과 발전, 개인의 삶의 행복 추구 등을 위해 반드시 복음평화통일은 필요하다는 것이다. 이를 바탕으로 하는 복음통일의 당위성은 다음과 같다.[62]

첫째, 분단구조를 극복하면 지속적인 발전이 가능하기 때문이다. 정전체제로 유지되고 있는 현 분단구조는 남북 간에 사소한 일로 긴장이 고조될 수 있으며 언제든 전쟁이 발생할 수 있는 요인을 지니고 있다. 분단 구조에 따른 안보의 불안정을 극복하고 소모적 자원의 낭비와 비용의 절감을 통해 지속 가능한 발전을 지향할 수 있기 때문이다.

둘째, 우리 민족은 남북한 주민이 하나의 공동체를 이루며 살아왔기 때문이다. 남북한이 복음통일을 해야 하는 기초적인 이유는 남한과 북한은 언어, 문화, 역사 등을 공유한 한민족공동체를 이뤄왔다는 사실에 뿌리를 두고 있다. 우리 한민족은 원래 동일한 언어와 문화, 혈통을 지닌 단일민족이었다. 수많은 국난 중에서도 한민족공동체 의식을 갖고 대동단결하여 통일국가를 발전시켜 온 역사를 갖고 있다. 그러나 지난 75년의 분단으로 인한 민족 간 갈등과 대립은 한민족으로 간직했던 민족정체성을 크게 훼손시켰다.[63]

분단은 굴절된 한국 역사를 교정하고 민족의 역량을 최대화하는 새로운 민족공동체를 건설한다는 한민족의 요구에서 평화통일은 꼭 실현돼야 한다. 우리 민족은 유구한 세월 문화와 전통을 유지해왔다. 그러나 분단 이후 상이한 체제와 사회로 분단되어 지탱해 오면서 문화적인 이질화가 극심해 가고 있다. 복음통일은 이러한 우리 민족의 이질화를 극복하고 우리 민족의 동질성을 회복하자는 것이다.[64]

셋째, 복음통일이 되면 다양한 편익을 누릴 수 있기 때문이다. 복음통일은 전쟁 위협을 해소하기 위해 항구적인 평화를 가져올 뿐 아니라 내부의 이념적 대립을 종결함으로써 사회통합과 국론결집을 가능하게 한다. 또한 복음통일로 인한 안보위협의 해소는 국가 신용등급과 국가 브랜드 가치를 높여 '코리아디스카운트(Korea Discount)'를 '코리아 프리미엄(Korea premium)'으로 전환시킬 것이다. 이뿐 아니라 경제학자들은 통일이 향후 50년 넘게 경제 활성화를 가져올 수 있다고 전망한다.[65] 현재 우리나라는 세계 10위권의 경제대국이지만 성장 속도가 둔화되고 있는 상황이다. 이에 코로나 사태로 인해 경제 문제가 심각하게 되었다. 복음통일은 새로운 성장 동력과 시장의 확보를 통해 비약적 성장을 가능하게 할 것이다.

복음통일은 일차적으로 국토 면적의 확장 및 인구 증가로 인한 내수시장 확대를 가져온다. 이와 더불어 남한의 자본과 기술이 북한의 노동력 및 지하자원과 결합해 시너지 효과를 창출함으로써 새로운 성장 동력을 확보하게 된다. 또한 통일한국은 해양과 대륙 진출의 요충지의 한반도 지정학적 특성을 고려해 태평양과 유라시아를 연결하는 물류와 교통의 중심지역으로 부상할 것이다. 복음통일은 내수시장의 확대와 대륙으로의 진출 등을 통해 기업에는 새로운 성장 활로를, 개인에게는 다양한 직업 선택과 취업의 기회를 제공하게 될 것이다.[66]

넷째, 남북한 구성원 모두에게 자유와 인권과 행복한 삶을 보장해 줄 수 있기 때문이다. 특히, 남북이산가족과 북한이탈주민 등이 분단으로 인해 겪고 있는 고통을 해소하고 북한 주민의 질적인 삶을 개선하는 차원에서도 복음통일이 절실히 필요하다. 복음 통일은 북한 주민도 자유와 복지, 인간의 존엄과 가치존중이라는 혜택을 누릴 수 있어야 한다. 우리가 복음통일을 해야만 하는 다른 이유는 분단으로 인해 지불하고 있는 비용과 폐해를 없애고 보다 더 나은 삶의 질을 보장받고 개인적인 삶의 질도 향상시킬 것이다. 이처럼 통일은 우리 민족의 번영과 발전을 가져올 뿐 아니라 한반도를 태평양, 시베리아, 유럽과 연결하고, 동북아 지역의 평화 및 공동발전을 선도할 국가로 발전시켜 국제적 위상을 높여줄 것이다. 이는 통일 후 독일이 유럽의 중심국가라는 위상을 확보하고 유럽통합을 가속화해 유럽 경제발전의 시너지 효과를 가져 온 것과 매우 비슷한 가능성을 열 수 있게 될 것이다.

복음통일은 남북한 주민이 보다 더 평화롭고 풍요로운 환경 속에서 인간답고 행복한 삶을 보장 받기 위해서 반드시 필요한 것이다.[67] 따라서 한민족 복음 평화통일은 힘을 과시한 통일보다는 남북한의 체제가 지니고 있는 단점들을 보완할 수 있는 복음 평화통일이어야 한다.[68]

03
통합이론과 통일비용 이해

통합이론 이해

한민족의 분단과 복음평화통일의 당위성은 분단이 고착화된 현실에서 통일의 당위성은 더욱 높아가고 있다. 그래서 한민족의 평화통합이론과 그 방안을 살펴보고자 한다. 한민족 평화통일이론을 전개함에 있어서 정치학적으로는 국제통합이론(International Integration Theories)은 지역통합이론(Regional Integration)을 중심으로 발전되어 왔고 주로 제2차 세계대전 이후의 유럽통합 과정을 그 연구 대상으로 삼아왔다. 최근의 연구에서 골드스타인(Joshua Goldstein)은 국제통합이론을 "초국가적 기관(supranational institution)이 국가적 기관(national institution)을 대치하는 과정이며, 주권을 국가로부터 지역 혹은 세계적 구조 및 점진적으로 상향 이동시키는 과정"이라고 정의한다.[69]

통합의 목표는 하나 이상의 국가가 하나의 국가로 합병하는 것이라고 설명하였다. 요컨대 국제통합이론은 몇 개의 민족국가 수준의 정치단위들이 어떻게 통합하며 그들의 충성심을 더 큰 공동체로 이전시켜 가는가를 설명하려는 노력이라고 할 수 있다. 통합이론은 현실주의의 기초가 되는 민족국가의 주권과 국토의 절대 보전이라는 기본 가정에

대한 도전이며, 이러한 내용이 통합 이론의 핵심이라고 할 수 있다.[70]

평화통일에 대한 통합이론에 있어서 통합의 목표는 몇 개의 국가가 하나로 합병하는 것이다.[71] 여기서 통합은 평화를 전제로 하고, 통일에 대한 사전 교육도, 국민들의 통일의식 향상도 반드시 필요함을 의미한 것이다.[72] 즉 민족통일이 아무리 좋아도 물리적 통일은 안 된다는 것을 의미한다.

평화통일에 대한 통합이론을 살펴봄에 있어서 먼저 통합의 정의와 조건이 무엇인지 살펴보고자 한다. 통합(統合)의 사전적 의미를 살펴보니 "둘 이상의 조직이나 기구 따위를 하나로 합침"을 말하거나[73] "모두 합쳐서 하나로 모음이나 통일(統一)"을 뜻한다.[74] 정치학에서 통합이란 개념은 전후 국제사회에서 지역 간, 국가 간의 분쟁을 평화적으로 해결하고, 그 평화를 유지하기 위한 방안들이 다양하게 논의되었다.[75]

사회학에 있어 통합이론은 지역 간 또는 국가 간의 통합보다는 한 사회내의 통합에 중점을 두고 있다. 두 학문의 통합이론들은 서로 경중은 다르지만 통합의 모델을 설정하는 데 원용이 가능한 측면을 보여주고 있다. 통합이론의 선구자로서 역시 미트라니(David Mitrany)를 꼽을 수 있고 그밖에 하아스(Ernst B. Haas), 제이콥(Philip Jacob), 린드버그(Leon N. Lindberg), 나이(Joseph S. Nye), 도이치(Karl W. Deutsch), 에치오니(Amitai Etsioni) 등이 있다.[76]

정치학에서 제시된 통합에 대한 정의는 '과정'과 '조건'으로써의 통합으로 분류된다. 미트라니, 하스, 린드버그는 통합을 하나의 과정으로 파악하고 있으며, 도이치, 에치오니, 제이콥 등은 통합을 조건으로 파악하고 있다. 사회문화의 통합은 정치경제, 법 등의 영역에서 진행되는 제도적 '체제 통합'과는 다른 개념으로써 체제통합에 대해 인간들이 어떻게 구체적으로 행동과 의식의 차원에서 대응하는 가라는 문제의식에 기반하고 있으며, 체제통합의 결과이자 전제로써 인간통합이라고 할 수 있고, 다민족·다인족 국가나 국민국가의 틀을 넘어서는 사회문화교류 또는 통합의 경우 인종적·종교적·민족적 문화의 다양성을 포함해야 한다.

기든스는 보다 포괄적으로 사회통합에 대해 사회적 통합과 체제 통합으로 구분한다. 사회적 통합은 미시적 차원에서 개인이나 집단 사이의 상호작용이 상대적 자율성과 의존관계를 구성하려는 것이고 체제 통합은 거시적 차원에서 사회구성원들의 체제의 지배 정당성을 인정하고 사회적 통합에서 민주주의 원칙이 필요함을 의미한다.[77]

하아스는 경제공동체라는 저위 정치적 부문의 통합과정을 중시한 반면, 도이치는 안보 공동체라는 고위 정치적 부문의 통합이 정치공동체의 요체라는 것이다. 국제통합이론은 몇 개의 민족국가 수준의 정치단위들이 어떻게 통합하며 그들의 충성심을 더 큰 공동체로 가는가를 설명하려는 노력이라고 할 수 있다.[78]

발라사의 정의에 의하면 경제통합이란 통합 형태와 범위가 다양하여 일률적인 개념정의를 내리기는 곤란하나 2개 이상의 국가가 재화와 생산요소의 국경횡단에 대한 장벽을 완화 내지 철폐해서 하나의 동질적 시장을 형성해 경제적 상호의존 관계를 심화시켜 단일한 경제 단위를 구축해 가는 과정을 말한다.[79] 경제통합은 지리적으로 인접한 국가들 간에 시장을 통합하여 경제적 기회균등의 폭을 넓히고 관련 제국

전체의 사회 · 경제적 후생을 증진시키기 위한 목적으로 추진되고 있다. 개별국가가 공통목표를 가진 한 공동체로 통합되기 위해서 각국의 정치 · 경제적 정책 목표가 상호 수렴되고 조정과정을 통하여 상호 연결될 수 있어야 한다. 경제 통합은 통합 추진의 목표와 통합과정에 영향을 미치는 변수들에 따라 연방주의적 통합과 기능주의적 통합으로 나누어진다.[80]

통합이론의 한 유형은 표준적인 구분이 없어서 학자마다 통합이론이 다를 수밖에 없다. 나이는 지역통합 유형을 정치적, 경제적, 사회적 통합으로 분류하였다. 경제적 통합이라는 것은 다른 나라에 속한 경제단위의 차등을 없애기 위해 5단계로 나눈다. 즉 경제동맹, 공동시장, 자유무역지역, 관세동맹 등으로 나눈다. 반면 사회적 통합이라는 것은 국경을 뛰어 넘는 의사소통과 상호왕래가 증가하여 최고조에 달하여 범국가적 사회가 형성될 수 있는 것을 의미한다.

반면 도이치는 융합적 안전공동체로서 안전 공동체를 정치적인 하나의 단위로 합한 사회적인 변화를 기대하는 안전공동체의 형성을 말한다. 또 하나는 복합적 안전 공동체인 융합적 안전공동체와는 달리 각 단위들이 법과 제도적인 보장된 정부로써 안전적인 공동체를 말한다. 즉 각 정부가 분쟁을 해결함에 있어서 비폭력적으로 평화적인 사회변화를 기대할 수 있어야 하는 것을 말한다.

비교적 최근 견해를 말한 버치(Anthony Harold Birch)는 통합유형에 대한 견해로 통합은 동화(assimilation)의 의미가 아니라, 민족통합 범주들의 목록이라는 구성을 말하였다. 민족통합이라는 경험분석을 위한 개념 준거로 통합을 정치통합, 경제통합, 사회통합 등으로 범주화(範疇

化)시켰다. 사회통합에는 융합과 동화와 문화적 다원주의의 범주로, 경제통합은 부분통합, 완전통합과 경제적 분리의 범주들을 제시하였던 것이다.[81]

여기서 경제통합은 정치 및 사회적 조화를 찾고자 하는 의욕 없이는 진전을 기대하기 어렵다. 가맹국 사이에 공동의 금융, 재정, 사회정책 등을 결정하는 기구를 갖는 초국가적인 조직이 형성되는 단계를 생각할 수 있는데 이 단계를 완전경제통합이라 한다. 경제통합은 즉 단일 상품에 대해 가맹국 사이에서는 관세를 내리거나 철폐하고 비 가맹국에 대해서는 차별관세를 부과하는 매우 불완전한 경제 통합의 형태에서부터 가맹국들이 모든 상품에 대한 무역 장애의 제거, 공동의 제정 및 금융정책의 실시, 공동의 통화제정 등의 경제적인 통합 뿐 아니라 나아가 정치적인 통합까지도 고려하는 가장 완전한 형태에 이르기까지 여러 단계의 경제 통합의 형태를 상정할 수 있다.[82]

경제 통합의 유형은 분류 기준에 따라 여러 가지가 있으나 남북한 경제 통합은 급진적인 경제통합과 점진적인 경제 통합으로 분류하고 있다. 급진적 경제통합은 자본주의와 사회주의의 이질적인 경제 통합을 실현하기 위해서 사회주의 경제 체제의 급진적인 체제전환이 필요하다는 것이다. 점진적인 경제통합은 유럽연합의 경우처럼 점진적인 회원국 간 경제적 통합으로써 자유무역지역, 관세동맹, 공동시장, 경제동맹, 완전경제통합의 단계를 말한다.[83]

통합과정의 모델에서 에치오니는 통합의 정의를 토대로 통합의 계기적 선택 모델(a sequential option model)을 제시하였다. 제1단계는 융합된 사회(a fused society)로써 다양한 사회적 욕구들이 충족되지만 그 변화는 거의 유도되지 않는다. 원시적 사회가 이 모델에 가장 비슷한 것이다. 제2단계는 분화된 사회(a differentiated society)인바, 각 중요한 기능을 정당화시키는 전문화된 규범적 원리들이다. 다양하게 분화된 산업사회의 모델이다. 제3단계는 이전에 사회가 재통합되는 경우로써 다양한 단위의 내부 메커니즘으로 분화된 단위들을 복합적이면서도 통합적 전체로 연결시킨다. 재통합된 사회는 더 조직적이면서 덜 집합적이며 더 정치적이면서도 덜 사회적이라는 점에서 다르다. 사회통합 모델은 시간이 흐름에 따라 자연히 얻을 수 있는 결과가 아니며 체계적이고 지속적으로 요구되는 의식적, 의도적 노력이 반드시 요구된다는 사실이다. 통합이론의 기능주의, 신기능주의, 다원주의, 연방주의 이론 중에서 다원주의가 커뮤니케이션의 증진에 따른 공동체 모델을 제시하고 있어서 사회통합 이론 구성에 가장 적절한 통합이론이라고 생각한다.[84]

반면 이용필은 한민족 공동체 통일방안을 이렇게 말하였다. 남북한의 통일을 복합적인 과정으로 파악하고, 모델을 구성하였다. 한민족공동체는 이질화의 심화를 극복하고 동질성을 점진적으로 회복하기 위하여 민족공동체의 구조와 기능적인 하위단위들에서 계기적 통합과정을 전진시킬 필요가 있다는 것이다.[85]

한반도의 분단에 있어서 어떻게 하면 복음평화통일을 달성할 수 있을까? 한민족은 심도 있게 성찰할 시대를 살아가고 있다. 통일의 과정은 정치와 경제와 사회 및 문화 등 전반에 걸친 통합으로써 남북한의 경제 통합은 경제의 체제 자체가 기본적인 상이함과 경제 수준의 차이가 너무 큰 두 경제가 하나의 체제로 통합된다는 것을 설정한 것이다.

이렇게 놓고 볼 때 남북 경제 통합과정의 기본적 과제의 하나는 북한 동포의 경제수준을 향상시켜야 하는 것이다. 남북 경제 통합과정으로 정부 개입, 혹은 산업 구조적 정책을 그 범위와 수준에서 어떻게 시행할 것인가에 대한 해답은 존재하지 않는다.[86]

사전적 의미의 통합은 2개 이상의 조직과 기구 등을 하나로 모아 합치는 것이다. 분단된 남북한을 하나로 통일한다는 것이다. 분단이 지속되는 한 전쟁의 위협은 사라지지 않고 따라서 진정한 평화는 없다. 평화가 있더라도 일시적 평화이고 한계가 있는 평화이다. 단순히 전쟁이 없는 상태가 평화가 아니라 정의와 자유와 인권존중과 평등이 실현되어야만 진정한 평화인 것이다. 이와 같이 통합이론은 이런 평화를 전제로 해야만 하는 것이다.[87] 통합이론을 한반도 통일문제에 원용하는 데 있어서 한계가 있다. 지역적인 통합은 대체적으로 민족국가를 극복하고 초 민족 국가적인 중심적 역할을 하는 사람을 찾고자 하는 데 반해 한반도 복음평화통일문제는 민족국가로의 통합을 향해 나아가야 한다. 즉 유럽연합에서 기능적 통합이란 두 나라 이상의 민족국가가 현격한 이질성이 심화될 때 동질성 회복을 위해서 정치군사적인 통합을 추구한다는 것이다.

정치학의 통합이론들은 유럽 국가들 간의 다자적인 통합과정을 경험으로 구축하게 된 것이다. 남북한의 경우 적실성에서 본질적인 한계를 근본적으로 갖고 있다. 그래서 남북 양자 간에 정치적 통합을 위하여 동질성의 확대를 위한 북한정치체제의 변화를 배려해야 할 것이다. 통합에 있어서 동질성 문제는 공동체를 형성하는 데 사회적, 경제적 유사성이 무엇인가 하는 것과 같다. 공동체는 종족에 대한 동질성 회복을 위해 형성될 수가 있고, 정치적 이념이나 신념 또는 종교적인 공통점을 찾아서 성립할 가능성도 있을 수도 있다. 정치적인 단위를 가지고 통합할 수 있는가 하는 것은 상당히 어려운 문제에 봉착할 수 있다.[88]

남북분단 이후 남북한 지역에서 다양한 통일론이 제기되었다. 북한의 경우 분단 직후의 "무력통일 방안"에서 "고려 민주연방제"를 경과하면서 "낮은 단계의 연방제" 안을 제안하고, 한국의 경우 북진통일론(이승만 정부)에서부터 "민족공동체 통일방안"(김영삼 정부)이 제안되기까지 다양한 통일방안이 모색되었다. 이 과정은 급진적 통일방안에서 점진적 통일방안으로 이행하는 과정이었다는 공통점이 있다. 김대중 대통령은 노태우·김영삼 정부의 '자유민주주의 체제하의 통일'이 실상은 '흡수통일방안'이므로 북한이 수용하지 않는다는 현실론에 입각하여 '흡수통일배제'를 명시적으로 포함한 대북정책 3원칙 즉 첫째, 일체의 무력 도발불용 둘째, 흡수통일 불 추구 셋째, 교류협력을 적극 추진하고 안보와 화해·협력을 병행하는 대북포용정책을 추진하였다.[89]

그래서 남북한경제통합을 "체제 전환적 경제 통합"이라고 할 수 있을 것이다. 남북한 경제의 균형적 발전을 보장하게 될 남북경제공동체를 형성해야 할 것이다. 남북한경제 통합에 대한 북한의 협력관계를 이끌어내기 위하여 한국 경제제도에서도 자본주의의 문제점을 보완해야 할 것이다.[90]

통합이론이 광의로 사용할 경우에는 현실주의적 통합이론, 신 현실주의적 통합이론, 자유주의적 통합이론, 신자유주의적 통합이론, 그리고 구조주의적 통합이론 등을 달리하는 여러 이론들을 내포한다고 할 수 있다. 이중 협의로 제한해서 사용할 경우에는 주로 자유주의 이론만을 뜻하며 한국은 자유주의 패러다임의 통합이론이 계속적으로 연구되었다.

자유주의적 통합이론으로는 기능주의와 신기능주의 이론[91]을 대표한다. 즉 통합이론이란 국가들이 분쟁을 평화적인 방법으로 해결하기 위해서 상호 협력을 통해 제도화하고 공존과 공영을 성취할 수 있는 공동체로 결합하는 과정 및 결과에 관한 이론을 말한다. 통합이론들은 유럽연합의 통합에서 배경을 바탕으로 탄생한 것이라고 할 수 있다.

세계 2차례의 전쟁에서 '근대국가 체계'를 변혁해야 하는 새로운 요구의 산물인 지역통합론(regional integration)으로써 자유주의(liberalism)가 재등장하였다. 통합이 성공하기 위해서는 구성원이 통합을 내실화하는 능력, 즉 외부엘리트들보다는 내부 엘리트들이 어떤 통합과정의 방향을 수용하는가에 달려 있다. 펜트란드(C.Pentland)는 통합이론을 통합과정의 최종 산출물과 통합과정을 야기하는 조건에 따라 〈표1-1〉과 같이 기능주의, 연방주의, 다원주의, 신기능주의의 4가지로 분류한 바 있다. 먼저 최종 산출물의 성격에 따라 국가 모델과 공동체 모델로 분류되는데 전자의 경우가 후자 보다 더 구체적이며 까다로운 형태라고 할 수 있다.

통합과정에 기여하는 조건에 따라서 권력, 엘리트에 의한 통치, 대중의 정치적 성향 등과 같은 정치적 변수에 직접적인 초점이 맞추어진 경우와 간접적인 과정으로 경제, 사회 및 기술적 요인을 강조하는 경우로 분류하였다.[92] 어떤 북한 전문가는 김일성이 생존해 있는 한 앞으로 10년간은 통일에 대한 구체적인 진전이 어렵다고 전망했었다.[93] 그러나 김일성이 사망한 지 26년이 흐른 지금 통합이론의 적용과 강력한 외교력이 더욱 필요한 때이다.

〈표1-1〉 통합 이론의 분류

구 분		< 산 출 물 >	
		국가모델	공동체 모델
<통합과정>	직접적 - 정치적 변수	연방주의	거래주의 (다원주의)
	간접적 - 사회경제적 변수	신기능주의	기능주의

출처:추원서,「신 기능주의적 관점에서 본 남북경제공동체연구 정치통합조건으로서의 경제통합」

국제통합이론은 몇 개의 민족국가 수준의 정치단위들이 어떻게 통합하며 그들의 충성심을 더 큰 공동체로 가야 하는가를 설명하려는 노력이다. 통합이론은 현실주의의 기초가 되는 민족국가의 주권과 국토의 절대보전이라는 기본 가정에 대한 도전이다.[94] 이러한 통합이론을 기능주의 및 신 기능주의, 연방주의, 거래주의 혹은 다원주의 등으로 다음과 같이 설명 하고자 한다.

미트라니는 기능주의 이론의 기본적인 틀을 제안하였고, 세계 제1차 대전을 겪은 후 폭력에 따라 감시되는 평화체제는 일시적인 미봉책에 불과하다. 여러 국가는 논쟁을 떠나 사회·경제적인 제 문제에 대해 노력하면서 상호 의존적 복잡한 상황 속에서 통합하며, 평화로운 지구촌 공동체가 창설된다는 것이다.

미트라니는 활성화된 사회적 기능을 결여한 정치권력은 공허하다는 것이다. 기능주의는 정부와 법률이 지구촌 공동체의 형성 후에 수반되어 나타난 최종적인 단계로 생각했다.

미트라니식의 기능주의 이론의 가장 중요한 두개의 명제 정치적 부분과 경제적 부분은 분리가 가능하다는 전제 하에 있다. 경제 교류의 증대는 심리사회적으로 전이되어 최종적인 다수의 기능별 행정망이 늘어나고 평화공동체가 성취된다는 분기이론을 주장하였다. 기능주의의 이론을 정치적 분리(separability)와 인간의 합리성(rationalism)과 분기(ramification)와 파급효과(spill over) 등으로 설명이 가능하다.

첫째, 인간은 합리적이며 실리를 추구하는 경향과 상충된 이익이 된다면 늘 화해하고, 평화적 세계에서만 그들 욕구가 충족될 수 있다는 입장을 고수하고 있다.

둘째, 국제문제를 해결하는 데는 영토보다는 기능을 강조하여 상호 협력하는 방안을 모색해야 한다.

셋째, 분기이론은 한 기능적 협조체제가 다른 차원의 협조관계를 형성하는 데 도움이 된다는 것이다. 미트라니식 통합의 방법은 기능적 부분의 통합이 이루어지면 점진적으로 하나의 사회가 된다는 것이다. 점진적인 통합은 OECD, EU와 같은 정부 간 조직체를 성장시키는데 큰 영향을 끼쳤다. 기능주의 통합이론은 경제 혹은 사회적 분야와 정치적 분야를 현실적으로 분리할 수 있는지의 여부이다. 경제 혹은 사회적 침투가 때때로 정치적 영역으로 확산되지 않는 것이다.[95]

인간은 합리성을 추구하며 이상적 사고에 바탕을 둔 이 이론은 국가의 강제력, 국가제도, 국가안보 및 주권 등과 관련한 정치적 갈등에서 유래된 것으로 간주하고 있다. 기능주의자들은 인간은 합리적 존재이기 때문에 사회관계의 갈등보다 조화를 추구하며 평화적 세계에서만 그들의 욕구가 충족될 수 있다고 생각한다.

미트라니는 인간의 갈등은 국가의 비창조적 실제 내에 인간의 삶이 강요당하고 있는 것이라고 보며, 사회적 갈등이 자연적 상태는 아니며 사회 활동에서 자연스런 상태가 발견될 수 있다고 바라보았다. 기능주의 핵심은 비교적 자유로운 기술 영역에서부터 국가의 협력이 달성되면 협력의 습관은 타의 기술적인 부분들로 확산되어 궁극적으로는 당초엔 생각할 수 없었던 정치적 통합까지 이를 수 있다고 한다. 이 과정에서 전쟁을 사전에 예방하고 적극적인 평화장치를 마련하기 위한 국제기구가 필요하며 이 일을 담당할 적임자가 국제기술 전문가라는 것이다.[96]

기능주의에 입각한 점진론적 통합방안은 지금까지의 통일논의에서 자주 원용되어 왔다. 1978년 박정희대통령이 제의한 '남북한경제협력 추진을 위한 협의기구 결성' 등은 기능주의 이론에 입각한 단계적 통일방안이라 할 수 있다.[97] 이렇게 한국의 통일정책은 그 내용에 있어서 통일의 과정은 기능주의적 접근방식에 의하여 시작되고 있는 것이다.[98]

신 기능주의 이론의 대표자 하아스는 기능주의란 정치권력의 성격을 충분히 담아내지 못하였다고 비판했고, 복지정책은 정치권력과 긴밀한 불가분의 관계에 있다고 말하면서 기능주의 이론의 재조정을 제시하였다. 하아스, 나이, 린드버그, 슈미터(P. Schmitt) 등 신 기능주의 통합이론가들은 초국가적 기구와 제도의 증가와 정치 권력자들간 연락과 발전에 의해서 통합이 추진된다고 했다.

신 기능주의 이론과 기능주의 이론은 다음과 같은 차이를 볼 수 있다.

첫째, 신기능주의는 기능적인 통합을 통해서 점진적인 통합을 추구하고 기능주의에서 주장하는 경제와 기술론의 입장을 거부하며 정치와 경제와 기술 분야는 확실하게 구분할 수 있는 것이 아니라고 주장한다.

둘째, 신기능주의 이론은 정부, 정당 정치적 요소의 이익 집단의 중요성을 강조하는 점에서 기능주의와 구분된다.

셋째, 신기능주의자들은 기능적인 요구가 생겨난 후 통합을 촉진하는 기구 및 제도의 창설을 의도적으로 시도한다. 그러나 급진적인 방법으로 연방 기구의 창설을 요구하지 않는다는 점에서 연방주의자들과 구별된다.[99]

연방주의(federalism)라는 것은 정치공동체를 탄생시키는 헌법적 조치의 수단을 활용할 것이라고 주장한다. 연방주의는 언어와 문화와 같은 공통점을 갖고 있든지 아니면 단순하게 지리적 인접성을 갖고 있으면서도 최선의 방법은 군사력과 경찰력과 연방제도를 탄생시키는 것이라고 신봉하고 있다.

연방주의 접근법을 실천하고 있는 행동파는 유럽연합의 헌법과 공식적 제도와 구조를 의도적으로 창출하려는 제도가 주류를 이루고 있으며, 이론가들은 연방주의적 통합의 양태를 분석하는 데 중점을 두고 있다. 그리고 신기능주의자들보다 더 공식적 제도 및 헌법적 제도들의 필요성을 역설하고 있다. 하지만 연방주의를 특징짓는 방법으로 신기

능주의자들이 관심을 갖고 있는 공동체적 요구와 기대 구체적 제도의 발전을 중시하는 방법이 있다.[100]

통합이론은 국가 주권, 권력분배, 권력엘리트의 행태와 직접적인 정치적 현상으로 간주되고 조건으로써 정부제도의 해체와 공통의 군사, 경찰 및 사법제도를 포함하는 연방기구와 같은 초국가적인 제도 수립을 주장하게 된다. 따라서 정치기구의 통합을 위해서는 먼저 헌법을 단일화 하여야 하고 이 단일 헌법에서 중요 정부정책을 구성원 동의 없이도 결정할 수 있는 권한을 가진 정치적 기구를 설치하여야 한다.

1961년 가나, 기니, 말리가 연방주의 방법에 의하여 아프리카 연방을 구성하려다 실패한 사례가 있으며, 역사적으로 성공한 사례는 미합중국을 들 수 있다. 남북경제공동체의 주요 정치적 형태가 될 것으로 예상되는 남북연합은 연방주의 이론의 적용대상은 아니라고 생각할 수 있다.[101] 연방주의는 지역무역협정을 단순히 무역장벽의 인하뿐 아니라 회원국의 주요 일부를 양보하면서 공동산업정책 또는 공동농업정책을 실시하는 것이 경제성장을 촉진하고 후생의 증대를 가져온다는 주장이다. 지역무역협정의 단계를 넘어서 공동시장이나 경제통합의 단계에 이르러야 이 같은 연방주의가 실현가능하게 된다. 유럽연합이 모색하는 연방주의는 궁극적으로 미합중국과 같은 형태의 유럽연합중국을 달성하는 데 있다.[102]

도이치가 대표인 거래주의와 다원주의는 커뮤니케이션과 거래관계의 확대를 통합의 필수적 요건으로 보는 기능주의 이론의 한 맥락이다.[103] 도이치는 수학자 노버트 위이너(Norbert Wiener)의 두뇌공학 이론과 파슨즈(Parsons)의 일반 체계이론으로 빌려온 커뮤니케이션 이론과 체계이론을 원용(援用)하였던 것이다. 이 이론은 정치, 경제, 사회, 문화적 통신 또는 거래를 통해서 인간들의 접촉의 증가로 말미암아 사회심리적인 과정을 거쳐 국민들을 동화시켜 좀 더 큰 공동체가 가능하다고 예측한다. 국가 간의 양적 거래의 증가로 말미암아 질적인 변화를 가져와 통합을 하게 되고 국가는 통합하게 된다는 것이다.

즉 여타 이론에 비하여 거래에 보다 많은 강조를 하게 된 결과, 공식 기구와 정치적 제도가 상대적으로 경미한 역할만 하고 인간관계에서 아주 중요한 역할을 하게 된다. 거래주의의 또 하나의 특징은 정치 통합을 위해서 필요한 조건에 두어 정치적 공동체의 발전을 위한 충분 조건으로 공동체 의식을 주장한 결과 융합의 개념과 통합의 개념을 구분한다는 점이다. 즉, 통합이론은 공동체의 형성으로 보는 한편 2개 이상의 독립적인 단위체들이 하나의 공식적인 큰 단위로 병합하는 것을 의미한다.

도이치에 따르면 통합은 융합에 선행하고 기능적인 연계가 있어 거래는 증가하고 따라서 사회적인 동화로 말미암아 공동체가 형성되고 결국에는 정치적 융합이 발생하게 된다는 것이다. 즉, 공동체 국가들이 통합 후에도 법적인 독립성을 유지하고, 별도 의사결정 기구를 갖는 융합적 안보 공동체와 다원적 안보 공동체로 나눌 수 있다.[104] 전자는 두 개 이상의 독립국이 영국처럼 단일적이거나 미국처럼 연방정부 하에 통합하는 경우를 일컫게 된다. 후자는 각 정부가 독립을 유지하고 있다. 그리하여 도이취는 국제정치사회를 현실적인 면에서 살펴보자면 다원적인 안보 공동체의 개념을 넘어서지 못하나 국제정치를 특징지어 온 안보 딜레마를 극복하는 방안으로 동 개념을 안착시키려 했다. 거래주의에 대해서 몇 가지 비판과 문제점이 있다.

현대의 노르웨이 및 스웨덴과 같은 다원적인 안보 공동체가 미국과 같은 융합된 안보 공동체의 성격으로 변하는가에 대한 설명도 없다고 비판한다. 거래주의의 비판은 정치적, 제도적 측면의 설명을 결여하고 있다는 점이다. 예컨대, 거래주의는 국민들의 태도와 여론의 변화가 정부 정책과 사회적 심리적 수준의 변화로 전이되는가에 대한 설명이 부족하다는 것이다.

이밖에 통합수준을 나타내는 지표와 실질적인 통합의 측정과 관련하여 나타나는 것이다. 편지 왕래 같은 통신에 가능한 변수만을 적합한 지표로 보고 측정이 아예 곤란한 무형적 요소를 배제하는 것과 같은 문제가 있는 것이다. 거래주의는 제도 자체를 경시하며 개인의 사회 학습에 의존한 견해로 비판을 받지만 공동체 형성의 사회 심리적 측면을 부각시켰다는 가치를 인정받고 있다. 신기능주의에 영향을 크게 미친 것으로 평가받고 있다.[105]

1950년부터 60년대까지의 통합이론이 국제정치학 발전에 공헌한 것은 아래와 같이 정리할 수 있다. 첫째, 정치학의 핵심인 정치적 공동체를 구성하는 제반 원인들을 분석하려했다. 둘째, 특히 국제 정치학의 핵심인 문제로써 갈등과 전쟁의 원인이 되는 해결방안을 모색했다. 셋째, 통합론의 연구는 1970년대에 국제정치와 국제경제이론의 성장에 기초가 됐다. 넷째, 행태과학방법론에 기초한 중위이론으로써 발전 가능을 엿볼 수 있었다. 국제통합론은 현실주의의 권력정치론과 이상주의와 윤리정치론의 문제를 실용주의와 기능주의적 방안으로 보충하고 있다. 하지만 한계점을 스스로 보여 주고 있다.[106]

통합이론과 같은 한계선은 1990년대 중엽 이후 국가안보문제의 비중이 저위정치라 할 수 있는 경제사회의 문제에 비하여 낮아졌음에도 불구하고 지역 내의 분쟁은 심화되어 통합보다 분열이 더욱 심화된 실정이다. 특히 구소련의 붕괴와 동구권의 와해와 유고 연방의 보스니아, 코소바 사태 등은 대표적 사례라고 할 수 있는 것이다. 통합이론의 주 연구 대상인 유럽연합은 1999년 1월 1일을 기하여 단일 통화인 유로화(Euro)를 새로 만듦으로써 정치공동체의 발전상을 지구촌에 보여 주었다. 아무튼 정치적 통합 노력은 갈등과 긴장 속에서 지금도 실험 대상이 되어 있다고 논할 수 있다.[107]

남북한 통일방안 이해

남북한의 평화통일을 위해서 어떠한 통합이론이 있는지 앞서서 충분히 살펴봤다. 한국의 통일방안은 국제통합이론을 배경으로 수립되었다.[108] 남북한의 통일방안이라는 것은 남북한이 하나가 되기 위한 접근 방안이다. 한국교회는 과연 한국의 평화통일을 위하여 어떤 역할을 할 수 있는지 깊이 숙고해야 한다. 만약 인간됨과 삶의 미래라는 초점에 대하여 관심을 가진다면 한국교회는 아직 다수가 받아들이지 못하는 것을 중요한 것으로 만들어 나아갈 수 있을 때 한국교회가 역할을 할 수 있다.[109]

한국은 식민통치와 국토분단에 이어 전쟁을 통한 민족 분단 등의 고난과 역경 속에서도 산업화와 민주화를 동시에 달성한 '기적의 대한민국'으로 국제사회에 자리 매김 되고 있다. 하지만 남북분단 체제의 지속에 따른 불안정성과 비정상성은 한민족공동체의 발전과 번영에 지체를 초래 하고 있어 분단극복은 더이상 미룰 수 없는 민족의 남은 과제이다.

동족 간 전쟁으로 말미암아 깊은 상처와 불신에 전혀 다른 정체성을 가진 양 체제가 서로 이해하고 신뢰를 쌓기 위해 상당한 노력과 입장을 줄이기 위한 남북 대화와 일련의 노력은 정말로 필요한 것이다. 이러한 사물을 분별하고 앎을 기반으로 하여 그 동안 새 남북관계를 바로 세우기 위한 다방면의 노력을 기울여왔으나 남북관계는 갈등과 협력이 엇갈려서 난관이 연속되는 실정이다. 정부의 통일정책은 평화통일에 유리한 환경을 조성할 뿐 아니라 남북관계를 관리하고 개선하려는 정부의 선택이며 구체적 표현이다. 통일방안은 평화통일에 대한 정부의 기본적인 입장, 평화통일의 대원칙, 평화통일에 대한 접근방안 등을 포함해 행동방향으로 구체화한 설계도이다.[110]

아울러 통일방안은 정부의 다른 정책과 같이 시대 상황, 국민적 요망, 정부의 정책 의지 등에 따라 변화되고 있다. 한국의 통일정책은 기본원칙을 유지하며 시대와 환경에 따라 현실에 부합하는 방향으로 계속 보완되어 왔다. 한국의 통일정책에서 견지해 온 일관된 기조는 민주적 절차에 의한 평화적 통일과 민족성원 모두의 자유와 인권 및 민족의 번영이 보장되는 통일 등으로 요약할 수 있다.

그러나 통일에 대한 인식은 당위론적 차원에서 현실적 차원으로 변화돼 왔다. 이런 변화는 '선 평화 후 통일'의 정책기조를 수립한 1970년대를 분기점으로 북한체제의 존재에 관한 현실 인정 및 대화상대로 인정한 것에 기초해서 나타났다. 특히 냉전 이후의 국제 정세를 배경으로 1989년에 『한민족공동체통일방안』을 제시함으로써 '민족 공동체'

라는 개념을 핵심 기조로 하는 새로운 통일방안을 확립하게 됐다. 이후 민족공동체 통일방안[111]은 1994년 남과 북이 '화해·협력 단계'와 '남북 연합 단계'를 거쳐 궁극적으로 '1민족 1국가의 통일국가를 완성'하는 민족공동체 건설을 위한 3단계 통일방안으로 정립된 후 정부의 공식적인 통일 방안으로 계승·발전 되어 지금에 이르고 있다.

남북한의 통일 방안은 남북한 정권이 세워지면서부터 현재까지 지속적으로 제창되어 왔으나 현재는 돌아오지 않는 메아리로 그치고 말았다. 그럴지라도 우리는 남북한의 복음통일을 포기할 수 없다. 그럴수록 우리들은 통일의 새벽은 반드시 올 것을 기대하고 지속적으로 복음 평화통일운동을 전개해야 한다.

복음평화통일운동이야말로 인간의 힘으로 통일이 불가능하지만 하나님께서 섭리(攝理)하시는 역사가 일어날 때 가능한 것이다. 따라서 남북한의 통일방안을 시기별로 어떻게 추진했는지 살펴보고자 한다.

1950년대에 북한의 자주적 총선거 안으로써 유엔 감시가 아닌 외세 개입 없이 남북이 자주적으로 총선거를 통해 통일국가를 수립하자는 내용이었다. 한국은 제1공화국의 북진통일론과 북한만의 유엔 감시하에 총선안[112], 2공화국의 유엔 감시 하 인구비례를 통한 총선거를 실시하자는 내용이었다.[113]

1970년대까지 북한은 자주적 총선거안과 연방제를 혼용한 통일방안을 제시하였다. 이에 기존의 자주적 총선거 안을 간헐적으로 주장하면서 남북 분단의 고착화에 따라 과도적 형태의 연방제를 주장하였다. 1960년 양 정부 대표로 구성되는 최고민족위원회가 남북의 경제문화 발전을 과도적으로 관장하는 연방제를 주장하였다. 1973년 고려연

69

방공화국 구성을 주장하는 평화통일 5대 강령을 발표했다. 군사적 대치상태의 해소와 긴장상태의 완화, 정치·군사·외교·경제·문화 등 다방면에 걸친 합작과 교류의 실현, 남북의 각계각층 인민들과 각 정당 사회단체 대표들로 구성되는 대 민족회의 소집, 고려연방공화국이란 단일국호에 의한 남북연방제 실시, 단일국호에 의한 유엔가입 등 5개항을 주장하였다.

한국은 선 건설, 후 통일의 소극적 입장을 취하다가 경제성장의 자신감에 따라 점차 적극적 방어 입장의 통일정책을 제시하였다. 1973년 6.23 선언으로 내정불간섭, 상호불가침, 유엔동시가입 주장, 분단의 현실 인정에 토대한 남북평화공존에 강조점을 두었고 분단 고착화라는 비판을 받게 되었다. 1974년 평화통일 3대 기본원칙을 첫째, 남북 상호 불가침 협정 체결 둘째, 상호문호 개방과 신뢰회복을 위한 다각적인 협력 셋째, 공정한 선거관리와 감시하에 토착인구비례에 의한 남북한 자유 총선거 등을 발표했다.

1980년대 북한은 고려민주연방공화국 창립 방안을 제시하였다. 1980년 노동당 6차 대회에서 완성된 통일형태로써 고려민주연방공화국 창립방안을 공식화하고[114] 남북동수의 대표와 적당한 수의 해외대표로 최고 민족 연방회의를 구성하고 이것의 상설기구인 연방 상설위원회가 남북의 정치 외교 군사를 관장해야 한다고 하였다.

한국의 5공화국 정부는 '남북한 당국 최고책임자 회담' 개최를 북측에 촉구하는 한편, '민족화합민주통일방안'을 제시했다. "통일은 민족자결의 원칙에 의거 겨레 전체의 의사가 골고루 반영되는 민주적 절차와 평화적 방법으로 성취되어야 한다."는 기본원칙에 입각해 통일헌법의 제정으로부터 남북총선거를 통한 통일 민주 공화국 완성에 이르는 일련의 과정을 구체적으로 제시했다.[115] 6공화국은 한민족공동체 통일방안(과도기로 남북연합 설정)을 제시하였다.[116]

1990년대 북한은 느슨한 연방제로써 1991년 신년사에서 '잠정적으로 연방공화국의 지역자치 정부에 더 많은 권한을 부여하는' 연방제 주장, 지역정부의 외교군사권 인정, 사회주의권 붕괴 이후 체제생존의 방식으로 연방제 의미의 변화를 이루었다. 1992년 남북기본합의서를 채택하였고 1993년 전민족대단결 10대강령을 발표했다. 한국은 김영삼 정부의 민족공동체 통일방안(3단계 통일방안)으로 계승·보완되었다.[117]

낮은 단계의 연방제란 2000년 남북정상회담에서 남측의 연합제와 북측의 낮은 단계의 연방제에 공통성이 있음을 인정하고 남북 지역자치정부에 외교군사권외에 정치권의 독자성을 부여하였다. 남한은 김대중 정부의 햇볕정책, 사실상 통일(de facto), 상호 체제인정과 평화공존을 통한 '과정으로서의 통일'을 강조하였다. 북한은 '연방국가제'를 선호한 반면, 남한은 '국가연합제'를 제시했다. 연방국가는 국가의 권력이 중앙정부와 주에 동등하게 분배되어 있는 정치 형태로, 2개 이상의 주권이 결합한 국제법상 단일적인 인격을 가지는 복합형태의 국가이다. 국가 연합은 독립한 국가들이 조약의 체결을 통해서 약한 정도의 결집력으로 국가 간의 통합을 이룬 집단체제를 의미하고 국제법 상으로는 하나의 국가로 인정되지 않는다.[118]

민족공동체 통일방안은 화해협력을 통한 점진적 통일이라는 점에서 기능주의적 접근단계라 할 수 있고 남북연합이라는 과도적 단계를 설정했다는 점에서 단계론적 접근이라 할 수 있다. 화해협력과 평화공존을 통한 점진적이고 평화적인 경로의 통일을 이상적으로 디자인한 것이며 화해협력과 남북관계 개선을 통해 상호 체제인정과 평화공존의 점진적 과정을 거쳐 평화적 통일을 지향하고자 한 것이다. 결국 민족공동체 통일방안은 점진적 평화통일 방식을 상정한 것이라고 할 수 있다.[119]

예멘과 독일의 통일 교훈에서 보아 알 수 있듯이 남북한의 통일은 통합적 구심력과 힘의 관계를 반영하는 예멘과 같은 전철을 밟아서는 결코 안 된다. 남북예멘은 합의통합은 이루어졌으나 재분열로 인하여 무력통일이 되었던 것이다.

독일은 통일방법에서 동독시민의 자유선택에 따라 평화로운 방식으로 통일을 성취하였던 것이다. 서독은 오랜 기간 동안 조건 없는 동독지원을 하였다. 이것이 통일의 물고를 트게 하였던 것이다. 그러나 우리나라는 6.26전쟁을 치렀고, 북한은 지금도 핵무기로 한반도 평화를 위협하고 있다.

〈 표1-2 〉 남북한통일방안 비교

구 분	민족공동체 통일방안	고려민주연방공화국 창립방안
통일철학	자유민주주의	주체사상
통일원칙	자주, 평화, 민주	자주, 평화, 민족 대단결 (남조선혁명, 연공합작, 통일 후 교류협력)
통일주체, 전제조건	민족구성원 모두	프롤레타리아 계급, 국가보안법 폐지·공산주의 활동 합법화·주한미군 철수
통일과정	화해협력→남북연합→ 통일국가완성 [3단계] ※ 민족사회건설우선 (민족통일 → 국가통일)	연방국가의 점차적 완성(제도통일은 후대에) ※ 국가체제 존립우선 (국가통일→ 민족통일)
과도통일 체제	남북연합-정상회담에서 「남북연합헌장」 채택, 남북연합기구 구성운영 ※ 남북합의로 통일헌법 초안→ 국민투표로 확정	-
통일국가 실현절차	통일헌법에 의한 민주적 남북한 총선거	연석회의 방식에 의한 정치협상
통일국가 형태	1민족 1국가 1체제 1정부의 통일국가	1민족 1국가 2제도 2정부의 연방국가
통일국가의 기구	통일정부, 통일국회(양원제)	최고민족연방회의, 연방상설위원회
통일국가	자유 복지 인간존엄성이	

출처: 2018 통일문제이해 p.116

남북한 분단비용의 효율적 관리

우리 한국교회가 무엇 때문에 남북한 분단 비용을 분석하고 분단을 극복하고자 노력해야 하는가? 그런데 그것은 다름 아니라 북한 동포와 단순히 통일하여 경제 선진국을 달성하고자 하는 것이 아니다. 우리가 북한을 선교하지 않으면 우리는 사랑의 빚을 갚을 길이 없겠기에 우리의 생존권을 걸고 북한선교를 위한 복음평화통일을 위해서 분단비용을 효율적으로 관리해야 하는 것이다.[120]

한국교회가 아무리 평화통일을 갈망하고는 있지만 북한의 비핵화를 이루어 내지 못했다. 현재 북한에는 190만 명이 넘는 정규군을 유지하고 있는데 통일의 길은 너무 멀다. 그러나 어서 북한의 비핵화와 한반도의 진정한 평화가 정착되기 바랄뿐이다. 독일의 경우 즉 정치, 경제, 법, 군사, 문화 등 삶의 여러 분야에서 급격하게 통일이 왔으니 얼마나 당황했겠는가? 그 동서독 통일의 내면에는 20년간의 평화공존과 준비 기간이 있었다.[121]

그래서 남북한 군사를 한 번 살펴보면 그 규모는 인구가 20배 이상 많은 중국 다음으로 세계 2위에 속하고, 미국, 인도, 러시아보다 많은 숫자이다. 실제로 우리나라는 2010년을 기준으로 놓고 봤을 때 한 해 30조원 국방비의 예산을 집행하고 있다. 정부 예산의 10%에 해당되는 엄청난 비용이며 국민 전체의 세금으로 충당하고 있는 것이다. 남한만 그런 것이 아니다. 북한 역시 전체 국가 예산의 1/3이상을 국방비로 집행하고 있어서 더욱 경제난이 가중되어 심각한 상황이 도래하고 있는 것이다. 한반도의 통일비용은 바로 이런 분단비용을 감축하여 마련하는 제도를 구축하여 실제로 필요한 현실을 정부 당국자들은 인식해야 한다. 남북한 간의 교류와 협력이 실질적으로 활성화된다면 한반도에 전면적으로 긴장이 완화되어 평화통일이 올 수도 있을 것이다. 그렇게 된다면 군비축소와 내수 시장 및 대륙 교역확대라는 엄청난 부가가치를 창출할 수 있을 것이다. 그 막대한 군사비용을 얼마든지 줄여서 복지국가를 지향해 나갈 수도 있을 것이다.[122]

남북한이 40만의 병력을 유지한다고 가정할 때 남한의 인구 비례로 가정하여 27만 명의 병력을 유지할 경우, 국방비 지출과 보유 병력의 축소만을 통해 연간 평균 4~5조 원 정도의 재정을 확보할 수 있게 된다. 남북한 총 군사비 연간 230억 달러 가운데 남한만 보더라도 40억 달러 이상의 재원을 절감하여 경제 건설에 전환할 수 있다. 200만의 병력을 30~40만으로 축소할 경우 남북한의 국방비는 현재 44조 원에서 29조 원으로 15조 원 가량 줄어드는데 이 절감 비용은 서울과 신의주 고속도로를 연간 5개 건설 할 수 있는 금액이다. 여기에 남북 간 군사적 대치로 발생하는 경제 사회적 비용도 연 5조 원 정도 줄일 수 있을 것으로 봐서 통일에 따른 한반도 안보 비용이 전체적으로 매년 21조 3,000억 원 가량 줄어들게 된다.[123]

분단비용에 대해서는 대부분의 국민들의 이해가 부족하다. 한국의 2018년 국가예산은 429조이며, 국방예산은 2018년 43조 1,581억 원으로 약 10%를 넘고, 2019년, 국가예산 470조원, 국방예산 46조 6,971억 원으로 3조 5,390원이 늘어 전년 대비 8.2% 증액되었다. 북한은 GDP 대비 국방비는 세계 1위로 나타났다(2015.2.15.현재). 이렇게 남북한의 분단비용은 엄청나다.

남북연합(통일)이 되면 통일한국의 모습은 엄청나게 달라진다. 먼저 인구의 상황을 보더라도 현재 남한의 인구는 5,020만 명으로 세계 25위, 북한은 2,470만 명으로 세계 49위이다.

남북한을 합한 인구는 7,490만 명으로 남북연합(통일)한국은 세계 19위의 인구 대국이 된다. 국토면적으로는 땅이 크지는 않지만 국토도 2배로 증가되어 현재의 109위에서 세계 85위로 높아질 수 있는 것이다. 이 뿐 아니라 자원이 풍부해진다. 북한에는 흑연, 철광, 아연, 구리, 세계 3위를 자랑하는 마그네사이트 등 광물이 세계적 규모로 매장되어 통일한국은 세계적인 자원 강국이 될 수 있다. 경제적으로는 남북한이 통합된다면 내수 시장이 7천만 명 이상으로 커져서 통일한국 경제는 해외 의존도를 벗어나 자생적으로 성장할 수 있는 기반을 갖추게 된다. 무역량도 늘어날 수 있는 것으로 기대되고 무엇보다 군대 규모를 축소해 산업인력으로 활용할 수 있을 것이다.

경제력과 군사력, 인구 잠재력, 기술력을 합하여 종합국력이라고 봤을 때 남북한이 연합(통일)된다면 현재를 기준으로 세계 10위가 되며 2030년에 G7에 진입할 것으로 예측되며 2050년에 세계 5위의 강대국이 될 가능성이 있는 것이다.[124]

통일이 이루어져 우리나라 국방비가 현 수준의 20% 절감되는 효과만 가져 오더라도 연 5조원 이상을 절감할 수 있을 것이다. 남한의 우수한 자본, 기술과 북한의 양질의 노동력 및 지하자원을 결합할 경우 통일한국의 국제적 경쟁력은 크게 올라갈 수 있을 것이다. 남북경제협력뿐 아니라 동아시아 내 경제협력이 가속화될 경우 한반도는 유라시아 대륙과 태평양을 연결하는 무역의 요충지이자 중개 수송의 교량으로서 동북아의 무역 및 물류기지로 부상할 수 있을 것이다.[125]

통일한국은 막연한 통일이 아닌 평화로운 통일을 위해 이제라도 한반도 평화와 남북관계의 평화 그리고 우리 내부의 평화를 준비해야 한다. 세계 10위권의 교역국가가 군사적 도발에 언제든 노출되어 있고 남북의 군사적 충돌이 언제든 국지전으로 확대될 수 있다는 것은 분명 정상적인 상태가 아닌 것이다.[126]

통일한국은 한민족 구성원 모두에게 반드시 자유, 평등, 민주, 복지, 정의 등 인류의 보편적 가치를 구현하고 보장받는 국가 체제여야 한다. 이런 점에서 통일한국의 미래상은 보편적 가치가 존중되고 풍요로운 삶이 보장되는 자유민주주의와 시장경제체제를 근간으로 삼는 민주조국을 건설하는 민족공동체이다.[127]

우선 통일한국이 지향하는 기본 이념은 자유민주주의이다. 우리가 건설할 통일 국가는 근본적으로 인류 역사에서 보편적인 기본 가치들을 구현하는 것이어야 한다. 모든 인류가 근대국가의 발전과 함께 추구해 온 '자유', '평등', '복지'라는 보편적이고 핵심적인 가치들을 구현해 나가는 가장 기본적이고 효과적인 체제이념은 자유민주주의이다. 자유와 평등의 조화, 절차적 민주주의와 실질적 민주주의의 균형, 자유주의와 민주주의의 조화로 표현되는 자유민주주의는 지금까지 인류가 지향하는 어느 체제의 정치이념보다 상대적으로 우월성이 높다는 것이 역사적으로 평가되었다.

한국교회는 민족공동체의 부분으로서 분단민족의 복음통일을 위하여 민족화해 이상으로 한민족의 세계의 구원을 향한 선교사명을 다 해야 한다. 한민족의 복음통일은 하나님의 정의와 구원의 표징이 된다. 민족 복음통일을 통한 화해와 구원의 공동체가 될 한국은 이제 이 갈등과 분단 속에서 고난 받고 있는 세계를 화해하고 구원하시는 하나님의 구속행위에 함께 동참하는 선교적인 사명을 완수해야 한다.[128]

자유민주주의는 인간의 존엄성을 최고의 가치로 존중하는 정치이념이다. 또한 정치적으로 참정권 등 정치적 권리를 보장하고 자유로운 경제활동을 보장하는 시장경제의 원리에 바탕을 두고 있는 이념이다.

민족주의는 다른 민족과의 공존공영을 추구하는 '열린 민족주의'를 의미한다. 남북복음통일의 정당성은 무엇보다 분단돼 있는 한민족의 정치적·문화적 공간을 통합시키는 통일된 민족국가의 형성에 근거하고 있다. 또한 통일한국의 민족주의는 우리 사회 내 다양한 소수 인종과 문화를 인정하고 공존하는 열린 민족주의를 지향한 가치에 따라 각 분야에서 구현해 나갈 통일한국의 모습은 다음과 같다.[129]

첫째, 평화통일 한국의 정치체제는 국민의 선거에 의해 선출되는 의회와 복수정당제를 갖춘 대의제 민주주의가 보장돼야 한다. 통일 직후 남북한 주민들 간의 정치적 이념의 차이, 경제력의 격차, 사회·문화적 가치 및 관습의 차이 등 다양한 차이가 존재할 것으로 예상된다. 평화통일국가에는 이러한 격차로 인한 갈등을 해소하고, 남북 주민의 자발적 참여의식을 통하여, 국민의 다양한 의견을 반영하고, 정치세력 간의 이견과 갈등을 해결할 수 있는 제도적 장치가 마련돼야 한다. 그러기 위하여 대의제 민주주의제도와 지방자치제, 복수정당제 등이 해당될 것이다.

둘째, 평화통일 한국의 경제체제는 고도의 경제성장을 통해 국민복지 증진에 상대적으로 우월한 체제임이 평가된 시장경제체제가 되어야 할 것이다. 1980년대 말 동유럽 사회주의 국가들의 몰락과 체제전환에서 보아 알 수 있듯이 사유재산 제도와 자유로운 경제활동이 보장된 시장경제체제는 국가를 부강하게 하고 국민을 풍요롭게 하는 제도임이 평가됐다. 평화통일 한국은 시장경제를 바탕으로 자유경제, 개방경제를 지향하며, 이를 통해 번영과 복지를 실현하여 국민 모두가 풍요로운 삶을 보장하는 국가여야 한다.

셋째, 평화통일 한국의 사회체제는 정치, 경제체제와 같이 민주적이고 개방적이며 인간중심적인 체제를 지향해야 할 것이다. 인간중심적인 사회체제란 인간 존엄성을 최고의 핵심 가치로 삼아 모든 제도와 정책의 중점을 인간 존중의 가치를 실현하는 체제이어야 한다. 이에 따라 통일한국의 사회는 민주적이고 개방적이며 자유, 인권, 평등, 복지라는 보편적 가치를 지향하는 사회여야 한다.

넷째, 복음평화통일 한국의 문화는 인간의 가치를 진정으로 존중하는 문화, 즉 하나님 제일주의로써 민족의 기독교에 뿌리를 두는 것이어야 한다. 평화통일 한국은 전통문화 속에서 민족의 동질성을 회복하면서 민족문화를 융성해 나아가야 한다. 또한 평화통일 한국의 문화는 개방적이고 진취적인 것이 되어야 한다.

다섯째, 대외적으로 평화통일 한국은 인류 보편적 가치와 원칙을 존중하고 준수하며 참 평화를 지향하는 복지국가이어야 한다. 복음평화통일 한국은 한반도 비핵화 및 한반도 평화정착과 동북아 평화공동체 건설에 기여하며 세계국가로 나아가기 위한 역량을 강화해야 한다. 또한 한반도에 항구적인 평화를 가져오기 위해서는 주변 강대국과의 관계 속에서 이해의 균형점과 조화를 모색해야 한다. 강화된 국가 역량을 바탕으로 평화 생산자의 역할과 책임을 다할 때 평화통일 한국은 국제 평화와 인권 등의 보편적 가치 수호에 적극 기여하는 국가로서의 이미지를 제고시킬 수 있어야 한다.[130]

남북한 통일비용과 통일편익

통일 비용 추산은 연구기관에 따라 큰 격차를 보이는데, 삼성 경제

연구소는 2005년 보고서에서 2015년 통일이 될 경우 남한의 최저 생계비 수준을 북한에 지원한다는 전제로 2025년까지 545조 8,000억원을 추정했다. 남북한이 전쟁 준비에 쏟아 붓고 있는 비용과 군대 유지를 위한 국방비만 줄인다고 가정해도 통일비용을 준비하는 것은 그리 어려운 현실은 아니라고 생각한다. 남북한이 통일 비용을 준비하는 기본적인 원칙은 막대한 분단비용을 줄이는 것부터 시작되어야 하듯이 평화를 정착하는 데 있어서 가장 필요한 접근방법이라고 생각한다.

실제로 통일독일을 경험했던 통일사례를 보면서 막대한 통일 비용이 들어간 것은 숨길 수 없는 것이 사실이지만, 독일 통일에 막대한 비용이 소요되었던 것을 경제적으로 우위에 있는 서독이 동독을 흡수 통합하면서 모든 비용을 부담하였던 것은 자연스러운 현상이라고 생각한다. 경제적으로 잘 사는 사람이 비용 부담을 더 하는 것이 자본주의의 기본 방식이라고 생각한다. 우리 민족공동체 통일방안은 남북통일을 이룩함에 있어 어느 한 쪽이 다른 한 쪽을 일방적으로 흡수 통합하자는 것이 아니다. 따라서 남북한이 점진적인 방식으로 평화통일을 이루어 나간다면 통일 비용 역시 어느 한 쪽이 일방적으로 부담하는 방식이 되어서는 곤란하다. 통일비용은 가급적 남과 북이 균등하게 부담해야 하며, 통일로 향해가는 과정은 분단 비용을 줄이고 통일 비용을 함께 마련하는 과정이 되어야 한다.

2009년 정부는 남북 교류협력에 기여하기 위해 설치된 남북협력기금을 8%밖에 사용하지 않았다.[131]

남북한의 통일비용 추정은 통일의 형태와 방법, 시기와 목표 수준, 추정 방법 등에 따라 편차가 크다.[132] 통일한국의 꿈을 현실로 만든 비용은 엄청날 것이다. 많은 사람들이 고민하듯 통일과정에는 긴급구호, 남북 간의 빈부 격차 해소, 실업문제, 대량 인구 이동, 교육과 복지, 사회보장문제 등 여러 난제가 놓여 있는 것이 현실이다. 여기에 따르는 비용도 천문학적인 비용이 든다. 통일부는 2030년에 통일을 가정하여 통일 전 20년간 남북 간 공동체 형성 비용으로 79조원(GDP 대비 0.14%)이 들어가고 2040년까지 10년간 남북통합비용으로 734조 6,000억 내지 2,757조 2,000억 원(GDP 대비 1.7%내지 6.76%) 등 총 813조 내지 2,836조 원의 통일 비용이 소요될 것으로 추산하고 있는 것이다.

이렇게 통일비용의 추계는 사실, 통일이 어떻게 진행되느냐 즉 통일방식에 따라 천차만별로 달라지기 때문에 확정지어 말할 수는 없는 것이다. 통일부의 기준을 봤을 때 우리나라 연간 GDP의 1.7% 내지 6.7%에 해당한다고 할 수 있다. 넉넉하게 잡아서 대략 GDP의 7% 정도를 통일비용으로 투입하게 된다.[133]

통일비용은 통일 이후 남북한이 하나의 통합국가로서 정치·경제·사회 시스템의 안정을 이루면서 정상적으로 운영되기 위해 부담해야 하는 비용을 의미한다. 통일비용에 대한 추정치는 기본가정 및 추정방법에 따라 비용이 최소 500억 달러에서 최대 6,000억 달러에 이르기까지 편차가 크게 나타나고 있다. 대개 북한 GDP(혹은 1인 당 GDP)가 일정한 수준에 도달 하는 것을 목표에 두고 목표소득(Income Target) 방식으로 통일비용을 추정 하며, 통일이 급진적일수록 또는 통일시점이 늦을수록 통일비용이 증가하는 것으로 나타나고 있다.

기존연구는 통일비용을 일반적으로 위기관리 비용제도 통합비용, 경제적 투자비용 등으로 구분하여 추정하였으나, 위기관리비용을 단순하게 북한에 보조금을 지급하는 형태로 추정함으로써 사회적 이질성을 해소하는데 근본적인 해결책이 될 수 없는 것이다. 특히 시장경제 체제 하에서는 북한주민에게 이전과는 완전히 다른 기술과 접근방식이 요구 된다는 점을 이해시킴으로써 북한주민의 사회적응을 위한 교육 및 프로그램을 마련해야 하며, 동시에 사회·경제적 자립 역량도 강화할 수 있는 환경이 보장되어야 하며, 북한주민들이 평등한 경쟁조건 가운데 경제 활동을 영위하기 위해서는 기업경영 전반에 관한 지식 및 기업가 정신(Entrepreneurship) 등이 요구 되며, 소유권 및 재산권의 개념에 대한 이해도 필요하다.[134]

독일의 경우 통일비용으로 연간 지출을 국내 총생산(GDP)의 1.5%를 투입하면 될 줄 알았는데 4%까지 되었다. 서독 국민들에게서 소득세와 법인세의 7.5%(1995년부터 5.5%)를 통일연대세로 징수해 왔다. 서독 사람들에게 '통일은 좋다. 그러나 이렇게 돈이 많이 들어갈지는 몰랐다'고 말할 정도로 막대한 통일비용이 들었다는 것이다.[135]

현대경제연구원의 추정 결과에 따르면 통일 후 북한의 1인당 소득 3,000 달러를 달성하면 통일편익은 통일비용(1,570억 달러)보다 630억 달러 많은 2,200억 달러가 된다. 북한의 1인당 소득 7,000달러와 1만 달러를 목표로 했을 경우에도 통일비용보다 통일편익이 각각 650억 달러, 1,300억 달러 클 것으로 추정된다. 통일부의 연구 용역결과에 의하면 2030년을 통일시점으로 가정해 통일 이전의 경제공동체 형성기간(2021-2030) 20년과 통일 이후의 통합기간(2031-2040년) 등 총 30년 동안 통일비용을 813조~2,836조원을 투입할 경우 경제적 순이익은 총 635.4억 달러가 발생한다는 것이다.

어쨌든 전쟁 없이 평화적인 통일만 이룩할 수 있다면 통일비용이 아무리 천문학적인 숫자의 엄청난 비용이 투입된다 해도 그것은 엄청난 남북한의 에너지를 축적하는 길이 된다. 곧 남북한의 평화적 에너지는 동북아의 평화는 물론 세계평화를 위한 자본이 될 수 있다.[136]

〈표1-3〉 2000년대 이후 통일비용 추산

연구자.기관 (발표연도)	통일시점 (기간)	통일비용(단위: 달러)	추정방법 및 기준
골드만 삭스(2000)	2000~2010 2005~2015	8300억 ~ 2조 5400억 1조 700억 ~ 3조 5500억	목표소득방식 (남한 60%)
박석삼 (2003)		점진적 통일: 8300억 급진적 통일: 3121억	항목별 추정방식
이영선 (2003)	5~11년간	점진적 통일: 732억 급진적통일:1827~5614억 (남한 60% 달성에 10년 소요가정)	항목별 추정방식
SERI(2005)	2015	546조 (최저 생계비, 산업화 지원)	항목별 추정방식
랜드연 (2005)	-	500억 ~6670억 (통일이후 4~5년 내 2배 수준 향상)	목표소득방식
피터백 (2010)	-	30년간 2조~5조 (남한의 80% 수준)	목표소득방식
미래기획 위원회 (2010)	2011	점진적: 3220억 급진적: 2조 1400억	-
찰스울프 (2010)		620~1조 7000억 (현재 북한 G에 700억)	목표 소득방식
전경련 (2010)	-	3500조 원	전문가 설문조사
김유찬 (2010)	2010	1548.3~2257.2조원 (통일 후 20년 비용)	항목별 추정방식 (위기관리+soc)
현대경제연 (2010)	2010 (10-18년	1인당 3000:1570억 1인당 7000: 4710억 1인당 1만: 7065억	목표소득 방식 (한계자본 계수)
통일부 용역과제 (2011)	2020(20년)	379.2조 ~1261.1조원 (2030년 1인당 GNP 남한의 20%)	항목별 추정 방식 목표소득 방식 (통일후 10년간 포함)
	2030년(30년)	813조 ~2836조원 (2040년1인당 GNP, 남한의 36%)	
	2040년(40년)	1000.4조 ~3277.6조원 (2050년 1인당 GDP, 남한의 40%)	

※ 김종수, 「새로운 통일이야기」 (파주: 한울렘 플러스, 2017). 43

통일을 준비하는 데는 무엇보다 통일 비용이 커다란 관건으로 부각된다. 통일기금의 확보도 중요하지만 이를 위해서는 기본적으로 우리 경제의 안정적 성장과 균형 있는 발전의 토대를 마련하는 것이 급선무이다. 그러나 통일의 비용보다 통일을 향한 국민들의 의지, 신념이 더욱 중요하다는 사실을 깊이 인식하고 철저한 준비를 기해야 한다.[137)]

통일비용은 구체적으로 북한 내에서 급변 사태가 발생할 경우 대량 난민사태가 일어나면서 북한 사회가 혼란에 빠지고 주민생활은 더 어려워질 경우 우리는 난민들을 보호하고 북한주민들의 생활안정을 위해 필요한 조치를 취해야 하는데 그러기 위해서는 자금이 필요하다.

더 나아가 한국 주도의 통일이 이루어질 경우 북한 이주민 대책, 주민들의 기본 생활 지원 대책, 실업대책에 따른 비용 등이 소요된다. 또 열악한 북한의 철도, 도로, 전기, 통신망 건설, 그리고 산업구조 조정 등에도 많은 자금이 투입되어야 할 것이다. 이러한 모든 비용이 통일비용이다.[138)] 즉 통일 이후 하나의 통합국가로 정치 · 경제 · 사회시스템이 안정을 이루면서 정상적으로 운영되기 위하여 부담해야 되는 비용이라고 말 할 수 있다. 통일 편익은 통일로 얻게 될 경제적 이익을 말한다.[139)]

철도, 도로 등 사회 간접 자본 확충은 북한의 산업 발전 뿐 아니라 남한의 대륙 진출 교두보를 확보한다는 점에서 남북 모두 이익을 준다. 김일성도 사망 직전인 1994년 6월 벨기에 노동당 중앙위원장과 담화에서 중국 쪽의 서해안 철도를 중국 상품 수송 루트로 활용하면 연간 4억 달러를 벌 수 있고, 동해안 철도를 통해 러시아나 중국 동북 3성의 물자를 운송해 줄 경우 연간 10억 달러의 수익을 올릴 수 있는 등 가만히 앉아서 한해에 15억 달러의 돈을 벌어들일 수 있다고 전망했다. 북한 철도와 도로 망의 개발, 그리고 대륙으로 연결은 우리에게도 많은 이익을 가져다준다고 볼 수 있다. 중국과 유럽 대륙으로 수송하는 물류비를 30% 절감 할 수 있고 수송 기간을 단축할 수 있다. 경제적 편익 외에 통일이 되면 분단 한국을 바라보는 외국인들의 부정적인 인식도 크게 개선될 것이다. 기업이나 시장에서도 '코리아 디스카운트'의 현상이 있는데 이 말은 남북관계가 경색되어 한국기업의 시장 가치가 여타 국가의 기업 가치보다 저평가되는 현상을 말한다.

　통일되면 이러한 '코리아디스카운트'의 현상이 없어지고 대신 '코리아 프리미엄'이 발생할 것이다. 현재의 경제 강국, 기술 강국이라는 국가 이미지에 평화와 화해의 이미지를 덧입힐 수 있으므로 '코리아 프리미엄'이 생겨날 수 있다. 통일에 드는 경제적 비용이 통일을 가로막는 결정적인 문제가 아님을 알 수 있는 것이다.[140] 통일편익은 통일을 이룸으로써 남북한이 얻게 되는 경제적·비경제적인 모든 형태의 이익으로 정의할 수 있으며, 한반도 통일의 최대 수혜국은 남북한이 될 것이며, 특히 북한의 경제적인 이득이 상당할 것으로 전망한다.

　KIEP(2014)는 남북한 경제통합시 2016~30년 기간 동안 북한의 GDP 성장률은 연평균 16%p 확대되고, 남한은 1%p 증가할 것으로 전망한다. 75년간의 분단이 유지된 한반도에 평화를 정착시키고, 남북한 주민의 사회적 동질성을 회복하는 등 비경제적인 편익이 발생한다. 통일편익은 남북한에만 국한되는 것이 아니라, 한반도와 밀접한 이해관계를 갖고 있는 주변국가에도 발생하며, 다소간의 차이는 있지만 남북한의 통일이 주변국에도 편익을 발생시키는 것으로 나타난다.

KIEP(2014)는 세계투입 산출모형 (World Input Output Table)을 이용하여 한반도 주변국의 통일 편익을 분석한 결과 중국 3,009억 달러, 미국 379억 달러, 일본 244억 달러, 러시아 136억 달러의 편익을 발생 시킬 것으로 전망한다.[141]

〈표 1-4〉 통일비용과 통일편익(통일연구원 연구결과)[142]   단위: 조원)

통일가정 년도	통일비용(a)	통일편익(b)	순통일편익(a-b)
2031	23.0	16	7
2032	24.4	37	12.6
2033	25.0	60	35.0
2034	25.5	87	61.5
2035	26.1	116	89.9
2036	26.6	148	121.4
2037	27.2	181	153.8
2038	27.7	217	189.3
2039	28.3	254	225.7
2040	28.9	292	263.1
2041	29.4	332	302.6
2042	30.0	370	340.0
2043	30.5	407	376.5
2044	31.1	442	410.9
2045	31.6	477	445.4
2046	32.1	510	477.9
2047	32.6	543	510.4
2048	33.1	574	540.9
2049	33.6	606	572.4
2050	34.1	636	601.9
합계	581.8	6,304	5,722.2

출처: 통일연구원(2013)에서 재구성한 자료임

통일연구원에서 분석한 북한 GDP의 증대 효과에 따른 경제부문의 통일 편익을 보면 통일 비용을 대비해 봤을 때 통일 편익이 훨씬 큰 것으로 나타났다. 산업과 통상과 에너지와 농림과 수산·식품 및 기반시설 등 투자성 재정 지출을 기준으로 한 평화통일비용은 통일 이후에 20년간 581조 원으로 추산된다. 반면, 통일 이후 북한 GDP 확대에 따른 통일편익은 통일 이후 20년간 6,304조 원으로 추산된다. 순 통일 편익은 통일 이후 20년간 5,722.2조 원으로 추산된다.[143]

현재 러시아 시베리아에는 가스, 석유, 광물, 목재 등 천연자원이 많이 매장되어 있다. 통일이 되면 러시아와 한국 사이에 송유관을 건설해 러시아의 가스, 석유를 한국으로 직접 가져 올 수 있다.

그동안 한국은 동남아 및 러시아로부터 선박을 통해 가스를 수입해 왔는데 러시아·한국 간 송유관을 이용할 경우 연간 1조 원의 비용을 절감할 수 있을 것이다. 또한 통일이 되었을 때 우리는 북한의 지하자원을 활용할 수 있다. 북한에는 200여 종의 유용 광물이 보존되어 있다. 북한의 광물 매장량 잠재 가치는 7,000조 원으로 남한보다 24.1배나 많다. 특히 북한은 금, 은, 동, 철, 아연 같은 금속류가 416조 5,319억 원이고 비금속류 3,904조 1,555억 원 상당의 지하자원이 매장되어 있다. 특히 마그네슘의 원료가 되는 마그네사이트의 매장량은 20~40억 톤으로 세계 1위이다. 마그네슘은 무게가 철의 4분의 1에 지나지 않지만 가공성이 뛰어나서 자동차 가전제품의 생산에 필수적으로 이용되는 재료이다. 세계적인 선박국가인 우리나라에는 매장되어 있지 않아 전량을 수입에 의존하고 있다.

북한의 철광석 매장량도 20~40억 톤으로 남한 매장량의 100-200

배 인 것으로 추정된다. 이외에도 금, 무연탄, 아연, 석회석, 갈탄 등의 매장량도 세계 10위 내에 포함되어 있는 것으로 추정하고 있는 것이다. 희토류 등 전자 산업에 필수적인 북한의 희귀광물은 한국에 횡재가 될 수 있다. 통일이 된다면 한국의 입장에서는 막대한 규모의 가치를 지닌 지하자원을 획득하게 되는 것이다. 통일로 인한 남북한 인구의 증가 역시 중요한 통일편익이 생길 수 있다. 통일 후 해체되는 북한군인 등을 포함해 북한 노동인구 1,700만 명이 한국 생산 가능 인구 3,600만 명에 합류 한다면 우리나라 경제 발전과 번영에 큰 도움을 줄 것이다. 인구는 국력을 결정하는 핵심적인 요인의 하나이다. 미국, 중국, 러시아, 일본, 독일 등 강대국인 이유는 커다란 인구 규모이기 때문이다. 통일만 된다면 남북인구는 8,000 만 명을 넘어 세계적인 강국으로 도약하는데 기여 할 것이다.[144] 세계적 투자 은행인 골드만삭스는 "남한과 북한이 통일되면 30~40년 내 국내 총생산 규모가 프랑스와 나아가 일본을 추월할 것"이라고 전망하였다.[145]

기획재정부 관계자는 "독일의 경우 동·서독 간 소득 격차가 3배"에 그쳤지만 "남북한의 격차는 38배에 달해 재정 부담이 엄청날 것"이라고 말했다. 그리고 서독과 동독의 인구 비율이 4:1이었지만, 남북은 2:1이다. 독일의 경우 서독 사람 4명이 당시 사회주의 국가 중 가장 잘 살던 동독인 1명을 먹여살리면 됐지만 우리의 경우 남한주민 2명이 세계최빈국 주민 1명을 먹여 살려야 한다. 독일의 경우도 통일비용이 예상보다 5배 가까이 더 들었기 때문에 서독과 동독의 인구와 경제격차보다 남한과 북한인구와 경제격차가 훨씬 크기 때문에 통일비용이 더욱 많이 소요될 것으로 예상된다고 하였다.[146] 통일경제 전문가들은

"고령화나 통일비용 등 재정에 부담이 될 수 있는 사항들에 대한 철저한 사전 대비가 필요하다"고 한다.

통일 비용은 통일 이후 남북경제 통합과정에서 발생하는 대량 실업에 대한 보상과 고용대책 비용, 북한의 노후 산업시설 대체와 신규 시설투자 비용, 공공자금, 직업훈련 등에 소용되는 직접 비용과 이외에 사회간접 시설 건설비용을 포함하는 의료복지 비용 등에 소요되는 간접비용으로 구분된다. 이러한 통일비용은 남북협력기금, 국제구호기금, 부담금, 채권발행, 조세 등으로 충당할 수 있다. 더구나 흡수통일은 일시적으로 엄청난 비용으로 인한 부담이 크므로 남북의 경제 격차를 장기간에 해소하는 과정에서 연방제나 연합제 통일이 현실적이라 할 수 있다. 따라서 독일은 동독이 무너지면서 흡수방식을 쓸 수밖에 없었지만 남북은 화해 및 교류하면서 남북경제공동체를 지향해 나아가는 방식을 써야 한다.[147]

1997년 말 한국경제의 몰락으로 인한 국제 통화기금(IMF)체제로의 편입 등으로 남한 사회역시 붕괴의 위기에 직면하게 되자 북한 붕괴론이 근거한 북한 돕기 또는 북한교회 재건 운동은 그 경제적 기반마저 사라지게 되었다. 이 말은 한 마디로 한국경제가 부흥이 되어 경제기반이 튼튼할 때만이 남북경제 공동체와 민족화해, 남북연합, 평화통일의 길로 나아갈 수 있는 것임을 입증해 준 것이다.[148] 지금 현실은 남북의 허리를 잡고 무기력하게 하는 휴전선은 한국교회가 감당해야 할 세계 선교의 가장 큰 장애물이다. 어떤 면에서 한국교회는 복음이 이념에 발목이 잡혀 있는 부끄러운 형국이 되었다. 예수님처럼 이제 과감히 그리스도의 십자가의 복음으로 막힌 담을 헐고 북한 땅에도 복음의 꽃이 피도록 북한을 찾아가는 한국교회가 되어야 한다.[149]

미주

1) 통일부, 『2019 통일문제 이해』(서울: 늘 품 플러스, 2018), 8-12.
2) 김삼규, "통일독립 공화국에의 길" 『사상계 영인본 (제2집 전 24권: 1958년 1월호~1961년 12월호) 』(서울: 사상, 1985). 99-102.
3) 송영대, 『크리스천의 애국심과 복음 통일』. (서울, 보이스사, 2016). 261-267.
4) 2020년 6월 6일 통일신문 2면(992호)
5) 함석헌, "민족통일의 종교", 『사상계 (영인본, 제2차 제20권 1961년 3,4월호)』(서울: 사상, 1985). 36-45.
6) 김상구, 『개혁주의 예배론』(서울: 대서, 2017), 93.
7) 김영한, 『평화통일과 한국기독교』(서울: 도서출판 풍만, 1990), 12.
8) 구영록 외, 『한국의 통일정책』(서울: 나남, 1993), 105-107.
9) 통일교육원, 『2018 통일문제이해』, 108.
10) 송영대, 『크리스천의 애국심과 복음통일』(서울: 보이스사, 2016), 161-162.
11) 임혁백 외, 『한반도는 통일독일이 될 수 있을까?』(서울: 송정문화사, 2010), 190-198.
12) 정성한, 『한국기독교통일운동사』(서울: 그리심, 2006), 23-28.
13) 한완상 외, 『민족통일과 한국기독교』(서울: 한국기독학생회출판부,1994), 124.
14) 허호익, 『통일을 위한 기독교 신학의 모색』(서울: 도서출판 동연,2010), 394.
15) 이학준, 『한국교회, 패러다임을 바꿔야 산다』(서울: 새물결플러스, 2011), 103.
16) 통일부 통계: 북한이탈주민 입국현황(잠정: 2019. 12. 31. 현재).
17) 한안석, "남북경제협력정책에 관한 연구-개성공단을 중심으로" (정치학석사학위논문, 고려대학교 정책대학원, 2009), 1.
18) 허호익, 『통일을 위한 기독교 신학의 모색』, 17.
19) 애치슨 라인 선언(Acheson line declaration)은 1950년 1월 12일 발표(미국무장관이었던 딘 애치슨에 의해 발표된 선언으로써 미국의 동북아시아에 대한 극동방위선 즉, 일본 오키나와와 필리핀을 연결하는 선)
20) 민경배, 『글로벌시대와 한국, 한국교회』(서울: 대한기독교서회, 2013), 152-160.
21) 통일교육원, 『2017 통일문제이해』(서울: 나인애드, 2017), 11.
22) 허호익, 『통일을 위한 기독교 신학의 모색』, 19.
23) 이학준, 『한국교회, 패러다임을 바꿔야 산다』(서울: 새물결플러스, 2011), 38.
24) 김도일, 『조화로운 통일을 위한 기독교교육』(서울: 도서출판 나눔사, 2013), 87.
25) 김도일, 『조화로운 통일을 위한 기독교교육』(서울: 도서출판 나눔사, 2013), 19.
26) 김철수, 『신고 헌법학 신론』(서울: 박영사, 1988), 56-57.
27) https://ko.wikipedia.org/wiki/%ED%95%9C%EB%AF%BC%EC%A1%B1#cite_ref-6(2018.1.5. 검색)
28) 우리나라의 정식 국호는 '대한민국'이나, 사용의 편의상 '대한', '한국'이란 약칭을 쓸 수 있되, 북한과의 확연한 구별을 짓기 위하여 '조선'은 사용하지 못함.
29) '한민족'은 민족 공동체 전체를 지칭할 때에 사용하며, '한인'은 개개인, 특히 재외한인을 지칭할 때 사용한다. 영어 명칭인 'Korean'의 경우에도 같다. '한족(韓族)'은 '한족(漢族)'과 발음상 구별이 되지 않아 거의 사용하지 아니함.
30) 1902년에 대한제국의 국가가 된 대한제국 애국가의 가사에 배달민족이 등장함.
31) 이광규, 『세계의 한민족 총관(총관)』(서울: 통일원, 1996), 5-26.
32) 이광규, 『세계의 한민족 총관(총관)』, 225-226.
33) http://dic.naver.com/search.nhn?dicQuery=%ED%8F%89%ED%99%94&query=%ED%8F%89%ED%99%94&target=dic&ie=utf8&query_utf=&isOnlyViewEE=&x=17

&y=17(2018.4. 26.검색)
34) 김삼환,『평화통일을 위한 월요기도회 통일강좌 강의록(vol.3)』(서울: 한국교회 평화통일기도회, 2016), 14.
35) 노정선, 『통일신학을 향하여』, 186.
36) 박경서, 『지구촌 정치학』 (파주: 법문사, 2006), 498.
37) 박경서, 『지구촌 정치학』, 505.
38) 허호익, 『통일을 위한 기독교 신학의 모색』, 253.
39) Cornelius Plantinga Jr, 『우리의 죄 하나님의 샬롬』, 오현미 역 (서울: 도서출판, 복 있는 사람, 2017), 35-36.
40) Cornelius, Plantinga Jr, 『우리의 죄 하나님의 샬롬』, 307.
41) 박종화, 『평화신학과 에큐메니칼 운동』 (서울: 한국신학연구소, 1991), 81-82.
42) 김덕수, 『요한계시록에서 보는 새로운 시작』 (서울: 도서출판 대서, 2017), 312.
43) 구교형, 『뜻으로 본 통일한국』 (서울: 한국기독학생회출판부, 2014), 177.
44) 박경서, 『지구촌 정치학』, 190-191.
45) CVID 개요: '완전하고 검증 가능하며 불가역적인 핵폐기(CVID: Complete, Verifiable and Irreversible Dismantlement)'를 말한다. 마지막 D는 비핵화(Denuclearization)로 표현하기도 한다. 미국 행정부가 북한에 요구하는 한반도 비핵화 원칙으로, 줄여서 'CVID' 원칙이라 한다.
46) 한반도 냉전 구조란 첫째, '남과 북의 불신과 대결' 둘째, '미국과 북한의 적대관계' 셋째, '북한의 패쇄성과 경직성' 넷째, '대량살상무기' 다섯째, '군사적 대치상황과 군비경쟁' 여섯째, 정전체제' 등을 말한다.
47) 임동원, 『피스메이커』 (서울: 중앙북스, 2008), 400-403.
48) 성종현, 『설교의 원리와 실제』 (서울: 기독교연합신문사, 2005), 286.
49) 임동원, 『피스메이커』, 404-405.
50) 임동원, 『피스메이커』, 418.
51) 양금희, 『하나님의 나라를 꿈꾸는 기독교통일교육』, (서울: 장로회신학대학교), 45.
52) 박재규 외, 『새로운 통일 이야기』, (서울: 한울아카데미, 2017), 143.
53) "상위1% 전체 사유지 51.5% 소유", 「매일경제」, 2005.7.15; 허호익, 『통일을 위한 기독교 신학의 모색』, 79에서 재인용.
54) 김영동 외, 『북한선교 어떻게 할 것인가?』 (서울: 제이 앤 제이, 2013), 64.
55) 통일원, 『통일백서』 (서울: 정문사문화주식회사, 1993), 20.
56) 통일교육원, 『2017 통일문제이해』, 12.
57) 통일교육원, 『2017 통일문제이해』, 13.
58) 양금희, 『하나님의 나라를 꿈꾸는 기독교통일교육』, 124.
59) 이학준, 『한국교회, 패러다임을 바꿔야 산다.』, 44.
60) 나종만, "이명박정부 대북정책의 문제와 과제" 「국제정치연구」, Vol.11, No.2(2008): 274; 허호익, 『통일을 위한 기독교 신학의 모색』, 277에서 재인용
61) 양금희, 『하나님 나라를 꿈꾸는 기독교 통일교육』, 202.
62) 통일교육원, 『2018 통일문제이해』, 13.
63) 통일교육원, 『2018 통일문제이해』, 14.
64) 통일교육원, 『2018 통일문제이해』, 15.
65) 양금희, 『하나님의 나라를 꿈꾸는 기독교통일교육』, 30.
66) 통일교육원, 『2018 통일문제이해』, 16.
67) 통일교육원, 『2018 통일문제이해』, 17.
68) 허호익, 『통일을 위한 기독교 신학의 모색』, 359.
69) 박경서, 『지구촌정치학』, 466.
70) 박경서, 『지구촌정치학』, 467.

71) 한안석, "남북경제협력 정책에 관한 연구- 개성공단을 중심으로". 11.
72) 허호익, 『통일을 위한 기독교 신학의 모색』, 394-399.
73) 이희승, 『국어대사전』 (서울: 민중서림, 1991), 3882.
74) 국립국어연구원, 『표준국어대사전』 (서울: 두산동아, 1999), 6437.
75) 오기성, 『남북한 문화통합론』 (서울: 교육과학사, 1999), 48-50.
76) 오기성, 『남북한 문화통합론』, 51-52에서 재인용.
77) 김동천 외, 『사회경제적 통합의 이론과 실제』 (파주: 한국학술정보, 2006), 73-80.
78) 박경서, 『지구촌정치학』, 465-467.
79) 김동천 외, 『사회경제적 통합의 이론과 실제』, 43-45.
80) 손병해, 『경제통합의 이해』 (서울: 법문사, 2002), 23-31; 한안석, "남북 경제 협력정책에 관한 연구-개성공단을 중심으로", 12에서 재인용.
81) 오기성, 『남북한 문화통합론』, 59-62.
82) 이영훈, 『경제공동체의 형성과 발전』 (서울: 도서출판 장백, 1994), 45-47.
83) 김동천 외, 『사회경제적 통합의 이론과 실제』, 46-53.
84) 경희대 아태지역연구원, 『남북한 통합의 이론과 실제』 (서울: 도서출판 책이 된 나무, 2001), 28-41.
85) 김동천 외, 『사회경제적 통합의 이론과 실제』, 66-69.
86) 경희대 아태지역연구원, 『남북한 통합의 이론과 실제』, 226-243.
87) 양금희, 『하나님의 나라를 꿈꾸는 기독교 통일교육』, 22.
88) 김동천 외, 『사회경제적 통합의 이론과 실제』, 73-76.
89) 허호익, 『통일을 위한 기독교 신학의 모색』, 195.
90) 김동천 외, 『사회경제적 통합의 이론과 실제』, 63-65.
91) 김근식 외, 『통일남북 관계 사전』, 27-28.
92) 추원서, "신 기능주의적 관점에서 본 남북경제공동체 연구: 정치 통합조건으로서의 경제 통합" (박사학위논문, 고려대학교 대학원, 2005), 25-26.
93) 김영한, 『평화통일과 한국기독교』, 178.
94) 박경서, 『지구촌정치학』, 465-466.
95) 조장현, "기능주의적 접근방식과 통일과정에 관한 연구" (석사학위 논문, 고려대학교 대학원, 2007), 8-10.
96) 추원서, "신 기능주의적 관점에서 본 남북경제공동체 연구: 정치통합조건으로서의 경제 통합", 27-28.
97) 경희대 아태지역연구원, 『남북한 통합의 이론과 실제』, 23-24; 이용필 외『남북한 통합론: 이론적 및 경험적 연구』 (서울: 인간사랑, 1992), 61에서 재인용
98) 구영록, "한국의 국가이익과 통일정책", 『통일문제연구』 제5권 2호 (1993): 15.
99) 조장현, "기능주의적 접근방식과 통일과정에 관한 연구", 10-11.
100) 박경서, 『지구촌정치학』, 467-468.
101) 추원서, "신 기능주의적 관점에서 본 남북경제공동체 연구: 정치통합조건으로서의 경제 통합56403;, 31-32.
102) 황해두, 『경제통합과 세계화』 (서울: 무역경영사, 2005), 216-217.
103) 기능주의, 신 기능주의 및 거래주의는 모두 자유주의 갈래에 속하나 좀 더 세분하여 살펴보면 앞의 둘은 상호의존 자유주의에, 거래주의는 사회적 자유주의에 속한다고 할 수 있다.
104) Deutsch 등은 융합적 안보 공동체의 성공사례로 1877년 이후의 미국, 17세기 이후의 영국을 들고 있으며, 다원적 안보 공동체의 예로 1945년 이후의 영국- 아일랜드를 들고 있다.
105) 추원서, "신 기능주의적 관점에서 본 남북경제공동체 연구: 정치통합조건으로서의 경제 통합", 33-35.
106) 박경서, 『지구촌정치학』, 471- 472
107) 박경서, 『지구촌정치학』, 473.
108) 구본태, 『한국통일협회보 제3호』 (서울: 진명인쇄공사, 2018), 7-9.

109) 권오성, 『독일 통일, 교회가 열다』 (서울: 두어자, 2016), 74.
110) 통일교육원, 『2017 통일문제이해』, 99.
111) 통일원, 『통일백서』, 78-82.
112) 통일부, 『하늘 길 땅길 바닷길 열어 통일로』, 36. 이승만 대통령은 1948년 7월 24일 대통령 취임사에서 이북의 공산주의자들은 일제히 회심개과(悔心改過)해서 우리와 같이 보조를 취하여 하루바삐 평화적으로 남북통일을 이룩하자고 하였다.
113) 통일부, 『통일백서』, 65.
114) 국토통일원, 『민족통일로의 전진』, 113. 연방제 실시전제 조건: ① 남한의 반공법 및 국가보안법 폐지, ② 모든 정당 단체의 합법화 및 정치활동 보장, ③ 남한정권의 민주주의적 정권으로의 교체, ④ 미북한 평화협정의 체결 및 주한미군 철수 등 제시
115) 통일원, 『민족통일로의 전진』, 103-106.
116) 통일부, 『통일부 30년사』, (서울: 서라벌 데이터, 1999).68-72.
117) 통일부, 『1995 통일백서』, 82-83.
118) 허호익, 『통일을 위한 기독교 신학의 모색』, 196-197.
119) 한국의 통일방안은 제6공화국 정부가 창안한 '한민족공동체 통일방안'에서 구체적으로 제시되었다
120) 정성한, 『한국기독교 통일운동사』, 241.
121) 권오성, 『독일 통일, 교회가 열다』 (서울: 두어자, 2016), 76.
122) 허호익, 『통일을 위한 기독교 신학의 모색』, 151.
123) 김병로, 『다시 통일을 꿈꾸다』 (서울: 도서출판 모시는 사람들, 2017), 55-56.
124) 김병로, 『다시 통일을 꿈꾸다』, 49-50.
125) 송영대, 『크리스천의 애국심과 복음통일』, 158.
126) 박재규 외, 『새로운 통일 이야기』, 312-313.
127) 구영록 외, 『한국의 통일정책』 (서울: 도서출판 나남, 1993), 90-108.
128) 김영한, 『평화통일과 한국기독교』, 21.
129) 통일교육원, 『2018 통일문제이해』, 20.
130) 통일교육원, 『2018 통일문제이해』, 21.
131) http://www.ymca.pe.kr/801(2017.6.19 검색)
132) 김종수, 『새로운 통일 이야기』 (파주: 한울렘 플러스, 2017), 41.
133) 김병로, 『다시 통일을 꿈꾸다』, 51.
134) 이일형 외, 『남북한통일편익 추정』 (세종: 대외경제정책연구원, 2015), 5.
135) 권오성, 『독일 통일, 교회가 열다』, 25.
136) 김종수, 『새로운 통일 이야기』, 44-45.
137) 통일원, 『통일백서』, 21.
138) 송영대, 『크리스천의 애국심과 복음통일』, 159.
139) 김종수, 『새로운 통일 이야기』, 41.
140) 김병로, 『다시 통일을 꿈꾸다』, 52-53.
141) 이일형 외, 『남북한 통일편익 추정』, 4.
142) 김종수, 『새로운 통일 이야기』, 46.
143) 김종수, 『새로운 통일 이야기』, 47.
144) 송영대, 『크리스천의 애국심과 복음통일』, 160-161.
145) 송영대, 『크리스천의 애국심과 복음통일』, 162.
146) 허호익, 『통일을 위한 기독교 신학의 모색』, 149.
147) 허호익, 『통일을 위한 기독교 신학의 모색』, 152-153에서 재인용.
148) 정성한, 『한국기독교 통일운동사』, 358.
149) 주도홍, 『통일로 향하는 교회의 길』, 256-257.

제2부
복음 평화통일과
패러다임 전환

04
복음 평화통일과 정책전환

새로운 통일인식 전환 필요

한민족의 복음 평화통일을 이루기 위해서는 반드시 패러다임을 제시해야 한다. 기독교는 역사에서 항상 중요한 역할을 해 왔다. 기독교는 '잘사는 사람만 더 잘 사는' 우파적인 자본주의나 '모두가 가난한' 사회좌파적인 공산주의와는 전혀 다른 것이다. 이 양자의 모순을 극복하기 위하여 정치사회적으로 맞는 패러다임을 설정해야 하고 그 목표를 지향하기 위해 한민족과 한국교회는 좌로나 우로나 치우치지 않고 민족의 미래를 향해 함께 나아가야 한다.[150]

따라서 한민족의 복음 평화통일을 이루기 위해서는 종전의 패러다임으로는 그 목적을 달성할 수 없다. 기존의 평화통일을 이루기 위한 제도 등을 최종적으로 점검하고 한민족의 평화통일정책에 대한 리모델링을 통해서 전반적인 시정이 요망된다. 한민족의 복음평화통일은 "북한의 완전한 비핵화 절차가 선행되어야 평화 체제를 논의할 수 있는"[151] 남·북·미간의 기본적인 제도를 마련하여야 할 것이다. 재설계 작업이 진심으로 필요한 시점이다. 첫째, 평화통일을 위한 정책전환 둘째, 남북 경제공동체를 통한 평화 통일 지향과 셋째, 평화통일과 북핵문제를 어떻게 대처할 것인지를 다루고자 한다.

지금까지의 우리나라 민족공동체 통일방안은[152] 정부에서 일방적으로 제안하여 결정했다고 해도 과언은 아니다. 물론 사회 일부 지도자들의 의견 수렴을 거쳤다고는 해도 그 과정은 일부 계층의 의견수렴일 뿐이지 국민적 합의를 거친 통일방안이라고 말할 수는 없다. 대한민국 헌법을 보더라도 헌법개정안을 확정할 때도 국민투표의 과정을 반드시 거쳤을 때만이 헌법적 가치를 발효할 수 있는 것이다. 이렇게 할 때만이 헌법적 가치를 발효할 수 있는 것처럼 우리의 소원인 통일, 꿈에도 소원은 통일을 이루기 위해서는 첫째, 민족화해시대의 국민들의 새로운 인식전환 필요성 둘째, 대북정책의 제도 개선 필요성 셋째, 대북정책의 일관성 유지 등을 논하고자 한다.

우리들은 북한에 대하여 너무 정보가 어둡다. 미 행정부의 전문가라고 하면서 북한은 앞으로 3년에서 5년 이내에 붕괴할 것이라는 내용의 보도가 보스톤 글로벌지를 인용해 거의 모든 국내 언론들에 의해 보도되기도 하였다. 그 보도 이후 약 20년이 지난 오늘날 북한의 6차 핵무기 실험과 대륙 간 탄도 미사일 발사실험과 개발을 보면서 북한의 비전문가인 사람들이 너무 많다는 것이 사실이다.[153]

우리 사회에는 북한을 적으로 바라보는 시각이 여전히 많이 존재한다. 북한은 화해와 협력의 대상이면서 적대와 대결의 대상이다. 즉 오늘의 북한은 적의 모습으로 우리와 늘 총부리를 겨누다 못해 핵미사일로 우리의 평화를 위협하고 있는 체제이다. 한반도의 분단은 반세기를 넘어 남북한 사이의 관계는 세계적인 냉전의 대결 속에서 제로섬 게임을 벌여 왔고 남북한은 서로 적대적 의식을 당연하게 받아들이게 되었다. 먼저 대한민국은 출범과 동시에 냉전 구조 속에서 반공 이데올로기의 유산을 떠안고 남한은 전사회적인 동원 체제를 통해 북한에 대한 적대의식을 남한 국민 모두에게 심어 주게 되었다. 남북한이 분단과 전쟁을 겪으면서 냉전의 규정 아래 편입되어 전 국민 총동원 체제를 갖추어 가는 과정은 곧 반공 이데올로기의 내면화 과정이었고, 승리지상주의의 군사주의적 사회문화가 뿌리 내리는 과정이었다.

남과 북은 휴전선을 사이에 두고 200만 명에 가까운 상용 무력이 군사적으로 대치하고 있다. 세계에서 무장과 군의 밀집도가 가장 높은 지역이 바로 한반도이다. 사실 남북한은 한국전쟁이 아직 종전되지 못하고 있는 상황에서 남북의 군사적 대치의 현실에서 북한이 적으로 인식되는 것은 안보 제일주의의 관점에서 당연한 인식이라고 할 수 있겠다.

적으로서 북한은 한반도의 분단과 전쟁, 냉전 체제의 지속과 구조화, 그리고 오늘날까지 이어지는 대립 체제의 역사가 만들어낸 북한의 실체이다. 우리가 취해야 할 대북 정책은 근저에 안보가 기본적으로 강조될 수밖에 없는 현실이다. 북한으로부터 우리가 지켜내야 할 '안보'와 북한과 더불어 평화통일을 대상으로 해야 하는 공존의 딜레마가 바로 지금 우리의 대북정책이 안고 있는 어려움의 한 단면이라고 할 수 있다.[154]

북한은 우리의 동포인 것이 틀림없다. 북한은 개혁되고 개방되어야 한다. 북한은 경제발전과 인권이 반드시 개선되어야 한다. 그래서 북한은 붕괴되어도 안 되고 흡수통일 되어도 안 되는 것이다. 만일 북한이 붕괴되었을 경우 남한은 북한과 경제적 격차가 심하기 때문에 남한이 수용하기가 현실적으로 매우 심각하다. 북한은 남한의 1/37.3에 불과한 경제력을 보유하고 있으며, 북한의 대외 교역은 남한의 1/201.4 수준에 머무르고 있다.[155] 따라서 남한이 흡수통일 할 경제적 능력이 되지 아니하므로 매우 큰 혼란을 가져올 수 있다.[156]

우리 한반도를 둘러싼 민족 및 국제적 환경 등의 복합성을 고려하여 분단 75년의 적대감을 해소하는 한편 주변국과 전략적인 관계를 수립하여야 한다. 남한과 북한은 문화적 동질성에 기초한 연대감을 쌓는 것도 중요하듯이 5천년의 역사 및 근대화 과정을 공유하고 있는 것이다.[157]

남북한 경제 협력과 금강산관광을 비롯한 다양한 인적 교류의 확대는 남한 사회에 흡수통일의 비합리성을 깨닫게 했고 결국 서로가 협력하는 평화통일이 이루어져야만 한다는 새로운 자각을 불러일으켰던 것이다. 남북한 서로가 화해와 협력의 대상이라는 것을 깨닫게 되고 상호 인정과 평화공존 방정식이 가장 합리적이고 효과적인 남북한 관계라고 인식하기 시작한 것은 2000년 남북정상회담 이후부터라고 할 수 있을 것이다. 그러나 남북정상회담이 있기 전에도 남북관계의 개선은 더디지만 지속적으로 추진되고 발전되어 가야 할 것이다.

지난 날 선교와 구제 차 북한을 방문하는 기관과 종교계 지도자들의 방북에는 어김없이 돈과 선물들이 제공되었던 것이다. 그래서 퍼주기 논란 등이 계속 문제되고 있었던 것이다.[158]

동포로서 북한은 평화통일을 함께 이루어가야 할 선교대상이다. 따라서 북한을 신앙과 이데올로기, 평화와 사회통합, 평화와 민족 신학 및 평화공동 안보 및 환경안보의 문제 등 평화와 선교의 대상으로 다루어야 한다.[159]

'7·7 선언'부터 1989년 이후의 경제협력 교류, 1998년 세계의 이목을 집중시키며 시작된 금강산관광이 폐쇄된 지 오랜 시간이 흘렀다. 1990년대 중반 북한의 정치경제적 위기를 틈타 불거진 '북한붕괴론' 과 '흡수통일론'이 '북한의 위기는 곧 우리의 기회'라는 전형적인 승패 관념에서 비롯된 냉전 의식이라면 흡수통일론을 넘어 평화 공존과 공영을 통한 통일의 추구는 탈냉전과 동포애를 바탕으로 한 평화 통일의 관념에 서 있어야 한다.

무엇보다도 남북한의 경제 협력은 서로에게 이득이 되는 이른 바 윈윈게임 이라고 할 수 있다. 이미 한국은 선진 제국의 높아지는 견제와 중국 등 후발 국가들에 의한 추격이라는 힘겨운 무한 경쟁의 압력의 위치에 놓여있다. 해마다 해외 이전을 통한 제조업 공동화 현상이 심화되고 있으며 높은 노동 비용 때문에 가격 경쟁력도 위협받고 있는 현실이다. 이런 전제 조건에서 남북한의 경제협력은 서로에게 경쟁적인 이득일 뿐 아니라 한반도를 동북아 물류와 경제협력의 중심지로써 역할을 할 수 있도록 만들 것이다.

평화통일은 한국만의 통일방식이나 북한만의 통일방식으로는 절대 불가능하다. 2015년 말 현재 남한 인구의 27.6%를 차지하는 기독교는 조용한 사랑의 혁명을 일으켜 북한 주민을 북한동포로 인식하는 작업부터 선행되어야 할 것이라고 했다.[160]

이미 북한은 1980년에 주장했던 연방제 통일방안에서 체제유지의 성격을 가미한 느슨한 연방제로 바뀌었다. 한국도 마찬가지로 단기간의 흡수통일을 공식적으로 배제하고 평화공존과 점진적인 통일을 목표로 삼았다. 남과 북은 이미 1992년 '남북기본합의서'에서 '통일을 지향하는 과정에서 과도기적으로 형성된 특수한 관계'로 서로를 규정했다. 남북한은 정상회담 이후 시드니 올림픽에서 공동입장, 2002년 부산 아시안 게임에서의 공동 입장과 북측 응원단의 활동, 대구 유니버시아드 대회에서 공동입장 등 국제적으로 상호 남북체제를 인정하였던 것이다.

1995년의 여론 조사에서는 북한을 적으로 인식하는 국민들이 약 4대 6의 비율로 우위에 있었던 데 비해 1999년에는 6대 4로 뒤 바뀌었고 이러한 추세는 남북정상회담 이후까지 지속되었다. 이처럼 화해 협력이 본격화되기 전에는 북한 붕괴설과 흡수통일론의 분위기가 지배적이었다. 그러나 김대중 정부 이후 햇볕 정책의 추진으로 민족화해가 증진되면서 북한 붕괴가 가능하지도 바람직하지도 않다는 것을 인식하게 되었다. 그래서 남북한의 평화 공존이 현실적으로 유용한 통일과정이라는 것을 깨닫게 된 것이다. 동포로서의 북한이라는 의식의 확대는 결국 평화적인 통일의 가장 분명한 기반이 될 것이다.[161]

민족화해는 단순히 정치적 또는 군사적 문제만이 아니라 영적 또는 선교적 차원의 문제라고 생각한다. 민족의 참된 화해는 그리스도의 대속적 죽음을 통해 성취된 개인의 구원으로서 하나님과 수직적 화해 및 인간 관계적 화해 모두를 포함한 것이다. 고로 민족의 화해는 성경에서 말하는 참된 화해를 이루어 갈 수 있는 국민들의 의식이 향상되어야 할 것이다.[162]

북한이 평화통일의 동반자로서 북한에 복음을 전하는 방법은 현재로써는 조건 없는 재정 지원이지만 물질을 통한 통일만 생각하면 통일 이후 남북한이 더 큰 상처와 부담감이 야기되고 지역 감정이 첨예화하

며 불신과 상대적 박탈감을 야기하므로 통일을 낭만적으로 생각해서는 안 된다는 것이다.[163]

현재 남한에서 일고 있는 남남 갈등은 북한에 대한 적과 동포, 대결과 협력, 냉전과 탈냉전, 배제와 공존이라는 이분법적 사회 인식과 질서의 혼란 속에서 발생한 것이다. 우리 사회가 좀 더 성숙한 사회로 발전해 나가기 위한 과도기적 진통이라 할 수 있다. 현재의 한반도는 냉전의 마지막 잔재를 떨쳐 버리고 새로운 시대로 나아가는 과도기적 상황에 처해 있다. 남북한은 2000년 정상회담을 통해 앞으로의 한반도는 전쟁을 넘어 평화와 대결의 시대를 거쳐 화해와 협력, 배제를 넘어 공존을 추구하는 정합적 관계를 맺어가기로 약속했고, 이를 기반으로 하여 점진적인 평화통일로 나아갈 것을 다짐 했다. 그러나 새로운 생명은 해산의 고통 없이 저절로 찾아오지 않는다.

우리 사회의 남남 갈등은 바로 이와 같은 과도기적 진통 중의 하나이다. 그리고 이러한 남남 갈등은 이념적 대결이나 서로에 대한 배제를 통해 극복되는 것이 아니라 북한의 현실에 대한 정확한 인식과 편향되지 않는 바른 시각 및 국민적 합의로 세워진 대북정책추진을 통해 극복되어야 한다. 또한 남남 갈등은 역설적으로 남북협력을 더욱 더 강화함으로써 극복될 수 있다. 현재 불거지고 있는 남남 갈등은 북한에 대한 잘못된 인식과 무지 혹은 편견에서 많은 것이 비롯된 것이라 볼 수도 있다.

이러한 편견과 무지는 남과 북의 부단한 접촉과 협력을 통한 객관적 현실에 맞춰 튼튼한 안보의 기초 위에 부단히 경제적으로 교류하고 협력함으로써 현재의 혼란과 갈등을 풀어 나갈 수 있을 것이다.

평화와 통일의 길을 걸어가기 위하여 남북한의 경제협력은 필수적으로 요청되는 사안이다. 현재 체제 경쟁의 우열은 이미 판가름이 난지 오래다. 남북한 국력의 가장 중요한 지표인 경제력은 이미 비교가 되지 않는 상태이다. 물론 경제력이 국력의 모든 것을 다 표현할 수는 없겠지만 정치와 국방 등 모든 분야에서 경제력이 뒷받침되지 않는다면 아주 허약한 체제일 수밖에 없다.

또한 대북 협력을 퍼주기라며 비판하는 사람들은 기능주의적 접근에 따라 경제 협력 등 정치군사외적 분야에서의 신뢰구축이라는 전통적인 남한 사회의 통일 접근방식을 부정하는 것이라고 생각할 수 있는 것이다. 사실 그동안 북한이 줄기차게 요구해 온 연방주의적 접근 방식은 정치군사적 접근의 우선 방식을 말하는 것이다. 우리는 기능주의적으로 즉 비정치적 분야로 맞서 왔다. 그런데 1990년대 이후부터 북한의 현실적 조건과 필요에 의해 우리의 기능주의적 접근을 북한이 수용한 것이라고 볼 수 있다.

우리는 이를 직시해야 한다. 남북한 간의 경제협력은 제도적 기반을 아직 탄탄히 갖추지 못하고 있다. 그것은 여전히 존재하는 우리 사회의 제도적 장애와 북한 체제의 준비 부족 등이 원인이다. 앞으로는 현재까지 경제협력관계를 얻어 정부와 민간이 수레바퀴의 양축을 담당하는 전면적인 남북경제협력으로 더욱 발전되어야 한다. 그것이 남북한을 과거의 적대적 상호 의존적 관계로부터 상보적 상호 의존관계로 전환해 놓을 것이며 상호 이익을 얻는 윈윈의 관계로 만들어 가야 할 것이다.[164]

한국교회 복음 통일정책 전환

한국교회가 먼저 화해와 연합을 이루지 않고 한민족에게 화해를 말할 수 없는 것이다. 우리 그리스도인은 화해를 세상에 증거하는 행위를 해야 한다. 더욱이 북한을 증오하고 정죄하면서 복음통일을 주장할 수 없다.[165]

지금 정부에서 제안한 통일방안과 민간단체에서 주장하는 통일방안 등 전 국민의 의견을 총망라한 종합적인 평화 통일방안을 정립할 때가 되었다. 이 새로운 평화통일방안은 우리나라 안에서만 주장하고 끝나는 것이 아니라 주변 4강의 협력도 이끌어 낼 수 있는 다각적이고 다양한 형태의 대북정책을 개발하는 것을 원칙으로 해야 한다. 왜냐하면 우리나라는 지정학적으로 군사요충지에 놓여있기 때문에 국제정치 역학 관계에서 국제정치의 협력 없이는 평화통일을 전혀 이룰 수 없기 때문이다.

독립운동은 민족의 독립을 위하여 애국지사들이 목숨을 바쳤던 것처럼 일본에 나라를 빼앗긴 뒤, 수많은 사람들이 나라를 되찾기 위해 힘썼다. 그 가운데에는 죽음을 두려워하지 않고 독립을 위해 애쓴 독립 운동가들이 있었다. 이들은 나라 안과 밖에서 자신의 목숨을 던져 독립을 찾기 위해 싸웠다. 3·1 운동 이후 고조되던 항일 열기를 이어받아 일제와 무력으로 싸우려는 분위기가 만주 지역에 확산되었다. 민족의 지도자들은 일제의 탄압을 피해 일제의 손길이 덜 미치는 간도와 연해주 등지로 옮겼다. 독립 운동가들은 독립군 기지를 건설하고 독립군 부대를 조직하였고, 민족 교육 운동을 펼쳐 민족의 힘을 길렀다. 독립군 부대는 국경 부근에서 일본군을 공격하거나 압록강과 두만강을 건너 국내로 진입하여 일본군과 경찰서를 공격하는 등의 전과를 올렸다. 대표적인 무장 독립운동가로는 홍범도 장군과 김좌진 장군의 활약을 꼽을 수 있다. 홍범도 장군은 봉오동 전투에서, 김좌진 장군은 청산리 대첩에서 일본군을 크게 물리쳤다[166]

　우리는 복음의 평화 통일의 길을 다양하게 길을 내고 한 우물을 파야 한다. 복음의 평화통일을 위하여 구체적으로 설계하고 실천해야 한다. 평화 통일방안을 국민의 합의를 거쳐 구체적으로 설계하지 못하고 우왕좌왕해서는 안 된다. 민족의 평화통일운동을 전개하면서 우파, 좌파, 진보, 보수, 중도 등의 이념적인 갈등과 분열을 계속 초래해서는 결코 안된다. 다양한 국민 각계, 각층의 의견을 충분히 수렴해야 한다.

　새로운 평화통일운동은 우리 민족의 생존과 사활이 걸려 있는 중차대한 평화통일문제인 것이다. 우리는 평화통일운동을 우리 스스로 강력히 추진할 능력이 성숙해 있다고 할 수 있다. 우리 8천만 동포만 단합 한다면 능히 평화통일이 성취될 수 있는 여건이 충분한 것이다. 가장 우선적으로 성취해야 할 문제가 한반도에서 평화, 민족대단결의 통일 원칙이 절대 필요한 것이다. 그런데 대한민국 내에서도 국민이 통합되어 있지 못하고 있는 것은 말할 것도 없고 개신교에서도 평화통일운동 차원에서 통일성이 확보되지 못하고 있는 것이 안타깝다.

　현재 상황에서 우리나라에 존재하는 평화통일방안 등 남북 관계 간 남북 합의는 제대로 작동하지 못하고 있다. 평창올림픽 북한 선수 참가 후 남북정상회담과 북미정상회담 이후 한반도에 화해무드가 조성되는 듯했지만 북한의 비핵화를 이루지 못했다. 복음평화통일운동은 구호로 그쳐서는 안 되는 것이다. 새로운 평화통일운동에 대한 구체적인 남북한 간 신뢰회복 없이는 복음평화통일을 이룰 수 없을 것이다.

05
복음 평화통일과 경제 논리

남북경제공동체의 관점

남북경제공동체의 목적에는 세 가지 관점이 있다고 파악할 수 있다.

첫째, 남북경제 공동체 논의의 목적은 기본적으로 남북정치 통합의 달성, 즉 남북평화통일에 있다는 관점이다.

이 관점은 단일 국민국가 건설이 완전한 통일, 완성된 통일이라는 인식에 기반을 두고 있다. 앞에서 보았던 점진적 경제통합, 급진적 경제통합, 급진적 정치통합이후의 점진적 경제 통합을 비롯해 기존의 경제공동체 논의 대부분이 이러한 관점을 수용하고 있다. 사실 우리 정부의 통일방안도 오랜 기간 동안 이런 관점을 유지해 왔던 것이다. 김영삼 정부부터 현재 정부에 이르기까지 각 정부의 대표적인 통일방안은 민족공동체 통일방안이다. 이것은 점진적 단계적 통일방안으로서 핵심적 요소 중 하나가 바로 선 교류 협력이고 교류협력에서 가장 선동적인 역할을 하는 것은 경제 분야이다. 이러한 인식은 비단 정부 내에서 뿐만 아니라 학계에서도 폭넓게 수용되어 왔다. 물론 일부에선 정치적 군사적 접근의 우선성을 주장하지만 경제공동체 형성을 우선적으로 추진해야 하고 그 기반 위에서 정치적 공동체를 형성한다는 데 상당히 공감대가 형성되어 왔다. 단 유념해야 할 것은 교류 협력의 활성화와 경제 통합이 불가분의 관계인 것은 틀림없지만 경제 교류협력의 활성화가 경제 통합의 달성을 자동적으로 보장하는 것은 아니다. 게다가 경제적 통합이 정치적 통합을 저절로 가져 올 것이라고 기대하는 것은 비현실적인 문제인 것이다.

경제적 차원에서의 문제와 정치적 문제도 동시에 해결되어야 한다. 경제적 관계의 진전이 정치적 관계의 진전을 불러일으키기도 하지만 한편으로는 정치적 관계가 진전되어야만 경제적 관계도 진전될 수 있는 것이다. 이런 관점에서 남북경제 공동체는 남북경제통합과 동의어이며, 사실상 남북 정치통합의 하위 범주인 것이다. 남북경제 통합의 목적은 경제적 목적 즉 남북한의 경제적 후생 증대라는 것도 존재하지만 남북통일이라는 정치적 목적이 우선적이라고 할 수 있다. 이것은 상황에 따라서는 정치적 목적과 경제적 목적이 충돌할 개연성을 내포하고 있다.

둘째, 통합 자체보다는 평화공존이라는 목표를 강조하는 관점이다.

이른 바 통합을 위한 평화도 가능하지만 통합 없는 평화공존도 가능하다. 신 지역주의 시대의 경제 협력이 굳이 통합을 필요로 하지 않는다고 할 때 경제통합은 통합 없는 평화공존을 목표로 한다. 여기서 평화는 소극적 평화가 아니라 갈퉁(Johan Galtung)의 '적극적 평화,' 즉 전쟁이 없는 소극적 상태를 넘어 전쟁의 발생을 가능케 하는 긴장 요소를 근본적으로 제거해 나가는 개념으로서의 평화이다. 이는 평화 담론과 통일담론의 보완제적 성격보다는 대체재적 성격을 강화하는 관점이다. 사실 평화경제론은 남북한경제협력의 중요성, 남북한 경제 협력의 확대 및 발전의 필요성은 강조하고 있지만 경제통합까지는 이야기하고 있지 않다. 다만 이 경우에도 적극적 평화 수준의 평화를 달성하기 위해 필요한 남북한 경제협력의 발전 수준에 대해서는 언급이 없다.

셋째, 경제적 통합 자체가 목적이라는 관점이다. 이 경우 남북경제공동체의 목적은 남북의 경제적 후생 증대가 된다. 한국 내에서 경제공동체, 나아가 통일에 대한 논의의 역사적 흐름을 짚어보면 종전에는 남한이 북한과의 경제공동체를 통해 얻을 수 있는 이득에 대해 다소 회의적인 시각이 있다. 이러한 목소리는 시간이 갈수록 약해졌다. 특히 저성장 시대에 돌입한 한국 경제의 돌파구를 북한과의 경제협력과 경제통합을 통해 찾아야 한다는 목소리가 갈수록 커져만 가고 있다.[167]

경제통합 유형은 분류기준에 따라 많이 있을 수 있으나 가장 의미 있는 것은 급진적이고 점진적인 경제통합으로 그 유형을 나누어 생각할 수 있다. 급진적인 경제 통합과 점진적인 경제 통합은 외관상으로는 경제통합의 진전속도가 분류기준인 듯이 보인다. 그렇지만 급진적이고 점진적인 경제통합의 차이는 경제 통합의 속도뿐 아니라 경제통합에 대한 접근법의 차이로 통합 후 경제체제의 성격에 대한 차이도 내포되어 있다. 급진적 경제통합은 통합구조론 관점에 서 있다. 경제통합의 이분법적 접근은 계획경제 체제와 시장경제 체제라는 양 범주가 대립하는 상황을 전제로 하는데 양 체제 중 오직 시장경제 체제만을 채택할 때 그 통합은 안정적이며 기능을 발휘할 수 있다.

요약하자면 통합하기 전 경제체제의 이질성에 따라 통합의 성패에 의해서 결정되는 것이 아니라 통합과정이 호혜 및 단계적 결과의 산출이 된다면 그 통합과정은 성공적인 것이다.

이러한 관점을 남북한에 적용하면 아래와 같다. 급진적 통합론의 경우 사회주의 경제제도인 북한이 자본주의 경제제도의 남한에 흡수되어서 성공적인 통합이 진행될 수 있는 것이다. 점진적인 통합론의 경우에 북한의 체제가 점진적인 전환이 진행된다고 해도 남북한이 상호 경제적 발전을 추구할 때 점진적인 통합 추진이 가능할 수 있다. 이러한 사고를 다소 확대하여 양자의 근본적 차이는 통일 철학 또는 세계관의 차이로 설명할 수 있다. 즉 북한은 통일의 대상인가 아니면 북한은 통일의 주체인가 하는 문제가 있게 된다. 통일을 말하면서 북한은 독립변수인가 종속변수인가 하는 문제인 것이다. 북한을 보는 관점에 따라 국민이 선택하는 통일의 형태와 방식, 실현가능한 통일의 논의는 전혀 달라질 수 있다.

북한당국은 경제 통합에 대해 그동안 적극적인 태도를 취하지 못해왔던 것이 사실이다. 이는 남북경제 통합이 가져올지도 모를 북한 당국의 정치적 경제적 주권상실에 대한 우려, 즉 흡수통일에 대한 우려에 기인하는 바가 크다고 할 수 있다. 이와 관련해서 우리 사회는 지금까지 남북한이 함께 만들어 나아갈 통일 한국, 특별히 평화통일경제의 성질과 비전에 대한 모범적인 연구가 소홀히 되었다는 점은 대수롭지 않게 대강 보아 넘겼다고 본다. 그리고 지금까지 진행되어 온 평화 통일논의는 한국의 경제제도를 북한에 그대로 이식한다는 것을 먼저 세우고 있는 것이다. 따라서 한국이 우월하다는 지배적 사고보다는 북한주민이 양 체제 중에서 스스로 선택할 수 있도록 북한주민에게 희망을 주어야 할 것이다.[168]

북한이 남한으로의 흡수통일이 되든지, 중국에 속국이 되든지, 제3의 길이 되든지 북한의 미래는 북한 주민이 스스로 결정해야 한다. 기본적으로 통일이라는 것은 상대가 존재하는 게임이다. 달리 말하자면 통일은 남북한의 국민적 합의가 반드시 존재해야 가능한 것이다.

북한이 극단적인 상황에 돌입할 때 즉, 북한당국이 내전이나 무정부 상황에 돌입하고 정권이 붕괴된 존재로 전락한다 가정해도 조선민주주의 인민 공화국이라는 국가가 존속하는 한 어떤 국제기구라도 북한의 체제를 보장해 줄 아무런 권한이 없다.

PKO(평화유지활동)[169]와 같은 조직이 북한지역에 잠정적으로 주둔할 수는 있어도 이는 과도기적 상황에 불과할 것이다. 결국에 북한 주민이 투표에 따라 스스로 정권을 창립하고 이 정권이 주권국가로서 북한의 미래를 결정해야 한다. 아울러 북한 당국자가 누구에게 의뢰할 것인지 자립할 것인지 생존적 운명을 스스로 결정해야 할 것이다.

한국이 북한과 평화통일을 원한다면 한국은 그 때를 위해서 만전의 대비태세를 갖추어야 한다. 결국 북한당국이 그들이 남한과의 통일을 선택할 수 있도록 많은 여건을 조성해 주는 것이 가장 중요한 과제이다. 한국과 북한의 신뢰도가 중요한 것도 바로 이 문제 때문이다. 그리고 한국이 국제사회에 대한 평화통일의 당위성을 주장하기 위하여 한국 스스로의 의지와 자세를 인정받는 것이 중차대한 일이다. 단순히 같은 민족이라는 사실 하나만으로는 국제사회를 수긍시키기 어렵다. 남북관계가 종속변수가 아니라 독립변수로 존재해야 할 필요성이 여기에 있다고 보는 것이다.

한편 후자의 논리는 비교적 단순하다. 흡수통일의 관점에서 한미동맹 강화론의 관점에 서 있다. 북한지도부와 북한주민의 의사결정을 존중하는 것이 바람직하지만 그것이 결정적으로 중요한 요인은 아니다. 굳건한 한미동맹이 최우선적이다. 남북한의 신뢰가 구축되고 남북관계가 독립적으로 존재할 필요가 없는 것은 아니지만 현실적으로 용이하지도 않으며 부차적인 요인이라는 견해이다. 혹은 북한주민들은 북한 급변 사태 이후 경제력 수준이 높은 한국과의 통일을 선택할 이유가 매우 높다는 관측을 해 볼때 남북경제의 격차를 줄이는 차원의 연구와 실천이 우선 필요한 것이다.[170]

남북경제공동체의 효과성

남북 경제 통합의 중장기적 과정에서 북한 경제가 성장하게 될 때 그 규모면에서 차이가 나겠지만 중국, 동남아시아의 성장이 남한 경제에 기여한 것과 관련한 형태로 기여할 가능성이 있다. 북한의 언어, 지리적 인접성, 대외 경제 관계, 문화적 동질성 등을 고려할 때 북한의 경제 발전은 한국경제와 연계성을 수반하면서 이루어질 것이 예측된다.

이런 경우를 예상할 때 북한은 한국에 대해 시장으로서 한편으로는 생산기지로서 기여할 것이다. 다르게 보면 경제적 규모 및 생산요소의 보완적 측면에서 기여할 수 있다. 특히 초기에는 생산 기지로서의 역할이 클 것이고 이는 남한 경제의 경쟁력 제고에 기여할 가능성이 높다. 개성공단의 사례에서 보았듯이 남한의 자본, 기술과 북한의 토지, 노동력이 결합하는 것이다. 중장기 발전계획에 따르면 일정 규모의 인구가 갖추어졌을 때 경제권의 형성이 가능해진다는 것이다. 5,000만 명의 남한 경제는 남북통합에 따라 7,000만 명을 넘어서는 인구를 보유하게 된다. 북한의 경제적 발전속도에 따라 일정한 경제 수준에 이른다면 남북한의 내수 시장이 최소 효율성 확보의 규모에 도달하게 되며 이는 경제목표의 달성 가능성을 제고하는 효과가 있는 것이다.

한국은 그간 대륙 연해에 있는 반도이면서도 실질면에서는 육지와 멀리 떨어진 도서와 같은 존재로 전락해 외국인과의 인적 교류와 상품 및 용역 등 모든 물류의 유통이 지상이 아니라 해상과 하늘을 통해서만 가능하게 되었다. 한국과 중국 동북 3성을 비롯해 대륙과 경제적 연계가 심화되는 남북한 교통망과 TCR(중국횡단 철도), TSR(시베리아 횡단철도)의 연결로 유럽 등지로의 물류비를 대폭 절감할 수 있게 되었고 이는 한국과 유럽등지로의 물류비를 대폭 절감을 의미하듯이 한국과 유럽 등지의 경제적 교류를 확대 심화할 가능성이 크다.

또한 정부 지출에서 군사비 지출이 차지하는 비율을 낮춤으로써 더 생산적인 분야로 재정 자금을 활용할 수 있게 해 줄 것이다. 한국경제가 직면한 혁신과 통합이라는 두 가지 과제를 달성하기 위해 과학 기술 혁신분야의 투자와 양극화 해소를 위한 각종 지원 프로그램에 추가적으로 자원을 재배분할 수 있게 될 것이다.

아울러 이른 바 북한 핵문제의 해결로 남한의 국가 위험도를 현저히 감소시켜 남한의 국제 신인도를 상승시킬 것으로 보인다. 이는 증권시장에서의 이른 바 코리아 디스카운트를 해소시켜 한국 기업의 주가를 상승시킬 가능성이 높다. 주가 상승으로 주식 소유자의 자산가치가 늘어나고 주식 소유자는 늘어난 자산 가치에 대응해 소비를 확대하는 것이다. 또한 주가 상승은 기업의 자산 가치를 증대시킬 뿐 아니라 기업의 자금 조달 비용을 낮추고 자금 조달도 용이하게 한다. 이와 동시에 국가 신인도 상승은 국제 금융시장에서의 자금 차입 이자와 외채 상환이자의 부담도 경감시키는 효과를 초래한다. 이와 함께 외국인 직접투자 유치 증대에도 기여할 것으로 전망한다.[171]

남북경제공동체의 추진 방향

남북 경제통합은 개념적 차원에서 장기적인 과정이라 할 수 있다. 경제 통합은 매우 느슨한 형태의 경제 통합에서부터 최종 목표인 완전한 경제 통합에 도달할 때까지 형태를 달리하면서 발전되어가는 과정이다. 그래서 여태까지의 남북 경제 통합은 서로 다른 체제와 제도를 인정하면서도 경제통합을 지향한다는 전제 아래 경제 교류 협력의 폭을 확대하고 심도를 더 함으로써 경제의 상호 의존도와 결합 도를 제고해 가는 일련의 과정으로 파악되어 왔다. 물론 현실 세계에서는 경제 통합이 장기적이 아니라 단기간에 이루지는 급진적 통합이 있다. 다만 이 경우에도 기간은 짧다고 해도 이 단계가 완전히 없어지는 경우는 거의 없다. 한 단계에서 다음 단계로 이행하는 것이 매우 압축적으로 진행될 따름이다. 단계성과 기간은 상이한 차원의 개념이다.

요컨대 남북경제 공동체는 중장기적 관점에서 추진되는 성격의 것임을 강조할 필요가 있다. 그렇듯이 점진적 단계적 접근의 필요성은 여러 차원에서 제기된 적이 있다. 이는 주로 경협의 여건에 관련된 것인데 대표적인 것이 대외적인 군사안보적 차원의 문제이다. 북핵문제의 완전한 비핵화 해결 수준이 가장 중요하다. 아울러 북한의 개혁 개방 수준, 남북관계 진전 수준도 중요한 변수로 작용한다. 이와 함께 남한 내의 여건도 중요한데 남한 내 여론의 상황, 국내외적 재원 조달 여

건이 대표적으로 중요한 것이다.[172]

제도통합(institutional integration)과 기능통합(functional integration)의 구조 기준은 통합의 주체와 동기, 법적 제도적 장치의 유무가 대표적이다. 제도적 통합은 경제통합에 참가하는 각 경제 주체의 합의에 따라 통합 조건과 형태 등을 결정하고 공식적 제도의 형태를 통하여 시행하는 경제통합이다. 일반적인 경제 통합은 범주의 통합을 가리킨다. 이런 제도적인 통합은 각국 정부와 각 경제 조직의 공식 협력에 의해서 이루어지므로 공적인 통합이라고 말할 수 있다. 달리 말하면 통합을 진행하는 법적 제도적 장치가 구비되어 있을 때를 말한다. 예컨대 유관 국가 간에 초국가적 기구나 국제 협력기구가 설치되어 이를 중심한 협력관계가 이루어지고 유지 관리되는 체제의 통합을 지칭한 것이다.

기능별 통합은 법적 및 제도적 장치가 준비되어 있지 않다. 그러나 관계 지역 내에서 각 국가 간 산업의 연계성이 높아서 산업의 전후방 연관 효과가 크게 나타나고 특정 부문에서 국가 간에 상호 보완관계가 형성되어 경제적으로 강하게 결속되는 형태의 통합을 지칭한다. 예를 들자면 시장에서의 이윤 동기에 따라 국제 경제 활동이 특정 지역에 매우 집중되어 나타나는 지역 경제권의 형성을 말한다.

그런데 남북 경제통합 추진에서는 제도별 통합과 기능별 통합의 조화가 필수적 과제이다. 공식적 제도만 갖춘다고 해서 경제가 실질적으로 연계된다는 보장은 결코 없다. 이와 동시에 기능별 차원에서 경제 통합이 이루어진다고 해도 이것은 자동적 및 제도적 차원의 경제 통합을 불러오는 것도 아니다. 따라서 제도적 통합과 기능적 통합을 상호 보완적으로 추진할 필요가 있다. 현실적으로는 초기에 기능별 통합이

우선 추진되고 점진적 제도적 통합의 비중을 높여가는 것이 가장 바람직하다. 기능적 통합은 산업협력이 핵심적 요소라고 할 수 있다.[173]

남북한의 경제통합은 수직적 통합을 기본으로 하되 가능한 대로 점진적 수평 통합 요소를 가미하는 것이 바람직하다고 할 수 있다. 개성공단에서 이루어졌던 남과 북의 협력방식은 중요한 시사점을 제공한다. 즉 한국의 자본 및 기술과 북한의 노동과 토지를 합치는 방법은 선진국가와 개발도상국 간에 나타나는 특징과 수직적 통합이 출발해 상호 의존관계를 피할 수 없는 수평적 통합으로 점진적인 전환이 되도록 노력해야 한다. 다르게 보면 경제 통합의 목표는 초기엔 생산요소 간 보완관계의 결합에 따른 경쟁력 강화에 있고 점진적으로 시장 확장에 따라서 기술과 경제적 이익이 추구되어야 할 것이다. 이는 현재 남북한 경제 조건의 현실을 감안한 결과라고 생각한다. 즉 남북한에는 경제적 발전 단계, 요소 보존과 요소 가격이 현격히 차이가 나고 북한의 내수 시장 규모가 매우 작다는 점을 고려해야 한다.[174]

남북한 경제 통합은 국제 관계 속에 다변화 전략을 지향하는 것이 바람직하다. 남북한 양측의 노력만으로 남북 경제통합을 달성하는 데는 한계가 있다. 국제 협력은 남북한경제통합의 본격 추진을 위해서는 재원 조달 면이 유리하고 남북한 경제통합의 안정과 지속적인 추진에도 매우 유리한 것이다.

더욱 한국의 입장은 북한 체제의 전환을 자연스럽게 유도하고 지원하기 위해서라도 국제협력을 적극적으로 유인할 필요가 있다. 국제 협력에서 공간적으로 중요한 것은 동북아라고 할 수 있는 것이다. 실제에 있어 남북한 경협과 동북아 경제의 협력 연계 필요성은 많은 측면에서 제기되고 있다.

첫째, 국가안보경제는 별개로 추진하는 것이 아니라 병행해 추진해야 효과적이다. 남북경제협력을 복음 평화통일이 달성될 때까지 추진하고 그 평화를 통하여 다시 경제협력을 증진시키는 평화와 경제의 선순환 구조를 창출해야 한다는 것이다.

둘째, 향후 북한의 경제 개발 방향과 관련해서 고려해야 할 중대한 변수는 북한의 지정학적 위치이다. 북한의 위치는 중국 동북 3성과 러시아 극동과 일본 및 한국을 잇는 권역 중앙에 위치해 있다. 특히 북한의 지경학적 위치는 장기적으로 봤을 때 남북한 경제 통합을 모색하는 데에 있어서 매우 중요한 요인이다. 북한의 제조업이 사실 붕괴되어서 향후에 남북한 제조업 분야 협력이 제한적일 수밖에 없다.

셋째, 남한의 관점에서도 북한의 존재와 미개방 상태 때문에 상실한 동북아의 경제협력 공간 복원이 아주 필요하다. 한국은 대륙의 연해에 있는 반도이면서 실제로 육지와 멀리 떨어진 도서와 같은 실제상황으로 전락했다. 외국과의 인적 교류와 상품 및 용역 등 모든 물류의 유통은 지상이 아니라 해상과 항공로를 통해서만 가능해졌다. 한국과 동북 3성의 교류는 이렇듯 물리적 제한을 받게 되어 거래 비용이 크게 증가하게 되었다.

넷째, 북한의 경제 재건을 위해 막대한 재원을 한국만이 혼자 부담하는 것은 무리가 있다. 한국 정부 단독으로 조달할 수 있으리라 생각하는 사람은 아무도 없을 것이다. 하지만 다른 국가들을 어떻게 참여시킬 것인가, 어떤 방안을 제시하여 그들의 참여를 유도할 것인가 하는 문제는 누구보다 한국 정부가 고민해야 할 몫인 것이다.

다섯째, 남북경제 통합과 동북아 경제 협력을 동시에 추구하면 남북경제 통합에 따른 주권상실, 나아가 흡수통일에 대한 북한의 우려를 완화하는데 도움이 된다. 북한을 경제 교류와 상호 의존 확대의 장으로 끌어내기 위해서는 남한의 노력만으로는 절대 부족하고 중국 등 주변국들의 적극적인 동참과 협력이 병행되어야 한다고 생각한다.[175]

미주

150) 허호익, 『통일을 위한 기독교 신학의 모색』, 358.
151) 박재규 외, 『새로운 통일 이야기』, 153.
152) 임혁백 외, 『한반도는 통일 독일이 될 수 있을까?』 (서울: 송정문화사, 2010), 24-27.
153) 박상봉, 『독일통일 통일한국』 (서울: 도서출판 진리와 자유, 1999), 86-87.
154) 김종수, 『새로운 통일 이야기』, 18-21.
155) 이종원, 『통일에 대비한 경제정책』 (서울: 도서출판 해남, 2011), 82.
156) 박상봉, 『독일통일 통일한국』, 71.
157) 최성훈, 『통일을 대비하는 한국교회』 (서울: 기독교 문서선교회, 2017), 205-206.
158) 박상봉, 『독일통일 통일한국』, 139.
159) 백충현, 『남북한 평화 통일을 위한 삼위일체적 평화통일 신학의 모색』 (서울: 도서출판 나눔사, 2012), 61.
160) 최성훈, 『통일을 대비하는 한국교회』, 207.
161) 김종수, 『새로운 통일 이야기』, 22-24.
162) 백충현, 『남북한 평화 통일을 위한 삼위일체적 평화통일 신학의 모색』, 62.
163) 최성훈, 『통일을 대비하는 한국교회』, 58.
164) 김종수, 『새로운 통일 이야기』, 25-27.
165) 최성훈, 『통일을 대비하는 한국교회』, 218.
166) http://100.daum.net/encyclopedia/view/24XXXXX70336(2017.10.27.검색)
167) 김종수, 『새로운 통일 이야기』, 112-114.
168) 김종수, 『새로운 통일 이야기』, 115-116.
169) PKO(평화유지활동)이란 유엔이 분쟁지역의 평화 및 질서 회복을 위해 관련 당사국의 동의를 얻어 일정한 군대로 구성된 유엔 평화유지군 등을 현지에 파견해 휴전 정전의 감시 또는 치안 유지 임무를 수행하는 일을 말한다.
170) 김종수, 『새로운 통일 이야기』, 117-118.
171) 김종수, 『새로운 통일 이야기』, 119-120.
172) 김종수, 『새로운 통일 이야기』, 121-122.
173) 김종수, 『새로운 통일 이야기』, 123-124.
174) 김종수, 『새로운 통일 이야기』, 125.
175) 김종수, 『새로운 통일 이야기』, 126-127.

제3부
한국교회 복음평화통일운동의 이해

06
복음 평화통일운동과 성경적 이해

복음통일운동에 대한 성경적 관점

한국교회가 복음 평화통일을 위한 역할을 감당하기 위해서 먼저 이해해야 하고 접근해야 할 것이 어떤 것이 있는지 살펴보고자 한다. 한국은 민주화와 산업화를 위해 노력할 때 북한은 핵무기를 개발함으로써 북한과의 관계는 핵전쟁의 위기에 놓여 있다. 그런 와중에 평창올림픽에 북한 선수단 참가 이후 3차례 남북정상회담과 북미정상회담이 두 차례 있었다. 국내에서 가장 심각한 문제는 대북관계를 두고 국론이 분열되어 이념 논쟁이 심화되어서는 안 될 것이다. 우리나라의 경우 선거 때만 되면 정치 이념이 국민에게 미치는 영향이 크다. 대통령은 이분법적으로 분열된 국론을 통합하는 비전의 리더십을 발휘할 수 있어야 한다. 현재 국내외 정치 상황이 순탄하지 않지만 한국교회는 한민족의 복음 평화통일을 위하여 대승적 차원에서 다각적인 접근방법을 제시해야 한다.[176)]

예수님은 낮고 낮은 인간의 모습으로, 가난하고 보잘 것 없는 시골 목수의 집안에서 태어나 억눌린 자들과 가난한 자들과 배고프고 병들고 눈물 흘리는 자들의 삶의 한 가운데 현존하였다. 우리들도 예수님과 같은 삶으로 우리 한국교회도 복음 평화 통일에 실질적으로 헌신하는 본을 보일 때 통일의 빗장이 풀릴 수 있을 것이다.[177]

평화통일문제는 전 국민이 참여하는 정치적인 분야에 속해 있는 것이 사실이다. 그렇다면 한국교회도 복음평화 통일문제에 적극 참여할 수 있는 차원에 도달해야 한다. 칼 바르트(Karl Barth)는 교회 현존의 목적과 교회가 국가에 해주어야 하는 본질적 봉사에 대하여 "크리스천의 공동체인 교회는 법률을 만들고 이를 수행하고 다루는데 있어서 국가 생활과 다른 것처럼 교회의 존재는 정치적이다. 이런 의미에서 교회는 지역 내의 모든 사람을 비추는 빛이어야 한다. 따라서 교인은 모든 사람을 위하여 특히 위정자와 정치를 담당하고 있는 분들을 위하여 간구와 기도와 중보를 해 주어야 한다."고 하였다. 이러한 논리로 봤을 때 한민족 평화 통일을 위한 한국교회의 다각적인 접근 방안을 모색하는 것은 당연한 것이다.[178]

성경적인 평화통일은 원칙적 의미에서 성경을 중심으로 삼고 성경의 비전과 가치관에 따르는 통일을 위하여 접근한다는 뜻이다. 또 다른 의미는 실천적 의미로써 성경을 구체적으로 적용하는 관점을 뜻한다 할 수 있다.[179] 평화 통일을 성경적 관점에서 보려고 한 것은 통일의 근본 목적이 선교적 차원에 있기 때문이다. 선교에 있어서 성경은 다른 어떤 권위보다 중요한 권위를 가지고 있고, 선교의 초점 역할을 한다.[180] 초대교회서도 선교와 사역은 복음 선포와 동일한 형식이었다. 복음 선포는 하나님 나라의 선포, 그의 죽으심과 부활 사건에 입각해서 하나님의 궁극적·종말적 구원을 세계에 선포하고 증거하는 행위이며 이것이 사역이요 목회이다. 복음 선포는 언제 어디서나 주어져 있는 현재의 상황에 직결되어 있다. 한국교회는 용서와 자비의 마음을 가져야 한다. 하나님의 나라는 사로잡힌 자, 눈 먼 자, 억압받는 자 등을 해방하는 빛인 것이다(눅4:18). 복음 평화 통일운동은 이렇게 당연히 우리들이 해야 할 지상 과제인 것이다.

출애굽 역사는 하나님을 상기하며 독재 권력을 감시하고 개선을 촉구하는 작업을 통해 확보되는 것이다. 모세가 이스라엘 백성을 위하여 해방운동을 하였듯이 한국교회가 복음통일운동을 위해 펼치는 작업들은 북한의 독재 정권 하에서 삶을 박탈당하고 고통 받는 북한 2천만 주민들을 해방시키는 사명을 완수해야 할 것이다. 솔로몬 왕 사후 르호보암 왕 때 이스라엘이 분단되었으나 이스라엘 민족의 분단을 하나님은 원치 않았던 것이다.[181]

"인자야 너는 막대기 하나를 가져다가 그 위에 유다와 그 짝 이스라엘 자손이라 쓰고 또 다른 막대기 하나를 가지고 그 위에 에브라임의 막대기 곧 요셉과 그 짝 이스라엘 온 족속이라 쓰고 그 막대기들을 서로 합하여 하나가 되게 하라 네 손에서 둘이 하나가 되리라"(겔 37: 16-17)

"그들에게 이르기를 주 여호와께서 이같이 말씀하시기를 내가 이스라엘 자손을 잡혀 간 여러 나라에서 인도하며 그 사방에서 모아서 그 고국 땅으로 돌아가게 하고 그 땅 이스라엘 모든 산에서 그들이 한 나라를 이루어서 한 임금이 모두 다스리게 하리니 그들이 다시는 두 민족이 되지 아니하며 두 나라로 나누이지 아니할지라."(겔 37:21-22)

이와 같이 하나님의 분명한 계시는 분단은 죄가 되는 것처럼 이를 극복하여 통일된 이스라엘을 이루시는 꿈은 한민족에게도 해당되는

것이다.[182]

 이스라엘의 남북분열이 단순히 솔로몬의 우상 숭배와 르호보암의 어리석은 선택 때문이라기보다는 역사적인 각 지파 간의 불신과 대립의 원인으로도 볼 수 있다. 모세가 십계명을 받은 시내산을 중심으로 하나님께서 주신 언약을 강조하는 시내산 전승과 다윗왕조를 중심으로 하는 왕조 전승의 대립이 북 왕국과 남 유다의 분열을 조장했다는 것이다. 즉 이념적 차이에 기인한다고 해석하였다.

 여호와 하나님은 모세를 통하여 이스라엘 백성에게 주신 십계명의 첫 번째가 "너는 나 외에는 다른 신들을 네게 있게 말지니라." 이는 분명 우상숭배 금지령을 의미한다. 솔로몬 이후 이스라엘 백성이 남 유다와 북이스라엘로 분단된 이후 북 이스라엘은 250년 동안 왕이 19번이나 교체되었다. 이들 19명의 왕들은 하나같이 하나님의 경고를 무시하고 광신적 우상숭배로 백성들을 이끌다가 국가가 패망하게 된 것이다. 에덴동산에서 하와를 유혹했던 사단은 1945년 해방 직후 북한 지역에 하나님을 반역하는 무신론 국가인 북한 공산정권을 세우도록 했고, 그 후 김일성의 마음속에 하나님과 같이 되고자 하는 악독한 욕심을 심었다. 그 사단은 하와와 같이 선악과를 따먹고 선과 악을 아시는 하나님처럼 되고자 하는 최고의 교만을 그의 마음에서 싹이 자라게 했다. 그리하여 김일성은 49년간 자신을 하나님과 동등한 위치에 올려놓고 북한 주민들로 하여금 자신을 북한 신으로 숭배하도록 절대적으로 강요했다.[183]

 마치 북 이스라엘 왕조의 시조인 여로보암의 우상숭배를 그의 자손들이 대를 이어 답습했던 것과도 유사하다. 권력 승계와 함께 우상화

수법도 승계한 것이다. 또 여로보암과 그 자손들이 우상숭배 사상을 이용해서 백성들을 착취하고 고통을 줌으로써 권력 연장의 도구로 이용했던 것처럼 북한의 김씨 왕조 3대도 똑같은 통치방식을 행사하고 있다. 김일성과 여로보암은 공통점이 많으며 그들의 우상화 유전자가 자손들에게 이전된 것은 닮은 꼴이라고 할 수 있다. 북 이스라엘을 멸망시킨 하나님께서 똑같은 죄를 짓고 있는 북한의 김씨 왕조를 그대로 두시지 않을 것이다.[184]

인류 역사를 보면 무력과 폭력으로 인명을 대량 살상하고 평화를 파괴한 통치자나 집단, 국가는 언젠가 반드시 같은 방법에 의해 붕괴된 사실을 많이 볼 수 있다. 제 2차 세계 대전을 일으킨 독일의 히틀러, 그 후 세계 최초의 공산국가를 세운 레닌과 스탈린, 태평양 전쟁을 일으킨 일본, 그리고 최근에 있었던 이라크의 후세인, 리비아의 카다피 등이 그 좋은 예라고 할 수 있다. 김정은 정권은 핵무기를 칼집에 넣어둔 상태이며 필요하다고 판단할 경우 언제든 꺼내 사용할 수 있는 위험한 집단이다. 북한의 핵무기 개발은 곧 전쟁의 위협을 의미하는 것이며 그 핵무기 사용 결과는 민족이 공멸할 뿐 아니라 지구촌을 불의 심판으로 자초할 수 있을 것이다.

여기서 분열 왕국 시대는 남 유다 왕국과 북 이스라엘 왕국을 말한다. 그런데 그 후 이스라엘 백성의 죄로 말미암아 하나님께서는 북 이스라엘 왕국은 앗수르에 의해 멸망해 패망케 하시고 남유다 왕국은 바벨론에 의해 끌려가게끔 징계하셨다. 그러나 70년이 지난 후 이스라엘 백성으로 하여금 예루살렘으로 귀환토록 하시면서 주변 여러 나라에 흩어졌던 이스라엘 백성들도 고국 땅으로 돌아오게 하셨다. 그리하여 분열된 민족이 연합하여 다시 하나의 나라를 이루게 하셨다.

또한 두 막대기에 각각 남 유다와 북이스라엘을 쓰게 하고 하나가 되게 한 것은 영적으로 다윗 왕권의 회복을 예언한 것으로 다윗의 계보를 통해 오시는 예수 그리스도로 말미암아 세워질 하나님 나라의 회복을 의미한다.[185] 즉 하나님 나라는 오직 하나님 한 분이 통치하시며 여호와 하나님을 모시는 성도들은 궁극적으로 성령의 하나되게 하심을 따라 연합하는 것이다. 한반도의 경우 이스라엘 백성과 비슷한 역사를 체험할 수도 있다. 호화로운 성전은 하늘을 무색하게 할 정도로 건물이 화려하다. 그러나 하나님은 성전 건물 속에 갇혀 계신 것이 아니라 성도들의 심령의 성전에 와서 함께하기를 원하신다. 그럼에도 불구하고 진짜 하나님 성령을 모신 성도가 과연 몇 명쯤이나 될까. 하나님은 의인 열 사람이 없어서 소돔과 고모라를 심판하셨듯이 오늘날도 의인 열사람을 한국교회에서 찾고 계실지도 모른다.[186]

우리 한국교회는 복음 통일 한국을 꿈꾸며, 하나님이 원하는 선한 역할을 감당할 수 있을지 함께 고민해야 한다. 성경이 말하는 꿈과 비전은 예수 그리스도의 재림에 닿아 있어야 한다. 한국교회가 한반도의 남북분단과 그로 인해 파생되는 엄청난 정신적 영적 국가적 재정적 문제를 간과하거나 소홀히 해서는 안 된다. 예수는 성육신한 하나님의 환대로 용서받기를 원하는 모든 죄인을 포용하셨다. 한국교회가 이러한 예수님의 마음을 지속적으로 품어야 한다.[187]

북한 동포 2,300만 명과 한국교회를 향하신 하나님의 그 특별한 소명감을 가져야 한다. 한국교회가 한반도의 분단으로 인한 민족의 분단에 근 반세기 동안 침묵으로 일관할 수밖에 없었던 이유는 사실 이데올로기 때문이었던 것이다.

한국교회는 공산주의자들이 주었던 깊은 상처를 이제는 다른 방법이 아닌 오직 십자가의 위대한 복음으로 풀어내어 치유받아야 한다.

이제 한국교회가 북한을 향해 가져가야 할 것은 오직 십자가의 복음, 그 부활과 생명의 복음이 절실히 요구하는 사랑으로 나아가야 한다. 그리스도 십자가의 복음의 능력을 덧입어 미움도 아픔도 버리고 건강한 모습으로 오직 예수님의 모습으로 그들을 향해 나아가는 것이다. 예수님의 사랑은 궁극적으로 원수 사랑에 그 절정을 제시한다. 왜냐하면 죄로 인해 하나님과 원수되었던 사람들을 사랑하셔서 친히 십자가를 우리를 위해 진심으로 생명의 길로 구원하셨기 때문이다.[188]

교회의 역사에서 볼 때 문제점은 주님의 몸된 교회가 주의 길을 막을 때가 매우 많았던 사실을 간과할 수 없다. 교회가 주님의 뜻보다는 자기들의 뜻을 세우기 위하여 노력한다는 의미라고 할 수 있다. "21세기 사마리아 북한"을 비무장 지대 건너편에 두고 한국교회는 하나의 중요한 질문을 할 수 있어야 한다. "예수님을 따를 것인가, 세상을 따를 것인가?" 남북분단의 문제를 접근하려 할 때 한국교회는 이데올로기에 대한 분명한 입장을 확인하여야 한다.

인간의 가치관, 철학으로 진리를 막아서는 안 된다는 것이다. 그럼에도 불구하고 인간들은 기독인이라고 하면서 신앙의 근본적인 사상보다는 인간의 가치관으로 무장하여 예수님의 사상을 자기의 사상으로 끌어 들여 하나의 사상을 체계화 시키려고 하고 있다. 인간의 사상 앞에 한걸음도 나아가지 못하고 국가관이나 이념에 묶여 있는 한국교회의 실정이다. 그래서 우리는 조선민주주의 인민공화국을 향해 반공을 내세우며 적그리스도라 하지만 예수님은 북한을 탕자로 바라볼 것이다. 수가성 우물에서 사마리아 여인을 만나신 예수님처럼 그 여인에게 복음을 전하셨듯이 우리도 북한을 향해 예수님의 마음을 품고 북한에 복음을 전파하는 방법을 모색해야 할 것이다.[189]

예수 그리스도는 교회의 머리이며(엡5:23), 우리는 그 몸의 지체이다(엡5:30). 예수 그리스도 몸의 지체로서 한국교회(성도)는 북한 동포에 대해 무관심한 태도에 빠져서는 안 된다. 한국 교회(성도)는 북한동포를 보다 더 깊은 관심을 갖고 하나님의 말씀을 실천할 수 있는 방안을 모색해야 한다.[190]

1960년대 당시 남베트남을 통치하고 있던 응오딘지엠 대통령과 지주들은 가톨릭 신자였기 때문에, 가톨릭을 옹호하고 불교를 탄압하였다. 불교계의 많은 항거에도 정부가 불교탄압정책을 멈추지 않고 계속하자 틱꽝득 스님은 항의의 뜻으로 1963년 사이공의 캄보디아 대사관 앞에서 수많은 반대에도 불구하고 소신공양의 길을 택하였다. 틱꽝득 스님의 소신공양 광경은 베트남 국내와 뉴욕 타임스를 비롯한 각국의 많은 언론에 보도되기도 하였는데, 화염 속에서도 전혀 표정의 일그러짐 없이 정좌 자세로 조용히 죽음에 이르는 의젓한 모습은 많은 충격을 주었다.

한편 응오딘지엠 대통령의 동생인 응오딘누의 부인이자 가톨릭 신자인 마담 누는 미국 언론과 한 인터뷰에서 틱꽝득의 죽음을 "땡중의 바베큐 쇼"라고 비하하는 망언을 하여 남베트남 국민과 존 F. 케네디 당시 미국 대통령의 분노를 샀다. 또한, 이 사건을 계기로 인하여 남베트남 사회의 공분과 응오딘지엠 정권의 종식을 불러오면서 베트남 전쟁의 도화선이 되기도 한 사건이었다.

1960년대 남베트남 정부가 당시 불교계의 많은 항거에도 불교탄압 정책을 멈추지 않고 계속하자 틱꽝득 스님은 항의의 뜻을 온 몸으로 표현 하였듯이 한국교회에서도 복음 평화통일을 진정으로 구현하기 위한 방안을 모색할 때가 도래했다고 생각한다.[191] 정치경제적인 인간의 노력만으로는 결코 이룰 수 없는 것이 우리의 통일문제이다. 하나님이 섭리하셔야만 하는 거룩한 평화통일 사업이다. 한민족 평화 통일은 하나님이 도와 주셔야만 해결되는 일이다.[192]

실천신학은 "교회를 유지하고 온전하게 하는 방법론"이라고 정의를 내릴 수 있다. 그러므로 통일신학은 실천신학의 하위개념으로서 교회는 지속적으로 연구하여야 한다. 따라서 통일신학을 한 마디로 말하자면 교회 구성원 특히 목사가 평화통일을 추진해 나아가는 구체적인 방법론을 제시하고 실천해야 한다는 것이다.[193] 한민족의 평화통일을 성경적으로 해석한다는 것은 매우 어려운 과제이다. 21세기 한반도의 분단 극복을 과제로 삼는 '통일신학'의 관점에서 성경을 해석한다는 것은 과도한 비약이라고 생각할 수 있다.[194]

평화통일신학은 결코 한국교회에 일방적으로 지시할 수 없다. 평화통일신학은 선교실제인 교회 옆에 서 있는 관람자가 아니다. 통일신학은 교회(성도)에게 민족 통일운동을 할 수 있도록 마음에 감동을 줄 수 있어야 한다. 통일신학의 중요한 역할은 복음의 성격과 내용을 규명하고 교회가 복음을 실천면에서 성실하게 생활하는가를 질문하는 것이다. 따라서 통일신학은 현재의 가시적 교회보다는 교회의 본래적인 특성을 지적하고 교회가 가지고 있는 가능성을 지적하는 것이다. 평화통

일신학은 성도의 양심과 사역을 일깨우는 역할을 감당해야 한다.[195]

역사상 모든 하나님의 행위들은 하나님의 사역으로 이루어졌다. 사역은 무엇보다도 인간 역사의 기본적인 틀 속에서 하나님께서 말씀하시고 행하시는 모든 것이다. 하나님의 본성과 목적을 상술하고 있는 것이 바로 하나님의 사역이다. 하나님의 사역에 순종함으로써 하나님으로부터 응답얻을 수 있는 것이다.[196]

사람이 어떤 사물을 매우 존중하거나 이 무상한 세상에 속한 것을 사랑하고 바라고 강요하는 한, 그는 참빛과 내적 지식을 얻지 못할 것이다. 예수께서는 이에 대해 말씀하셨다. "누구든지 나를 따라 오려거든 자기를 부인하고 나를 따라야 한다. 그리고 자아를 비롯하여 모든 것을 버리지 않는 사람은 나에게 합당하지 않으며 내 제자가 될 수 없다"고 말씀하셨다.[197]

한국교회의 복음 통일신학 시도

한국교회는 한민족의 평화통일을 이룩하기 위하여 많은 관심을 보였고 여러 운동들을 시도하였다. 한민족의 평화통일에 관한 신학적인 논의가 1980년대부터 본격적으로 논의되기 시작했다. 1970년대는 민주화운동과 통일운동이 싹트기 시작했고 1980년대는 통일에 대한 신학적 자각으로 통일신학이 등장했으며 1990년대는 통일신학의 형성 및 발전이 이루어졌고 2000년대는 통일신학이 확대 발전되어 다양한 유형의 통일신학이 전개되었던 것이다.[198]

한국교회는 통일선교 신학을 논하기 전에 먼저 '한국의 신학'의 정립이 가능한가를 살필 필요가 있는 것이다. 말하자면 '통일과 선교'란 양자를 어떻게 신학적 논리로 엮어 갈 수 있느냐에 달려 있다고 본다. 이의 종합과 분석, 귀납과 연역, 성경의 해석과 석의, 이론과 실천 등의 작업을 통하여 일목요연한지 판단을 해 봐야 할 것이다. 그러기 위해서는 해방 이후 통일 문제를 신학적으로 기술하려고 했던 철학가와 신학자들의 통일신학에 대하여 기술해 보고자 한다.[199]

남북 분단으로 인해서 이질화되어 온 남북한의 동질성을 회복시켜 주고 공동의 목표 아래 서로 통합해 나갈 수 있는 포괄적인 이데올로기를 정립시킬 수 있어야 한다. 따라서 통일된 한반도는 바른 세계관을 남북한이 공통적으로 수용해 나갈 수 있어야 한다.[200]

역사철학과 통일신학을 논하는 데 있어서 함석헌[201]을 빼놓을 수 없다. 그의 역사관과 종교관을 이해할 필요가 있다. 그의 역사관은 다음과 같다. 첫째, 우주는 정의의 법칙이 있다. 둘째, 인간은 빵만 가지고 살 수 없다. 셋째, 인간 존재의 마음에 죄가 침투해 있다. 넷째, 인간은 공통적으로 세계적 존재이고 개성을 동시에 가진 존재로서의 종족이다. 여기서 말하는 것은 성경에 기반을 둔 기독교의 사상이다. 따라서 첫째, 사상과 정의는 구약성경의 예언자들이 보는 역사관이라고 할 수 있다. 둘째, 경제의 문제는 유심론(唯心論)으로 세계를 구성한 질료(質料)는 생명 원리로 형상을 중시하고 유기적 자연관을 취하는 아리스토텔레스의 사상에 가까운 기독교적 사상이라고 할 수 있다. 셋째, 죄에 관한 인간의 문제는 기독교적 인간관을 따르고 있다고 할 수 있다. 넷째, 인류와 민족에 대한 사상은 아테네에서 전도했던 바울의 설교 내용을 반영하고 있는 것이다.

한반도에서의 하나님 선교를 억눌림 당한 한민족의 해방운동으로 분단극복을 향한 한국교회 복음통일운동과 신학의 갈 길을 한국교회는 풀어가야 할 것이다. 역사적으로 봤을 때 한국교회는 신사참배에 항거하여 일본제국주의를 우상숭배로 규정하고 이에 항거함으로써 순교의 피를 흘렸던 선교적 전통을 오늘에 이어 받아 군사독재주의를 우상숭배로 규정하고 저항과 항거를 계속한 한국교회는 남북한의 분단을 극복하는 신학을 재정립해야 한다.[202]

함석헌은 역사를 실증적 역사로 보지 않고 해석적 역사로 보고 있다. 따라서 그는 역사를 "바탕으로서 사실보다 사실의 뜻을 붙잡는 해석"이라고 규정하고 있다.[203] 결론적으로 역사관을 해석의 자리라고 보면서 그 자리는 종교의 자리로서 기독교라고 할 수 있는 것이다. 그렇다면 통일에 대한 그 사상은 기독교적 역사철학으로 기술한『뜻으로 본 한국 역사』에서 확립되고 있다. 원래 이 책은『성서로 본 한국 역사』였다. 함석헌은 "성경의 자리에서만 역사를 쓸 수 있고, 바른 말로는 역사 철학은 성경밖에는 없기 때문"이라고 해석하였다."[204]

함석헌의 역사관은 기독교적이고 성경적인 역사철학에서 "세계주의와 과학주의"로 점진적으로 보편화되고 있다. 그는 "뜻이라면 뜻이고 하나님이라면 하나님이고 생명이라 해도 좋고 역사라 해도 좋다. 그 자리에서 우리 역사를 보자"는 것으로 생각해 볼 수 있다.[205]

이렇듯 함석헌의 역사철학이 기독교 사관에서 나왔고 그것이 진화된 형태가 되었다고 볼 수 있다. "함석헌의 역사관의 특징을 첫째, 역사 전개의 방향과 목적을 전 지구적 생명의 발전과 의미와 가치를 추구해 가는 뜻의 실현과정으로 보는 점 둘째, 사랑과 정의의 구현 과정으로서의 예언자적 역사관이 내재되어 있다는 점에서 화이트헤드의 과정 철학이나 삐엘 테일라 르 드 샤르뎅(Pierr Teilhard de Chardin)의 진화론적 역사철학에 유사하다고 분석한다.[206]

역사철학에서 중요한 것은 민중에 관한 이야기이다. 함석헌에게 역사관의 자리는 씨알(민중)에게 있다. 그렇다고 하여 민중이 초월적 가치 판단을 하는 자리에 있는 것은 아니다. 민중이란 단 가진 것이 없고 역사를 오직 삶 자체로 부대껴 내야 하는 자리에 있다. 그렇듯 민중의 한계는 있지만 투명하게 역사적 진실을 이해하고 판단하는 인식론적 자리에 있기 때문에 역사를 보는 관점의 자리에 앉게 된다. 그러면 함석헌에게 있어 종교란 무엇인가? 인간과 우주, 인류 역사의 자라남에 생명을 주는 원리요 힘이라 할 것이다.

역사라는 것은 결국 초월적 인격신의 섭리와 결정론의 몫이 아니라 역사를 만들어 가는 개인과 공동체의 몫이다. 함석헌의 통일론이 그의 종교관에 기초하고 있다는 것은 만물이 한 몸임을 믿는 것이 종교이기 때문이다. 따라서 그는 나라 역시 단지 기관이요 기계가 아니라 한 개인의 인격과 같은 존재로 생각하는 것이다. 국가를 수립하는 것은 종교의 기초 위에 있어야 하기에 국가를 이끌어 가는 정치에 종교가 없다면 그 정치는 수단이요 방법일 뿐이다. 그 이유 때문에 종교 없는 통일은 껍데기에 불과하다. 이에 주재용은 자신이 명명한 "통일신학"의 세 요소들을 샬롬, 일치, 만남을 제시한다. 샬롬은 화해와 자유와 희망이라는 세 요소들이 포함되어 있다. 화해는 예수의 십자가 사건을 통하여 하나님과 인간 사이에, 인간과 인간 사이에 막힌 장벽이 무너진 것을 말한다.[207]

중요한 것은 잘못된 세속적 가치관을 지닌 교단 지도자들의 교권

싸움으로 2012년 현재 한국장로교단은 300여 개가 넘는다고 한다. 작은 교단이라고 해서 문제는 아닌 것이다. 이제 우리는 대형교단, 대형교회들과 군소교단과 중소형교회가 역할을 서로 보완함으로써 복음평화통일의 길을 개척할 수 있도록 협력방안을 모색해야 한다.[208]

한국교회가 민족의 중요한 평화통일의 과제에 소홀히 하고 지금처럼 관성에 끌려만 간다면 몇 십 년 내에 유럽의 교회들처럼 텅 비어 있는 성도들만 모여 초라하게 예배를 드리는 지경까지 올 수도 있을 것이다.[209]

그러므로 통일은 방법의 문제이기 전에 삶, 인간됨의 전제로서 종교의 문제인 것이다. 통일의 문제를 종교라고 했는데 여타 많은 종교 중에서 어떤 종교가 통일문제 해결의 핵심이라고 보아야 하는가? 그것은 당연히 기독교 즉 한국교회가 통일문제의 핵심에 있어야 한다. 세계사를 보더라도 기독교만큼 박해를 극복하고 자유와 평화를 위해서 희생하는 종교는 없다고 해도 과언이 아니다. 따라서 복음평화통일을 위해서 우리 민족이 가장 먼저 해야 할 일이 회개이다. 그것은 남북의 분단을 죄의 결과로 보아야 하기에 그렇다. 통일은 인격적 통일을 말하기에 정복하는 것이 아니요 남한도 회개하고 북한도 회개해야 하는 것이다. 통일은 개인이 없는 국가나 민족만이 이루는 것만을 말할 수 없다. 이것은 철저하게 개인을 단위로 사회가 세워지고 그런 사회를 바탕으로 민족과 국가가 성립되기에 내 속에 전체가 있고, 전체 속에 내가 있는 유기적인 한민족공동체인 것이다. 이 민족공동체가 철저히 회개운동을 이루었을 때만이 평화통일은 가능할 것이다. 아울러 통일에는 반드시 실력을 갖추어야만 가능하다. 여기서 힘은 경제력, 사상무장의 힘, 국민의 의식 수준 향상 등이 있어야 하고 신앙의 동력이 반드시 저변에 깔려 있어야 한다. 또 북한의 핵무장을 제압할 수 있는 군사력도 보장되어 있어야 할 것이다.[210]

박순경은 기독교는 제3의 입장에 서야 한다고 주장한다. 자본주의의 병폐와 공산주의 병폐를 모두 극복할 수 있는 제3의 길이 아니라면 분단을 극복하고 통일에 이르기 어렵다고 보았다.[211]

우리 민족은 고난의 연속이었고 현 분단은 그 상징이라고 하겠다.[212] 남북분단을 신학적으로 해석하자면 통일신학이 학문적인 가치가 있는지 살펴보고자 한다. '신학적 사고의 틀'은 근본적으로 서구의 대표적인 신학자 바르트의 사상에 따라 규정해야 한다. 통일신학은 방법론적으로 서구의 전통적인 교의학을 도구로 삼고 '민족통일신학'에 있어서 신학적 보편성을 추구하려는 의지라고 말할 수 있다. 따라서 한민족을 구원시키기 위해서는 한국교회가 섬기는 하나님은 삼위일체 하나님으로서 역사 속에 존재하고 계셔서 우리들이 섬겨야 할 본질적 과제로써 성경적 증언에 적합한가를 판단하는 교의학의 과제임을 판단해야 한다.

미국과 일본이 서로 약속하고 필리핀과 한반도를 식민지로 만들기로 했던 1905년에 한국에 온 선교사들의 신학은 일본과 미국의 이익을 옹호하고 한반도의 반식민, 자주, 독립의 노선을 저지시키는 기능을 했던 선교사 신학들이 상당수 있었다는 것이다.[213]

그렇더라도 한국의 신학은 종말론적 구원을 향한 하나님의 역사에 관여하는 "역사적 신학 구원론적 신학"이어야 한다고 주장한다. 따라서 한민족복음통일의 신학은 성경적 기초를 구약의 출애굽 해방역사에서 찾아야 한다. 그것은 하나님의 사랑, 정의, 평화는 세계사에 영원한 미래를 제시한 청사진이 될 수 있기 때문이다. 출애굽에서 해방된 이스라엘 민족은 하나님의 구원과 의를 세상에 전파하고 매개하는 사명에 의해서 하나님과 계약관계에 있는 구원사적 의미를 갖는 것이다. 이스라엘의 죄와 하나님의 심판은 한민족의 역사에서 일어난 관련된 역사적 사건들과 큰 차이가 없는 것처럼 보인다. 이스라엘의 고난은 죄의 결과이며 하나님의 특별한 섭리와 심판 아래 일어났다. 한민족에 대한 고난도 이스라엘 민족과 비슷하다.[214]

하나님의 절대 주권에 대한 믿음을 바로 확립할 때 개혁주의생명신학은 분단된 민족현실과 평화 통일에 대한 신학적 반성을 하게 한다. 따라서 개혁주의 신학은 사이비 루터교 사상과 근본주의에 의해 제시된 거룩과 세속, 교회와 사회, 예배와 노동의 이분법적 사고를 부정한 것이다. 민족 분단은 강대국의 냉전과 이데올로기적 대립의 산물이지만 하나님의 허락 하에 발생한 것이다. 그래서 복음통일신학은 한민족을 연단하시는 하나님의 깊은 뜻을 헤아려야 하는 것이다.[215]

사실 한국교회의 신학은 교회의 실제를 움직이는 원리와 방법을 교리와 성경과 역사 안에서만 찾으려 했던 신학하는 방법의 한계를 깨닫게 되었다. 한국교회와 신학의 실제 이론(Theorie der Praxis)으로써의 실천 신학은 함께 있고, 교회를 교회되게 하고 사회를 하나님이 다스리시는 장으로 바꾸는 교회 개혁과 사회 개혁의 신학으로써 존재한 것이다.[216]

세계 각 민족과 한민족의 고난은 하나님의 특별한 섭리 하에서 일어난 것인가? 아니면 하나님과는 전혀 상관이 없이 일어난 것인가? 생각해 봤을 때 우주 만물과 인간의 모든 행사는 하나님의 통제 속에서 이루어진다고 생각한다. 그렇다면 한민족의 분단사는 75년이 넘도록 하나님의 통제를 벗어나 있는 것인가? 우리 한민족의 사상은 너무 의존적이며 자기의 손익에 따라서 행동하는 개인주의 사상이 팽배해 있는 것이라고 생각한다. 내 개인은 곧 전체 민족이요 전체 민족은 내 개인과 직접 상관성이 있는 것이다. 민족이란 하나님이 창조하실 때 제정하신 공동체이다. 따라서 한국교회는 민족공동체에 대해 봉사하고 헌신하며 민족공동체의 고난에 참여할 사명을 부여 받고 있는 것이다. 그러나 민족공동체는 그 자체가 목적이 될 수 없고 하나님의 구속사를 이루는 하나님의 창조 질서적인 수단인 것이다.[217]

우리 남북한이 75년 넘도록 분단되어 있는 것은 하나님의 주권에 놓여 있는 것이니 여기에 하나님의 숨은 놀라운 비밀이 있다. 우리 평화통일한국을 기다리는 하나님은 지정학적으로 매우 중요한 한반도를 세계 복음화의 기지로 삼기 위해 우리 한민족이 하나님 앞에 서서 돌아오기를 기다리고 계신 것이다.[218]

여기 한민족공동체적 개념을 확장시켜서 새로운 민족적 사상을 개발하고 한국적 신학을 정립하여 평화통일을 사명으로 발전시켜 가야 한다. 하나님께 남북통일을 이루어 달라고 기도만 드릴 것이 아니라 평화의 근본이신 하나님을 위해 우리는 혁명적 차원에서 복음평화통일운동을 전개해야 한다. 여기서 혁명이란 종말론적 사고를 추상화시키지 않고 역사와 민족 속에서 구체화하려는 것으로 하나님의 역사변혁을 말한다. 한민족을 위한 통일신학은 복음을 들고 한민족인 북한동포를 구원시켜야 할 책무가 있는 것이다.[219]

한국 신학의 자리는 분단 극복을 목표로 하여야 한다. 한국의 복음 평화통일신학은 모든 신학의 척도가 되어야 한다. 평화통일신학은 과격한 세계혁명을 주장하는 사회주의 이론가들을 설득하고 역사의 보편적 주권을 선언하는 신학을 서로 오가는 여행의 길목이 되어 평화를 진심으로 사랑하는 사람들이 통일을 이루어 가야 한다고 생각한다.[220]

우리 한반도의 역사는 전환점에 서 있다. 전환점에 처한 한반도 분단의 역사를 어떻게 민족통일을 향한 역사로 방향 전환을 시킬 것이며 민족을 위한 통일신학을 정립시켜 나갈 것인가? 전환기의 위기는 민족 분단의 역사를 민족통일의 역사에로 전환시킬 수 있는 절호의 기회로써 민족을 위한 복음 평화통일신학이 절대 필요한 것이다.[221]

지금까지 일관된 통일성을 갖는 통일 성경 신학을 말하기는 어렵다고 말할 수 있다. 신약성경보다는 구약성경으로 통일신학을 말하는 것이 더 용이하다고 생각하는데 그것은 구약은 이스라엘의 남북왕조의 분열과 통일이라는 역사적 근거가 존재하기 때문일 것이다. 그렇지만 통일신학이 기독교 신학의 근거를 찾기 위해서는 이스라엘의 역사를 재료로 할지라도 하나님의 나라와 종말론, 기독교 윤리와 같은 기독교 신학의 보편적 문법으로 서술하고자 한다. 그래서 우리는 통일신학을 신약성경의 주제로 다루어야 할 정당성을 갖는 것이다. 신약성경은 이스라엘 민족의 역사인 구약의 패러다임을, 지상의 모든 민족이라는 더 넓고 보편적인 틀로 확대하고 있는 것을 알 수 있다. 그렇듯이 통일신학을 성경적 관점으로 기술하기 위해서 구약의 이스라엘 역사와 신약의 예수 그리스도께서 선포하신 하나님의 나라를 역사적·신학적 관점에서 연결할 수 있는 핵심적인 성경신학적 관점에 접근해야 할 필요

성이 있다.²²²⁾

21세기 세계 유일의 분단국이 한국 교회에 주는 의미가 무엇인지 깨닫고 성경적으로 생각하고 말하고 행동하는 교회다운 교회가 되어야 한다. 교회와 정치가 항상 건강한 관계를 지속함으로써 바른 통일신학을 정립하여 한반도가 평화통일의 길로 나아 갈 것을 기대한다.²²³⁾

따라서 필자는 이스라엘의 회복과 연관된 선교의 세계관을 고대 기독교의 형성사를 통하여 언급한다. 또한 헬레니즘 시대 유대교의 역사로부터 방향을 설명하며, 기독교의 이야기들을 통하여 유대교의 세계관이 어떻게 변화되고 있는지 살펴보고자 한다.²²⁴⁾

여호와 하나님은 이스라엘 백성을 왜 애굽에서 구출하셨을까? 그것은 이스라엘을 '제사장 국가'로써 그들을 '거룩한 백성'(출19:6)으로 삼기 위한 것이다. 새 백성과 새 나라가 되려면 종교제도, 정치제도, 경제제도가 다른 나라와 확연히 구별되어야 한다.²²⁵⁾

이스라엘은 하나님 나라가 어떠한지를 이 땅에서 보여줘야 하는 '그 나라'의 그림자였기 때문에 하나님께서는 그들이 '그 나라'로서 합당하게 살아야 할 생활의 모습들을 이스라엘 지도자 모세를 통하여 인도하여 주셨다.²²⁶⁾

한민족은 일본이나 독일처럼 전범국이 아니고 패전국도 아니어서 남북분단이 될 이유가 전혀 없었다. 1945년 일제강점기로부터 해방이 되었을 때 한민족 어느 누구도 분단을 예상하지 못했다. 한민족의 역사와 이스라엘 민족의 역사는 유사한 측면이 있다.²²⁷⁾

이스라엘의 역사상 가장 중요한 신학적 내용 중 한 가지는 이스라엘의 회복이다. 이것은 단순하게 이스라엘의 역사를 복고적 사상만으로 규정할 수는 없다. 도리어 이스라엘에게 주어진 유산 전체, 여호와의 계약과 율법 등을 세계사적 관점에서 새로운 각도로 해석하여 포로기 이후 예언자들의 신학 사상으로 규정하여야 한다. 이 시기의 신명기적 역사서는 포로기의 경험의 토대에 기초하여 옛 이스라엘 전승들을 새롭게 해석한 것이고, 이 흐름은 포로기 시대의 예언 속에서 새로운 흐름을 만들었고, 포로기 이후 예언자들인 학개, 스가랴, 말라기에게 큰 영향력을 미쳤던 것이다.

이들은 이스라엘의 회복사상을 이스라엘에 대한 여호와의 심판과 구원이라는 패러다임에서 보았다. 이 패러다임은 구약성경신학의 핵심임에 틀림없다. 구약성경에서 여호와의 구원은 출애굽 사건과 포로로부터 귀환하는 사건에 집중되어 있다. 출애굽 사건은 선지자들을 통해 고아와 과부, 이방인들을 압제하지 말라는 명령을 선포하는 기본적인 인권보장에 있어서 중요한 근거를 제공한다.[228] 옛 것의 회복이기보다는 하나님 백성 이스라엘이 형성되는 '시작'으로 봄이 타당할 것이다. 그렇지만 예언서들은 한결같이 이스라엘과 예루살렘 성전의 멸망, 그리고 바벨론 포로기라는 역사적 사건을 이스라엘에 대한 하나님의 심판으로 보고, 포로기로부터의 귀환은 이스라엘의 회복으로 이해하고 있다. 여기 이스라엘 회복의 내용을 구약성경에서 기록하고 있다(사49:5-6; 56:1-8; 60:3-7; 66:18-24; 겔34장, 37:15-23). 그건 첫째, 열두지파가 복원되고 둘째, 다윗왕조가 회복되고 셋째, 이방인이 이스라엘의 회복에 참여하게 된다는 것이다. 이러한 주제는 헬레니즘 시대 유대교의 문헌에서 매우 중요한 세계관을 형성하여 상징적 이야기로 표현한다.

이중에서 열두 지파를 복원하여 이스라엘이 회복되기를 고대하는 내용이 이미 구약성경의 이사야서(49:5-6)와 에스겔서(37:15-23)에서 나타난다. 그리고 다윗왕조의 회복(겔34:22-24, 37:24-25)은 매우 드물게 시편 17:23-26절에만 나온다. 하스몬 왕조[229]는 북으로는 사마리아까지, 남으로는 이두매아 지역까지 점령하여 다윗왕조 때의 영토를 회복하였다. 결국 이 때 유대교는 단지 종교로서만이 아니라 명실 공히 정치적인 '통합 이스라엘'을 이루었던 것이다.[230]

이 하스몬 왕조의 '통합이스라엘' 정책은 약 80년간 지속하다가 기원 전 63년 로마에 의해 정복된 이후 기원 후 66년 유대전쟁의 발발과 132년 바르 코흐바의 최후 봉기까지 지속된 유대인들의 저항활동에 큰 영향을 주었다. 그러나 사실 이러한 물리적 통합과 저항운동이 고대 유대교의 이스라엘 회복이라는 세계관 전체를 대변하는 것은 아니다. 만일 대변했더라면 하스몬 왕조는 이 시기 유대교의 종파들에게 막중한 영향력을 행사했을 것이다. 실제로 마카베오스 항쟁을 지원했던 종교공동체인 하시딤 세력은 그 항쟁의 열매가 되었던 하스몬 왕조의 등장으로 도리어 정권의 실세에서 이탈되어 에세네파라는 종파를 이루어 광야로 나갔다.

유대인의 역사학자 요세푸스가 저술한 저서에서 언급한 그의 역사관이 편향된 측면이 있지만 이스라엘 역사에서 이방 제국의 지배는 결코 낯선 것은 아니라고 주장하였다.[231] 요세푸스는 도리어 이방인의 지배에 저항하는 것은 하나님의 뜻을 저버리는 행위로 해석했다. 요컨대 유대교의 신앙에서 이스라엘의 회복은 종말론적 회복으로 귀결된다고 주장한다. 이 시기 유대교의 문헌은 이스라엘 회복을 정치적인 다윗

왕조의 회복이라기보다는 종말론적 차원에서 기대하는 경향을 갖는다고 보았던 것이다. 다음으로 이스라엘 회복의 때를 종말론적으로 해석하는 것이다. 그 회복은 이방인이 이스라엘 공동체에 참여하여 여호와의 분깃을 나누리라는 것이다. 이사야서를 중심으로(사49: 5-6; 56:1-8; 60:3-7,10-14; 66:18-24) 제기되고 있는 '이방인 순례'에 대한 예언은 구약의 예언서의 확실한 사상으로 자리잡고 있다(사25:6-9; 45:20,22; 슥 1:17; 습3:9).

헬레니즘 시대 유대교의 문헌들(토비트서13:5, 11; 14:6-7; 희년서1:15 - 17, 28)에서 재현되고 있다. 유대교에서 이 본문들이 이스라엘 회복에 대한 신념을 구상하는 중요한 요소들이 되었음에 틀림없다. 이러한 종말론적 회복의 세계관들 중의 요소는 예수에게, 다음으로는 초기 기독교 선교사상에 큰 영향을 미쳤을 것이다. 에스겔이 예언한 종말론적 이스라엘의 회복은 예언자 세례요한에 의해 새로운 부흥을 일으켰다. 그는 세례라는 제의적 정결행위를 통해서 이스라엘을 종말의 시간 앞에 서도록 했다.

예수도 이스라엘의 종말론적 회복을 자신의 사명으로 삼았다(눅 22:29-30). 예수 그리스도가 세례요한과 함께 깊이 연대하였고, 결론적으로 이스라엘의 열두지파를 상징하는 12제자를 선택하는 것을 보면 알 수 있다.[232]

그러나 예수가 이스라엘의 꿈을 꾸며 즉 '분단된 이스라엘'이라는 인식을 가졌다거나 사마리아를 잃어버린 '이스라엘 민족'의 한 부분이라고 판단하기는 매우 어렵다. 그렇다고 예수님이 자기 조국을 소홀히 대우하는 것이라는 의미는 아니다. 예수님은 한번은 예루살렘, 오늘날의 교회를 보시고 우셨고, 또 한번은 마리아와 마르다의 믿음 없는 모습을 보시고 우셨고, 끝으로 인류구원이라는 십자가의 사명을 감당하시기 위해 우셨다(눅19:41, 요11:35, 히5:7). 마찬가지로 한민족의 화해와 복음평화통일운동의 안타까운 역사를 회고해 보지 않을 수 없다. 1956년 1월 진보당 조봉암 대표는 선거에서 대통령 후보로 출마하여 평화통일론을 처음 주장하여 많은 지지를 얻었다. 이 때 이승만 정부는 1958년 1월 조봉암을 비롯 주요 당 간부들이 간첩의 조종 아래 평화통일론을 주장했다는 이유로 대통령 후보 조봉암을 1959년에 처형했는데 우리 민족의 시대적 아픔이라고 할 수 있다.[233]

예수님은 물리적이며 가시적인 다윗 왕조의 회복을 기대하는 이스라엘의 회복을 생각했다고 볼 수는 없다. 고대 기독교가 예수님으로부터 물려받은 '이스라엘의 회복'(행1:6)의 성격도 이와 같은 연장선상에서 생각할 수밖에 없다. 그러나 고대 기독교는 이스라엘의 종말론적 회복을 자신들이 경험한 하나님의 구원사의 경륜, 다시 말하자면 이스라엘의 회복의 세계관에서 바라볼 수 있게 되었다. 그것은 옛 이스라엘의 전통을 간직하고 있는 사마리아인 뿐 아니라 이방인도 포함하는 종말론적 새 이스라엘 공동체를 의미한다(마8:11-12; 사60:1-9). 이 의미는 고대기독교가 유대교의 회복의 종말론을 자신의 선교의 세계관으로 가지게 된 결정적인 계기가 된 것을 말한다.

오늘날 한민족은 다윗왕국을 통일한국의 모델로 삼아야 한다. 다윗은 사울의 구습을 버리고, 국가를 새롭게 건설했기 때문이다.[234] 이스라엘의 역사는 곧바로 탈무드로 이어지거나 복음으로 이어지고 있다. 역사는 사실 다른 방향으로 나아가지 않았던 것이다.[235] 북한동포의 해방과 회복을 위한 복음평화통일운동은 한국교회의 통일시대를 위해서 너무 당연한 것이며 복음평화통일이 이루어진 그날까지 기도와 물질과 헌신을 투입해야 할 것이다.

한국교회의 실태를 보면 이중적이며 이원론에 깊이 빠진 사람이 많다. 한국교회의 현재 문제는 세상과 다르지 않고 구별되지 못하고 있는 실정이다. 한국교회가 처한 한반도의 위기 인식은 감상적이며 즉흥적이며 체계적이지 못하고 이념적이라고 할 수 있다.[236]

현 우리 정치상황은 종북도 안 되고 종미도 안 되고 친미도 안 되고 반미도 안 되며 한국교회는 오직 하나님 말씀 따라 오직 한미동맹을 강화하여 안보를 절대 튼튼히 하고 국력을 높일 때 복음평화통일과 선교의 빗장은 열릴 것이다.[237]

이스라엘의 세계관은 여호와의 세계 통치권 안에서 만나는 것이다. 이스라엘의 심판은 단지 그의 죄에 대한 징벌이라는 의미를 넘어 이스라엘의 심판과 구원이 '민족들'의 심판과 구원은 분리되지 않는다. 양자는 종말론적인 이스라엘의 회복사상 안에서 합류된다. 이스라엘의 회개와 이방인의 유입이라는 고대 기독교 세계관은 헬레니즘 시대의 유대교에서 디아스포라 현상이 확대되면서 가시화 되었다. 이후 바빌로니아와 페르시아, 헬레니즘과 로마제국의 통치로 인해 이스라엘의 세계관이 확대됨을 의미했다.[238]

한국기독교는 성도들이 생활 현장에서 믿음을 구체화하는 훈련을 반복해야 한다. 주일 예배 등 교회 공 예배 참석은 아무리 강조해도 지나치지 않는다. 문제는 교회 내에서 에너지를 다 쏟았음에도 정작 교회 밖에서의 신앙생활이 심각한 문제로 제기되고 있다는 사실이다. 교회 안에서는 기독교인인데 교회 밖에서는 교인이 아닌 것이다. 따라서 기독교의 재교육과 신앙훈련 등 영적훈련은 지속될 필요가 있다.[239]

우선 기독교는 이방인의 선교에 있어서 유대교의 혈연적 귀속주의(歸屬主義)를 무력화시킨다. 말하자면 세례요한은 유대인의 전통적 정체성을 해체한다. "하나님은 이 돌들을 일으켜 아브라함의 자손이 되게 하실 수 있다"(마3:9;눅3:8). 바울은 "아브라함은 우리 모든 사람의 조상"(롬4:16)이며, "하나님은 유대인의 하나님만이 아니라 이방인의 하나님"이 되신다고 강조한다(롬3:29). 히브리서는 유대교의 성전 제사를 예수의 죽음과 피로 대치하고 요한복음은 토라보다 더 높은 계시를 예수의 가르침에서 찾는다.

마태복음에서는 "예수는 성전보다 더 큰 자"(마12:6)이고 토라를 완성하는 자이다. 이렇게 기독교는 이스라엘의 정체성을 적극적으로 개방하고 유대교의 민족종교의 범주에서 벗어나 "비 유대인도 들어갈 수 있는 유대교"의 보편적 종교의 형식을 취하게 된다. 고대 기독교가 이렇게 유대교의 세계관을 변형시킨 것은 이스라엘로서의 자신의 정체성을 포기하지 않으면서도 예수 그리스도를 현재의 구원자요, 미래의 심판자로 이해하고 이방인들을 적극적으로 수용하는 선교적 구조와 신앙 체계를 형성하게 된 것을 의미한다.

본질적으로 기독교가 이방인의 세계인 로마제국에서 '하나님의 백성'이라는 정체성을 획득하게 되는 과정으로 볼 수 있다. 그는 기원후 245년까지 로마제국의 지역별, 도시별 기독교 인구를 추정하는 것은 불확실할 수밖에 없다는 것을 지적하지만 다음과 같은 추정을 할 수 있다. 1세기에 기독교 인구는 이미 1백 만을 넘었고, 2세기 말까지는 최소한 3~4백만을, 적어도 315년에서 325년까지 디오클레티아누스(284-305년)의 박해 이전까지 기독교회의 최초의 두드러진 확장이 있었다는 것이다. 결국 1~3세기 기독교의 확장은 고대 기독교인들의 가장 두드러진 실천의 결과물이었으며, 선교의 행동이었다.[240]

로마제국의 기독교에 대한 핍박이 극심했음에도 불구하고 고대 기독교는 계속 확장되어 갔다. 이와 마찬가지로 북한동포를 평화적으로 해방시키고 복음으로 구원시키기 위한 기독교인의 사명을 완수해야 한다. 칼 바르트는 자본주의든 공산주의든 절대선이라고 볼 수 없다고 하였다. 그럼에도 남북한의 역사뿐만 아니라 한국교회의 역사는 이념적인 분단으로 갈등이 너무 오래되었다.[241]

사마리아 역사는 고고학적으로 알렉산드로스 대왕이 사마리아를 정복한 이후부터 파악할 수 있다. 사마리아는 시돈의 식민지로 약 150여 년간(기원 전 480-330년)은 사람이 살지 않았다. 그러나 이 불모지는 기원 전 333년 알렉산드로스 대왕의 동방정벌이 시작되면서부터 비로소 마케도니아의 식민도시로서 화려하게 부활하기 시작했다. 그는 이 도시를 파괴한 이후 마케도니아인 지배자들을 이곳에 이주시켜 그곳 원주민들과 함께 세겜을 중심으로 도시를 재건하게 하였다. 그보다 약 100년 전 유대 지역 중심의 통합과정에서 소외된 사마리아 지역의 '남은 자들'이 느헤미아 시대 이후 계속해서 여호와 신앙을 지켜 가고 있었는지는 파악하기 어렵다. 단 분명한 것은 세겜을 재건함에 있어서 자신들이 이스라엘의 계승자임을 자처했다는 것이다.

왜냐하면 그들은 사마리아의 재건을 통하여 그리심 성전을 건축하고 이스라엘의 제사직을 회복시켰기 때문이다. 결론적으로 그들은 자신들의 신앙의 근간인 토라를 북 왕국 역사와 신학적 관점에서 해석하여 예루살렘 전통과 대립되는 사마리아 오경으로 편집하였다. 이런 결과는 '사마리아주의'의 재건은 유대 지역 중심의 통합여파가 가져오게 된 필연적인 반대급부였던 것이다. 유대교의 사마리아 지역 갈등은 넓게는 헬레니즘 문화의 세계화라는 큰 틀에서 이해되어야 한다. 유대교는 기원 전 3세기부터 본격화된 거대한 동서양 문화의 통합이라는 헬레니즘의 '시대정신'에 문화적으로 동화되었다. 적어도 기원 전 2세기 초 안티오코스 4세의 헬레니즘 개혁의 드라이브가 유대교를 압박하기까지는 사마리아 지역은 사뭇 다른 양상으로 대응했다.

사마리아 지역민들은 자신들이 유대 지역과는 다르게 대우 받기를 원하였고, 안디오코스 4세에게 세금 면제를 탄원했으며, 그리심 성전을 '제우스 헬레니오스'의 성전으로 개명하였다. 이것이 정치적인 상황에 따른 것인지는 해석이 다를 수 있으나 결론적으로 그들은 헬레니즘식 개혁에 전면적인 저항을 하지는 않았다고 말할 수 있다.[242]

하스몬 왕조[243]는 기원 전 63년 폼페이우스 장군에 의해 로마에게 병합되고 로마는 헤롯을 내세웠다. 헤롯대왕은 이두매아와 혈연적 연관성을 가지고 있었고, 사마리아와 정략결혼을 통해서만 아니라 각종 건설 사업으로 유대와 사마리아를 균형적으로 개발하여 두 지역 간의 갈등을 봉합하고자 했다. 그러나 그가 죽은 후 상황은 바뀌었다. 코포니우스 총독이 유대 총독에 있을 때(기원후 6~8년)이다. 유월절 제사드릴 때 사마리아인들이 예루살렘의 성전 안 뜰에까지 들어가서 시체 뼛가루를 성전 안에 뿌린 사건이 발생했는데 이 사건은 헤롯대왕 시절 잠복해 있던 불씨에 기름을 붙이는 격이 되었다.

분쟁의 다른 사건은 빌라도 재임 기간(기원 후 26~36년)에 일어났다. 사마리아인들이 종교적인 동기에 의해서 지역주민들을 자극했다. 이에 빌라도가 이 사건을 봉기로 본 것이다. 모세는 그리심 산에 감추어졌었던 성배를 보여주겠다는 사마리아의 민간적 신앙을 자극한 어떤 사람을 추종하여 티라타나에서 봉기의 조짐을 보이게 되었다. 그러자 빌라도는 군인들을 파견하여 살해하고 징벌하였다. 빌라도는 갈릴리인들의 종교 행위에 대해 학살을 감행하였다(눅13:1). 그러나 유대인들의 율법에 대한 열정과 헌신을 꺾을 수는 없었다. 한번은 밤에 몰래 황제의 초상이 새겨진 군기를 예루살렘에 세웠다가 유대인들이 자신들의 목을 땅에 내어 놓고 죽이라는 저항을 받고는 포기할 수밖에 없었다.

또 다른 갈등은 벤티디우스 쿠마누스가 총독으로 재위하던 때(기원 후48~52년) 일어났다. 갈릴리에서 유다 지역으로 가는 산악 통행로인 게마 지역에서 갈릴리인 순례의 객을 습격함으로 유혈사태가 벌어졌다. 이 때 사마리아인들이 예루살렘으로 올라가는 길이었다. 이 사건 때 유대의 용병대들이 사마리아인들에게 복수를 감행하였다. 결국 황제 클라우디우스까지 개입하여 사마리아를 징벌하고서야 이 분쟁은 가라앉았다. 이러한 사건은 로마제국 내에서 사마리아와 유대 지역의 종교적 정치적 갈등을 보여 주는 사건들이었다.[244]

유대교의 사마리아 갈등 회복의 현대적 의미는 오늘날 한국교회에서는 예배를 삶으로 온전히 드릴 때 북한동포의 아픔을 보듬고 사랑과 헌신을 드림에 있듯이 복음 평화통일이 올 것이다. 이렇게 강조할 때마다 북한의 완전한 비핵화에 고민이 따른 것이다.[245]

고대 기독교의 형성사에 있어서 가장 중요한 역사적 요인은 아마도 기원 전 66~70년 팔레스타인에서 로마인들의 통치에 대항하여 일어난 유대인의 봉기 즉 유대인의 전쟁일 것이다. 로마는 이 봉기를 처참하게 진압하고 예루살렘의 성전까지 파괴했다. 포로기 이후 소박하게 재건되고 헤롯대왕을 통하여 중건된 제2성전이 막을 내린 것이다. 그 후 유대교의 재편 과정에 대하여 매우 다양한 견해가 있었는데 유대교가 자연스럽게 성전에서 회당 중심으로 변화되었다. 이는 성전 없이도 존속 가능한 분권화된 유대교의 형태로서 장차 디아스포라만 존재하게 될 유대교의 시작이었다. 대중들의 현실은 점점 회당 중심의 새로운 유대교로 재편되었을 것이다.

전쟁의 상흔은 팔레스타인의 초기 기독교에도 새로운 상황을 만들어 냈다. 예루살렘의 수장 야고보가 62년 유대인들에 의해 돌에 맞아 순교한 것은 약 30년 전에 있었던 세례요한과 예수의 죽음을 이어가는 것으로 보였을 것이다. 옛 이스라엘의 '의인 살해'의 전통은 이곳까지 이어진 것일까?(마23:35) 전쟁으로 인한 성전과 예루살렘의 파멸은 민심을 혼란하게 만들었던 것이다.

이 시점에 초기 기독교는 예수가 중심에 품고 있었던 이스라엘 회복을 새로운 차원에서 모색하게 된다. 이것은 다윗왕조의 회복과 같은 민족적 회복은 아니었다. 그들은 예수의 하나님나라 복음 선포를 종말론적 선교의 세계관의 빛에서 이해하고 사마리아와 이방인들을 포함하는 영역에서 실현해 나가야 한다.[246]

구약시대의 선지자들이 비판했던 그릇된 제사(예배)는 삶이 전혀 없는 형식적인 제사로써 하나님의 진노를 사기에 마땅하였다. 현대에도 삶의 현장에서 진실하게 실천으로 드려지는 예배가 하나님이 기뻐하시는 산제사인 것이다. 이것이 영적 예배인 것이다. 그러한 영적 예배를 드리기 위해서 기독교인에게 이 세대를 본받지 않는 구별된 가치관이 요구된다. 기독교 세계관은 하나님이 기뻐하시고 그 온전하신 뜻을 인식하고 자신의 삶의 원리를 가져오는 행위라 할 수 있다.[247] 이런 정신을 가지고 있는 성도가 북한 땅을 보고 슬퍼하고 북한동포를 위해 안타까워하는 것이다.

이스라엘 회복에 기반을 둔 초기 기독교의 이러한 사회 문제적 통합에너지는 신학적으로 설명이 가능할 수 있을까? 초기 기독교의 공동체 종말론적 성격을 조명해야 한다. 초기 기독교 운동의 폭발적인 발화지점으로 항상 언급 되어왔던 성령 강림의 사건(행2:1~13)은 역사 신학적 의미를 갖는가? 우선 누가가 보는 오순절의 사건의 핵심이 종말의 영인 성령의 수여에 있다는 것은 분명한 것이다. 하나님은 성령을 '지상의 예수'에게 내렸고 약속하신 성령을 십자가에서 들어 올린 '부활의 예수'를 통해서 지금 이 오순절에 공동체에 부어 주시고 있다(행2:32f). 성령은 종말론적 공동체에게 약속된(행2:16; 욜2:28~32) 예수의 영이다.

이것이 바로 오순절 성령 강림(행2:1~13)과 베드로의 설교(행2:14~33)를 연결하는 누가의 관점(행1:6~8)이다. 제자들은 성령이 충만하여 방언을 하게 되었다. 이 방언(행2:1~13)은 첫째와 둘째 단락에서 다르게 묘사되었다. 다른 방언으로(행2:1~4) 말하였다.

고린도 공동체에 사용된 엑스터시적인 언어(고전14:1f; 막16:17)인 새 방언으로 생각할 수 있다. 반면에 행 2:5~13에는 지역어를 가리키는

"자신들의 말"을 하였다. 그래서 바울은 "방언은 사람에게 하지 아니하고 하나님께" 하는 것이고(고전 14:2) 예언은 사람에게 말하는 것(고전 14:3)이라고 구분한다. 그래서 바울은 방언이 통역 없이는 소통이 불가능한 것이기에 차라리 예언이 선호된다고 하였다(고전14:5).

누가는 방언을 소통 가능한 예언으로 이해하고 있다. 이사야서(사 28:11)에서 이 사건을 해석하고 있으며 사도행전(행19:6)에서도 이 사건을 설명하고 있다. "바울이 그들에게 안수하자 성령이 그들 위에 임하시므로 방언으로 말하기도 하고 예언도 하였다" 이런 의미에서 성령이 말하게 하신 것(행2:4,6,11)을 누가는 예언으로 파악하고 있다고 보여진다. 무엇보다도 누가가 오순절 사건을 구약의 예언의 성취라고 규정하는 베드로의 설교(행2:18)에서 나타나고 있다.

오순절의 제자들은 예언을 하는 것이다. 중요한 것은 소통되는 언어 현상이 청중들에게 이해되고 있다는 것이다. 외국에서 온 유대인들은 "갈릴리인들이" 지금 하나님의 큰일을 말하고 있다(11절). 그러므로 누가는 종말론적인 사건인 성령의 강림과 현상으로 나타날 수 있는 방언을 소통 가능한 예언으로 이해하고 있다. 성령의 강림은 사람들 사이의 소통을 일으키고 있는 것으로 이해했다. 누가에 의하면 예루살렘 공동체는 "갈릴리인들"뿐 만 아니라 디아스포라 출신의 유대인들은 종교적인 이유로 예루살렘에 거주하였다고 본다. 여기에는 로마로부터 온 방문객들로서 "유대인과 개종한 이방인들"(행2:10)도 포함되었다.[248]

초기 기독교는 나사렛 예수에게서 일어난 복음을 통하여 이스라엘과 이방인과 소통시킴으로써 역사적으로는 포괄적인 하나님의 백성을 모으는 이스라엘 회복의 선교사상을 형성시켰던 종말론적 공동체였다는 것이다. 성령은 소통의 영이다. 남한의 그리스도인들은 북한주민들이 나눔과 섬김을 보고 하나님의 따뜻한 사랑을 체험하도록 해야 한다.[249] 구약성경과 유대교의 여호와의 세계 통치라는 저 예언자들의 보편주의적 사상에 맥을 잇고 있는 이방인의 친화적인 성격이야말로 유대교 내에 존재하는 초기 기독교 공동체가 민족적 배타성으로 넘어갈 선교적인 토양을 제공한 것이다. 나사렛 예수의 부활과 성령의 강림을 통해 경험된 종말론적 에너지였다고 생각한다.[250]

한국교회공동체가 인식해야 할 일이 있다. 남북 문제는 정치의 문제만이 아니다. 정치로만 풀 수 있는 문제가 아니기에 정치가들이 풀지 못하고 있는 실정이다. 복잡한 인간의 근원적 문제가 함께 엉켜 있다. 인간의 실체가 무엇인지 알기를 원한다면 남북분단 때문에 발생하는 수많은 사건을 직시해야 한다. 분단 이후 남북문제를 정치인들만이 독점하여 해결하려 하였고 여타에게는 허용되지 않았던 것이다. 그래서 남북문제를 정치에만 맡기면 이제 남북한이 화해협력하고 남북한이 연합하고 평화통일의 길로 갈 수 없다는 결론에 도달하게 된다.[251]

따라서 종말론적인 예루살렘 공동체를 살피고자 한다. 팔레스타인 지역의 유대교를 넘어가게 된 결정적인 계기와 결과가 무엇인가를 살펴본다. 그 전환점은 사도행전에 나타난 누가의 스데반 순교 사건(행 6:7-7:60)으로 볼 수 있다. 이 사건의 배후에 있었던 예루살렘 공동체는 초기 기독교의 매우 중요한 역사를 포함하고 있다. 이 말씀에 의하면 예루살렘 공동체는 헬라인들과 히브리인들로 구성되었음을 알 수 있다. 헬라파 유대인들을 대표하는 7인의 이름으로 볼 때(행6:5) 이들은 디아스포라 유대인이었고 유대교로 개종한 사람 안디옥 출신 니골라도 있었다.

누가는 스데반의 순교를 계기로 이들 헬라인 지도자들이 예루살렘에서 추방되어 사마리아(행8:1b)와 페니키아, 키프로스 지역까지 흩어졌다고 보고 있다(행11:19). 이들은 처음에는 유대인 회당을 중심으로 디아스포라 유대인들에게만 예수에 관한 복음을 전했다. 그러나 처음으로 안디옥에서 헬레니즘 세계의 이방인들에게도 복음을 전하여 큰 호응을 불러 일으켰던 것이다. 이것은 초기 기독교가 디아스포라 유대인들을 통하여 예루살렘을 넘어 사마리아로 들어 갈 수 있었다는 것을 의미하지만 그들을 통하여 이방인들에게 선교를 할 수 있었다는 것을 의미한다.[252]

한국교회 공동체는 북한 동포들의 상처를 긍휼히 여기며 그들이 하나님께 돌아올 수 있도록 사랑으로 그들을 감동시키는 노력을 게을리 해서는 안 된다. 그 어느 곳보다도 하나님의 사랑이 절실히 요청되는 현장이 가장 가까운 북한 동포임을 먼저 인식해야 한다.[253]

누가는 안디옥으로 이방인들이 처음으로 그리스도인이라고 불렀다고 증거하고 있다. 이들의 모임을 교회라고 칭하고 있다(행11:26). 이미 예루살렘 공동체가 자신들을 에클레시아라고 불렀는데 이 말은 문화적으로는 정치공동체의 회합이었고 동시에 종교적으로는 이스라엘의 언약백성의 모임이다. 안디옥교회는 예루살렘 교회의 연장선상에 있다. 통합된 이스라엘이라는 몸체에 들어와 그 분깃을 얻은 이방인 교회는 예루살렘 공동체의 권위 하에 있음을 의미했다.

예루살렘 공동체는 안디옥교회 선교사로서 키프로스 출신의 디아스포라인 바나바를 파송했다. 초기 안디옥 교회는 바울과 바나바를 중심으로 기독교 신앙을 가진 이방인들과 유대인이 함께 회합에 참여하고 있었을 것이다. 그 문화적인 갈등의 골은 심각한 것일 수 있다. 실제로 안디옥에서의 바울과 베드로의 충돌사건으로 가시화 된다(갈 2:11~14). 유대인으로서 이방인들과 함께 식사를 하다가 예루살렘 공동체의 수장이었던 "야고보에게서 온 어떤 이들"이 안디옥에 오게 됨으로 유대인들은 물론 베드로와 바나바도 동요했다. 이방인 공동체에서 일어난 이 해프닝은 이방인의 교회가 여전히 유대교의 율법과 예루살렘 교회의 권위 하에 있어야 함을 의미했다. 바울은 이것이 복음의 진리에 역행하는 것이라고 베드로를 책망하였다(갈2:14).

게바와 바나바와의 충돌로 바울은 결국 안디옥을 떠나야 했다. 그는 이제 본격적으로 이방인 선교로 나아가게 되었다. 그 후 바울은 소아시아와 마케도니아 지방까지 다니며 이방인 교회를 형성하면서 종종 구제헌금을 가지고 예루살렘을 방문했다(갈2:10). 그는 이외도 선교여행 중 예루살렘을 방문함으로써 자신이 개척한 이방인 교회와 예루살렘 교회와의 연관성을 유지하려고 했다.[254]

한국교회와 북한교회는 비교 대상이 되지 않는다. 북한교회는 이방인 교회의 개념이 아니다. 북한 체제의 기관이다. 이렇게 놓고 봤을 때 실질적인 남북한 간 교회 대화는 이루어질 수 없다. 그렇지만 형식뿐인 북한교회를 위해 실 날 같은 희망을 안고서 하나님 성령의 임재를 의지하면서 성령의 음성을 들을 수 있도록 온전히 하나님께 의지하며 침묵하고 대화의 길을 열어 두는 것이 바람직하다.[255]

이제 북한을 사랑해야 할 대상으로 이해해야 한다. 미워하거나 타도해야 할 대상으로 인식한다면 복음평화통일의 앞길이 보이지 않는다. 성경적 관점에서 하나님의 마음을 품고 복음통일문제를 접근해야 한다. 북한을 정치적, 경제적, 군사적 관점으로 보면 희망이 없다. 남북의 통일만으로는 한반도에서 진정한 하나됨에 이를 수 없기 때문이다. 경제적으로 40배의 우월성을 가진 한국과 강력한 군사력을 가진 북한은 한 쪽이 여러 면에서 약하고 모자라는 상대를 너그럽게 이해하고 포용하고 손에 손을 잡는 넉넉한 사랑에로 나아갈 수 있기 위해 보다 다른 차원의 준비 곧 정신적이고 영적 차원에서 구현되는 용서와 화해 그리고 샬롬에 주목해야 한다.[256]

바울의 적대자들은 사도들의 천거장을 들고 지역공동체를 순회함으로 교회의 부담이 되곤 했다. 이 선교사들의 활동은 복음서에서 보듯이 예수를 따르는 제자들의 삶의 형태로 자리잡고 있었다(막 6:7~10;10:28~30). 그들은 가족과 고향을 떠나 순회하며 복음을 전했다. 지역 공동체는 그들을 영접하며 거주와 다른 지역으로의 이동 비용을 지원했다. 초기 기독교 선교에서 구조화된 이러한 이동성은 활발하고 광범위한 선교운동을 가능하게 이미 확립된 유대교의 디아스포라라는 사회문화적 시스템을 신학적으로 갱신하는 요인으로 작용했다.

이 순회선교사들의 가슴과 입에는 기독교의 선교적 세계관의 핵심인 이스라엘의 종말론적 회복의 비전이 담겨 있었을 것이다. 그러나 디아스포라 유대인 공동체는 이를 받아들이지 않았고 초기 기독교 공동체는 이방인을 중심으로 새로운 네트워크인 '에클레시아'를 구축하고 있었다. 그리고 이 독립적인 구조는 기원 후 66년 로마와 유대인의 전쟁 발발과 예루살렘과 성전의 파괴로 가시화되었다. 초기 기독교가 유대와 사마리아의 갈등과 반목을 사회문화적으로 통합하게 된 것은 이스라엘의 회복을 역사적인 형태의 민족 통합의 '프로그램'이 아니라 선교의 운동으로 맺힌 하나님 나라의 열매였다고 할 수 있다.

바울은 초기 기독교의 이 선교의 세계관을 매우 광범위하게 확대하였다. 그는 팔레스타인에서 유대교와 사마리아의 갈등이 아니라 필연적으로 이스라엘과 세계와의 포괄적인 대립 국면에 직면하게 되었다.[257]

하나님의 땅 끝 선교는 북한동포를 위한 '한민족의 해방운동'이다. 곧 '한민족의 복음 통일운동'으로 선명하게 규정하고 분단 극복을 향한 한국교회운동과 신학의 갈 길을 역사적 전통으로부터 제시하여야 한다. 일본의 신사참배에 항거하여 일본 제국주의를 우상숭배로 규정하고 저항과 항거를 지속한 한국교회는 남북한의 분단을 영구화하는 모든 신학들이 사이비 신학이며, 사이비 교회운동이라고 볼 수밖에 없다. 민족해방, 민족복음 통일의 맥락에서 일하는 하나님의 땅 끝 선교는 통일신학을 지향해 나아가는 것이다.[258]

한반도에서 초기 기독교 선교의 역사를 이어나아가는 선교운동은 어떤 의미를 내포하고 있을까? 통일선교운동은 이스라엘 회복의 하나님 나라의 종말론적 선교의 세계관으로 실행한 초기 기독교공동체의 실천에 해당한다. 유대교의 한 종파로 존재했던 초기 기독교가 이스라엘 회복의 신학을 선교의 세계관으로 유대와 사마리아의 지역적인 갈등을 넘어 사회문화적 통합의 길을 걸어간 초기 기독교의 사마리아와 이방인 선교의 역사로 쓰일 수 있을 것이다. 우리의 역사에 어떤 통찰력을 줄 수 있을 것인가?

통일신학은 분단의 역사를 정당화할 수 없지만 분단 극복을 시대정신으로 규정하여 매진해야 한다. 그 양극단에 하나님 나라 운동의 구원의 고민이 있다. 그러나 긴장이야말로 종말론적 특성을 가진 그 나라의 능력이 구현되는 창조적 공간일 것이다. 하나님의 백성들의 공동체인 교회가 구체적 공간이다. 그 곳에서 북한의 주민들이 살아갈 수 없는 환경이라면 예수께서 꿈꾸셨던 종말론적으로 회복된 이스라엘 공동체와는 무관하다. 한국 교회공동체가 탈북자들에게 정착의 터전을 제공할 만큼 자활의 힘을 불러일으킬 만큼 능력 있는 교회인지 검증해야 한다. 하나님께서는 탈북자들을 통해 지금 한국의 교회를 저울질하고 계신 것은 아닌지 모르겠다.[259]

우리가 분단을 극복해야 할 이유는 북한 동포들을 억압과 빈곤으로부터 해방시켜 민족복음화 할 책임이 있기 때문이다. 또 우리나라의 경제 발전과 통일한국의 미래를 건설하기 위해서 필요한 것이다.[260]

따라서 우리 역사에서 일어나는 하나님 나라의 운동은 분단이라는 장애를 극복할 수 없는 한 그 능력을 온전히 맛볼 수 없다고 생각한다. 하나님 나라 선교의 '파워인 카운터'는 언제나 종말론적 미래를 통일신학에서 경험하게 될 수 있다.[261]

CHAPTER 3_ 한국교회 복음평화통일운동의 이해

07
복음통일신학의 중요성

복음 통일신학의 주요 요소 : 사랑과 용서

복음통일 신학에서 가장 중요한 관점은 평화라고 할 수 있다. 평화를 위해 전쟁만은 절대적으로 배격되어야 한다.[262] 전쟁은 평화를 깨뜨리고 인간의 모든 삶을 박탈하기 때문이다. 그래서 전쟁만큼은 한반도에서 다시 일어나서는 절대로 안 된다. 전쟁을 조장하는 나라는 큰 범죄를 자초하는 것이다. 그러나 전쟁을 예방하는 장치는 반드시 필요한 것이다. 평화란 무엇인가? 성경이 요구하고 있는 평화란 무엇인가? 평화에는 두 가지 종류가 있다. 첫째, 마음의 평정을 말하고 둘째는 정치적으로 군사적으로 충돌이 일어나고 있는 상황에서 정치적인 평화를 이루는 것을 말한다.

성경에서 말하는 평화는 단순히 마음의 평안을 찾는 것을 말하는 것이 아니라 힘이 있는 자가 힘없는 자를 힘으로 억압하고 가진 자가 가지지 못한 자를 착취하고 식민지 세력에 속한 강대국들이 막강한 군사력을 가지고 약소국을 탈취하여 제국을 이루고 그것을 오히려 세계 평화를 이루었다고 주장하는 역사의 현장에서 약자들을 위한 정치적인 평화와 가난하고 없는 자들과 군사력이 없는 민족과 나라들이 탈취

당하지 않고 식민지가 되지 않게 하는 세계 정치적 평화를 말하는 것이다. 여기서 평화는 예수님이 주신 참된 평화를 말하는 것이다. 즉 참 자유의 회복, 참 인간성의 회복, 진리가 우리를 자유하게 하는 것을 말한다.[263)]

기독교인은 국가지상주의와 민족지상주의는 버리지만 항상 민족의식과 국가의식은 가지고 우리 민족이 하나님 앞에서 귀중한 존재이듯이 북한 동포도 하나님의 창조 질서 안에서 귀중한 존재임을 인정하는 것이 통일운동에 있어 매우 중요한 가치이다.[264)] 평화는 정의와 관계가 있다. 첫째는 정의 없는 평화요, 둘째는 정의로운 평화이다. 정의 없는 평화를 진정한 성경적 평화라고 할 수 없다. 일본 제국이 대동아공영권을 이루어 아시아의 평화를 이루고자 주장하면서 그 주장을 실현하기 위하여 태평양 전쟁을 일으켜 한반도를 식민지로 만들고 온 아시아를 전쟁의 소용돌이로 몰아넣었다.

그들의 목표는 '세계평화'를 실현한다고 하였으니 이것이야 말로 거짓 평화, 위장 평화의 논리를 가지고 세계 정복의 야욕을 숨겨 보려 한 것이었다. 성경이 말하는 평화(샬롬)는 정치적으로 억눌림을 당한 사람들이 정의에 입각하여 인간성을 다시 찾는 정치적인 구조가 변하여 정치적 탄압을 하지 아니하는 상태를 말한다. 결국 하나님은 샬롬을 지향하시고 죄를 대항하신다.[265)] 평화란 단순히 무력 충돌을 하는 전쟁이 벌어져 있지 아니한 상태를 말하는 것은 아니다. 불의한 정치, 경제, 사회적 구조에 의하여 억눌림을 당하고 있지만 무력 투쟁으로 나타나지 아니하고 눌린 자들이 침묵하고 참고 견디는 상태도 평화는 깨어진 상태인 것이다. 성경의 역사적 경험 이야기와 한반도에서 평화

가 깨어진 사례를 분석해서 가르칠 수 없다고 하면 참 평화를 말하는 것이 아니다.[266]

한반도의 평화는 그동안 동북아 다자 안보 구도의 한 걸림돌이던 북한의 변화를 수반하게 되고 이를 통해 동북아 지역의 다자간 안보와 협력의 증진과 세계평화에도 결정적인 기여를 할 가능성이 매우 높다.[267]

한반도의 평화는 이렇게 특징 지어졌다. 그 당시 우리나라는 국민 1인당 세계 최고의 외채를 지고 있었다. 일본이 1910년 한일 합방을 하는 직접 원인은 1,300만 원의 빚을 꾸어 주고 나서 이 빚을 못 갚는다는 이유로 식민지로 만들어 버렸던 것이다. 한반도 농민들은 일본군과 한국정부 연합군에 의해서 1894년 패배하였다. 그 후 한국의 정부군은 일본군을 싸워서 몰아내지 못하고 무장해제를 당하고서 여러 달치의 월급을 받고서 고향으로 돌아가버렸다. 외국 군대 지휘체제 하에 들어갔던 이조 정부군은 한반도 농민들을 패주시키고 나서 나라를 지키지 못하고 해산 당하는 무능한 군대였다. 일본은 이런 상황에서 계속해서 이씨조선으로 하여금 일본 빚을 가져다 쓰게 한 것이다. 빚 주기 작전이 성공하여 나라가 없어진 것이다. 마지막 이 빚을 갚기 위해 전국의 기녀들이 반지를 빼어 헌납하였다. 그 당시 반지는 2원이었고 2천만 인구 중에서 절반은 여자이고 여자 중 5백만이 반지를 가지고 있으니 이것만 모으면 1,000여 만 원의 일본 빚을 갚고 민족 주체성을 지킬 수 있다고 믿어서 추진했던 이 눈물의 국채보상운동도 결실을 보지 못하고 실패하였던 것이다.[268]

예수님은 로마의 지배 시대에 인간으로서 사셨다. 그 때는 로마의 평화가 세계를 지배하는 시대이다. 로마의 평화는 군대의 힘으로 지중해 일대를 질서 정연, 일사분란하게 통치함으로 이룩된 평화였다. 다스리는 방도는 하나는 법이요, 하나는 길이었다. "모든 길은 로마로 통한다"는 속담도 있다. 이 로마의 평화는 군대의 힘으로 유지되는 평화였지만 예수의 평화는 전쟁과는 정반대로 대립되는 평화이다. 칼을 쳐서 보습을 만들고 창을 쳐서 낫을 만드는 평화였다. 예수의 평화는 전쟁을 부정하는 참 평화인 것이다. 북한의 완전한 비핵화가 이루어질 전망이 매우 희미한데 참 평화를 어떻게 유지하며 평화신학을 어떻게 발전시킬 것인가.[269]

사랑이란 무엇인가? 논하기 전에 교회 안에서의 평신도의 개념을 먼저 살피려고 하는 것은 교회는 사랑의 공동체이기 때문이다. 교회 공동체에서의 교회의 수장은 주 예수 그리스도이시다. 교회는 전체가 크리스천으로 구성되어 있다. 이 교회 안에는 크리스천 성직자가 있다. 그래서 대체로 성직자가 아닌 크리스천을 평신도라고 자칭한다. 이 말은 본래 희랍어 라이코스(laikos)에서 유래하여 영어로 laymen으로 씌어졌다. 1970년대 이후에 특히 미국의 여성해방운동이 교회 내에서 활발해지면서 여성을 차별하던 용어를 제거하고 여성들을 남성들을 지칭하는 용어로, 즉 포괄적 남성 용어를 통해 여성을 표현하는 단어의 사용방식을 거부하는 운동이 전개되었다.

그 여파로 laymen이 layperson이라는 말로 바뀌어져 사용되고 있다. 왜냐하면 레이멘은 평신도 남자라는 뜻인 까닭이다. 구약성서에서는 이스라엘 백성들을 가리켜 선택받은 하나님의 백성, 즉 라오스라고

불렀다(출19:4~5, 신7:6~12).[270]

하나님과 하나님의 백성은 은혜에 의한 계약의 관계였다. 신약에 오면서 라오스(백성)는 이방인과 유대인을 포함한 그리스도인의 공동체 전체를 지칭하게 되었다.

"그러나 너희는 택하신 족속이요 왕 같은 제사장들이요 거룩한 나라요 그의 소유가 된 백성이니 이는 너희를 어두운 데서 불러내어 그의 기이한 빛에 들어가게 하신 이의 아름다운 덕을 선포하게 하려 하심이라 너희가 전에는 백성이 아니더니 이제는 하나님의 백성이요 전에는 긍휼을 얻지 못하였더니 이제는 긍휼을 얻은 자니라(벧전2:9~10)."

초대교회가 확장해 나가면서 성직자가 필요하게 되자 바울은 교직의 존재와 의미를 인정하게 되었고 요한은 제도적 교회를 인정하게 되었다. 누가 역시 안수 받은 사도에 의한 봉사와 선교를 주장하고 그들이 성별되어야 함을 암시하였다(행6:6,13:3). 교회 확장이 되어 가야 한다는 요청에 따라 평신도와 전적인 교회봉사자의 기능, 즉 성례전 설교를 담당할 성직자의 이중구조가 형성되게 되었다. 따라서 평신도는 성례를 받는 입장에만 서게 되어 2차적인 지위를 갖게 되었다. 이런 평신도의 2차적 지위에 도전한 것이 마르틴 루터의 종교개혁이다.

루터는 당시 가톨릭의 교권제도가 세속적으로 타락하는 모습을 보고서 이를 탈피하기 위하여 성경중심, 신앙중심으로 축을 돌리면서 모든 크리스천은 곧 사제라고 하는 만인 제사장을 펴게 됨으로써 평신도와 사제의 2중 구조를 이론적으로 무너뜨렸다. 그러나 실제로 평신도는 계속적으로 객체로서 다루어져 왔다.[271]

마르틴 루터의 한계는 그가 당시 가톨릭 교권의 이론적 모순성을 개혁하는데 기여하였음에도 당시 극심하게 경제적 착취를 당하고 정치적으로 억압을 당하고 있었던 농민 계층 크리스천(농민 평신도)들이 교회에 의해서 역시 착취와 억압을 당해 왔는데 그 농민 평신도들 편에 서 있지 못한 데 있다. 1525년 독일의 농민 평신도들이 타락한 사제들을 향하여 '하나님의 정의'라고 쓴 깃발을 앞세우고 그들을 더 이상 착취하고 억압하고 탄압하지 말아달라. 정의를 구현해 달라고 외칠 때 마르틴 루터는 오히려 크게 꾸짖음으로써 당시 부르주아 계층과 영주들의 이익을 옹호하는 편에 섰던 것이다. 따라서 가난과 고난 속에 빠져 있던 농민 평신도 계층 편에 서서 그들을 가난으로부터 해방시키려 했던 것이 참 신앙의 행동이라고 믿어서 농민 평신도의 지위 해방과 사회적 소외에서 벗어나는 행동에 돌입했던 토마스 뮌쩌 신부는 사형을 당하고 말았다. 루터의 만인 제사장은 부르조아 및 지배 계층의 이익을 도모하는 형태의 평신도 신학이었다고 하는 사회 경제적 한계를 벗어나지 못함으로 인해 그의 평신도 지위 향상의 운동은 근본적으로 차별을 당해 온 하급 계층의 평신도를 종합적으로 해방시키는 데 힘을 쓰지 못했다. 오히려 농민 평신도들에게 장애가 되었다고 보아야 할 것이다. 토마스 뮌쩌 신부는 농민 평신도들의 해방을 위해 순교했듯이 빈부의 격차를 없애는 것이 참다운 교회의 평신도 운동의 사명 가운데 하나라는 것을 몸으로 보여준 사건이었다. 그 유명한 종교개혁자도 그 사실을 들여다보면 완전히 종교개혁을 할 수 없었던 한계에 직면하게 된 것을 알 수 있게 된다. 우리 모두 참다운 그리스도인으로서 어떻게 행동해야 할 것인가? 한 울타리 안에서 100% 사랑을 제공할 수 없는 것이 우리들이 접한 주변 환경이다.[272]

우리 모두는 기독교인으로서 참 사랑을 실천하는 삶이 아주 중요한 이야기이다. 기독교 사랑을 실천하면서 "사람 보는 앞에서 잘 하는 것은 의미가 없다. 열심을 다하지 않은 삶은 취미 생활에 불과하고 사람 없는 곳에서 사람다워야 한다. 세상 살아가는 데 지식이 지혜를 따라가지 못한다."고 하는 정신을 가지고 인생의 참 목적을 위해서 살아간다면 참된 평화의 삶을 이루어 낼 수 있을 것이다.[273]

우리는 먼저 위로부터 빛을 받고 우리는 먼저 그리스도의 사랑을 받아야만 한다. 그 사랑하는 마음을 소유한 사람만이 용서가 가능한 것이다.[274] 따라서 사랑하는 마음이 없다면 남을 절대로 용서할 수 없는 것이다. 예수 그리스도에게서 나타난 아가페 사랑은 세상에서 윤리적 판단을 하는 과정 속에서 궁극적인 규범이다. 그러나 세상은 악한 구조로 건설되어 있기 때문에 사회구조 속에서 아가페 사랑이 사회변혁을 위한 행동규범이 된다는 것은 거의 불가능에 가깝다. 아가페 사랑의 규범은 실현이 불가능한 목표이며 사회는 오히려 작업상 가능한 정의의 규범을 필요로 한다. 정의는 사랑의 조건을 풍성하게 채워 주기는 하지만 완전히 충족시키지는 못한다. 사랑은 정의를 적용해 나가는 아이디어를 확장시켜 주지만 정의의 제도 장치들을 대치할 수는 없다.

아가페 사랑과 정의는 구체적 상황 속에는 서로 긴장관계에 있고 갈등들을 일으키게 된다. 하나님의 나라에서는 완전한 아가페 사랑이 이루질 것이지만 죄악된 사회에서는 이루어지지 않는다. 그러므로 사회에서는 정의가 보다 행동 가능한 규범이 되어야 한다. 사회와 인간 집단들은 정의의 규범에 근거한 절대적 행동지침들로써 견제 되고 균형을 이루어야만 한다. 라인 홀트 니어는 "권력이나 힘은 정의의 종이 되어야 하고, 정의는 사랑의 종이 되어야 한다"고 말했다. 사랑과 용서와 정의는 삼각함수와 같은 것이다. 인간 내면에 사랑 충만함이 없이 어떻게 상대방에게 용서한 마음을 말로 표현할 수 있겠는가? 사랑이 충만하다고 하더라도 권력과 같은 힘을 소유한 불타는 정의로운 사람이 아니라면 사랑을 도저히 실천할 수 없다.

 세 축 중에서 한 축만 무너져도 그 역할을 감당할 수 없다. 그래서 한 인간이 사랑이 충만할 뿐 아니라 관용할 수 있는 사람으로서 정의로운 사람이 되어야 진정으로 용서할 수 있을 것이다. 따라서 사랑이 충만하면 상대방을 저절로 용서하게 되고 그런 사람은 저절로 정의로운 인간의 자세가 갖추어져 있는 사람이다. 그러나 이 세상에서 완전한 사랑을 실천할 수 있는 사람은 없다. 의인은 없나니 하나도 없다는 것을 알 수 있게 된다.[275]

 평화를 이룩하는 길은 얽히고 맺힌 것을 푸는 일이다. 곧 화해에서 시작되어야 하는데 맺힌 것은 맺은 자가 풀어야 한다. 결자해지(結者解之)의 정신이 필요하다. 기독교의 길은 반대쪽을 뚫는 길이다. 결자해지의 길과 관용의 길이 만날 때 평화를 이룩하는 참 화해의 길이 열릴 수 있다.[276] 성경의 요셉은 피해자였다. 자기를 죽이려고 했던 그 형제들을 용서했다. 아니 용서할 뿐만 아니라 사랑했다. 이것이 성경에서 말하는 진정한 용서이고 사랑이다. 나를 사랑하는 사람을 사랑하는 일은 누구나 할 수 있다. 내가 사랑 할 수 없는 사람을 사랑 할 수 있어야 한다. 도저히 용서가 되지 않는 사람을 용서할 수 있어야 한다. 용서와 사랑은 동전의 양면성과 같은 것이다.

이스라엘이 하나님을 배반하고 곁길로 빠져 나가고 범죄할 때마다 하나님은 이스라엘에게 예언자를 보내 주셔서 그들을 구원해 주신 역사를 우리는 알고 있다. 때로 그 예언자들은 맞아 죽었고, 매를 맞았으며, 순교를 당했다. 다윗을 비롯하여 이스라엘의 모든 왕들이 잘못을 범할 때마다 하나님께서는 예언자를 불러서 바른 길로 가도록 인도하셨다. 성경은 요한이 왕께 진언한 이유로 목이 잘린 역사를 전해 주고 있다.

아담이 범죄했을 때에도 하나님께서는 버리지 않으시고 가죽 옷을 지어 입히시면서 화해의 손길을 펼치셨다. 화해라는 것은 하나님의 속성이 아니고서는 본래의 의미를 이해할 수 없다. 하나님은 사랑이시라 그 본질을 헤치는 인간들을 징벌하는 것으로 끝내지 않으시고, 회개하고서 다시 본래의 자리에 돌아오기를 원하시는 속성을 갖고 있다. 이렇게 하나님은 자기의 뜻을 실현시켜 나아가기 위하여 다양한 방법을 동원하셔서 사람들을 사용하신 사례를 볼 수 있다. 그 당시엔 하나님의 뜻과 방법을 인간의 지혜로서는 도저히 이해 할 수 없다. 히틀러는 사이비 목사와 사이비 평신도와 사이비 신학자들을 총동원시켜서 독일 제국이 저지르는 모든 전쟁 범죄와 유대인의 대량학살을 하나님의 뜻을 실현하기 위한 일로써 정당화시키기 위한 각본을 꾸미게 하였다. 또 각본에 의한 설교와 신앙고백서를 발표케 했던 역사를 우리는 잘 알고 있다.[277]

히틀러 당시 이런 범죄 행위는 상상할 수 없는 상황들이 전개되었던 것이다. 하나님은 알곡만 쓰시는 것이 아니라 하나님의 뜻을 이루어 가기 위해서는 사이비 목사, 사이비 평신도, 사이비 신학자들인 가라지 같은 존재들도 하나님은 쓰실 때가 있는 것이다. 여기서 알곡 같은 인생은 천국에, 죽정이 같은 인생은 지옥으로 보내게 된다는 것이다. 이렇게 하나님은 우리를 향하여 알곡으로 불러 사용하시기를 원하심을 알아야 한다. 그래서 우리는 알곡으로 하나님께 쓰임받아야 할 것이다.

우리 한민족은 남의 나라를 해치기 싫어했던 순결한 민족이다. 총칼로 무자비하게 학살하는 일본군 앞에서 헤아릴 수 없는 사람이 학살당하면서 무저항과 비폭력으로 3.1독립선언의 약속을 어기지 않았던 놀랍게도 도덕적으로도 우월한 우리 한민족이다. 우리는 맑은 정신의 유산을 조상에게 계승 받은 것을 하나님께 감사하며 강대국들의 전쟁놀이의 노리개로 돈 따먹기 놀이에 유린당하는 그 수난을 수치로 생각하지 않으시고 고난의 영광으로 받아들일 수 있었던 역사의식이 우리 한민족의 혈통에 흐르고 있다. 이 순교적 사명을 다할 때 화해의 신학이 꽃을 피우게 될 것이다.[278]

한민족 복음 통일은 민족화해의 전제가 없이는 불가능하다. 화해의 신학은 곧 원수를 사랑하여 다시 하나가 되는 것이요 한국교회는 화해 신학의 실천자가 되어야 하는 것이다. 우리는 민족 화해의 틀 안에서 정치도, 군사도, 경제도, 문화도, 교육도 복음평화 통일을 위해 그 역할을 다해 나아가야 한다.[279]

공공신학과 통일신학

공공신학은 평화통일신학이라고 할 수 있다.[280] 공공신학이란 공적인 논쟁들이나 문화, 과학기술, 경제, 정치에 관한 문제들을 다루고자 하는 신학의 한 종류이며, 비기독교 전통들이나 사회과학, 역사과학들과 더불어 비판적인 대화를 하고자 하는 신학의 한 종류를 말한다.[281] 여기 '공공(public)'이라는 한정어는 '사적(private)'이라는 말과 대비되지만 공공성의 실질적 의미는 세상 현실과의 참여적 관계성, 공동체적 사회윤리의식, 역사 현실의 우상들에 대한 비판과 저항, 그리고 신앙생활에서 초월성과 내재성의 변증법적 긴장과 통일을 강조하는 것이다. 즉 공적인 논쟁들을 신학은 나쁜 아니라 신학 밖의 모든 학문들과 공적인 것에 기초한 신학의 정립을 말 한 것이다.[282]

공공신학은 교리신학, 실천신학 등을 의존하면서도 변증법적 관심에 강조점을 두며 특히 사회 윤리와 연관이 된다. 이는 신학의 여러 자원들을 바탕으로 하나님의 진리, 정의, 그리고 긍휼이 확대되고 시민사회에서 어떻게 구현되어야 하는지를 성찰하는 것이다.[283]

공공신학에 '공공(公共)'이라는 형용사를 붙이는 이유는 "정치신학에 관한 지배적인 해석들에 대항하는 겸손한 항거"이며 "다양한 형태의 신학과 관계"가 있기 때문이다.[284]

공공신학은 '그리스도의 삼중직'을 제시하는 기독교 사회윤리이다. 그리스도의 삼중직이란 그리스도의 제사장직, 그리스도의 예언자직, 그리스도의 왕직을 말하는 것이다. 이와 같이 평신도들이 '만인 제사장직', '만인예언자 직', '만인 정치적 직위'를 수행할 수 있도록 사회적 공간을 만들어 주어야 한다는 입장이다. 이렇게 함으로써 평신도들이 시민사회의 모든 영역에서 그리스도의 대사, 통치자, 그리고 대리인의 역할을 담당하도록 신학적인 후원을 해야 한다는 것이다.[285]

한민족 복음 평화통일은 한민족의 평화통일의 당위성을 충분히 살펴본 바 있고 앞에서도 당위성이 있음을 성경적·신학적으로 입증하였다. 예수 그리스도께서는 용서와 화해와 일치를 통해 샬롬의 세상을 이루시기 위하여 하나님의 뜻대로 성육신하셨고, 성육신하신 그리스도께서는 이 땅에 계신 동안 그의 삶의 모습은 한민족 복음 평화 통일의 당위성에 결정적인 것이다. 그리스도는 모든 권력이 충만하게 잠재되어 있음에도 십자가에서 죽어 본을 보여 주심으로 하나님의 온전한 뜻에 순종하였다. 완전한 인간으로서 완전한 신적 모습을 부활로 보여 주셨다는 것은 오늘 우리들의 삶이 주님의 뜻을 이루어 드려야 한다는 근본적인 원리인 것이다. 한국사회와 한국교회의 통일관에서 공통적으로 나타나는 것은 진보와 보수 간의 의견 차이로 인한 언어 불소통의 문제가 매우 심각하다는 것이다. 따라서 남북 간의 갈등 해소도 문제이지만 좌, 우파의 남남간의 갈등이 동시에 해결되어야 할 과제라는 것이다. 이에 따라 공공신학은 신학 간, 학제 간, 종교간, 인종 간, 지역 간 의사소통을 통한 인류애를 위한 공동선을 추구하는 '교회 일치'라는 성경적 기본정신을 갖고 남남 갈등 및 남북 간의 갈등을 풀어가는 데 좋은 방편이 될 수 있다. 그리스도께서 성육신하심으로 하나님과 인간 간의 화해, 인간과 인간간의 화해, 인간과 자연 간의 화해를 도모하기 위하여 그 보좌에서 이 땅에 내려 오셔서 사랑과 평화를 실제로 보여 주셨다. 공공신학은 평화통일신학으로서 예수님처럼 하나님의 온전한 화목의 뜻을 실천할 것을 요구한다.[286]

복음평화통일의 목적은 남북한이 통일을 이루어 경제대국, 군사강국 등을 이루어 선진국으로 가자는 것만이 아니라 궁극적 목적은 북한에 있는 주민에게도 복음을 전파하여 구원을 이루게 하는 데 그 뜻이 있다. 그래서 현실을 왜곡시키는 이데올로기로부터 남북한 동포를 해방시키는 데 복음 평화통일의 목적이 있는 것이다.[287] 성경의 목적은 구원에 관한 복음을 사람에게 전하여(딤후3:15), 경건한 그리스도인 생활에 필요한 것(딤후3:16,17)을 전한다. 성경에서는 어떤 방법으로든 이 두 문제에 관련된 것만이 논의되어 왔다. 성경의 내용은 성경의 중심 목적, 곧 하나님의 사랑과 구속에 관한 이야기에 전적으로 통제를 받고 있다. 성경은 영원한 형벌, 지옥, 인간 최대의 무가치성을 언급하고 있으며 천국과 인간의 최대지복(最大至福)을 언급하고 있으며 또 구원과 인간 최대의 경이로운 체험을 언급하고 있다.[288]

1972년 7월 4일 통일에 있어서의 자주와 평화, 그리고 민족적 대단결을 선포하는 7·4남북공동성명이 발표되자 한국신학은 한민족과 통일문제를 주제로 삼아야 한다는 것과 사회주의를 포용해야 한다는 것, 그리고 반공의 극복 없이는 미래가 없다는 사실을 박순경은 신학적 과제로 통일신학을 대대적으로 전개하였다.[289]

1970년대 말까지 남측 기독교는 통일문제에 대하여 공식적으로 어떤 입장도 표명하지 않았지만 1980년대의 사회변혁 운동, 학생운동권의 통일운동은 기독교로 하여금 더 이상 통일논의를 미룰 수 없게 만들었다.

비교적 진보적인 남측의 교계 지도자들은 북측과 해외 동포간의 만남과 대화를 친북모임으로 통일의 주도권을 놓칠 수 없다는 일종의 경쟁심을 발동하여 KNCC와 WCC 등 국제적 기독교단체들을 통하여 남북대화의 물꼬를 트기 시작한다. 남과 북 기독교인들의 회합인 1984년 도잔소 모임 이후 WCC 직원의 북측 방문, 미국 NCC의 남북 동시

방문, 스위스 글리온에서의 남북기독교 대표의 극적인 상봉이 성사되었고, 미국 · 일본 · 캐나다 · 호주 등의 남북동시 방문이 이어졌다.

1991년 7월 남측 정부에 의해 불법화 되었던 남 · 북 · 해외범민족연합(범민련) 준비위의 참가문제로 국가보안법 위반이라는 죄목으로 구속되는 등 공안정국이 이어졌으나 1991년 10월 남북기본 합의서를 채택하게 된다.

2000년 6월 13일부터 15일까지 김대중 대통령과 김정일 국방위원장의 남북정상회담, 2007년 10월 2일부터 10월 4일까지 노무현 대통령과 김정일 국방위원장의 남북정상회담, 2018년 4월 27일, 5월 27일 문재인대통령과 김정은 국무위원장의 남북정상회담, 2018년 6월 12일 북미정상회담 등이 있었다. 일련의 정치적인 회담도 하나님의 주권 속에서 추진되었다고 생각한다.

서구의 신학 전통은 삼위일체론, 그리스도론, 성령론, 교회론, 종말론 등에 대해 엄청난 작업을 수행했고 성과를 이루었다. 우리는 서구의 신학 전통에 머물러서는 안 된다. 그것은 역사적으로 살아 있는 신학을 영위할 수 없기 때문이다. 한민족에게 필요한 한국 통일신학이 필요하다. 한국교회는 미국과 일본 그리고 민족 내부 등 분단의 주역들의 문제는 오히려 반공으로써 반민족적으로 동시에 반 복음적이었다. 한국통일신학은 이러한 문제들을 극복하고 넘어서야 하는 것이다. 따라서 1960년대 이후의 토착화신학, 1970년대 이후 민중 신학, 1980년대의 종교문화신학 및 통일신학이 본격적으로 전개되었다.[290]

민족공동체의 통일방안은 평화통일이 이루어지기 전에 먼저 화해와 협력과 남북연합이 이루어져서 평화통일로 가야 한다는 것이다.

북한이 주장하는 연방제 안은 주한미군 철수를 전제로 하고 있고, 북한의 핵무기를 폐기하지 않고 남북관계를 개선하자는 것은 한반도 평화 정착을 의심케 하는 근본적인 원인이다. 한반도 평화를 의심케 하는 북한핵을 제거하지 않고 남북정상회담을 여러 차례 가진다해도 실질적인 평화통일에 걸림돌이 될 수 있다. 아무리 평화 통일신학의 내용이 좋다 해도 이론만으로는 목적을 달성할 수 없다. 평화통일이론과 남북관계가 일치를 이루지 못한 상태라면 민족공동체 통일방안도 평화통일신학도 공염불(空念佛)에 불과하다. 박순경은 자주 평화 통일을 위한 방안으로 자주·민주·평화 민족 대단결에 의한 연방제를 제안하며 우리 민족은 연방제 속에서 산출해 낼 수 있는 제3의 길을 걸아가야 한다고 외친다. 박순경이 제시하는 제3의 길이라는 것은 바로 주체사상에 대한 그의 어떤 긍정적인 수용에도 불구하고 자신을 주체사상자로 자처하지 않는다는 것은 자기모순에 빠져 있으며 평화통일신학이라고 할 수 없다.[291]

통일신학은 한국 기독교인 전체가 동의하고 이해하며 한 방향으로 나아가게 하는 신학이 되어야 한다. 통일신학은 신학적 특수성을 염두에 두면서 보편성을 담아내야 한다. 독일 교회가 화해자(Reconciler) 역할을 감당하며 통일에 공헌할 수 있었던 것은 독일교회의 합의된 신학이 뒷받침되었기 때문이다.[292] 따라서 공공신학이 인간 전체의 삶에 종교의 역동성이 갖는 힘을 인정하는 것으로 역동성의 특질이 유효성과 정당한지를 토론하고 평가하기 위한 기준인가를 감정(鑑定)하는 것처럼 통일신학은 평화통일의 유효성과 정당성을 토의하며 평가하기 위한 척도가 될 수 있는 것이다.[293]

08
한국교회의 복음통일운동에 대한 문제점

한국교회의 복음 평화통일관

한국교회 평화통일론으로써 1988년 한국기독교교회협의회(이하, KNCC)의 '민족의 통일과 평화에 대한 한국기독교의 선언'(이하, 88선언) 과 1996년 한국기독교총연합회(이하, 한기총)의 '한국기독교회의 선언 문'(이하, 96선언)이 있다. 두 선언문들은 한국교회의 통일관이 새로운 출발을 하였고, 한국교회의 통일운동에 있어서 역사적 전환점을 가져 왔다. KNCC의 88선언은 진보와 보수를 막론하고 한국교회로 하여금 민족의 십자가인 분단을 심각하게 했다.[294] 1998년 KNCC는 한국기독 교교회협의회 88선언에서 한국기독교교회협의회가 1988년 2월 29일 총회에서 역사적인 문서인 '민족의 통일과 평화에 대한 한국기독교회 선언'을 채택하여 "오직 믿음과 소망을 가지고 하나님을 대변하여 평 화통일을 위한 예언의 소리를 함께 외쳤다"고 평가하면서 88선언은 '새 역사'였다고 평가하며 평화통일에 대한 입장을 제시하였다. 2006 년 한기총도 '한국교회 통일과 북한선교 어떻게 할 것인가?'를 제시 했는데 그 입장은 96선언 정신을 기조로 하여 96선언의 역사적 의의 를 새롭게 하고 있다.[295]

CHAPTER 3_ 한국교회 복음평화통일운동의 이해

한국교회는 75년 분단 역사 속에서 많은 외적 성장을 이루어 왔던 것이 사실이다. 한국교회의 많은 장점에도 불구하고 통일문제 만큼은 서로 진보와 보수 진영의 세력 다툼인 듯 한국교회의 연합된 통일론이 없었다. 따라서 한국교회 보수성향의 통일론과 한국교회 진보성향의 통일운동에 대하여 아래와 같이 살펴보고자 한다.

한국교회의 보수성향의 통일운동은 1990년에 들어서야 본격적으로 시도되었다. 그 이유는 반공주의, 정교분리론, 독재체제와의 타협 등이 주요한 이유라고 할 수 있다. 그리고 한국전쟁에서 당한 큰 상처 때문이다. 한국교회의 보수적 성향의 통일은 인간의 노력으로 이루어가는 것이라기보다 하나님이 역사하여서 복음통일의 마중물을 보내 주어야 한다고 생각한다. 특히 유물론적 무신론과 대조적인 길을 갈 수밖에 없는 한국교회는 복음의 초월성과 죽음을 이긴 부활의 능력을 삶으로 옮기지 못한 채 반공 이데올로기에 묶여 북한을 사랑해야 할 원수가 아닌 원수로 여겨 차라리 사랑하지 못할 바에야 침묵을 또는 방관자의 자세로 일관했다. 한국전쟁 중에서 공산당에게 당한 뼈저린 아픔과 고통을 치유하지 못한 채 상당한 한국의 기독교인들은 역사의 질곡에서 벗어날 수 없었다. 그래서 치유하기 위한 기간이 필요했다고 본다. 21세기가 지난 지금 실향민들의 상당수가 세상을 떠나고 그의 후손들에게 역사적 책무가 넘겨졌다는 점도 부정할 수 없다. 통일운동을 어쩌면 2세대가 감당해야 할 새로운 시대의 전환점에 서 있음도 부정할 수 없다. 보수주의 진영 교회는 지난 날 독재정권하에서 불의와 모순을 목격하면서도 정의의 음성을 내지 못했고 비겁한 안일을 택했다. 이는 한국교회가 분단을 극복하는 복음통일을 위해 일하고자 할

때는 먼저 철저히 회개하고 새로운 출발을 해야 한다.[296)]

복음주의 교회는 반공적이라는 사실과 비도덕적이고 비민주적인 정권이라도 위에 있는 권세로 봐야 한다는 생각 때문에 적극적으로 항거하지 못했다. 진보적인 기독교인들은 복음주의자들을 비겁하며 비도덕적이라고 비난했고 복음주의자들은 진보주의자들을 급진적이며 용공이라고 의심했다.[297)]

한국교회는 일반적으로 1980년대에 들어서서 분단을 극복하려는 통일운동노력을 기울이기 시작했다. 1994년은 보다 의미 있는 해라고 할 수 있다. 그 이유는 '1994년 한국기독교인 통일선언'[298)]이 나름대로 그 의미가 있다. 9개 항목으로 이루어진 간단한 선언이지만 오늘에 논의되고 있는 중요한 입장들이 포괄적으로 제시되고 있다.[299)]

2003년 복음주의권을 대표하는 한국기독교총연합회는 산하 통일정책위원회를 주축으로 나름대로 형식과 공을 들인 "한국교회의 통일정책선언문"[300)]을 1996년 12월 17일 49개 가맹교단과 13개 단체를 대표하여 발표하였다. 이 96선언은 KNCC의 88선언을 염두에 둔 보수교회의 통일론으로 평가받을 만하다.[301)]

실제로 복음 평화통일을 이룸에 있어서 진보와 보수 등 사상적 이념 대립의 연속은 한민족 복음 평화통일을 위해 전혀 아무런 도움이 될 수 없다. 그럼에도 불구하고 한국교회 내에서 진보와 보수의 투쟁은 세상에도 좋은 영향력을 줄 수 없고 도리어 부정적인 영향을 줌으로써 교회의 머리가 되신 그리스도 예수님의 이미지에 손상을 가하는 우준한 행동이다. 속히 보수와 진보는 민족의 복음평화통일을 위해서 함께 동역자의 사명을 완수해야 한다. 너무 아쉬운 점은 평화통일을 위한 실천적 노력이 미비했던 점을 감출 수 없다. 한국교회의 통일관은 안타깝게 양 진영의 입장 차이가 매우 크다고 볼 수 있다.

한국교회의 진보성향의 통일론은 정부수립부터 참여하지 않았다. 한국정부가 수립되고 민주화를 이룰 때까지는 한국교회는 통일에 대하여 함부로 제안할 수 없었다. 그러다가 1970년대 들어서자 7.4 남북공동선언은 한국교회가 북한선교의 가능성을 기대하게 되어 북한선교를 위한 선교위원회를 조직하기도 했으나 열매는 맺지 못하였다. 1980년 후반에 한국교회가 어떤 단체보다도 민족의 통일문제에 깊은 관심을 보이기 시작했다. 그것은 첫째, 해방 이후 북한에서 남하한 실향민 가운데 상당수가 기독교인이었다는 점 둘째, 본질적으로 기독교가 민족 문제에 깊은 관심을 갖고 있다는 것이다. 이 요소가 민족의 분단을 넘어 통일을 향해 꼭 긍정적으로만 작용했다고 볼 수는 없다. 부패하고 독재적인 정권들에 대해서 진보적인 교회는 온갖 수난을 감수한 채 항거하고 인권과 민주화를 위하여 투쟁했다. 아울러 KNCC는 88선언을 했으며 본장 제3절 한국교회통일운동 모델에서 구체적으로 살펴본다.

1993년 군사정권이 종식되고 문민정부의 등장은 한국교회 통일운동의 역사에서 새로운 희망을 보여주게 되었다.[302] 1998년 김대중 정부의 2000년 「6.15 남북공동선언」이 계기가 되어 진보성향의 교단에서는 적극적으로 평화통일을 위한 입장을 외향적으로 노골화할 수 있게 되었다.[303]

거룩한 교회의 전반적인 활동분야는 온 우주를 포함한 것이지 세상 어떤 분야를 제외시킬 수 없는 것이다. 바로 실천신학의 아름다움이 여기에 있는 것이다. 교회론은 교회 안에서만 적용되는 이론이 아니라 교회 내외의 전체를 총망라한 것이다. 교회의 머리는 예수 그리스도이며 이 세상의 주인도 예수 그리스도이기 때문에 거룩한 교회는 이 세상의 정치, 경제, 사회, 문화, 제도 등 세상의 모든 것을 안고 가야 하기 때문에 공적 교회의 속성을 살펴봐야 하는 것이다.

한국교회 통일운동의 시금석

한국교회는 어서 복음평화 통일을 이루어 북한 동포와 함께 예배드릴 수 있는 그날을 위해 간구해야 한다. 우리는 교회의 몇 가지 모델을 살펴봄으로써 교회의 진정한 모습을 구현하고자 한다.

첫째 교회는 제도로써 모형이다. 즉 제도, 조직, 전통으로 구성되어 있다. 교회가 제도를 가지고 있다는 것은 교회가 하나의 기관이라는 것을 의미한다. 역사적으로 나타난 교회 공동체는 어떤 종류의 구조, 제도를 피할 수 없다. 신약 성경에서 여러 가지 제도에 대해서 언급하고 있다. 그러나 교회를 하나의 제도로만 이해한다면 교회는 도움이 되지 못한다. 왜냐하면 교회의 목적을 구원을 위한 섬김에 두지 않고 제도에 존속하고 지배권을 행사하는 것으로 전형적인 위계서열의 형태를 따르기 때문이다. 교회는 제도적인 틀에서 벗어나 희생적인 섬김과 봉사의 정신을 살려 공동체의 형성에 공헌해야 할 것이다.[304]

부버(Martin Buber)에 의한 참된 공동체는 근원이 "나와 너"가 발해지는 곳에만 출현된다. 어느 한 사람이 다른 또 한 사람과 살아 있는 관계를 맺고 있는 동안에만 그가 하나의 인격으로 존재하고 있듯이 사회적 집단도 그 구성단위 간에 인격적인 관계가 이룩되어야 한다.[305]

둘째, 교회는 성령의 공동체로서 모형이다. 즉 교회는 공식적인 기관이기보다는 그 구성원들이 성령의 생동적인 체험을 나누는 친밀한 공동체이다. 제도적인 교회가 커다란 기관이었고, 위계적으로 조직되었으며, 비인격적이었고, 때로는 개인의 필요에 따라 민감하지 못했다면 영적인 공동체로서의 교회는 작으며 인격적이고 그 구성원 사이에 강한 소속감과 상호 협조를 바탕으로 한다. 교회는 세계와 인간을 변혁시키는 하나님의 목적에 부름 받은 공동체이다. 그리고 교회는 성령의 능력과 은사가 베풀어지는 공동체인 것이다.

셋째, 교회는 성례전의 모형과 복음 전달자의 모형이다. 먼저 성례전의 교회를 살펴본다. 이 모형은 그리스도인의 삶에 주목하는 가운데 성만찬에 참여하는 것을 강조한다. 성찬에 의하여 양육되고 새롭게 되는 공동체 안에서 그리스도의 구원 사역이 모든 인간에게 확장된다. 성례전으로 교회를 이해하게 되면 이 모형은 예식을 중시하는 가운데 교회 중심주의로 기울일 위험이 따른다. 그리스도와 성령을 교회 의례 가운데 역사한다고 생각하게 된다. 이로 인해 교회공동체의 사회적 책임에 대한 강조를 약화시킬 수 있는 것이다. 복음 전달자의 모형으로서 교회에 대한 이해는 교회의 사명이 무엇보다도 하나님의 말씀을 선포하고 모든 사람을 회개와 삶으로 부르는 것을 기초로 하고 있다. 모든 사람들은 구원자인 예수 그리스도를 믿도록 부름받고 있다. 교회 공동체가 먼저 평가를 받는 것은 무엇보다도 교회는 복음 선포이다. 복음 전달자로서 교회가 지배의 도구가 되지 않으려면 다른 사람들의 이야기도 듣고 배울 수 있는 정신자세의 확립이 필요한 것이다.[306]

넷째, 교회는 다른 사람을 섬기는 것이다. 즉 섬기는 교회 공동체는 다른 사람을 섬기도록 부름 받은 공동체이다. 본 회퍼(Dietrich Bonhoeffer)는 교회를 타자(otheres)를 위하여 존재하는 공동체로써 규정한다. "교회는 다스리는 것이 아니라 돕고 섬기는 가운데 인간 삶의 세속적 문제에 함께 참여해야 한다."[307]라고 바울은 믿음을 하나님 안에서의 살아있는 신뢰라고 표현했다. 그러나 야고보는 믿음이 있다고 하면서 허위적인 삶, 갈등과 절망으로 인하여 늘 패배의 삶을 사는 자들에게 행함이 없는 믿음은 죽은 믿음이라고 평가했다.[308]

자기 비판과 개혁을 향한 개방성이 상실될 때 위험은 언제나 따라온다. 사회적 활동에 대한 강조는 인간의 삶이 자유하게 되어야 하는 다른 영역의 사슬들을 간과하는 경향이 있다. 즉 교만, 탐욕, 무관심, 자기 높임 등의 개인적 죄도 경제적 착취, 성차별, 가정 폭력, 사회적 압제 등의 구조적 형태의 죄와 마찬가지로 시급히 풀어야 할 멍에라는 것이다. 교회론을 이해하는 데 있어서 가장 방해가 되는 것은 어떤 역사 형태의 교회나 특정한 교회론을 절대시한 것이다. 우리를 위하여 십자가에 달리고 부활하신 예수 그리스도의 복음은 언제나 우리의 신학보다 큰 것이고 분명히 우리의 교회론보다는 훨씬 크다. 교회가 그 시선을 그리스도께 집중할 때 교회는 교회의 삶을 끊임없이 개혁하고 갱신하게 만드는 능력과 연결되어 있게 된다. 교회 중심주의에 빠지는 위험은 다른 모형들의 단점을 버리고 오직 장점만을 가진 최고와 최선의 모형을 만들려고 하는 우리의 노력 속에 숨어 있을 수도 있다.[309]

앞에서 살펴본 거룩한 교회의 정체성을 통해 한국교회는 복음 평화 통일을 위한 밑거름이 되어야 함을 알 수 있다. 우리는 성경적 교회상과 현재의 교회 모형을 근거로 우리가 찾고자 하는 바람직한 21세기 교회상은 보편적이고 세계적인 교회의 모습이 되어야 한다. 동시에 우리가 처한 특수한 상황인 한국교회의 복음 평화통일을 위한 미래의 방향을 모색해 보고자 한다.

첫째, 성령이 충만한 교회이어야 한다. 현대의 인간은 지적, 미적, 에너지의 극대화로 인하여 영적으로는 몹시 고갈되어 있는 상황이다. 교회는 성령의 공동체일 뿐 아니라 성령을 통해서 교회는 능력 있게 위임된 사명을 감당할 수 있다. 성령은 교회의 본질과 교회의 정체성을 확립하게 한다. 교회에 성령이 계시지 않는다면 교회는 그의 본질과 의미, 사명, 목적 등을 상실하게 된다.[310]

둘째, 교회는 하나를 이루어야 한다. 21세기 교회의 과제는 교회의 하나 됨을 성취하는 일이다(엡4:3). 이렇게 하나될 때 그리스도의 몸 된 교회가 성취된다. 니케아 신조에 따르면 교회는 하나이고 거룩하며 보편적이고 사도적인 교회(The one, holy, catholic and apostolic church)이다.

이 요소들이 신앙적 전통 속에서 흔히 교회의 참된 표징(the Marks of church) 혹은 본질적 특성으로 인용되고 있다. 그럼에도 오늘의 교회는 교회의 참된 표징과 본질적 특성인 하나 됨으로부터 벗어나 분열에 분열을 거듭하고 있는 것은 절대적으로 바람직스럽지 못한 것이다.[311]

따라서 힘의 구심점의 약화로 힘이 분산될 뿐만 아니라 교회의 역할을 제대로 감당할 수 없는 처지에 놓여 있는 실정이다. 교회의 본질이 무엇인가에 대하여 그리스도인들 간에 반드시 일치하지는 않지만 그리스도의 교회가 그리스도 안에서 하나라는 사실은 누구나 다 시인

한다. 따라서 그리스도인들은 그리스도 안에서 일치(unity)의 사명을 다해야 그의 사명을 다 했다 할 수 있을 것이다. 우리는 서로의 상이점을 발견하여 배타심을 조장할 것이 아니라 신앙과 교회직제의 다양성에 대한 견해에 더 분명한 이해를 통하여 그리스도 교회의 일치를 위하여 최선의 노력을 기울여 할 것이다.[312]

셋째, 사회에 봉사하는 교회이어야 한다. 본회퍼는 테겔에게 보낸 편지(1944.4.30.)에서 "종교 없는 세계에서 교회, 공동체, 설교, 예배, 그리스도인의 삶은 무슨 의미가 있는가?"라는 공개적 질문의 증인으로서 오늘의 교회에게 결정적 의미를 묻는다.[313] 그리고 그는 또 다른 편지에서 "교회는 남을 위해 존재할 때만이 교회이다"라고 말했다. 평화통일을 추진 할 땐 말로만 하는 것은 아니다. 몸과 시간과 물질 등이 복음 통일을 위해 드려져야 한다.

발트도 본회퍼의 기본 동기를 받아들여 교회는 세상을 위해 존재한다고 말했다. 물론 바르트는 교회가 자신을 위해 존재한다는 것을 부인하지 않는다. 그렇지만 교회가 존재하는 것은 그 자신에게만 목적이 있는 것이 아니라는 것이다. 교회는 하나님과 우선 관계를 맺는 장소이다. 세계는 교회 속으로 흡수되어야 한다.

교회는 세상과 구별되는 구원 공동체로서 세상에 파견되었음을 자각하고 세상에서 자기 자신의 과업을 수행하였다. 하나님의 백성인 교회는 어둠에서 빛으로, 죄에서 구원으로, 죽음에서 생명으로 사람들을 구원하기 위하여 파송된 공동체인 것이다. 하나님 통치의 복음을 교회는 세계에 전해야 했다. 이 세계는 하나님을 버렸지만 하나님은 결코 세상을 버리지 않고 이 세계를 구원하고자 독생자 예수 그리스도를 보내셨던 것이다. 세계는 하나님께 속한 것이기 때문에 결코 악에 의해서 말살될 수 없다. 그러므로 교회는 이 세계에 대하여, 이 사회에 대하여, 북한 동포에 대하여 책임을 다 하여야 한다. 교회의 사회적 책임은 불의를 시정하고 부패를 제거하고 정의를 수립하여 새 질서를 확립하는 일에 봉사하는 것이다.

복음평화통일운동에는 진보와 보수, 세대, 지역 등 사상의 이념 대립이 필요 없는 것이다. 보수와 진보를 떠나 공적 책임성을 갖고 통일관에 기초하면서 통일모델 운동에 관해서 생각해 보아야 한다.

구약 성경상의 교회라는 용어는 "카할"의 뜻이 있는데 "카할의 의미인 이 단어에서 파생된 "부른다"가 생성된 말로 의논을 하기 위해 모집된 공동체의 뜻이다(신5:1;왕상8:14). 신약 성경에서 교회의 개념은 "엑클레시아"를 그리스도의 몸(골1:24), 그리스도는 교회의 머리(골1:18)로 바울은 그리스도와 "엑클레시아"를 생물학적 관계로 보고 있다.[314] 한국교회는 예수 그리스도의 사역, 죽음, 부활에 응답하는 가운데 성령의 능력 안에서 하나님을 친양하고 예배하기 위하여 부름 받은 공동체이다. 21세기의 바람직한 한국교회 상은 지금까지 우리의 경험을 통하여 추정 가능한 있음직한 미래를 가정하면서 이보다 더 나아가 있어야만 하는 또 꼭 성취해야만 하는 바람직한 교회의 미래상을 지향하고자 하는 뜻과 그 변화를 의식적으로 시도하고자 하는 계획변화(planned change)의 뜻이 담겨져 있다.[315]

교회란 "하나님이 만민 중에서 자기 백성을 택하여 그들로 무한하신 은혜와 지혜를 나타내신다. 이 무리를 가리켜 교회라 한다. 이 무리가 하나님의 교회요 예수의 몸이요 성령의 전이다. 이를 가리켜 성령의 전이라고 하는 것이다. 이 무리를 과거 현재 미래에 있는 성도들인데 이를 가리켜 거룩한 공교회라고 한다."316)

이러한 "교회를 두 가지로 구별하여 무형교회와 유형교회라 한다. 무형교회는 하나님만 아시는 교회요 유형교회는 온 세계에 산재한 교회다."317) 즉 교회는 하나님과 다른 사람들과의 관계에서 새롭게 변화되어 독특한 삶을 살아가도록 부름 받은 사람들로 삼위일체 하나님을 믿는 사람들이다. 그러기에 상호 존중하고 의존하며 용서하고 우정으로 특징지어지는 독특한 형태의 공동체가 교회라고 할 수 있다.318)

이런 원리를 바탕으로 초대 교회 성도들은 독특하여 "마음을 같이하여"(행2:46) 유기적 공동체적인 삶을 시작했던(행2:42-47,4:32-35) 구제 차원에서 단행된 일이었다.319) 한국교회는 교회원리와 성도들의 삶에 대한 적용을 통하여 북한 동포의 현재 고난을 극복할 수 있는 방안을 적극적으로 모색해야 한다.320)

한국교회는 교회연합을 도모하여 복음평화통일운동에 동참하여 사회적 책임을 다하여야 한다. 이제 한국교회는 진보진영과 보수진영의 갈등보다 자유, 평화, 정의, 평등, 민주, 인권, 복지가 보장된 사회와 복음 평화 통일로 나아갈 수 있는 길목을 정부나 시민단체에 미루지 말고, 한국교회가 연합함으로써 일반사회에 본을 보여 주어야 한다.321) 한국사회는 자유와 복지, 정의, 민주 등이 살아 있는 사회인데 북한 동포는 인식하지 못하고 문맹인으로 삶을 살고 있으며 우리들은 하나님 앞에 죄인인 것이다. 한국교회는 민족의 복음평화통일론 만큼은 진보, 보수, 여·야, 계층, 지연, 학연, 남녀노소 등 구분 없이 한국교회연합을 통해 그 목표를 달성하기 위하여 최선을 다 해야 할 것이다.

미주

176) 김충립, 『정교와 분리 악인가? 선인가?』 (서울: 성광문화사, 2011), 262-265.
177) 김충립, 『정교와 분리 악인가? 선인가?』, 366.
178) 김충립, 『기독교인의 정치 참여』 (서울: 성광문화사, 2000), 186-187.
179) 김영동 외, 『북한선교 어떻게 할 것인가?』, 290.
180) 김영동 외, 『북한선교 어떻게 할 것인가?』, 137.
181) 최성훈, 『통일을 대비하는 한국교회』, 30-31.
182) 노정선, 『통일신학을 향하여』, 57.
183) 송영대, 『크리스천의 애국심과 복음통일』, 198.
184) 송영대, 『크리스천의 애국심과 복음통일』, 199.
185) 양금희, 『하나님나라를 꿈꾸는 기독교통일교육』 (서울: 장로회신학대학교 출판부, 2018), 35.
186) 송영대, 『크리스천의 애국심과 복음통일』, 203-204.
187) Edward Foley, 『예배와 성찬식의 역사(그리스도인들은 어떻게 성찬식을 행하여 왔는가)』, 최승근역 (서울: 기독교문서선교회, 2017), 65.
188) 주도홍, 『통일로 향하는 교회의 길』, 221-228.
189) 주도홍, 『통일로 향하는 교회의 길』, 229-231.
190) 주도홍, 『통일로 향하는 교회의 길』, 232-233.
191) http://blog.naver.com/PostView.nhn?blogId=ahk8132&logNo=221180552339 (2018.1.19.검색)
192) 노정선, 『통일신학을 향하여』, 29-30.
193) 정일웅, 『한국교회와 실천신학』 (서울: 이래서원, 2002), 26.
194) 박정수, 『성서로 본 통일신학』 (서울: 도서출판 한국성서학, 2010), 17.
195) 김은홍, 『선교학』 (서울: 백석대학교 신학대학원, 2013), 22-23.
196) Ray S. Anderson, 『새천년을 위한 영성사역』, 강성모역(서울: 도서출판나눔사, 2012), 13.
197) Martin Luther편, 『마틴 루터의 독일신학』, 최대형 역 (서울: 도서출판 은성, 2003), 116.
198) 백충현, 『남북한 평화통일을 위한 삼위일체적 평화통일을 위한 신학의 모색』, 27-28.
199) 박정수, 『성서로 본 통일신학』, 33.
200) 노정선, 『통일신학을 향하여』, 38.
201) 함석헌, 기독교 문필가, 민중운동가
202) 노정선, 『통일신학을 향하여』, 43.
203) 박정수, 『성서로 본 통일신학』, 34.
204) 함석헌, 『뜻으로 본 한국역사』 (서울: 한길사, 2003), 8.
205) 박정수, 『성서로 본 통일신학』, 35.
206) 함석헌기념사업회 편, 『함석헌 사상을 찾아서』 (서울: 삼인, 2001), 123-140.
207) 백충현, 『남북한 평화통일을 위한 삼위 일체적 평화통일을 위한 신학의 모색』, 38.
208) 주도홍, 『통일로 향하는 교회의 길』, 223.

209) 이학준,『한국교회, 패러다임을 바꿔야 산다』(서울: 새물결플러스, 2011), 20.
210) 박정수,『성서로 본 통일신학』, 36-40.
211) 박순경, "한민족의신학",『민중신학을 말한다』, 181; 허호익,『통일을 위한 기독교 신학의 모색』, 359에서 재인용.
212) 박정수,『성서로 본 통일신학』, 42.
213) 노정선,『통일신학을 향하여』, 60.
214) 박정수,『성서로 본 통일신학』, 43-45.
215) 김영한,『평화통일과 한국기독교』, 210-211.
216) 정일웅,『한국교회와 실천신학』, 65.
217) 김영한,『평화통일과 한국기독교』, 66-67.
218) 허호익,『통일을 위한 기독교 신학의 모색』, 349.
219) 주도홍,『통일로 향하는 교회의 길』, 141.
220) 박정수,『성서로 본 통일신학』, 46-48.
221) 노정선,『통일신학을 향하여』, 8.
222) 박정수,『성서로 본 통일신학』, 18-19.
223) 주도홍,『통일로 향하는 교회의 길』, 152-153.
224) 박정수,『성서로 본 통일신학』, 61.
225) 허호익,『통일을 위한 기독교 신학의 모색』, 349.
226) 구교형,『뜻으로 본 통일한국』, 148.
227) 구교형,『뜻으로 본 통일한국』, 35.
228) 최성훈,『통일을 대비하는 한국교회』, 28.
229) 하스몬왕조(HasmoneanDynasty)는 마카비 혁명에 의해 셀류쿠스 왕조를 몰아낸 유다는 비로소 완전한 독립을 쟁취하고 하스몬 시대를 열게 되었다. 하스몬 시대는 주전 142년부터, 로마에 의해 예루살렘이 점령된 주전 63년까지의 기간을 가리킨다.
http://abrahampark.com/kor/dic?dic_id=132&from=dic01&seq=0(2018.10.25. 검색)
230) 박정수,『성서로 본 통일신학』, 62-63.
231) 박정수,『성서로 본 통일신학』, 64.
232) 박정수,『성서로 본 통일신학』, 65.
233) 구교형,『뜻으로 본 통일한국』, 42.
234) 송영대, "크리스천의 애국심과 복음 통일", 316.
235) John Bright,『이스라엘 역사』, 박문재 역 (고양: 크리스챤 다이제스트, 2012), 644.
236) 주도홍,『통일로 향하는 교회의 길』, 154-155.
237) 구교형,『뜻으로 본 통일한국』, 121-139.
238) 박정수,『성서로 본 통일신학』, 66-67.
239) 주도홍,『통일로 향하는 교회의 길』, 157.
240) 박정수,『성서로 본 통일신학』, 68-71.
241) 허호익,『통일을 위한 기독교 신학의 모색』, 81.
242) 박정수,『성서로 본 통일신학』, 72-74.
243) 기원전 142년부터 63년까지 79년 동안 팔레스타인에 세워진 유대인의 마지막 독립왕조. 63년 로마에 의해 팔레스타인이 복속된 이후 1948년 이스라엘이 건국될 때

까지 유대인들은 독립 국가를 갖지 못하게 된다. https://namu.wiki/w/%ED%95%98%EC%8A%A4%EB%AA%A8%EB%8B%88%EC%95%88%20E%99%95%EC%A1%B0(2018.10.23 검색)
244) 박정수, 『성서로 본 통일신학』, 75.
245) 주도홍, 『통일로 향하는 교회의 길』, 160-161.
246) 박정수, 『성서로 본 통일신학』, 76-77.
247) 주도홍, 『통일로 향하는 교회의 길』, 162.
248) 박정수, 『성서로 본 통일신학』, 93-95.
249) 최성훈, 『통일을 대비하는 한국교회』, 36.
250) 박정수, 『성서로 본 통일신학』, 96.
251) 주도홍, 『통일로 향하는 교회의 길』, 168.
252) 박정수, 『성서로 본 통일신학』, 97.
253) 주도홍, 『통일로 향하는 교회의 길』, 170.
254) 박정수, 『성서로 본 통일신학』, 98-99.
255) 주도홍, 『통일로 향하는 교회의 길』, 172.
256) 주도홍, 『통일로 향하는 교회의 길』, 180.
257) 박정수, 『성서로 본 통일신학』, 100-101.
258) 노정선, 『통일신학을 향하여』, 43.
259) 박정수, 『성서로 본 통일신학』, 102-103.
260) 송영대, 『크리스천의 애국심과 복음 통일』, 156-157.
261) 박정수, 『성서로 본 통일신학』, 104-105.
262) 박정수, 『성서로 본 통일신학』, 112-114.
263) 노정선, 『통일신학을 향하여』, 122-123.
264) 송영대, 『크리스천의 애국심과 복음 통일』, 270.
265) Cornelius Plantinga Jr, 『우리의 죄 하나님의 샬롬』, 41.
266) 노정선, 『통일신학을 향하여』, 124-125.
267) 박재규 외, 『새로운 통일이야기』, 160.
268) 노정선, 『통일신학을 향하여』, 126.
269) 문익환, 『통일은 어떻게 가능한가』 (서울: 학민사, 1984), 109-110.
270) 노정선, 『통일신학을 향하여』, 132.
271) 노정선, 『통일신학을 향하여』, 133.
272) 노정선, 『통일신학을 향하여』, 134.
273) 김성은, 『구조자』 (서울: 영성네트워크, 2015), 243.
274) 류호준, 『통일의 복음』 (서울: 새물결플러스, 2013), 238.
275) 노정선, 『통일신학을 향하여』, 141.
276) 문익환, 『통일은 어떻게 가능한가』, 287-288.
277) 노정선, 『통일신학을 향하여』, 216.
278) 노정선, 『통일신학을 향하여』, 217.
279) 문익환, 『통일은 어떻게 가능한가』, 58-59.
280) 김도일, 『조화로운 통일을 위한 기독교교육』 (서울: 도서출판 나눔사, 2013), 14.

281) 이상훈 외, 『공공신학이란 무엇인가?』 (서울: 북코리아, 2007), 57.
282) 이동춘, "공공신학의 관점에서 보는 한국교회 통일방안에 관한 연구", 113.
283) 이동춘, "공공신학의 관점에서 보는 한국교회 통일방안에 관한 연구", 136.
284) 이동춘, "공공신학의 관점에서 보는 한국교회 통일방안에 관한 연구", 137.
285) 이동춘, "공공신학의 관점에서 보는 한국교회 통일방안에 관한 연구", 140.
286) 이동춘, "공공신학의 관점에서 보는 한국교회 통일방안에 관한 연구", 25-26.
287) 박연서, 『기독교신앙과 이데올로기』 (서울: 양서각, 1988), 103.
288) Bernard Ramm, 『성경해석학』, 권혁봉 역 (서울: 생명의말씀사, 1993). 215- 216.
289) 김재명, "박순경의 통일신학연구."(석사학위 논문, 한신대학교신학대학원, 2014), 14-15.
290) 김재명, "박순경의 통일신학연구", 22-23.
291) 김재명, "박순경의 통일신학연구", 64.
292) 안인섭, "한국교회에 '통일신학'이 필요하다."「목회와 신학 구 월호」 (서울: 두란노서원, 2018), 42.
293) 주도홍, 『통일로 향하는 교회의 길』, 52.
294) 한국기독교통일포럼, 『통일한국 포럼』 (인천: 도서출판 바울, 2006), 43.
295) 한국기독교통일포럼, 『통일한국 포럼』, 44.
296) 한국기독교통일포럼, 『통일한국 포럼』 47
297) 김명혁 편저, 『한국복음주의 협의회 성명서모음집』 (서울: 기독교문서선교회, 1998), 5; 한국기독교통일포럼, 『통일한국 포럼』 48에서 재인용
298) 참조(94선언)
299) 주도홍, 『통일로 향하는 교회의 길』, 190-191.
300) 참조(96선언)
301) 한국기독교통일포럼, 『통일한국 포럼』.49
302) 한국기독교통일포럼, 『통일한국 포럼』. 45
303) 한국기독교통일포럼, 『통일한국 포럼』. 46
304) 황승룡, 『21세기 한국교회와 신학』 (서울: 한국장로교출판사, 2007), 123.
305) 김천배, "마르틴부버에의 이해", in 마르틴 부버, 『나와 너』, 김천배 역, (서울:대한기독교서회, 1975),195;박양식, 『선교하는 예수공동체』 (서울: 도서출판예안, 1990), 322에서 재인용.
306) 황승룡, 『21세기 한국교회와 신학』, 124-125.
307) Bonhoeffer, Letters and Papers from Prison(New York: Macmillan, 1967), 204: 황승룡, 『21세기 한국교회와 신학』, 126에서 재인용
308) Clark Paddicord, 『마가복음에 나타난 예수님의 생애』, 김상구 역 (서울: 기독교문서선교회, 2003), 239.
309) 황승룡, 『21세기 한국교회와 신학』, 127.
310) 황승룡, 『21세기 한국교회와 신학』, 128.
311) 주도홍, 『통일로 향하는 교회의 길』, 128.
312) 황승룡, 『21세기 한국교회와 신학』, 129-132.
313) E. Lange, Kirche for die Welt (Miuchen, 1981), 19ff; 황승룡, 『21세기한국교회와 신학』, 133에서 재인용.
314) 한안석, "교회기능의 활성화 방안에 관한 연구", 38-40.

315) 김경동, "사회변동의 전망과 진로", 대한예수교장로회 영락교회편, 「21세기 한국교회」, 52-60; 황승룡, 『21세기 한국교회와 신학』 (서울: 한국장로교출판사, 2007), 115에서 재인용.
316) 대한예수교장로회(백석대신) 총회헌법 제9조 교회의 정의에서 참조
317) 대한예수교장로회(백석대신) 총회헌법 제10조 교회의 구별에서 참조
318) 황승룡, 『21세기 한국교회와 신학』, 116.
319) 권문상, 『성경적 공동체: 삼위일체 하나님을 닮은 가족교회』 (용인: 킹덤북스, 2013), 31.
320) 노정선, 『통일신학을 향하여』, 123.
321) 황승용, 『21세기 한국교회와 신학』, 134-137.

제4부
한국교회 복음 평화통일운동의 접근

09
한국교회의 복음평화통일운동 모색

한국기독교 교회협의회의 통일운동

KNCC는(Korea National Council of Churches, 이하 'KNCC'라고 약칭) 1970년대 중반부터 논의되어 왔던 선 민주 후 통일론이냐 선 통일 후 민주론이냐는 이념적 갈등의 해결을 모색하던 기독교 내에서 진정한 민주화는 분단 상황을 극복하는 일과 맥을 같이 해야 한다고 결론을 내렸다. 1980년 한국교회는 군부에 의해 자행된 5월 반민주적 사태들을 전 세계에 알리고자 하였다. 결국 1981년부터는 분단 상황을 극복하는 것이 민주화로 가는 길이고 평화적인 통일을 향한 것이라는 인식을 하게 되었다.

그러나 한국교회의 통일문제에 대한 당시의 시대적 상황 하에서는 외국 교회와의 협의를 통해서만 가능하였다. 한국기독교교회협의회는 1982년 2월 26일 통일문제연구원 운영위원회를 특별위원회로 설치하기로 결의하고 9월 16일 운영위원회를 조직했다. KNCC가 통일문제연구원 운영위원회를 조직하기는 했지만 통일문제를 연구할 자유가 주어진 것은 아니었다. 즉 통일문제 모임에 번번이 당국의 방해로 모임이 타의로 취소되거나 경찰이 회의장을 봉쇄하여 모일 수조차 없었다.

1984년 제3차 한·북·미교회협의회 공동성명에서 미국이 한국을 분단시킨 나라라는 것과 미국교회는 한국교회와 함께 한반도의 통일을 위해 공동책임을 져야 한다는 내용의 결의문을 채택하였다. 이것은 미국이 한국을 분단시킨 나라 중 하나라고 밝힌 공적인 결의로써 절대적·무조건적 한미관계를 반성하는 계기가 되었으며 당시까지의 국제관계와 남한 대중 정서에 대한 엄청난 도전이 되기도 하였다.[322]

이와 같이 통일문제 논의에 대한 연구가 가능하게 된 것은 1985년에 이르게 되었다. 동년 2월 27~28일에 KNCC 제34차 총회가 '이 땅에 평화를' 이라는 주제 아래 충남 아산시(당시 온양)에서 개최되어 평화와 통일에 대해 논의하였고, '한국교회 평화통일선언'(이하 '85선언')을 발표하였다. 이 선언은 "민족분단의 책임이 우리에게도 있었음을 고백하고 회개함과 동시에 분단극복에 주체적 참여가 곧 하나님 나라의 평화에로 나아가라는 명령임을 고백하고 이 분단의 극복과 평화운동을 위하여 우리는 한국교회가 공개토론의 장이 되도록 할 것을 결의하였다. 이 선언에서는 민중 주체의 통일과 평화통일이 곧 분단극복과 통일운동의 주류가 되어야 할 것이다."라고 하여 민중 주체의 통일과 평화통일을 강조하였고, "평화를 지향하는 통일운동은 민주적이고 정의로워야 한다."며 민주, 정의, 통일, 평화를 핵심적인 좌표로 설정하였다.

이 선언은 통일에 관한 종합적 연구 결과로 나온 것은 아니지만 형식상으로는 한국교회에서 통일에 관한 첫 번째 공식 입장으로 평가된다. 따라서 이 선언은 '88선언'에 앞서서 한국교회의 평화통일의지를 천명했다는 점에서 매우 중요한 의미를 가진다고 볼 수 있다.[323]

민주화 이후 1988년 시기는 개신교와 청년학생, 재야 및 사회단체의 통일논의와 통일운동이 본격적으로 이루어진 시기였다. 1980년대 민간통일운동의 선두에 서서 활동했던 단체는 KNCC라고 할 수 있다. 특히 1988년 이전까지 잠잠했던 민간통일운동 세력이 바로 KNCC 총회에서 '88선언'('민족의 통일과 평화에 대한 한국기독교회 선언')을 채택하면서 통일논의와 민간통일운동이 전개되었다. 지금까지 KNCC 통일위원회나 88선언에 대한 연구는 몇 편 있으나 단편적인 내용에 불과하며 분석하는 연구는 별로 없었다.[324]

'88선언'의 배경을 보자면 1985년 2월에 채택된 '85선언'은 1986년과 1987년 '평화통일에 대한 우리의 입장'으로 이어 나갔다. 그 연장선에서 KNCC의 통일문제연구원은 1985년부터 1988년까지 다섯 차례 개최되어 1988년 2월 29일 제37회 총회에서 '민족의 통일과 평화에 대한 한국기독교회 선언'('88년 선언')을 채택하고 민족통일을 위한 5원칙을 발표하였다. '88선언' 발표 전 1987년 6·29선언 발표[325], 여야 합의 대통령 직선제 헌법 개정 등 정국이 대화합의 국면으로 전환되었다. 1987년 12월 16일 민선 대통령(1988~1993년)이 선출되었다.[326] 또한 1988년 4·26총선을 통한 여소야대 등 민주화의 과정과 더불어 통일논의의 열기가 확산되는 분위기가 고조되던 시기였다.[327] 이 선언은 사실상 1986년부터 KNCC 통일문제연구원 운영위원회는 분야별로 나누어 분과 작업을 시작해서 여러 차례의 검토를 거쳐 2년 넘게 준비를 하였다. 이러한 논의 과정 속에서 비교적 쉽게 합의된 부분은 남북교류, 이산가족 문제, 상호비방 금지 등 이었고, 죄책 고백문제, 미군철수 문제 등은 많은 논란이 있었다. 특히 죄책고백은 박종화,

이삼열 등이 독일의 경험을 살려 한반도 통일문제에 반드시 우리의 참회가 들어가야 하고 회개의 부분을 강조해야 한다고 주장하였다.

그러나 이러한 죄책 고백문제는 참여한 사람들 간의 견해차가 커 많은 갈등을 불러일으키기도 했으나, 결국에는 선언문의 주제가 회개가 될 정도로 참여자들이 서로 논의해 가면서 큰 감동을 받기도 하였다. 통일의 중심이 자주적으로 우리 민족끼리 이루어져야 하며, 분단 극복을 위해서는 평화가 가장 중요하고, 휴전협정을 속히 평화협정체결로 이루어 나가야 한다는 것이 공통된 견해였으나, 진보적인 청년들이 주로 주장했던 주한미군 철수 문제는 무엇보다 가장 큰 논쟁을 불러 일으켰다.

그런데 88선언에 가장 중심이 되는 핵을 짚어준 것이 '한미교회협의회'였다. 예컨대, 1986년 11월 6일 미국교회협의회에서 채택한 『한반도의 평화와 통일』에서 한국분단의 책임이 그들에게 있음을 강조하였고, 한반도만의 참여적 민주주의를 촉진하기 위해 미국교회협의회의 노력을 강화해야 한다고 하였다. 이는 88선언에서의 민중참여의 원칙과 유사한 측면이 있다고 하겠다. 1986년 12월 미국 장로교회 총회에서는 『한반도의 화해와 통일에 대한 결의문』을 발표하여 이산가족 상봉문제와 상호군사력을 감축하고, 한반도의 평화가 보장되는 조건이 충족 되었을 때 단계적인 미군 감축을 표명하였다. 이는 88선언의 내용 가운데, 인도주의 원칙과 군사적인 문제 해결을 위한 노력에서 일맥상통 하는 부분이 있다고 볼 수 있다. 그 후 1987년 10월 21일 미국연합감리교회총회에서는 여기에서 더 진전되어, 한반도의 평화를 위해 평화협정을 체결 하며, 남북한 간 신뢰가 회복되어 한반도의 평화가 정착되었을 때 주한미군을 철수하고, 한반도 평화를 해치는 모든 핵무기는 제거할 것을 주장하였다.

이는 88선언의 핵심 부분이라 할 수 있는 평화협정 체결문제와 주한미군 철수 및 핵무기 제거를 언급하여, 한미교회협의회가 88선언에 직간접적인 영향을 미쳤다고 볼 수 있겠다.

'88선언'은 결국 KNCC 통일위원회와 참여자들의 노력뿐만이 아니라 한미교회협의회의 노력과 그 선언문을 기초로 글리온 회의에서 88선언 작성을 위한 토대를 마련하였고, 도잔소와 WCC 등 협조로 88선언문이 이루어졌음을 부인할 수 없다. '88선언'의 주요 내용은 다음과 같다.[328]

첫째, 정의와 평화를 위한 한국교회의 선교적 전통
둘째, 민족분단의 현실
셋째, 분단과 증오에 대한 죄책 고백
넷째, 민족통일을 위한 한국교회의 기본원칙
다섯째, 남북한 정부에 대한 한국교회의 건의
여섯째, 평화와 통일을 위한 한국교회의 과제 등이다.

KNCC는 '7·4남북공동성명서'의 자주, 평화, 민족대단결의 원칙에 '인도주의'와 '통일논의의 민주화'를 추가하여 통일 5원칙을 천명하였다. 또 남북한 정부에 분단 상처의 치유, 분단 극복에 국민들의 참여 보장, 민족대단결 실현, 평화 증진, 민족 자주성 실현을 건의하고 1995년을 '평화와 통일의 희년'으로 선포하였다.[329]

KNCC선언은 남북한 긴장완화와 평화증진을 위하여 이루어져야 할 과제로써 휴전협정을 평화협정으로 전환시키고, 한반도에 평화와 안정이 보장되었을 때 주한미군은 철수해야 하며, 남북한 군사력의 감축과 핵무기 절대 사용금지 및 철거가 이루어질 것을 주장하였다.

특히 1988년 3월 23일 '한국개신교교단협의회'는 "KNCC의 선언의 미군 철수 문제에 대해서는 제2 월남사태를 초래할 위험성이 있다. 이 땅이 공산주의자들의 손에 넘어갈 수 있다"며 반대 입장을 분명히 했다. 또한 "민중 주도의 통일론에 대해서는 KNCC가 항상 주장해오는 민중 주도의 통일론은 인정할 수 없다"는 입장이었다. 핵무기 철수 문제 역시 "북한의 침략군이 엄존하고 있는 현실이므로 핵무기의 철수는 인정할 수 없다"며 절대 안 된다고 주장하였다. '88선언'이 평화통일 책임 문제가 마치 남한 교회에 있는 것처럼 왜곡하고 있으며 남북한 이데올로기를 동질로 다루고 있으며 남한 정부의 반공 이데올로기 정책에 대해 질타하고 한반도 평화 유지 및 안보장치 제거를 목표로 하고 있으며 김일성집단의 위장 평화 공세에 역이용당할 소지가 많고 민중 신학적 논리에 입각하고 있다고 한국기독교 교회협의회 선언을 정면으로 반박했다.

이어 3월 26일 기독교계의 '한국교회장로협의회'는 '통일논의가 정부에서 안 된다면, 민간 차원에서 추진해야 한다.'는 KNCC의 입장에 대해 "무정부 상태를 초래할 위험한 발상"이라고 우려하였다. 또한 7·4 남북공동성명서의 사상, 이념 제도의 초월에 대해서도 "KNCC는 사상, 이념, 제도를 초월한 통일정부 수립을 구상하는 듯 보인다."며, 7·4공동선언을 악용하는 것과 다름없다는 인식을 보였다. 이와 같이 보수교단 협의회의 88선언에 대한 평가는 잘못 놓치고 있는 측면을 환기시키는 점에 있어 통일논의는 어느 쪽도 독점할 수 없으며, 서로의 의견을 경청하여 기독교 통일론을 형성하는 것이 중요함을 깨닫게 한 것이다.[330]

이에 대해 1988년 4월 11일 한국기독교교회협의회는 그간의 'KNCC선언'에 대한 논란을 해명하는 자신들의 입장을 밝혔다. 그중에서 주목할 부분은 "한반도평화 국제보장 시 주한 미군 철수 입장에 대해 한국개신교교단협의회가 지금 당장 미군철수를 주장한 것처럼 매도하는 것은 옳지 못하다"고 해명한 점이다. 그러나 이러한 해명에도 불구하고 북한의 호의적 반응과 핵무기 철수는 북한의 주장과 동일하다는 점, 민중 주도의 통일론, 자유주의와 공산주의를 동등하게 평가한 점 등은 여전히 반박 성명의 주요 내용이 되었다. 오히려 한국교계에서 크게 논란이 될 수도 있었던 '분단과 증오에 대한 죄책 고백' 부분은 크게 부각되지 못하였는데, 반박 단체들은 남북분단에 적극 대처하지 않고 오히려 반공 이데올로기로 우리의 한민족인 북한을 적대시했던 과오에 대한 철저한 반성과 성찰을 회피 하였다. 또한 한국교회의 보수진영은 한국의 통일문제를 복음의 능력에 의한 인간과 이데올로기의 변화 즉 선교에 의해 이루어진다고 보았다.[331]

이 선언은 분단 반세기 동안 남한 사회에서 민간 부분에 의해 제출된 최초의 본격적인 통일선언문이라는 점에서 큰 의미가 있는 것이다. 이 선언의 가장 큰 장점으로 생각되는 것은 한반도의 전쟁방지와 평화실현을 위해 평화협정 체결, 주한미군 철수, 군사력 감축, 핵무기 철거 등을 촉구한 점 이었다. 또한 노태우 군사정권 때 미군 철수와 군비 축소 문제를 들고 나선 것은 시대를 앞서가는 것이기도 했다. 그리고 88선언은 노태우 정부의 7.7선언과 남북기본합의서에도 큰 영향을 미쳤다. 그러나 이 선언은 민족의 화해와 평화라는 측면을 부각시켜 통일에 대한 원칙을 제시했을 뿐 구체적으로 어떠한 방식으로 통일을 이룩할 것인지에 대한 구체적인 방안과 통일된 국가의 사회적 성격을 제시하지 못한 한계점을 다음과 같이 가지고 있었다.

1988년 KNCC의 88선언을 전후하여 KNCC의 통일위원회의 국내외적 활동과 이를 바탕으로 88선언이 도출되는 과정을 아래와 같이 검토하였다.[332]

첫째, 민간통일운동사에서 한반도의 평화와 통일운동의 물꼬를 튼 KNCC 통일 위원회는 '한독기독교교회협의회'의 권고에 따라 1982년 9월 16일에 조직 되었다. 이 위원회는 한반도의 통일을 위해 국내외적으로 활발한 활동을 펼쳤다. 먼저 국외적으로 1984년 10월 도잔소 보고서를 채택하여 동북아시아에서 평화정착의 문제를 제기하고 그 틀 안에서 한반도 문제를 다루기로 하였고, 1986년 9월 제1차 글리온 회의에서 남북교회가 해방 후 처음으로 상봉하는 감격을 누리기도 하였다. 그리고 국내적으로는 1985년 2월 한국교회 평화통일 선언을 발표하였고 3년 뒤에는 88선언을 선포하여 7.4공동성명을 민주화운동의 연결선상에서 분단의 극복, 평화통일을 논의하는 기본원칙으로 하여 평화통일운동을 선교적 사명으로 인식하였다. 이 88선언은 한미교회협의회의 영향을 받아 KNCC 통일위원회 소위원회에서 각고의 노력과 많은 토의 끝에 자주, 평화, 민족 대단결, 인도주의 원칙과 민의 우선 참여 원칙이라는 5대원칙을 발표하여 남한 기독교뿐만 아니라 전 국민에게 신선한 충격을 주었다.

특히 주한미군의 조건부 철수와 기독교인의 죄책 고백 부분은 많은 보수적인 교단과 국민으로부터 공격을 받기도 하였다. 여기 미군 철수의 주장문제는 남북한이 군사적으로 첨예하게 대립하고 있는 상황에서 그 당시엔 핵무기는 지금처럼 엄중한 상황이 아니었음에도 불구하고 너무 지나친 급진적 주장이며 북한에서 줄기차게 주장해 온 주한 미군철수 문제를 북한처럼 주장하였다는 것은 이해 할 수 없는 것이라고 판단되었다. 국가의 안보는 이론이 아니라 우리의 실존이며 대한민국의 생존권과 직결되어 있기 때문이다.

둘째, KNCC의 통일운동은 큰 틀에서 민간주도의 통일논의를 통한 자주적 교류와 평화적 통일과 군축을 포함한 핵무기 제거, 평화협정 체결 등은 KNCC 등 통일운동 세력에게 있어서 동일한 관심거리였다. 여기에 핵무기 제거운동이 있었지만 북한에 전혀 영향력을 주지 못하였고 도리어 북한의 핵무기 실험에 다른 방도를 취하지 못하는 결과를 초래하게 되었다.

그러나 KNCC가 통일운동에 있어서 국내와 국외에서 활동하여 통일운동의 지평을 확장한 측면이 있다. 군사력 감축에는 원칙적이고 한반도에서 미군철수 문제에 있어서는 KNCC가 조건부적인 철수를 주장하였다. 또한 정부가 통일논의를 단일화하는 데 앞장 선 반면 KNCC는 사상과 이념을 초월한 민간의 통일논의를 해야 한다는 주장이었다. 북한은 주체사상과 이념이 변화하지 않고 있는데 대한민국의 자유민주주의와 자본주의 및 시장경제원칙을 초월한다면 이것도 역시 국가관 확립에 문제가 있는 것이라고 생각했다.

셋째, 1988년 당시 통일위원회의 명칭을 사용한 KNCC통일위원회는 이산가족의 방문과 평화협정체결, 남북한 불가침 조약체결, 문화·예술·체육 등 남북의 교류와 공동행사들을 제안 하였다 여기 평화협정체결, 남북한 불가침 조약체결 등은 매우 예민한 정치 분야에 속한 부분이다. KNCC의 통일위원회 활동은 비교적 장기적이었다.

아울러 '88선언'은 북한이 국내외적으로 겪고 있는 경제적 어려움의 원인을 "동구권의 해체와 변화로 우방과 시장을 잃어버렸으며, 교역의 감소로 원유와 식량, 생활필수품의 수급에 타격을 입고"있으며, 자본주의 세계와의 교역이 자유로운 것도 아니며 미국의 대북 수출입제한은 그대로 살아 있는 상황에서 "남북대결과 긴장으로 엄청난 군사비를 부담"해야 하는 처지에 놓여있는 것이다. 따라서 이러한 북한의 어려운 경제 상황을 해결하기 위해 평화체제를 구축하고 북한의 경제발전에 협력하고 북한이 외교적 고립상태에서 벗어나도록 지원하여야 한다고 선언한 것이다.[333]

'88선언'은 KNCC 통일위원회가 이후의 한국통일 운동사에 지대한 영향을 주었는데 1988년 노태우정부의 7.7선언과 1991년 남북기본합의서에서 88선언을 벤치마킹하였고, 김대중 정부의 2000년 남북정상회담의 6.15공동선언과 노무현정부의 2007년 10.4 합의 선언으로 그 기본정신의 명맥을 이어나감으로써 통일문화 발전에 기여하였다고 생각한다.[334]

평화통일선언에서 가장 핵심적인 부분이었던 분단에 대한 죄책고백이 적극적이지 않고 군축·핵무기 철수 및 희년 문제 등에 대해서는 언급하지 않았다. 이것은 통일에 관한 입장에서 '정치성'을 철저히 배제함으로써 '평화통일선언'이 불러왔던 한국교회의 논란을 피하고 또한 그것과 차별화하려는 교단의 입장이 적극 반영됐던 것으로 보인다.[335]

'88선언'은 분단을 '냉전체제의 대립이 빚은 구조 악의 결과'로써 이해하는 반면, 한기총을 위시한 복음주의 교회는 일제시대 한국교회가 가결한 신사참배의 우상숭배와 불신앙을 분단의 원인으로 고백했다. 그러나 '88선언'은 도리어 한국교회가 일제하 "민족말살 정책에 저항하였고, 국가주의를 종교화한 일제의 신사참배 강요에 항거하여 순교의 피를 흘렸다"라고 한국교회의 자랑스러운 역사를 제시한다.[336]

'88선언' 이후 1989년 1월(1.23-2.2)에는 고 정주영 회장이 북한을 방문하여 민간교류의 첫 장을 열었고, 3월 25일에는 문익환 목사가 정부의 허가 없이 전격 평양을 방문, 김일성 주석을 두 차례 만나고, 4월 2일 '문익환 허담공동성명'을 발표하기도 하였으나 교계 일각에서는 비판 성명을 발표하였다. 그리고 '88선언'을 계기로 평양봉수교회와 장충성당이 1988년에 세워졌고, 1992년에는 칠골교회가 세워졌다.[337]

'94선언'은 "한민족의 평화로운 통일이야말로 우리가 앞장서야 할 시대적 소명임을 절감하고 기도하는 마음으로 다짐한다"는 이 다짐은 여전히 긴장이 가시지 않은 한반도의 현실인식을 바탕으로 기독교인의 죄의 고백과 민족의 상처를 향한 치유로의 '소명'을 전제로 하고 있다. 동 선언은 분단을 극복하는 통일은 우리가 노력해야 하지만 하나님의 섭리가 있어야만 한다.[338] 한국교회 통일정책 선언문(1996년)은

"하나님으로부터 오는 은혜요 우리가 이루어야 할 과제"로서 이해해야 한다. 남북분단의 여러 가지 아픔을 한국교회가 적극적으로 참여하지 못하였다. 이념을 초월하여 그리스도의 '원수도 사랑' 하는 참 사랑으로 북한주민을 사랑하는 마음을 가져야 한다. "맹목적 통일지상주의를 거부하고 하나님의 방법에 부합하는 통일방법론을 제시해야 한다.[339]

 남한의 경우 1948년 8월 15일 대한민국 정부를 수립한 후 8월 26일 한미상호방위원조협정을 체결하였다. 이승만 대통령은 10월 8일 미국 국무성에 미군철수 연기를 요청하였으나 받아들여지지 않았고, 미국은 1949년 6월 29일 500여 명의 군사고문단을 남겨둔 채 전 병력을 철수시켰다. 1950년 6월 25일 새벽에 북한이 남침을 하였다. 지금 종전이 아니라 휴전상황이다. 1950년대 이래, 1970년대까지는 남한에 비해 북한은 군사력의 우위를 누렸으나 이로 인한 경제적 침체를 면할 수 없었다. 이런 상황에서 북한이 끊임없이 주한미군 철수를 주장한 것은 주한미군의 존재가 통일의 기본적인 장애이며, 주한미군의 완전한 철수가 남한 정부의 붕괴를 가져와 북한식의 통일을 이룰 수 있다고 판단했기 때문이다. 이런 북한의 의도를 KNCC가 미리 간파했다면 주한미군 철수를 절대 주장하지는 못했을 것이다.

 한국에는 한국기독교교회협의회, 보수교회협의회(한기총, 한기연 등)가 있고, 북한에는 조선기독교연맹이 있는데 한국교회는 자율적이지만, 북한교회는 비자율적이다. 따라서 '88선언'에 대한 한국교회 통일운동에 대하여 다음과 같이 평가하고자 한다. 첫째, '정의와 평화를 위한 한국교회의 선교적 전통'을 말하고 있다. 우리나라는 분단이 고착화되고 군사독재 정권은 안보를 구실 삼아 인권을 유린하고 경제 성장 논리로써 노동자와 농민을 억압했을 때 한국교회의 일부는 이에 대한 정의와 평화를 위한 신앙으로 저항하여 많이 희생되었다.

둘째, 한국교회는 민족분단의 현실을 대체적으로 너무 등한시하였다. 북한 동포는 자유가 없고 식량이 없어 굶어 죽어 가는데 북한 선교와 대북인도적 지원의 활로를 찾을 수 없는 현 상황에 이르고 있다.

셋째, 한국교회는 분단체제 안에서 상대방의 증오에 대한 죄책을 고백해야 함에도 불구하고 분단을 극복하기 위한 통일로 가는 길을 만들어 가는 일에 적극적이지 못하였고 지금도 마찬가지이다. 그것은 한국교회는 반공 이데올로기가 우상화되었기 때문이다.

넷째, 민족통일을 위해서 한국교회는 분단 극복을 위한 실천적 노력이 미흡했던 것이다. 한국교회는 연합하여 평화통일의 운동을 해야 함에도 보수, 진보 양진영 간 연합운동을 이루어 내지 못하고 있다.

다섯째, KNCC에서 정책대안을 수립하여 정부에 대해 건의했지만 선언 당시엔 핵실험이 없는 상황에서도, 주한미군 철수는 국가 안보를 위협할 우려가 있어 이런 주장은 취소되어야 하고 정부로부터 많은 의심을 받게 되었다.

여섯째, 평화와 통일을 위한 한국교회의 진정한 과제는 통일기도공동체 운동의 전국적 확산과 노력을 기울여야 한다는 단계에 이르게 한다. 민족이 통일을 위해 있는 것이 아니라 통일은 민족의 상호 공존공영과 번영을 위해서, 필요한 수단이 되어야 한다. 이데올로기도 인간 즉 한민족의 번영과 행복을 위해 있어야 하는 것이다.

앞으로는 평화 통일을 위한 기도운동의 지속적 전개와 실질적인 대

CHAPTER 4 _ 한국교회 복음 평화통일운동의 접근

북인도적 지원을 위한 통일 기금 마련도 매우 필요하다. '88선언'은 '주한미군 철수' 주장에 대한 비판을 받게 되는 내용이 있었음에도 불구하고 80년대 정치권과 일반사회와 한국교회에 경종을 울렸다.

우리 한국기독교가 항시 교조적 공산주의의 이상과 그 도그마에 대한 반대 입장만을 표방한다면 시의에 적절하지 않을 뿐 아니라 통일선교에 도움이 되지 않는다. 따라서 한국교회는 정부의 통일정책과는 별도의 통일을 위한 교회선언보다는 여태까지 선언한 내용을 포함하여 성경에서 강조하는 북한동포를 사랑하는 실질적인 실천이 더 간절히 필요하다. 그리고 한국교회가 진보와 보수가 연합한 의견통합으로 평화통일에 대한 일관된 정책대안을 제시하고 실천할 수 있는 윤리적 삶이 더욱 필요한 때이다.

다시 강조하고 싶은 것은 '88선언'에 대한 모든 내용을 여러 가지 공감할 수 있으나 '주한미군 철수'를 주장한 점은 당시 상황에서나 30년이 지난 지금 상황에서도 도저히 납득하기 어려운 국가안보의 핵심을 빼자는 선언을 했다는 점은 국민들로부터 커다란 오해를 불러일으키는 선언을 했다는 점이 너무 아쉽고, 88선언에 대하여 비기독교인들 뿐만 기독교인에게도 설득하기가 매우 어려운 내용이 되었다는 사실이다.

당시 정치상황에서 보수측의 비판에도 불구하고 특히 1988년 이전까지 잠잠했던 민간 통일운동 세력이 KNCC 총회에서 '민족의 통일과 평화에 대한 한국기독교 선언'을 채택한 이후에 통일논의와 민간 통일운동이 자주적 입장에서 힘차게 전개되었던 점은 저자 입장에서는 매우 높게 평가하고 싶다.

한국기독교총연합회의 통일운동

한기총은 1960년 박정희 군사 독재 정권 당시, 삼선개헌에 동의하고 진보진영이라고 하는 1924년 창립된 한국기독교교회협의회(NCCK)를 견제하기 위한 정치적, 사회적 목적으로 창설되었으며 일제 강점기 때 교회를 지킨다는 명목으로 신사참배에 앞장섰던 장로교를 주축으로 설립되었다.

한기총의 주요 사업으로는 한국기독교연합사업, 한국의 복음화와 세계복음화 사업, 한기총이 2012년 1월 발간한 23회 총회보고서에 따르면 2012년 한기총 가입 교단은 총 69개였지만, 가입 단체의 수는 18개이다. 이후 2012년 3월 이후에 한국기독교연합으로 대다수의 교단이 이동하게 되었고, 최근의 가입된 교단은 군소 교단만 남아있다. 사회와 정부 및 국제적 공동 관심사와 협력 사업을 중점적으로 하고 있다.

이후 한국기독교총연합회의 문제점을 보고 활동을 중단한 교단들은 한국기독교총연합회를 떠나 3월에 새로운 단체인 한국교회연합을 설립하였다. 이 연합에 참여한 교단 수는 28개에 달하며, 주요 장로교 교단 및 침례교, 성결교, 기독교 하나님의 성회 측의 교단이 이 새 연합에 참여하였다. 이후 한국기독교연합은 김요셉 목사를 회장으로 안준배 목사를 사무총장으로 임명하고, 2012년 8월 27일에 사단법인 등록을 완료하여 오늘에 이르고 있다.[340]

성경적 관점에서 본다면 오늘의 북한 정권은 필경의 악의 무리이며 지붕의 풀(시129:6)의 운명을 면할 수 없다. 그러나 하나님이 통일을 이루어 주실 그 때까지 정권을 잘못 만나 인권의 동토지대에서 굶주려 죽어가고 있는 북한 동포들을 돕고 그들의 영혼을 주님께로 인도할 책임이 우리에게 있다. 따라서 성경적 관점에서 복음 통일론을 논할 때 한국교회의 통일정책은 세속적 통치이데올로기와 체제경쟁의 전략 전술적 사고방식에 얽매이지 않고 이를 과감히 뛰어넘는 접근 자세를 확립할 필요가 있다. 그때그때 상황과 현안에 따라 세속정치의 움직임에 이해 타산적으로 연합·행동하는 단계적 행동보다는 성경의 가르침에 따라 변함없는 성경의 지혜에 따라 기독교 시각의 자세를 견지해야 한다.

한국 교회의 통일론은 이승만 정권하에서 친 정부적이었고, 한국전쟁 이후 더욱 강화된 반공정책을 따랐던 것이다. 1960년 이후 박정희 정권 하에서 교회의 통일 논의는 수동적이었고, 정교분리 원칙을 내세우며 많은 불의를 목격하면서도 침묵과 방관으로 일관했다. 1970년 7.4남북공동선언은 한국교회에 북한선교의 가능성을 보여주었지만 결실을 맺지는 못했다.

그러던 중 비로소 1988년 한국기독교교회협의회의 '88선언'은 잠자는 한국교회를 깨우는 계기가 되었다. 진보와 보수를 떠나 한국교회는 88선언에 뜨거운 반응을 보이고 부정적이든지 긍정적이든지 각자의 입장에서 한반도의 분단을 극복하고자 하는 통일을 논의 주제로 가져오기 시작했다. 1993년 군사정권의 종식과 김영삼 문민정부의 등장은 한국교회의 통일운동의 역사에서 새로운 희망을 보여 주었는데 보수와 진보를 뛰어넘어 어려움에 처한 북한을 돕자는 취지로 복음주의권이 주도하여 '남북 나눔운동'을 시작하였다. 1994년은 보다 의미 있는 해로 평가할 수 있는데 그 이유는 '1994년 한국 기독교 통일선언' 이 나름대로 그 의미가 크기 때문이다. 9개 항목으로 이루어진 선언이지만 그 의미를 과소평가할 수 없는 이유는 오늘에 논의되고 강조되는 중요한 입장들이 포괄적으로 제시되고 있기 때문이다. 그러다가 1996년 한기총의 96선언은 한국기독교교회협의회의 88선언을 염두에 둔 보수교회의 통일론으로 등장하였다.[341]

'한국교회의 통일정책 선언문(96선언)'에서 한기총은 전문에서 기독교적 통일한국의 상(像)으로써 6개 항목과 통일의 방법으로 6개 항목과 그리고 우리의 실천과제 4개항 등 16개항을 제시하고 있다.[342]

'한국교회의 통일정책 선언(96선언)문'은 민족공동체가 통일방안에서 제시한 통일조국의 미래상과 일맥상통 한다고 할 수 있다. 통일국가의 상으로는 인간의 존엄성과 자유 그리고 인간다운 삶을 보장하는 민주적 경제 질서 확립과 민족공동체 형성들이 공통적이라고 할 수 있다. 기독교는 신앙의 자유를 최우선 과제로 제기하고 있고 정신적, 심리적 측면을 중시한 신앙공동체 형성 등이 공통적이라 할 수 있다. 우리는 체제 통일을 넘어서 복음화 즉 신앙의 자유와 복음 평화 통일을 강조하는 것이다.

한국교회는 성경적 차원의 통일한국의 상(像)과 정부의 통일정책 사업을 함께 추진하기 위해 단기 및 중장기 평화통일정책을 체계화하되 북한동포 영혼구원 사업에 우선 목표를 두어야 한다.[343]

통일한국의 상(像) 구현을 위한 정부와 교회의 실천과제라 할 수 있는 '통일 민주공화국'의 실현은 민족복음화와 동의어는 아니며, 그것을 보장하는 것도 아니다. 그럼에도 실천과정은 민족복음화를 이룰 수 있는 디딤돌이 될 수 있을 것이다. 따라서 한국교회는 정부의 평화적 통일노력에 함께 협력해야 한다는 것이다.

어떤 정권이든 정략적 목적으로 평화와 통일, 상생과 공영을 표방하면서도 잘못된 발걸음을 내디딜 경우에는 한국교회는 화평의 사도로서 비판과 경고를 서슴치 않으며 바른 길을 권면하는 나침반의 역할을 해야 한다. 우리민족의 통일이 지체되고 있는 이유는 단순히 강퍅한 '북한공산집단'의 존재 때문이라고 강변할 수는 없다. 한반도의 통일 여건보다도 훨씬 어렵다던 독일이 먼저 통일을 이룬 것을 어떻게 이해할 것인가? 또 우리 내부의 평화적 통일을 위한 준비태세와 남북화해와 교류협력 및 상생공영의 합의통일의 땀 흘림 과정은 뒤로 한 채 북한내부의 '급변사태론', '흡수통일론', '도둑통일론', '통일대박론' 등을 선창한다고 평화적 통일이 선뜻 펼쳐지지는 않는다. 우리 자신의 모습을 응시하면서 먼저 회개의 시간과 참회의 기도와 헌신적인 노력을 기울여야 한다. 오늘의 한국교회와 정부가 평화적 통일을 주도하여 통일을 앞당길 자세와 준비를 해야 한다.

대한민국의 정치지도자들과 교계지도자들은 독일의 자유통일을 즐겨 인용하지만 우리가 분단시대의 자유 서독처럼 통일운동을 하고 있는지를 한국 교회는 독일 통일의 교훈을 철저히 공부해야 한다.

자유통일을 주도한 민주 서독은 전후 독일정치사상인 신앙의 자유를 비롯한 세계 최고 수준의 자유, 평등, 복지를 구가하는 자유민주주의 체제를 튼튼히 다졌다. 그리고 미래의 통일 독일국가의 원형을 내다보면서 정치의 민주화, 경제사회의 복지화, 인간화에 심혈을 기울여 왔다. 말하자면, 서독은 맑고 깨끗한 자유민주주의 체제의 거울을 정성들여 만들어 동독의 형제들에게 보여 주었다고 할 수 있다. 그 결과 동독 주민들은 통일되기 전부터 신앙의 자유가 있는 교회 생활을 할 수 있었고, 은연중에 '독일연방공화국'(BRD서독)을 '마음의 조국'으로 받아들이고 있었다고 해도 과언은 아니다.

'동방정책'이라는 '평화정책(Friedenspolitik)'의 뿌리깊은 나무를 사민당의 브란트 수상정부가 심었다고 한다면, 풍성한 자유 통일의 열매는 기민당의 헬무트 콜 수상 정부가 거둬들인 셈이다. 1989년 11월 9일 베를린 장벽 위에서 연설했던 은퇴정치가 노익장 브란트 전 수상과 통일의 주역이된 현역 정치가 콜 수상의 악수, 그리고 1990년 10월 3일 베를린 독일제국 국회의사당 앞에서 열린 통일 독일 선포식에서 또 다시 뜨겁게 나눈 콜과 브란트의 통일 축하 악수에서 우리는 초당적 동방정책을 추진한 서독 정치의 진수를 발견하게 된다.

북한 폐쇄사회가 개방되고 외부로부터 신선한 정보들이 유입되어 들어갈 때, 북한동포 특히, 신세대가 남한의 융성발전하고 있는 자유민주주의 체제의 참 모습을 보고 찬탄의 소리를 발할 수 있도록 온 국민이 합심 노력하여 자유민주주의 체제를 더욱 발전시켜 나아가야 한다. 탈북민의 생생한 증언들이 북한 내부로 스며들어 간다고 생각할 때, 과연 오늘의 현실을 어떻게 평가해야 할 것인가?

독일 민족은 겸손함으로 꾸준한 체제 발전과 초당적 '평화 정책'과 '조용한 동포사랑의 베품'으로 하나님과 역사가 부여한 통일의 기회를 놓치지 않고 '자유 통일'을 이룩했다고 보는 시각이 타당하다.

우리가 해야 할 과제는 자명하다. 그것은 곧 '도둑 통일', '통일 대박'이 곧 올 것처럼 장담하기 보다는 우리가 간구하고 땀 흘리며 안팎으로 동포사랑을 나누는 과정 속에서 하나님이 복음통일을 허락하시리라 믿고 '그 날'을 기다리며 깨어서 통일을 위한 최선의 노력을 기울여야 할 것이다.

96선언이 통일을 "하나님의 은혜요 우리가 이루어가야 할 과제"로 인식함에도 "통일과 평화를 이루는 일이 한국교회에 내리는 하나님의 명령이며 우리가 감당해야 할 선교적 사명"으로 보는 '88선언'의 인식과는 확실한 차이를 보인다. 96선언이 성경에 입각한 그 나름대로의 통일 신학 내지는 통일론을 제시하지 않음은 후일 한국 복음주의 교회의 숙제로 남겨 놓는다치더라도 '88선언'과 비교하여 '96선언'이 한 구절의 성경도 인용하고 있지 않는 것은 보수주의를 표방하는 입장에서 상당히 모순된 논리인 것 같다.[344]

한국교회는 누가 판단해도 정치면에서 보수적인 경향을 보인다. 북한에서 온 분들이 아직도 한국교계에 큰 영향을 끼치고 있는 것이 현실이다. 그분들은 젊었을 때 북한에서 당한 경험을 극복하지 못하고 있다. 6.25 세대가 여태 이런 분위기에 영향을 끼치고 있다. 보수적인 사람들은 6.25로 인한 반공 이데올로기에 깊이 젖어 있다. 그러다 보니 북한을 과도하게 부정적으로만 본다. 우리는 6.25의 동족상잔을 그냥 지나칠 수 없다. 군인 250만 명, 민간인 350만 명의 죽음, 300만 명의 피난민과 1천만 명의 이산가족의 병든 가슴이 남아있기 때문이다. 우리 한민족 역사 5천년 동안 쉽게 잊을 수 없는 민족의 대형 사건이다. 6.25를 어떻게 그냥 잊을 수 있는가 말이다. 그렇지만 이제 북한을 반공이데올로기에 가두어 놓고서는 기독교적 통일론을 말할 수 없다. 북한을 두려운 존재로만 봐서는 안 된다. 기독교와 정치 관계에서 신학은 이제 대북관계를 새롭게 해석할 때가 되었다.

평화통일정책만큼은 보수와 진보가 연합해야 한다. 한민족을 공동체로 인식한다면 어떻게 보수적 입장이 다르고 진보적 입장이 다를 수 있는가? 보수이든지 진보이든지 성경으로 돌아가서 하나님 입장에서 복음평화 통일문제를 추진해야 한다. 평화는 인생문제를 풀어가는데 있어서 가장 좋은 방편이 될 수 있는 것이다. 남북한의 통일문제를 풀어가는 데 있어서 복음과 평화적으로 해결해 가는 것은 가장 좋은 것이다.

96선언은 유기적 민족공동체와 일맥상통하며 정신적, 심리적 측면을 중시한 신앙공동체를 지향한 것이다. 통일한국을 하나님이 지배하는 민족공동체, 자유와 평등, 평화, 인간의 존엄성 존중, 인간다운 삶을 보장할 수 있는 경제 질서, 모든 계층 간, 세대간, 지역 간 갈등 해소로 유기적 화합을 지향하는 통일, 지역의 안전과 예수 그리스도의 정신, 맹목적 통일지상주의 거부, 평화적 방법의 통일, 정치적, 경제적 문화적 심리적 통일 등을 담고 있다.

96선언 이후 평화적인 통일정책에 있어서 정부와 민간의 협력관계 수립을 위한 노력은 없었고 2020년 현재 24년이 흘렀다. 비록 96선언의 열매는 보이지 않지만 한국교회에서 이런 통일정책선언문을 제시함으로써 한국교회의 평화통일에 대한 입장을 정부와 국민에게 전달함으로써 의미 있는 일이라고 생각한다.

역사란 무엇인가라는 물음에 우리들의 답은 의식적이건 무의식적이건 우리 자신이 처해 있는 시대적 위치를 반영하게 되는 것이고 또한 자기가 살고 있는 사회를 어떠한 관점에서 보고 있는가라는 보다 광범한 문제에 대한 우리들의 답의 일부를 찾게 되는 것이다. 이러한

역사적 관점에서 통일운동을 살펴보고자 한다.[345]

한국 정부는 1960년 4.19혁명 이후 정당, 사회단체 등을 중심으로 각계에서 활발하게 전개된 국민들의 통일 여론을 수렴하고, 체계적이고 종합적인 통일정책을 추진할 수 있는 제도적인 틀을 처음 만들었다. 1969년 3월 1일 기미독립선언 제 50주년 기념일을 맞이하여 범국민적이고 초당적인 이해와 협조 아래 국토통일원(현 통일부)을 창설하였다. 이는 분단국의 특성을 반영하여 통일 업무를 전담하는 중앙행정기관을 창설했다는 역사적 의미가 있다.[346] 그러나 민족통일 문제는 정부의 주도하에 추진되었고, 심지어 1986년 제12대 유성환 국회의원은 이듬해 대정부 질문에서 "이 나라의 국시는 반공주의가 아닌 남북통일이어야 한다."고 주장했다가 국가보안법 위반혐의로 국회의원직을 상실했다.[347]

당시 상황은 통일문제를 함부로 이야기한다는 것은 정부의 통제 대상이 되었다. 1970년대 통일운동은 침체기를 벗어날 수 없었다. 1980년대 전두환 정권은 민족민주운동을 좌경용공으로 매도하여 본격적인 탄압까지 시작하였던 것이다. 제5공화국과 제6공화국이 들어선 이후 서서히 남북관계는 발전되어오다가 이명박 정부와 박근혜 정부가 들어와 북한의 핵으로 남북관계는 고착 상태에 이르게 되었다. 북한의 평창올림픽 참가를 계기로 남북정상회담과 북미정상회담이 있었으나 남북관계는 크게 발전되지를 못했다. 따라서 다음에서는 첫째, 평화통일운동의 형성 고찰 둘째, 평화통일운동의 한국교회의 현주소 등을 살펴보고자 한다.

1970년대 후반 이후 1980년 초반의 국제 정세는 1970년대의 데탕

트가 오히려 미·소간 군비 확대로 귀결되면서 새로운 대결의 가능성을 예고했다. 이 시기의 국제정세는 한반도에서 주한미군 철수의 중단, 남북한과 미국이 참가하는 3자 회담의 폐기 등 1970년대 닉슨 독트린의 수정으로 평가되는 미국의 한반도 정책의 일환으로 나타났다. 이 때 북한은 이전과는 달리 '고려민주연방공화국' 통일방안의 제시(1980.10.10)와 3자 회담 역제의(1980년)를 하였다. 북한의 대남 통일정책은 신 냉전과 한반도의 군사적 대결상황, 이로 인한 분단 안정화의 가능성을 방지하고자 했다. 따라서 북한은 한반도의 군사적 긴장완화, 미국과의 협상, 체제문제를 초월한 통일문제의 해결 등을 주요 과제로 제시했다.[348]

반면, 1970년대와 유사하게 남한 내에서의 통일운동은 여전히 침체를 극복하지 못했다. 1980년대 초반에 한국정부의 통일정책의 핵심은 1970년대와는 달리 미국의 안보 우선이 보장된 상태에서 분단의 안정화를 추진하는 것과 정책적 차원에서 주로 북한의 통일정책에 대응하는 것이었다. 앞의 문제와 관련해 한국은 한반도 문제에서 미국의 책임 여부를 논의하지 않는다는 원칙하에 미국문제의 회피와 3자회담의 거부로 대응했다. 뒤의 문제에서는 북한의 통일방안에 대응하여 '민족화합민주통일방안'을 제시했다(1982. 2.1.). 동 방안은 1980년대 이전의 통일방안에 비교할 때 상당히 발전한 것이었다. '자주·평화·민주'의 3대 원칙을 표방하는 이 방안은 3대 원칙만을 놓고 볼 때 심각한 문제점을 안고 있었다. 자주의 원칙을 내세우면서 미군이 한반도의 평화를 위해서는 주둔해야 한다는 입장이며, 미국을 외부세력이 아닌 내부세력으로 규정하는 모순에 빠져 있다.

또한 민주의 원칙은 이미 사회주의 체제로 되어 있는 북한에 대해서는 굴복을 강요하는 입장이었다. 신군부의 등장과 5공화국이 성립된 이래 최초의 정치 투쟁이라 할 수 있는 부산 미문화원 방화사건(1982.3.18.)과 미문화원 점거 농성(1985.5.23.)은 광주 민주화 운동의 진압 과정에서 미국이 행한 역할과 5공화국 정권에 대한 미국의 지원 및 한국 사회에 대한 근본적인 문제제기라는 의미를 갖는 것이었다. 이런 문제제기는 외세 문제에 대한 시각 특히, 미국에 대한 시각을 한층 더 예리하게 만들었던 것이다.[349]

전 세계에서 반미의 무풍지대이던 한국도 반미투쟁의 불길이 치솟기 시작했다. 반미 자주화 투쟁은 1980년대 민족 민주 운동에서 주요한 투쟁의 흐름으로 깊은 자리를 잡게 되었다. 이로 인해 정치는 대립되어 민주 대 반민주와 반외세 자주화 대 대미종속이라는 대립의 축을 이루는 복합적인 양상이 나타나게 되었다. 1986년 들어 민족해방 민중민주변혁 운동론으로 발전하여 반외세 자주화 투쟁과 민족통일운동의 과제가 제기되어 자주·민주·통일의 3대 과제가 통일론으로 인식하게 되었다. 전두환 정권은 민족민주운동을 좌경·용공으로 매도하여 본격적인 탄압하기 시작했다.[350]

1988년의 서울 올림픽 개최를 계기로 공동 올림픽 쟁취 투쟁이 전체 민족민주운동의 과제로 부각되었다. 각 사회운동 세력이 조국의 자주적 평화통일을 위한 민주 단체 협의회를 결성하였던 것이다. 기타 북한 바로 알기 운동 등을 통하여 대중적으로 전개되었다.[351]

1988년 2월에 있었던 한국기독교 교회협의가 발표한 '민족의 통일과 평화에 대한 한국기독교 선언'은 민간 통일운동을 활성화하는 데 공헌을 하였다. 남북분단과 증오에 대한 한국교회의 죄책을 고백하면서 민족 통일을 위한 5원칙(자주, 평화, 민족적 대단결, 인도주의, 민중참여 우선)을 제시한 이 선언은 종교계가 통일문제에 관심을 갖는 데 중요한 계기가 되었다. 민주진영의 통일운동 활성화의 결과로 1989년에 문익환, 황석영, 임수경, 서경원 등의 방북이 이루어졌는 데 이들의 방북은 민족의 염원인 통일에의 의지를 새삼 우리에게 깨닫게 했다는 데 의미가 있으나 전반적으로 봤을 때 조급한 통일지상주의의 경향을 보여 준 것으로 평가되었다.

제6공화국 통일정책은 1988년의 통일운동에 대한 방어적 대응기로 1989년의 공세 준비기를 거쳐 1990년 이후 통일운동과 북한정권 그리고 외교관계에서 적극적 공세를 전개하는 제3단계에 접어들었다. 노태우 정권의 1980년 후반의 통일방안들은 이전 정권의 통일방안에 비하면 발전한 것이지만 민간 차원의 교류를 철저히 통제하고 통제 불가능한 상황에서는 공안 정국을 만들어 대대적으로 탄압하는 등 폭발적인 통일운동에 대한 맞불 작전이면서 선언적 성격이 강했던 것이다.

1980년대의 통일운동은 과거의 통일운동과 비교해서 세 가지의 매우 특별한 의미를 갖는다. 하나는 통일문제가 미국과 결부되어 제기되었다는 것이다. 통일문제를 남북한의 문제로 인식하는 것이 아니라 미국과의 관계에서 민족 모순의 일환으로 파악하는 것을 의미하며 광주 민주화 운동이 그 분기점이 되었다. 이 시기 8.15 정국에 대한 폭넓은 연구는 이러한 경향의 한 부분으로 이해해야 한다. 기존의 통일운동이 과거의 명망가적 수준을 극복하고 사회내부의 모순에 기초하여 대중성을 획득해 나가고 있다는 것이다. 특히 대중적 기초 확보는 통일문제를 사회 내부의 변혁문제와 결합하도록 했다. 그 결과 민족의 통일운동은 민족의 단순한 재 결합의 문제가 아니라 분단 구조 및 이에 기초한 모순의 철폐라는 변혁 운동과 긴밀하게 결합되면서 제기되었다.[352]

10
한국교회의 복음평화통일운동 방향

한국교회의 복음평화통일운동의 새로운 인식

신 냉전은 그대로 한반도에 적용되어 카터 정부 주도의 주한 미군 철수가 중단되었고, 5.18 광주민주화운동을 배경으로 새로 등장한 전두환 군사정권은 남한 내의 민주화 운동 및 통일운동을 극도로 억압하였다. 이런 상황 아래서 1980년대 초기 한국교회의 민족통일에 대한 관심은 해방 이후 전개되어 온 '북한 선교' 운동이 정권의 '안보정책' 테두리 안에서 보다 구체화되었고 민족이 안고 있는 시대의 질고를 통일운동에서 돌파구를 찾고자 하는 기독교 통일운동이 반정부적 운동의 성격을 띠고 대두되었다. 한국교회에서 북한은 여타의 공산주의 국가와는 다른 '괴뢰집단'으로 인식되었다. 그것은 "다른 공산국가들이 예배를 드리도록 제한적으로 허용하고 있음에도 불구하고 북괴는 그것마저 허용하지 않고 종교에 대한 말살정책을 감행하고 있다."는 인식에서였다.[353]

이렇게 "김일성이가 살아 있는 한 종교의 부분적인 허용도 있을 수 없을 것"이라는 사고로 발전하고 급기야 김일성이 지배하는 북한은 '사탄의 소굴'이기에 김일성이가 죽기를 기다리는 지극히 배타적인 대북관을 갖게 되었다. 그럼에도 불구하고 한국교회는 "공산 치하에서 고통을 받고 있는 우리 민족에게 그리스도의 복음을 전해야 한다."는 당위성 앞에서 북한 선교의 긴급성에 직면하게 되었다. 북한 선교는 북한의 "붉은 공산주의자들을 하나님을 섬기는 자유 대한민국의 지지자"로 만들겠다는 사상전이라고 할 수 있다. 왜냐하면 "우리가 이 북한을 선교하지 않으면 우리는 북한 때문에 다 같이 망하고 말겠기에 우리의 생존권을 걸고 북한 선교를 하지 않을 수가 없는 것이다. 이 생존권은 북한 '공산 정권'이 가장 싫어하는 남한 기독교인들의 생존권이다. 이것은 북한선교가 철저한 반공에 기초하고 있고, 남한의 정권이 제시하는 '안보정책'의 테두리 안에서 벗어날 수 없다는 한계에 직면하게 된다.[354]

북한의 대남전략 전술은 전혀 포기하지 않은 채 계속 핵무기 및 미사일 개발에 집중하면서 평창올림픽에 참가를 했다. 하지만 남침의 기도를 조금도 포기하지 않은 상황에서 한국교회에 북한 단일 전선에 강력히 요구하는 교회 일치의 조건으로 작용한다. 이런 점에서 한국교회의 분열 및 다양한 교파의 난립은 다양성의 추구라기보다 하나님의 심판을 불러일으키는 죄악의 측면으로 인식된다. 하나님의 구원 계획에 의한 당위성에 기초하고 있고 북한사회가 정의로워서가 아니라 하나님의 긍휼과 자비의 발로이다. 북한 선교는 우리의 땅 끝 선교이며 주님의 재림을 기다리는 성도라면 반드시 성도로서 종말론적 성격을 갖는다고 할 수 있다. 북한선교 당위성은 우리 민족이 처해 있는 특수한 시대적 배경과 사회 환경이라는 현실적 요청에 의해 그 의미가 부여된다. 그러나 북한은 '특수사회'라는 인식이 공산주의자와 기독교인은 절대로 공존할 수 없고 공산주의자이면서 기독교인일 수 없다는 한계 상황에 직면하게 된다.

북한 선교는 북한 사회를 우선 민주화시키기 위해 각 개인을 상대하는 선교의 형태와 내용을 가질 수밖에 없다. 이것은 같은 민족인 북한에 대한 선교 정책이 이민족인 아랍 회교권이나 여타 공산권 선교에 적용하는 동일한 선교정책이 아니면 그보다 더 전투적인 성격을 띤 선교정책이 되게 하는 원인으로 작용한다.[355]

한국교회 일부와 북한의 조선 기독교도 연맹과의 만남은 북한에게 자칫 이용당하고 그들의 목적 달성에 이용당할 수 있다는 우려가 계속 제기되고 있는 것이다. 그렇더라도 복음으로 무장한 성직자 및 성도들이 지속적으로 그들을 접촉할 때마다 복음의 능력을 가지고 그들을 접촉할 때 성령님께서 역사하심으로 그들의 완악함이 성령의 불로 녹아내릴 수 있을 것이 확실하다.

남북 분단을 해소하며 평화통일을 이룩하고 남북관계를 개선하기 위해서는 한국교회가 가야 할 길을 숙고하며 남북통일을 향한 국가의 파트너로서의 한국교회가 어떤 역할을 해야 할지를 모색해야 한다. 남북분단은 정치적인 문제만은 아니다. 남북분단을 영적인 시각으로 볼 때 민족적으로 큰 죄악을 범하고 있다고 할 수 있다. 한국교회가 분단을 극복할 수 있도록 복음통일을 위해서 분명한 역할이 요구되고 있음에도 정치권력의 압력에 눌려서 그 역할을 하지 못하고 있는 현실이다.[356]

6.25전쟁의 동족상잔의 결과는 군인, 민간인 등 인명피해가 막심했다. 피난민과 이산가족 등 멍든 가슴을 치유하지 못하고, 지금까지 아

품을 해결하지 못한 실정이다. 한국교회는 이승만 정권 당시에는 친정부의 성향을 보였고, 6.25전쟁 이후 더욱 강력한 반공 정책대로 추종하였던 것이다. 1960년 이후 한국교회는 박정희 정권하에서 통일문제에 대해 수동적이었고, 정교분리원칙을 주장하면서 많은 불의를 보면서도 사실 방관했던 것이다.[357]

1993년 군사정권의 종식과 김영삼 정부의 등장은 한국교회의 통일운동의 역사에서 새로운 희망을 보여 주었다. 보수와 진보를 넘어 복음주의권이 주도하여 '남북 나눔운동'을 시작하였다. '1994년 한국기독교인 통일선언'이 있었다. 이후 1996년 한기총의 '96년 선언'이 있었다.

1998년 김대중 정부 등장에 따라 2000년 '6.15 공동선언'을 계기로 한국교회는 통일을 향해 새로운 시대로 진입하게 되었다. 남북 분단을 넘어 통일이 교회의 과제라는 인식을 갖게 되어 본격적인 통일문제 연구기관이 1982년부터 등장했지만 정권의 탄압에 의해 본격적인 연구기관이 1985년부터 가능하였다.[358]

한국기독교교회협의회 88선언 10주년 기념선언문(1998년)은 '88기념선언'의 10주년을 맞아 발표하였다. '88기념선언'은 예수님의 첫 설교(눅4:18~19)로 시작되었지만 '88기념선언'은 사랑과 나눔과 십자가의 길을 통한 '그리스도의 평화'(Pax Christ)로 전환되는 사도행전으로 시작했다.

사도행전은 그리스도교의 세계화 과정을 보여 준다. 동구권의 붕괴와 한국 '민주화의 새 역사' 등을 확인하며 새로운 시대를 향한 비전이 '88기념선언'에 새롭게 제시되었다.[359]

1885년 미국 북 장로회 소속의 언더우드(H.G.Underwood), 미국 감리교 선교회 아펜젤러(H.G.Appenzeller) 선교사가 한국에 선교를 시작하였을 때에는[360] 이미 종교의 자유가 어느 정도 허용된 때였고, 조선정부 측에서도 근대화 의욕을 나타내기 시작한 때였다. 따라서 개신교는 선교를 시작하면서부터 개화, 문명의 선구자로서 그리고 구국의 방편으로써 조선국으로부터 크게 환영을 받았다. 개신교는 개방사상에 지대한 영향을 미치게 되었다. 기독교 수용은 무엇보다도 한국에 민족주의가 형성되고 발전하는 계기가 되었다. 민족주의의 임무가 전 민족의 보전과 근대화의 지향이라면 이를 위해 당시의 고루하고 봉건적인 전통에 정면으로 도전하였다. 한국의 기독교는 양반과 서민의 계급 타파, 남녀평등과 여성해방, 근대 교육, 미신타파 등 반봉건 개화의식을 갖게 되었고 더 나아가 사회개혁을 부르짖으며 근대화 작업에 앞장서게 되었다.

기독교는 경제면에서도 새로운 정신을 깨우쳐 주었다. 금주와 금연의 금기생활을 전개함으로써 경제적 절약 및 자립정신을 길러 주었다. 이뿐 아니라 종래의 사대주의 즉 중화사상에 젖어 있던 한민족에게 자주 독립의식을 깨우쳐 주었다. 인류의 평화와 공영이란 보다 높은 이념을 가지고 있는 국제 사회에 눈을 뜨게 하였다. 근대 국가적 민족주의의 목표가 민족주의적인 국가 수립에 있다면 개신교는 한국에 민족주의 원칙을 도입시키고 교회와 교회학교를 통하여 민족주의적 지도력을 양성함으로써 민주주의 정치 기반을 마련해 주었던 것이다. 따라서 한국교회는 복음 평화통일운동에 기여해야 한다.[361]

한국교회는 외적 성장만큼 평화 통일운동에 크게 기여하지 못한 것이 사실이다. 통일은 분단 극복이요 분단 극복은 곧 복음평화통일로 이루어져야 하는 것이다. 분단은 외형적 객관적 현상만이 아니다. 분단 극복은 분단된 삶, 곧 분단이란 현실이 담고 있는 민족 공동체적 삶의 회복이요 발현을 뜻하는 것이다. 따라서 분단은 고착된 상태가 아닌 생동하는 삶의 과정으로 이해해야 한다. 분단극복은 분단의 구조적 원인과 사회적 실상을 비판하고 부정하는 삶이고 통일 성취는 통일의 제도적 가능성과 공동체적 삶의 실체를 발굴하고 추진하는 긍정적인 삶의 모습이다. 따라서 통일의 저해 요인을 극복하는데 있어서는 결국은 성경으로 돌아가 말씀을 실천하여 사는 길 뿐인 것이다.[362] 구약의 예언자적 구원신앙은 곧 한민족의 주제이다. 그것은 개괄적으로 말하자면 출애굽사건에서 결정적으로 역사화 된 이 사건을 기점으로 하는 역사 이해의 핵심이다. 그 사건은 기원 전 1200년 전에 이스라엘 백성에게 일어난 일이고 끝난 것이 아니라 현재도 적용 가능한 것이다.[363]

복음평화통일운동과 한국교회 현주소

국내에서 통일 관계 출판물은 단행본만 해도 300종에 달하고 학위 논문은 200종이 넘는다. 통일부의 간행물이 1,000여 종에 달하고 국정원, 외교부 등 정부 부처에서 만든 통일관련 간행물도 300종이 넘는다. 이 중에서 기독교계에서는 교회협의회(NCC)의 통일위원회와 진보적 운동권세력에서만 몇 권의 통일관계 자료집과 연구 논문을 출판했을 뿐 보수의 진영에서는 별 다른 연구발표를 하지 않았다. 기독교 밖에서나마 통일과 관계된 문헌이 그렇게 많이 출판 되었음에도 불구하고 국민 대중이나 한국교회는 대한민국의 통일노선과 통일철학과 통일정책에 대하여 갈피를 잡지 못하고 있는 실정이다. 분단된 조국의 북녘 땅에는 김일성이 34세 등장하여 37세의 약관으로 북한 인민정권 수령의 자리에 올라 1994년 7월 8일 사망하고 2대 세습자인 아들 김정일은 2011년 12월 17일 사망했으며 현재 김정은, 3대 세습체제를 구축하여 핵무기로 한반도 평화를 위협하고 있다가 2018년 4월 27일 남북정상회담을 하였다. 이런 와중에서 우리 한국교회는 평화통일의 구체적인 실천의지 없이 오늘까지 교회성장과 영혼구원에만 교회의 모든 에너지를 집중함으로써 대북정책에는 별로 영향력을 행사하지 못하고 있다.[364]

민족의 교회는 마땅히 자생·자전·자치·자급하는 전통을 이어 받은 민족교회이어야 한다. 북녘 땅의 교회가 소멸한 것이 구소련과 북조선 노동당의 반종교정책의 결과라고만 단정 지을 수는 없다. 구소련에서의 반 종교정책 속에서도 살아남은 교회들이 있었기 때문이다.

1949년 이후 중국대륙에 불어 닥친 공산정권의 반기독교정책 아래서 1956년 이후 홍위병과 문화혁명 속에서도 소생한 중국교회들이 있다. 월남 패망후의 사이공은 월맹군이 점령한 후 호치민시로 이름이 바뀌었고, 전후에 한 사람도 외국 선교사도 허용된 일이 없지만 교회는 지금까지 뿌리 내리고 발전해 가고 있다.

인도의 케랄라 주는 24개 주(州)중 유일하게 공산당이 통치하는 주임에도 불구하고 인도에서 가장 많은 기독교 지도자들이 계속하여 활동하고 있다. 그런데 북한의 공산치하에서만 기독교의 전적인 소멸이 철저하게 이루어진 것은 1946년 이후 1949년까지 많은 목사와 평신도 지도자들이 정치적, 신앙적 이유로 교회를 버리고 남하하여 돌아갈 수 없는 처지가 되고 말았기 때문이다. 1950년부터 1953년까지 전쟁 중 폭격으로 많은 교회가 파괴되었다. 1953년 휴전 협정 이후 북한 땅에는 공식적인 교회 활동과 신령과 진정한 예배를 드릴 수가 없게 되었다. 1972년에 조선기독교 연맹 평양신학원이 개원 되었고, 1987년 평양 봉수교회가 설립되었다. 1988년 3월 문익환 목사가 평양을 방문하여 김일성과 통일문제 논의 후 봉수교회 예배에 참석 하였다. 1989년 김일성종합대학에 종교학, 기독교학 강의가 시작되었다. 1990년 평양만경대에 칠골교회가 재건되었다. 독일 통일은 쉽게 이루어진 것이 아니다. 독일은 통일이 되기 전에 동독의 목회자가 교회를 버리고 서독으로 넘어 왔을 때는 목사직을 인정하지 않았다는 것이다. 이런 목회자의 순교적 희생과 동서독교회가 있었기에 독일 통일이 가능했던 것이다.[365] 그런데 우리의 입장은 동서독과 너무 확연히 다르다. 동독은 기독교문화와 기독교정신이 주민들 마음속에 이미 자리를 잡고 있었기 때문에 통일문화가 뿌리를 내렸으나 북한지역에서는 기독교문화가 사라진지 75년이 되었으니 남북한에서 기독교 문화의 동질성을 회복하는 것은 매우 어려운 실정이다.

복음평화통일운동과 한국교회 내부 상황

우리나라에 복음이 들어온 지 135년이 되었음에도 지구상에서 유일하게 분단국가로 남아 있다. 북한의 핵무기와 미사일 발사 등으로 한반도가 전쟁의 위기를 벗어나지 못할 때 2018년 평창 올림픽의 북한선수단 참가 이후 긴박했던 남북관계는 조정 국면에 돌입하게 되었다. 남북정상회담이 4월 27일, 6월 12일 북미정상회담이 개최되었다. 북한의 완전한 비핵화만 있었다면 한반도에 평화의 꽃이 피어오를 듯 했었지만 전혀 기대에 미치지 못했다.

한민족의 피억압 경험과 투쟁, 민족분단과 이에 관련해서 저질러진 온갖 죄악과 피나는 투쟁, 통일과 새로운 민족사회 창출을 위한 오늘의 부르짖음, 이 모두가 다 한민족으로 하여금 민족혁명 뿐만 아니라 세계 혁명에, 하나님의 구원에 참여하게 하는 계기가 될 수 있다.[366] 한반도 분단으로 인한 온 민족의 아픔과 상처는 곪을 대로 깊이 곪았다. 이 분단의 해체는 인간의 힘으로는 불가능하다. 하나님께서 한국교회 성도들의 간절한 기도를 들으시고 응답하셔서 남북한 민족의 고통을 치료하여 주셔야 한다. 하늘 아래 우리 한반도에 먹구름이 끼어 있을지라도 한국교회는 복음 평화 통일을 향한 울부짖는 기도와 북한 선교를 포기할 수는 없다. 따라서 다음에서는 한국교회의 내부적 상황을 인식하여 통일문제의 기반을 살펴보고자 한다.

한국교회는 내부적 상황으로 인식론적 불협화음이 많다. 한국 교회는 국가의 산업화와 민주화 과정에서 많은 부작용이 수반되었음에도 엄청난 부흥을 이루어 왔다. 국가의 경제성장에 따른 부정적 부문과 함께 한국교회도 많은 부정적인 요소를 안고 함께 성장한 것이 사실이다. 한국 기독교 초기에는 교회가 세상의 변화를 주도하여 왔으나 지금은 도리어 세상이 교회를 걱정하고 비판 받는 결과를 낳고 말았다. 이에 따라 1990년대 후반 고(故) 옥한흠 목사와 함께 손인웅 목사는 초교파적인 한국기독교목회자협의회(한목협)를 결성해 교회 갱신 · 일치 운동과 봉사 활동을 전개하였다.[367]

2015년도 한국기독교목회자협의회에서는 '한국인의 종교생활과 신앙의식' 조사를 실시했다. 설문조사에서 첫째, 이상적인 교회 규모(개신교인) 둘째, 한국교회의 과제 셋째, 한국교회에 변화가 필요한 측면(비개신교인) 넷째, 한국교회의 가장 큰 문제점 등만을 살펴서 한국교회의 문제점이 현실적으로 어떤 문제가 있는지 상황을 파악하고 그 문제들을 극복함으로써 복음 평화통일운동을 전개하여야 할 것이다.

〈표4-1〉 이상적(理想的)인 교회 규모(평가 : 개신교인)

○○님께서 21세기의 한국교회가 해결해야 할 가장 큰 과제 또는 문제점은 무엇이라고 생각하십니까?

	결과 %		결과%
30명 이상	0.4	300~499명	21.8
30~49명	2.1	500~999명	23.0
50~99명	6.4	1,000~2,999명	14.5
100~199명	13.3	3,000이상	2.7
200~299명	15.7		
합계(N=1,000) 100.0		합계(N=1,000) 100.0	
평균 627(명)			

출처: 한국기독교 목회자 협의회 자료 참조

개신교인을 대상으로 가장 이상적인 교회규모는 어느 정도라고 생각하는지 조사한 결과, 설문응답자 1,000명 중 평균 교인 627명 정도의 중형 교회 사이즈를 선호한 것으로 나타났다. 전체 응답자의 23.0%가 500-999명 정도의 교회라고 응답했으며 다음으로는 300-

499명이라고 응답한 경우가 21.8%로 나타나 과반에 가까운 개신교인이 300-999명 정도의 중형 교회 수준을 가장 이상적인 교회 규모라고 여기고 있는 것으로 보인다. 그 외 200-299명 15.7%, 1000-2999명 14.5%, 100-199명 13.3%로 대체로 고른 분포를 나타냈다. 한편 99명 이하라고 응답한 경우는 8.9%였으며, 3000명 이상의 대형교회라고 응답한 경우는 2.7% 수준에 불과했다. 초대형 교회가 많은 한국교회 상황을 고려할 때 성도들의 실제 교회선택과 이상적이라고 생각하는 교회 규모 사이에는 간격이 존재하는 것으로 판단된다.[368]

그런데 서구 가정교회는 현대 교회가 공동체적 교회 기능을 하기는 너무 커 신약의 교회처럼 소규모 이어야 한다고 보고 있다. 심지어 20명 정도가 가장 유기적이고 비공식적인 '가족'이라고 느끼는 적정인원이며 그 이상 넘으면 교회의 공동체성을 발휘할 수 없다고 보는 것이다. 뱅크(Robert J. Banks) 역시 현대의 기존 교회는 공동체적 특징을 갖고 있지 못하다고 보고 가정교회의 출현을 필연적인 요구로 생각했던 것이다.[369] 이상적인 공동체적 교회는 신약에 나타난 가정교회를 말한 것이다. 서구의 가정교회들은 신약의 가정교회들을 재현시켰던 것이다.[370]

〈표4-2〉 한국교회의 과제

문☞ ○○님께서 21세기의 한국교회가 해결해야 할 가장 큰 과제 또는 문제점은 무엇이라고 생각하십니까?

결과 개신교인 비개신교인 (N=1,000) (N=1,000)	%	%
양적 팽창/ 외형에 너무 치우친다.	28.5	33.0
교파가 너무 많음./ 단합이 안된다.	21.8	14.7
성도들의 실제 생활에 대한 방향제시를 하지 못한다.	12.7	-
목회자의 사리사욕 / 이기심/ 권위주의	10.5	17.7
선교사업을 등한시 한다.	8.7	3.1
지나치게 자기 교회 중심적이다.	7.2	9.5
세속화/ 세상 사람들과 다른 것이 없다.	5.8	4.3
사회봉사/ 구제사업을 등한시 한다.	2.7	1.6
교회 양극화 현상	2.2	1.8
이단교회가 난무한다.	-	14.1
기 타	0.0	0.1
합계 100.0		

출처: 한국기독교 목회자 협의회 자료 참조

한국교회가 당면한 과제와 관련하여 개신교인과 비개신교인 각각에게 질문하였다. 개신교의 경우 주로 '양적 팽창, 외형에 치중'한다는 의견과 '교파 많음, 단합 안 됨', '실제 삶의 방향을 제시하지 못함' 등을 주요 문제점으로 지적한 반면, 비개신교인의 경우 '양적 팽창, 외형치중'에 이어 '목회자의 사리사욕', '교파 많음/ 단합 안 됨', '이단교회 난무' 등을 주요한 과제로 뽑았다. 특히 비 개신교의 경우 앞선 조사 결과들을 종합적으로 고려해 볼 때 개신교 종교 지도자의 저질. 사리사욕에 대한 실망과 이단에 대한 부정적 인식이 높은 것으로 나타났다. 또한 한국교회의 분파주의, 집단이기주의 등은 일반인들의 관점에서 한국 교회 전반에 걸친 내재적 문제점으로 인식되고 있으며 이러한 과제들을 해결해 가는 것이 한국교회의 중요한 이슈 중 하나라고 판단된다. 무엇보다도 '양적 팽창, 외형에 치우친다'는 의견에 개신교인과 비 개신교인에서 공히 가장 높은 수치를 나타내고 있어 한국교회 양적 성장의 부작용이 고스란히 문제점으로 지적되고 있는 것으로 보인다.[371] 교회의 성장문제를 기업의 경영학적 측면에서 본다하더라도 기업이 성장해야 정상적인 것이라고 생각한다. 어린아이를 보더라도 어린아이가 성장해야지 성장하지 못한다는 것은 큰 문제가 있는 것이다. 마찬가지로 교회가 성장한다는 것은 성장 논리에 자연스러운 것이다. 교회성장에 문제가 있다면 이를 극복할 수 있도록 해결방법을 모색하면 되는 것이다.

〈표4-3〉 한국교회에 변화가 필요한 측면(비개신교인)

문☞ ○○님께서 한국(개신)교회가 더욱 신뢰받기 위해 가장 중요하게 바뀌어야 할 것은 무엇 무엇이라고 생각하십니까?

	결과 %
교회 지도자들	37.1
교회 운영	31.3
교인들의 삶	18.6
교회의 사회 활동	11.6
교회의 전도 활동	1.3
합계(N=1,000)	100.0

출처: 한국기독교 목회자 협의회 자료 참조.

한국 교회의 변화를 위해 구체적으로 어떤 측면이 중점 개선되었으면 좋겠느냐는 질문에 대해 비개신교인의 37.1%가 교회지도자들의 변화가 필요하다고 응답했다. 다음으로는 '교회 운영' 31.3%, '교인들의 삶' 18.6%, ' 교회의 사회 활동' 11.6% 등의 순이었다. '교회 지도자들'이 변해야 한다는 응답이 '교인들의 삶'에 비해 약 2배가량 높은 수치로 평가된 것은 그만큼 교회지도자들에 대해 일반인들의 기대가 높은 것을 반증한다고 할 수 있겠다. 아울러 '교회지도자'와 '교회 운영' 측면의 개혁이 한국 교회의 변화를 이끌 수 있는 중추적 요소라고 평가하고 있는 것으로 보인다.[372]

〈표4-4〉 한국교회의 가장 큰 문제점

문☞ 목사님께서는 한국교회가 갖고 있는 가장 큰 문제점을 무엇이라고 생각하십니까?(하나만)

	결과 %
신앙의 실천 부족	31.0
지나친 양적 성장 추구	27.6
목회자의 자질 부족	14.8
교회 양극화 현상	7.6
개교회주의	6.6
신앙 훈련의 부족	5.8
신학생 과다 배출	3.8
안티 기독교인 증가	2.8
합계(N=500)	100.0

출처: 한국기독교 목회자 협의회 자료 참조.

한국교회가 갖고 있는 가장 큰 문제점은 '신앙의 실천 부족' 31.0% 인 것으로 보인다. 다음으로는 '지나친 양적 성장 추구' 27.6%, '목회자의 자질부족' 14.8%, '교회 양극화 현상' 7.6% 등의 순인 것으로 나타났다. 일반인 조사 결과에서도 거듭 언급된 바와 같이 개신교인의 신앙 실천 강화는 향후 한국교회 발전을 위해 우선적으로 다뤄져야 할 이슈 중 하나일 것으로 판단된다.[373)]

한국교회의 가장 큰 문제점 중에서 신앙의 실천부족과 지나친 양적 성장 추구라고 했다. 후자는 앞에서 반론을 제기하였으므로 전자에 대해서만 논하고자 한다. 신앙의 실천 부족이란 기독교의 본질적인 내용을 지적한 것이다. 신앙의 실천 부족은 믿음이 없다는 것을 말한다. 이 부분은 현대에서만 문제인 것이 아니다. 인류 역사이래 현재까지이다. 첫째 아담은 믿음이 없어 실패했지만 둘째 아담 예수는 하나님의 독생자로서 성공했다. 믿음은 은사이다. 믿음은 하나님이 선물로 주신 것이기에 인간으로서 신앙인은 최선을 다해 믿음대로 살면 될 것이다.

믿음은 곧 실천이다. 한국교회 공동체도 실천에 대한 회복운동이 일어나야 한다. 1907년 평양 길선주 장로는 친구 미망인의 재산을 관리하던 중 당시 100달러 상당의 큰돈을 착복했던 돈 전액을 돌려주겠다고 회개했다. 이제 얼마 안 있으면 목사안수를 받을 평양신학교 출신의 그가 당시 명예를 중시하는 유교문화에서 자신의 비열한 과거를 고백하여 사경회에 참석한 사람들에게 큰 감동을 주었다고 한다. 이러한 사례는 사람의 힘으로는 불가능한 것이다. 1907년 평양 대 부흥운동은 공동체성 회복운동이었다. 이러한 부흥운동은 한국에 다시 재현되어야 할 것이다.[374)]

CHAPTER 4_ 한국교회 복음 평화통일운동의 접근

〈표4-5〉 한국교회의 신뢰회복을 위한 개선 필요 사항

문☞ 그럼, 한국교회가 더욱 신뢰 받기 위해 어떤 점이 가장 개선되어야 한다고 생각하시나요?

	결과 %
교인과 교회 지도자들의 언행불일치	31.0
타종교에 대한 배타성	27.6
교회의 성장 제일주의 극복	14.8
사회봉사 부족	7.6
재정 사용의 불투명성	6.6
사회에 대한 깊은 이해(시민의식/사회의식)	5.8
기타	3.8
	2.8
합계(N=500)	100.0

출처: 한국기독교 목회자 협의회 자료 참조

한국교회의 신뢰 회복을 위해 가장 우선적으로 해결되어야 할 사항이 무엇이라고 생각하는지 묻는 질문에 '교인과 교회 지도자들의 언행 불일치'라는 응답이 48.6%로 과반에 가까운 수치를 나타내며 가장 높게 나타났다. 다음으로는 '타 종교에 대한 배타성' 15.8%, '교회의 성장제일주의 극복' 13.4%, '사회봉사 부족' 13.0% 등의 순이었다.

'교인과 교회 지도자들의 언행 불일치'는 삶에서의 신앙 실천을 의미하는 것으로 일반인 조사에서 다루었던 설교 주제 및 비개신교인의 기독교 일상 단어 등의 결과에서 여러 차례 필요성이 제기된 항목이다. 말뿐인 종교로 전락하지 않기 위한 부단한 노력이 요구된다.[375]

한국교회 신뢰회복을 교인과 지도자들의 언행일치의 필요성을 제

231

기했다. 교회의 진정한 공동체를 만들기 원한다면 타인의 의견을 존중하고 나와 다를 수 있음을 인정하는 것이 필수인 것이다. 때로는 내 의견이 틀리고 다른 구성원의 의견이 옳을 수도 있음을 받아들이는 것이 필요하다. 이러한 공동체적 교육과 훈련이 교회에서 절실한 것이다. 교회는 사회문화를 이끌어 가는 자동차의 엔진 역할을 다 하여야 한다.[376)]

복음평화통일운동과 한국교회 외부 상황

한국교회는 분단국가에 존재하다보니 외부환경에 매우 민감할 수밖에 없다. 교회는 외부환경의 지배를 떠나서 존재할 수 없다. 한국교회는 분단에 따른 반공이데올로기의 영향을 받다보니 교단도 신학도 이원론적으로 외부 정치상황에 종속되어 있는 것이나 다름이 없다. 그렇지만 앞으로는 성경의 교훈대로 민족통일의 방향을 말씀대로 제시하여야 할 것이다.

한국교회는 교단신학의 이원론에 묶여서 통일정책에 대한 대안을 제시하지 못하고 있다. 한국교회 정책 중에서 가장 중요한 것은 복음통일문제라고 생각한다. 통일문제는 정부와 시민단체 등 어떤 특정한 단체만이 추진해야 하는 것이 아니다. 한민족 공동체가 함께 참여해서 함께 통일의 길을 내야 할 주요한 민족의 남은 과제인 것이다. 특히 한국교회가 연합하여 기독교정신을 담아서 동참해야 할 지상과제인 것이다. 분단된 한반도에 화해의 사도로 보냄을 받은 한국교회는 크게 두 가지의 사명과 역할이 있다. 하나는 민족 정체성을 확립하는 역할이다. 다시 말해서 반민족적 반민주적 분단 구조의 구체적인 현실과 현장을 고발하며 그 원인에 저항하며 그 시정을 위해 정진해야 한다. 또 하나는 민족을 향한 제사장적 역할이다. 그리스도의 믿음을 고백하는 교회가 제사장으로 부름을 받았다 할 수 있듯이 분단 사고와 분단 현실 그리고 복음 평화통일성취를 외치고 화해를 실천해야 한다.[377]

1920년대의 항일민족운동에 한 새로운 역사의식이 대두했으니 피억압민족의 해방은 민중의 해방과 새로운 사회 및 세계 질서의 창출 없이 성취될 수 없다는 민족·민중의식이다. 1923년 신채호(申采浩)에 의해 기록된 『조선혁명선언(朝鮮革命宣言)』에 '민중혁명', 민중의 '직접혁명' 이라는 말이 등장한다. 민중혁명은 단순히 마르크스주의의 변형으로 생각되어서는 안 된다. 민중혁명은 세계의 지배 세력으로부터의 민족해방과 동시에 종래의 봉건주의적 사회체제로부터의 해방을 신호하는 외침이다. 혁신적 선언의 주체는 바로 한민족이었으며, 당시의 세계적 영향은 이념적 도구였을 뿐이다. 한국기독교계에서 '민중종교' 라는 주제가 1920년대에 등장했다가 1930년대 이래 사라졌다.

한국기독교는 1920년대의 민족·민중의 주제를 해득할 수가 없다. 1970년대의 민중개념은 20년대의 민족·민중의 민족사적 의의를 대체로 고려하지 않았고 민족통일의 방향지시에 있어서 애매모호했다. 1980년대의 민족·민중 개념은 20년대의 그것의 재 포착이다. 우리는 이것을 마르크스주의나 좌경사상으로 치부해 버려서는 안 된다. 그때나 지금이나 민족·민중 개념은 한민족사(韓民族史) 전체 과정으로부터 탄생한 한민족사 전체의 문제와 세계의 지배 세력들과의 관계에서 주어진 피억압의 문제를 짊어진 것이다. 오늘의 민족·민중의 개념은 한민족 전체의 주제로써 신학적으로 재조명되어야 하고 한민족의 통일의 방향을 개척하는 것으로써 한국교회 자체의 주제로 확립되어야 한다.

현재 한국 교회가 민족과 함께 겪은 고난의 구원사적 의의는 은혜 위에만 머물러 있고 하나님으로부터 받은 은혜를 북한으로 흘러 보내지 못하고 정치이데올로기에 묶여 있어 꼼짝 못하고 있는 현상이다.[378] 한국교회는 남북이 하나된 통일한국이 정치적으로 민주와 인권이 보다 신장되고, 경제적으로 빈부 격차가 가급적으로 줄어들고 모두가 능력에 따라 필요한 교육을 받을 수 있는 그런 나라를 세우는데 정치사상적으로 적극 지원해야 한다. 기독교는 '잘 사는 사람만 더 잘사는' 우파적인 자본주의나 '모두가 못사는' 사회좌파적인 공산주의와는 전적으로 다른 것이다. 양자의 모순을 극복하기 위해서 '좌로나 우로나 치우치지 않고' 하나님의 뜻에 따라 남북한 '모두가 잘사는 사회'를 이 땅에 구체적으로 실현하는 제3의 길을 모색해야 한다.[379]

한국교회가 이원론에서 벗어나 복음통일의 바람직한 방향을 제시하지 못하고 무조건적인 통일을 서두르는 것은 민족의 삶과 장래를 위해 바람직하지 않다. 남북의 현 정치체제가 가지는 단점과 문제점들을 한국교회가 보완하여 복음평화통일의 길로 나아가야 한다. 첫째, 한국교회는 남북이 다시는 전쟁하지 않고 함께 잘 사는 복음통일을 제시하여야 한다. 자유민주주의와 시장경제의 원칙하에 결코 어느 한쪽이 지배자로 군림하거나 다른 한 쪽이 열등 국민으로, 식민지와 같은 나라로 추락하는 통일이 되지 않도록 남북한이 함께 잘 사는 복지국가를 지향해야 한다.

둘째, 남과 북은 이제까지는 자본주의와 사회주의, 자유와 평등, 개방성과 주체성을 이분법적으로 나누어 대결해 왔으나 이제는 민족 공동체를 이루어 가는 과정에서 양자의 장점을 변증법적으로 종합함으로써 단점은 지양하고 극복해서 서로를 비슷하게 만드는 서로 이해하고 배우는 바람직한 방향으로 동질성을 회복할 수 있는 복음통일을 지향해야 한다. 셋째, 제2의 종교개혁을 추진하여야 한다. 이렇게 개혁적인 바람을 일으키기 위해서는 한국교회의 교인과 지도자가 함께 문제 현황들을 공통적으로 직시하고 반성하고 공유하며, 민족과 주민의 삶의 요구에 부응하기 위해서 그 체제와 구조를 과감하게 수정하고 변화할 수 있도록 함께 최선의 노력을 경주하여야 한다.[380]

미주

322) 한국기독교역사연구소, 『한국기독교역사연구소소식 제89호(2010.1.9.)』, (서울: 사단법인 한국기독교역사연구소, 2010), 31.
323) 한국기독교역사연구소, 『한국기독교역사연구소소식 제89호(2010.1.9.)』, 32.
324) 한국기독교역사연구소, 『한국기독교역사연구소소식 제89호(2010.1.9.)』, 30.
325) 1987년 6월 29일, 집권여당의 대통령 후보였던 노태우가 전격 발표한 선언
326) http://blog.daum.net/philook/14018570(2018.4.17검색)
327) 김영한, 『평화통일과 한국기독교』, 10.
328) 참조('88선언')
329) 한국기독교역사연구소, "'88선언' 이후 전후 시기 KNCC의 통일운동과 제 세력의 통일운동 전개"; 이유나, 『한국기독교역사연구소소식 제89호(2010.1. 9.)』, 33.
330) 김영한, 『평화통일과 한국기독교』, 11.
331) 한국기독교역사연구소, 『한국기독교역사연구소소식 제89호(2010.1.9.)』, 34.
332) 한국기독교역사연구소, 『한국기독교역사연구소소식 제89호(2010.1.9.)』, 42.
333) 허호익, 『통일을 위한 기독교 신학의 모색』, 153-154.
334) 한국기독교역사연구소, 『한국기독교역사연구소소식 제89호(2010.1.9.)』, 42.
335) 정성한, 『한국기독교통일운동사』, 333-334.

336) 주도홍,『통일로 향하는 교회의 길』, 196-197.
337) 허호익,『통일을 위한 기독교 신학의 모색』, 387.
338) 주도홍,『통일로 향하는 교회의 길』, 198-200.
339) 주도홍,『통일로 향하는 교회의 길』, 204-206.
340) https://ko.wikipedia.org/wiki/%ED%95%9C%EA%B5%AD%EA%B8%B0%E
B%8F%85%EA%B5%90%EC%B4%9D%EC%97%B0%ED%95%A9%
ED%9A%8C#(2018. 10.14, 검색)
341) 주도홍,『통일로 향하는 교회의 길』, 190-191.
342) 참조(96선언)
343) 양영식, "통일의 미래상 구현을 위한 한국교회의 실천과제," 온누리교회 장로 아카데미토론 자료, 2016.5.31.
344) 주도홍,『통일로 향하는 교회의 길』, 206-207.
345) E. H. Carr,『역사란 무엇인가』, 길현모 역 (서울: 탐구당, 1974), 7.
346) 통일부,『통일부 30년사』, 379-381.
347) 유성환 국회의원 통일국시 사건이라 한다.
348) 이수인, "통일정책과정",『한국사20, 자주·민주·통일을 향하여2』(서울: 도서출판 한길사, 1994), 198-199; 정성한,『한국기독교 통일운동사』(서울: 그리심, 2006), 235에서 재인용.
349) 한국역사연구회 현대사연구반,『한국현대사 4, 1980년대 한국사회와 민족민주운동』, 284; 정성한,『한국기독교 통일운동사』, 236에서 재인용.
350) 유기흥, "1980년대의 민족민주운동",『한국사 20, 자주·민주·통일을 향하여 2』, (서울: 도서출판 한길사, 1994),78-79;정성한,『한국기독교 통일운동사』237에서 재인용.
351) 이수인, "통일정책과정", 201-202; 유기흥, "1980년대의 민족민주운동", 85-86; 정성한,『한국기독교 통일운동사』, 238에서 재인용.
352) 이종석,『분단시대의 통일학』(서울: 한울 아카데미, 1998), 68-69; 이수인, "통일정책과정", 205-206; 정성한,『한국기독교통일운동사』, 238-239에서 재인용.
353) 정일오, "북한의 교회와 선교방향"『基督敎思想(6월)』(서울: 대한기독교서회, 1980), 69; 정성한,『한국기독교 통일운동사』, 240에서 재인용.
354) 강인덕, "북한 선교를 생각한다"『신앙계(6월)』(서울: 신앙계사, 1980), 45; 정일오, "북한의 교회와 선교방향"『基督敎思想(6월)』, 74; 노의일, "특집, 공산권 선교의 전망 우리 교회의 선교 프로그램",『월간목회(6월)』(서울: 월간 목회사,1980), 43-44; 김경재, "특집: 민족비극, 교회수난 6.25와 한국교회",『신앙세계(6월)』(서울: 도서출판 준, 1981), 27; 정성한,『한국기독교 통일운동사』, 241에서 재인용.
355) 박종만, "특집 북한선교론",『신앙세계(1월)』(서울: 도서출판 준, 1983), 47-48; 김기숙, "특집: 북한선교를 위한 전제와 기본 방향",『신앙세계(1월)』(서울: 도서출판 준, 1983), 42; 정성한,『한국기독교 통일운동사』, 242-243에서 재인용.
356) 주도홍,『통일로 향하는 교회의 길』, 42-46.
357) 주도홍,『통일로 향하는 교회의 길』, 190.
358) 주도홍,『통일로 향하는 교회의 길』, 191-192.
359) 주도홍,『통일로 향하는 교회의 길』, 207-208.

360) http://cafe.daum.net/ullungcdbapchurch/LQsm/34?q=%ED%95%9C%EA%B5%AD%20%EA%B0%9C%EC%8B%A0%EA%B5%90%20%EC%8B%9C%EC%B4%88(2018.4.26.검색)
361) 김충립, 「기독교인의 정치 참여」, 87-88.
362) 박종화, 「평화신학과 에큐메니칼 운동」, 79-81.
363) 박순경, 「민족통일과 기독교」, 172-173.
364) 한완상 외 7인, 「민족통일과 한국기독」, 32-33.
365) 한완상 외 7인, 「민족통일과 한국기독」, 48-54.
366) 박순경, 「통일신학의 여정」, 58-59.
367) http://news.chosun.com/site/data/html_dir/2018/03/30/2018033000049.html (2018.4.16. 검색)
368) 한국목회자협의회, 「한국인의 종교 생활과 의식 조사 보고서(PartⅠ. 개신 교인 및 비개신교인조사)」(서울: 글로벌리서치, 2013), 218.
369) Robert J. Banks 외, 「교회, 또 하나의 가족」, 장동수 역(서울: IVP, 1999), 40; 권문상, 「성경적 공동체: 삼위일체 하나님을 닮은 가족교회」, 264에서 재인용.
370) 권문상, 「성경적 공동체: 삼위일체 하나님을 닮은 가족교회」, 257.
371) 한국목회자협의회, 「한국인의 종교 생활과 의식 조사 보고서(PartⅠ. 개신교인 및 비개신교인조사)」, 233.
372) 한국목회자협의회, 「한국인의 종교 생활과 의식 조사 보고서(PartⅠ. 개신교인 및 비개신교인조사)」, 236.
373) 한국목회자협의회, 「한국인의 종교 생활과 의식 조사 보고서(PartⅡ. 개신교인 및 비개신교인 조사)」, 168.
374) 권문상, 「성경적 공동체: 삼위일체 하나님을 닮은 가족교회」, 27.
375) 한국목회자협의회, 「한국인의 종교 생활과 의식 조사 보고서(PartⅡ. 개신교 및 비개신교인 조사)」, 170.
376) 권문상, 「성경적 공동체: 삼위일체 하나님을 닮은 가족교회」, 189.
377) 박종화, 「평화신학과 에큐메니칼 운동」, 91-92.
378) 박순경, 「민족통일과 기독교」, 178-180.
379) 허호익, 「통일을 위한 기독교 신학의 모색」, 358.
380) 허호익, 「통일을 위한 기독교 신학의 모색」, 359-360.

제5부
독일교회의 평화 통일운동의 시금석

11
독일 교회의 평화통일운동 사례

독일교회의 조용한 통일 혁명

한국교회의 평화 통일에 대한 이해와 접근을 통하여 살펴본 바, 한민족의 복음평화통일을 위한 한국교회의 역할은 매우 중요한 시점에 와 있는 것을 확인하게 되었다. 따라서 마르크스와 엥겔스가 1845~1846년에 쓴 「독일 관념론」에 의하면 기독교는 역사와 사회에서 지배자 특권층을 위해서 봉사하는 관념 혹은 이데올로기 역할을 해 왔다고 비판 받는다. 그 이후 19세기 말엽부터 상당수의 사상가들과 신학자들이 마르크스주의적 입장에서 기독교의 문제를 새롭게 인식하게 되었다. 이들이 본 기독교의 핵심적인 문제는 기독교가 4세기에 로마제국의 국교로 공인되면서 사실상 제국의 지배층과의 밀접한 관계에서 발전했으며 현대에서는 기독교가 시민 개개인의 자유를 주창하는 이른바 자유민주주의를 전제한 자본주의와 결탁해서 자본주의 사회를 위해서 봉사하는 이데올로기 구실을 했다는 것이다.[381]

한국교회는 이러한 비판을 재해석하여 한국교회가 한민족 복음 평화통일을 위해서 어떻게 해야만 복음통일의 물꼬를 틀 수 있는지 심각하게 고민해야 할 상황에 직면해 있다.

독일 교회의 조용한 혁명으로써 촛불과 함께 실제로 라이프치히의 니콜라이교회가 처음으로 세상에 널리 알려지게 되었다. 1983년 가을 50여 명의 청년들이 라이프치히 광장에 모여 들었다. 월요일마다 평화 기도회를 개최했다. 정치적인 방향과 종교적인 저항들이 서로 다르지만 평화를 위한 기도회가 서로를 공동으로 묶어주었고 만날 수 있는 접점이 되었던 것이다. 날마다 니콜라이 교회 창문이 싱싱한 꽃으로 장식되어 갔다. 그리고 밤마다 창문가에는 수백 개의 촛불이 켜져 있었다. 1989년 동독공산당의 부정선거는 평화, 환경보호, 인권, 징집거부와 같은 문제들을 목표로 했던 이들 단체들이 동독 정권에 저항하도록 만드는 계기가 되었다. 평소 100여 명에 불과하던 라이프치히 니콜라이 교회의 월요 예배 참석자 수도 부정선거를 계기로 500명으로 늘어났다. 이 숫자는 한 달 후에 1,250명, 6월 말까지는 2,500명 정도로 늘어났다.[382] 1989년 10월 9일 7만여 명이 모인 최초의 대규모 시위의 전조였다. 10월 월요일 마다 계속되는 시위 때에 라이프치히 도로에 나섰던 10만 여명의 사람들은 그 일을 감동적으로 기억하고 있을 정도이다. 이때의 목사들은 이미 신뢰를 받고 있던 사람들이었다.[383]

1989년 동독의 민주화 물결 속에서 동독민중의 힘을 결집시킨 구심체는 개신교 루터파에 속하며 라이프치히에 위치한 니콜라이 교회였다. 이 교회에서 월요일마다 모인 '평화기도회' 8년 만에 동독 개혁의 불이 붙었다. 크리스천 퓨에라 담임목사가 시작한 이 평화기도회는 1982년 초 동서독 땅에 핵이 배치되어 사회적 불안이 컸던 해에 사람들의 마음에 안식과 평화가 깃들기를 기원하기 위해 매주 월요일에 개최되었다. 처음 몇년 동안은 50명에서 100-200명이 참가하여 인권,

환경, 평화 등의 주제로 기도회를 가졌다. 그런데 1989년 1월 17일 동독 공산당이 주최한 관계 집회 도중 평화기도회 교인들이 '단일 정당이 베푸는 자유는 자유가 아니다' 라는 플래카드를 들고 시위를 벌이는 우발사태가 발생하여 연루자 120명이 체포되었으나 14일 만에 석방되었다. 이 사건을 계기로 월요 기도회 참석자는 몇 천 명으로 늘어났고, 공안당국은 교회를 포위하고 검문검색을 강화하였다. 그러나 9월 11일 기도회 후에 2만 5,000여 명이 처음으로 침묵시가 행진을 벌였다. 1989년 10월 9일 월요 기도회 후 10만 명의 개혁요구 촛불 침묵 행진은 드레스덴, 동베를린 등 전국으로 번져나가 마침내 호네커 정권을 무너뜨렸다.[384]

동독 민중의 힘을 결집시킨 구심체가 라이프치히의 니콜라이 교회였으나 우리의 한국교회와의 경우는 전연 다르다. 북한에서는 신앙의 자유가 없이 그리스도인은 핍박을 받고 있는 상황이다. 봉수교회와 칠골교회는 보편적인 교회가 아니다. 그렇더라도 우리 한국교회는 복음평화통일을 위해서 지속적으로 기도하고 그날만을 위해서 때를 기다리며 준비해야 할 뿐이다.

독일통일은 독일교회의 역할이 막중했음을 증명하고 있다. 무엇보다 분단은 독일교회의 섬김이 동족을 향한 기초에 있었다. 어디까지나 섬김을 통해 서독교회와 동독교회는 동서독의 분단에서 특별한 유대관계를 유지하였다. 동독에 상주한 '디아코니아(봉사)재단'의 봉사활동은 예수 그리스도의 섬김을 구체화하여 실천함으로써 모범을 보였다. "항상 살아 있는 실천"(immer gelebte praxis)이었다.[385] 고통당하는 동족을 향한 그리스도의 사랑을 이데올로기를 초월하여 실천하였다. 서독교회는 동독을 지원할 때도 아래와 같이 원칙을 갖고 있었다.

첫째, 명목 있는 재정적 지원을 했다. 그럼에도 재정적 지원이 용도에 맞게 사용되었는지를 확인하지 않았다. 물론 상호 신뢰가 어느 정도 이해가 되었을 것이다. 둘째, 확고한 철학과 순수한 지원 원칙을 지켰다. 그리스도의 사랑에 입각해서 다양성을 가지고 돕는 자신에 대하여 비판 의식을 소유했다. 셋째, 서독교회는 동독교회에게 금전, 물자, 봉사 활동 등을 제공했다. 동독이 원자재가 필요할 때 서독교회는 원자재를 구입하여 제공하였다. 넷째, 서독교회가 동독교회를 지원함에 있어서 합법적으로 투명하게 이루어졌고, 서독 정부의 많은 도움이 있었다. 예를 들자면 서독교회가 동독에 제공한 원자재 지원은 약 28억 마르크에 달했고 50%는 서독 정부의 내독관계성 예산을 통해서 지원하였다.[386]

공산주의자들은 서독의 지원에서 이득을 보았기 때문에 서독의 재정 및 물질적 지원을 허락했다. 따라서 동독교회는 유지되고 목회자들은 봉급을 받을 수 있었다. 서독의 지원으로 인해 동독의 교회들은 정부로부터 독립성을 유지할 수 있었다. 교회는 정부의 영향을 받지 않는 독립된 3개의 대학을 유지할 수 있었다. 동독 사람들이 서독으로 여행할 수는 없었지만 매년 수천 개의 서독교회가 자매결연을 맺은 동독교회와 성도들을 방문했다. 이러한 접촉이 통일 이후 서로 완전히 다른 사회임에도 불구하고 함께 성장하는데 큰 도움이 되었다.[387]

독일분단 시절인 1958년부터 1972년까지 '독일교회연합'(EKD)이 동독을 지원한 재정 정도를 보면 첫 해 2,300만 마르크로 시작하여

1972년에는 1억 2,000만 마르크에 이르는 엄청난 액수였다. 이 교회 재정 지원 프로그램은 통일과 함께 1991년 6월 12일에 종결된다. 이런 역할을 담당한 기관은 디아코니아 재단이었다. 그 재단은 이념도, 신학도, 정치의 성향도 전혀 필요 없었다. 재단의 설립목적은 동독을 돕는 것이었다. 독일 교회 신학은 오직 섬김 그 자체였다. 디아코니아 재단은 서독교회의 동족을 향한 사랑은 복음이 요구하는 주님의 사역이었다.[388]

동독교회는 공개 발언자라는 역할을 그들은 활용했다. 이는 국가에 의해 전적으로 통제되지 않는 유일한 기관으로서 교회는 주민들의 신뢰를 얻었고, 교인수는 점점 줄어갔지만 교회가 국가에 대한 대안이 되어 갔다.

호네커(Erich Honecker) 정권은 1978년에 교회와 대화하고 상호 승인하는 새로운 정책을 취했다. 동독정권은 교단들을 서로 분리하여 서로를 이용하려는 시도를 포기 했다. 말하자면 중앙의 총회를 정권의 상대자로서 의사소통의 채널로 만들려고 노력했다. 이로써 교회는 국제회의와 세계교회 협의회에 참여할 수 있게 되었고, 국가는 이를 통해 자신들의 국제적인 승인과 내적인 논의를 할 수 있었다.[389]

동독교회들이 독일교회 협의회에서 분리되어 동독교회연맹을 조직하여 연합체를 이룬 후 사회주의 사회 속에서 교회가 자유로운 공간을 확보할 수 있는 가능성을 가지게 되었다. 이것은 예배와 봉사, 목회 영역에서 자유롭게 활동할 수 있었다는 것을 의미한다. 교회내부에서 토론할 수 있는 가능성도 열렸다. 특히 개신교회는 동독 안에서 유일하게 국가에 종속되지 않은 단체였다. 1980년대 동독사회 변화에 교회가 중요한 의미를 가졌던 이유이다. 그 시대에 교회의 자유로운 공간은 국가 이데올로기에 종속되지 않은 자신의 생각을 표현하려고 노력했던 여러 그룹들의 보호처와 실험무대가 되었다. 이 그룹들은 다양했고 교단들과 지역교회에서 무엇인가 여러 가지를 얻었고 다양한 관계를 맺었다. 1980년 초에 평화를 위한 기도회가 생겼는데 이 기도회는 일주일에 한 번씩 열리거나 혹은 11월에 있었던 평화주간 중에 열렸다. 그 외에 평화와 병역거부, 환경과 인권문제들에 관심을 가진 그룹들이 형성되었다. 여기에 1989년에는 외국자유여행을 원하는 그룹들이 엄청나게 몰려왔다. 이 그룹들은 약 345개로 전체 회원들이 약 5,000명 정도 되었다고 했다.[390]

동독은 사회주의 국가였지만 이러한 점만 봐도 상당히 자유를 확보한 국가라고 할 수 있다. 이런 터전 위에 독일 통일을 이룰 수 있었으며 이렇게 되기까지 서독교회에서 동독교회에 물심양면으로 지원했던 것이 좋은 결실로 돌아왔음을 알 수 있다.

남북한 간 신뢰회복운동의 필요성

김대중 정부, 노무현 정부 당시에 대북지원이 있었을 때 국민들의 여론은 북한에 '퍼준다'고 많은 비판이 있었다. 그 이유는 간단하다. 대북지원을 받아서 핵무기를 만든다는 것이다. 그런 논리로 2016년 2월 10일, 정부는 개성공단을 결국 폐쇄조치하였던 것이다. 더욱이 안타까운 것은 한국교회에서도 자본주의 논리와 동일한 기준을 가지고 대북관계를 바라본다는 점이다. 독일인들도 이러한 질문을 던졌고 나름대로 이 점을 역사적으로 확인했다는 사실이다. 특히 이 물음에 대해서 폴체(Armin Volze)는 대답에 앞서 먼저 그 의의를 열거하고 있다.

첫째, 동독의 국민경제에 분명히 도움을 주었다.
둘째, 동독의 외화 획득에 도움을 주었다.
셋째, 물자 공급은 동독의 어려운 물자 조달에 부담을 주었다.
넷째, 기독교적 유대관계가 향상돼 정치적·법률적 장애도 극복할 수 있도록 하였다.
다섯째, 동독의 교회단체, 교회부속병원, 양로원 그리고 기타 기관 실질적인 도움으로써 동족의 고통을 완화시켜 주었다.
여섯째, 동독교회가 계속적인 복음전파를 통해 동독인들의 삶에 중요한 원리를 제공함으로써 이는 유물론적 사회주의를 향한 저항의 토양을 형성케 하였다.
일곱 번째, 결국 동독 공산 정권의 붕괴를 재촉한 결과를 가져오게 되었다.

위 내용을 정리하자면 동독교회에게 그리고 동독시민들에게 재정 지원은 확실히 큰 힘이 되었다는 사실이다. 결과적으로는 동독 사회주의 정권을 붕괴로 이끄는 낚시질의 미끼와 같은 역할을 감당했다는 의미인 것이다. 다른 말로 서독의 탁월성을 인내와 큰 사랑으로 소리 없이 보여 주고 실천함으로써 이를 동독시민들에게 확증해 보였다고 하겠다. 동독 교회를 위한 서독 교회의 재정지원은 동독의 붕괴와 더불어 새로운 전환을 경험하게 되는데 1990년 1월 23일 사실상 마지막 동독교회를 위한 재정 지원이 이루어졌다. 여기서 동독교회로 지원되는 금액은 5천만 마르크(한화 약 400억 원)였다. 1990년 9월 24일의 독일 통일 바로 일주일 전에 이러한 교회적 재정사업은 끝을 맺었다. 다시 말하면 이러한 재정적 지원 프로그램은 『동독개신교연맹』(BEK)이 형성된 이후 약 20년 동안 계속된 동서독 교회간의 "특별한 유대관계"를 여실히 보여 주었다.[391]

서독교회의 동독교회를 향한 사랑은 결코 일방적인 사랑만은 아니었다. 비록 정치적으로는 분단된 민족사이지만 놀랍고 두터운 유대 관계가 사랑의 실천을 통해서 이루어졌는가를 확인 할 때 이는 돈을 주고도 살 수 없는 큰 효과를 발휘했다 할 수 있다. 실질적으로 생각할 때 동서독 교회는 오랜 세월 동안 만나는 중에 서로에 대한 불신을 씻고 마치 형제자매처럼 알게 되었다는 것이다.

그러하기에 민족분단의 비극 가운데서도 독일인 그리고 독일 교회는 위대했고, 여기에서 우리는 그들의 음성에서 겸허한 교훈을 터득할 수 있게 된다. 한국교회도 이러한 수준까지 도래해야만 평화적인 복음통일의 길이 열릴 것이다. 남북정상회담과 북미 정상회담을 통하여 완전한 비핵화를 이룬다고 해도 갑자기 평화통일의 길로 들어 설수는 없고 남북화해협력과 남북경제 공동체의 단계로 진입하기 위해서도 많은 인내와 실천이 요구된다. 그것은 남북한이 평화통일을 이룰 준비를 사실상 많이 하지 못했기 때문이다.[392]

독일 교회가 섬김으로 어려움에 처한 동족을 조건 없이 인내로써 지원했고, 1990년 독일은 하나가 되는 통일을 이루게 되었다. 분단 하에서 동독 정권의 반기독교 교육은 동독에서의 기독교를 초토화시키려 했고, 통일 당시 동독교회는 거의 탈진 상태에 있게 되었다. 독일 통일 30년이 지난 지금도 독일교회가 갈망했던 교회 안으로의 복귀는 일어나지 않고 있다. 청소년들과 그의 부모들은 공산정권의 반 기독교적 학교교육의 열매로 교회를 여전히 멀리하고 있다. 동독교회를 지원했던 순수한 봉사를 그리스도의 복음의 토대 위에서 굳건히 실행할 수 있었다.[393]

동독교회는 순수한 봉사를 서독교회로부터 받을 수 있도록 충분하게 준비가 되어 있었다. 그것은 복음으로 동서독교회는 이미 하나가 되어 마음으로 통일을 이루고 있었기 때문이다.

CHAPTER 5_ 독일교회의 평화통일운동의 시금석

12
독일교회의 평화통일운동과 한국교회 적용

독일통일의 한국교회에 대한 시사점

1949년 제정된 동독의 헌법에 따르면 교회는 동독에서 바이마르 시대와 똑같은 권한을 가지고 있었다. 그러나 사회주의 사회에서 종교는 마르크스주의에 동화되어 소멸되어야 한다는 내적 원칙을 가지고 있던 동독정권은 이 법을 지키지 않았다. 동독 정권이 수립될 당시 동독 인구의 90%가 개신교 교인이었다. 그런데 동독 정부는 1950년대에 이미 학교에서 기독교 교육을 금지시켰고 교회재정의 대부분을 차지했던 전통적인 의미의 종교세 제도는 폐지되었고 교인들의 자발적인 헌금만 남았다. 또 1961년 베를린 장벽 설치 후에는 모든 공무원, 경찰, 군인들에게 교회 탈퇴와 집권당인 사회주의 통일당 가입을 강요했다. 동독정권은 동독교회를 국가 영향력 아래에 있는 헝가리식의 체제 내 교회, 또는 정교회같이 예전을 중시하는 교회로 바꾸려고 시도했다. 교회는 정권으로부터 어려움을 겪는 사람이나 체제를 변혁시키려는 사람들이 모이는 곳이 되었다. 정치적으로 활발하게 활동하는 단체들은 동독교회가 동독의 민주화와 개방을 위해 노력해야 한다고 주장했고, 교회를 보호막으로 하여 활동을 하는 경우가 많았다.[394]

독일교회가 직접적으로 주는 교훈을 본받은 것도 있지만 이러한 통일 독일을 바라보며 형성된 통일관을 한국 교회를 향한 성경적 관점으로 보아야 한다. 한국교회는 반공이데올로기에 붙잡혀 있다. 한국교회는 일제 강점기 등 분단시대를 살아오면서 이념으로 인한 깊은 상처를 복음의 이념으로 대체하는 상대적 진리가 되어버렸다. 한국교회는 북한을 그리스도의 사랑으로 품고 그들의 고난에 동참하며 기독교인의 삶을 보여주어야 한다. 예수 그리스도의 사랑의 실체가 무엇인지를 보여 주어야 했다. 그럼으로써 자발적으로 복음 평화 통일 민주공동체를 북한주민이 스스로 선택할 수 있는 기회를 제공해야 한다.[395]

북한은 교회가 존재할 수 없는 무신론적 김일성-김정일-김정은 김씨 세습왕조집단으로써 신처럼 존재하는 김정은이지만 한국교회는 복음평화통일문제를 그들과 함께 해결해 가야만 한다. 한국교회는 다양성을 추구한 각 교단이 존재하지만 북한은 우리가 이해하고 인정한 전통적인 교회가 존재할 수 없다. 그럴지라도 우리는 독일의 디아코니아 재단[396]과 같은 동일한 재단을 설립할 수는 없다할지라도 디아코니아의 역할을 감당할 수 있는 남북경제 협력의 제도를 우리 실정에 맞도록 설립, 운영해 나아가야 한다.

2020년 4월 10일 현재 "오늘로 남북경제협력의 상징적인 개성공단이 중단된 지 4년이 지났다" 정부가 폐쇄 이유로 들었던 공단 자금이 핵과 미사일 개발에 전용되었다는 이유였다. 개성공단 입주기업들이 희생되지 않기 위해서라는 명분은 결과적으로 그들을 사지로 몰아넣었다. "개성공단입주기업에 따르면 공단 폐쇄 이후 피해액은 무려 1조 5천억 원에 달한다고 한다. 한때 종업원 350여명에 연 매출 100억이 넘은 기업은 6명의 직원에 연매출 8억으로 줄었다. 개성공단은 평화의 땅이었고, 남북경제협력의 장이었으며, 북한의 시장경제 학습의 공간이었다. 개성공단 재개에는 유엔안보리 제재 등 여러 가지 고려사항이 있겠지만 문 닫힌 개성공단에도 언젠가 봄은 와서 재개해야 한다.[397]

북한을 명분 없이 지원한다면 '퍼주기' 논란을 계속 야기할 수 있다. 북한도 명분 없는 지원은 자존심에 상처를 줄 수 있다. 통일비용으로 한국정부가 담당할 수 있는 부분은 개성공단의 미래에 대해 비전을 제시하여야 한다. 남북교류에 대한 민족의 지혜를 모아서 개성공단을 활성화 시키고 남북경제협력 공동체를 형성해야 할 것이다. 남북관계 발전으로 확대된 공단은 장터가 되어서 자유민주주의와 시장 경제를 미리 경험하는 북한 동포의 마당으로써 평화통일을 위한 한민족공동체의 삶의 마중물이 될 수 있도록 최선의 노력을 기울여야 한다.[398]

북한 동포는 한국교회가 구원해야 할 전도대상이다

한국교회가 민족의 복음 평화통일을 위해서는 어떤 역할을 수행해야 할 것인지를 독일통일을 모델로 살펴보고자 한다. 서독교회는 동독교회에게 순수한 사랑에 의해 물질적으로 도움을 주면서 상대방의 자존심을 지켜 주었다. 서독교회는 동독교회를 지원하면서도 도와준 돈의 사용처를 확인하지 않았다. 어려운 형편에 처한 형제를 그리스도의 성령으로 도왔던 것이다. 우리 한국교회도 이러한 서독교회의 모습을 본받아 실천해야 할 필요가 있다. 한국교회의 대북지원은 한민족의 복음 평화통일과 매우 긴밀하게 연관되었음을 깊이 인식하여야 한다.[399]

복음이 세상을 변화시키지 못하면 그 존재 가치를 상실하고 말 것이다. 예배당 안에만 갇혀있는 교인은 기독교인 역할을 제대로 이행할 수 없다. 우리 한국교회는 남북분단 극복을 위해 실질적 노력을 강구해야 한다. 한국교회는 세계 선교 2위라고 하지만 북한 선교에 핑계를 대면서 북한 동포를 지원하지 못한 것은 매우 심각한 선교의 문제라고 할 수 있다. 종교개혁자 칼뱅이 제네바를 복음화 하면서 정치와 교회는 혼합되어서는 안 되지만 중요한 동역자로서 간주하여 긴밀히 동역했던 점을 한국교회는 교훈으로 삼아야 한다. 남북분단을 극복하는 노력은 한국교회의 큰 사역임을 깊이 인식하여야 필요성이 대두 되었다.[400]

한국교회는 한반도에 하나님의 나라가 임하는 것을 최상의 목표로 삼아야 한다. 북한은 1950년 전쟁까지만 해도 3천개의 교회가 하나님의 통치를 원하는 사람들이 많이 있었다. 1989년까지 교회는 핍박을 받았고 예배당은 하나도 없었다. 북한에서는 1989년 평양봉수 교회와 1995년 평양칠골 교회를 세웠다. 북한은 인간의 통치자를 하나님으로 부르는 체제이지만 북한의 틈새를 수단과 방법을 총동원해서 파고 들어가는 대북 인도적 지원방안을 강구해야 한다.[401]

동독교회는 단 한사람의 희생도 없이 평화적으로 정권이 무너진 무혈혁명의 변혁을 가져온 시위에 결정적인 기여를 했다. 이와 같이 북한에 있는 봉수교회와 칠골 교회와 지하교회가 자연스럽게 자유를 찾는 역할을 시도할 수는 없을까? 수많은 세월이 흘러서 북한에 있는 동포들도 의식주 해결과 산업화 및 자유민주화의 과정을 거치고 난 다음에 주민들의 의식수준이 향상되었을 때에나 가능한 일이라고 생각한다.[402] 아울러 한국교회가 북한지하교회를 위해 얼마나 진정한 지원을 할 수 있느냐의 정도에 따라서 북한의 민주화도 이룰 수 있을 것이고,

북한지하교회의 발전과 부흥도 일으킬 수 있을 것이다.

북한 동포는 복음 통일을 위해서 반드시 필요한 귀한 존재이며 한국교회가 지극히 사랑해야 할 전도의 대상이며 한반도 복음통일의 동반자임에 틀림없는 존재이다. 따라서 한국교회는 북한 동포들을 주 예수 그리스도의 사랑으로 남북경제 협력의 대상으로 품고 함께 나아가야 할 민족공동체임에 틀림없다.

그러나 핵무기 개발로 한반도를 전쟁의 위협으로 몰고 가는 북한당국자들을 어떻게 대처해야 할 것인가? 여기에 해답은 이렇게 생각한다. 한미동맹을 보다 더욱 강화하여 한반도에서 다시는 전쟁이 일어나지 않도록 수단과 방법을 동원하는 전쟁억지력을 강화하여야 한다. 북한에서 주장하는 한반도 비핵화가 아닌 북한의 완전한 비핵화가 달성될 때까지 한국교회는 북한 동포 사랑에 대한 기도 줄을 지속적으로 이어가야만 할 것이다. 따라서 남북한 체제는 한반도 평화와 참된 복지국가 건설을 지향하기 위한 민족공동체로 거듭나도록 한국교회가 복음 통일을 선도해야 한다.

미주

381) 박순경, 『통일신학의 여정』, 169-170.
382) 양창석, 『브란덴부르그 비망록-독일통일 주역들의 증언』 (서울: 늘품플러스, 2011), 31.
383) 권오성, 『독일 통일, 교회가 열다』, 93-101.
384) 한완상 외 7인, 『민족통일과 한국기독교』 (서울: 한국기독학생회출판부,1994), 102.
385) 주도홍, 『독일통일에 기여한 독일교회 이야기』 (서울: 기독교문서선교회, 1989), 90-91.
386) 주도홍, 『통일로 향하는 교회의 길』, 211-213.
387) Werner Kratschell, 『독일통일에서 교회의 역할』, 정일웅역(서울:온누리교회, 2018), 66.
388) 주도홍, 『통일로 향하는 교회의 길』, 104-105.
389) 권오성, 『독일통일, 교회가 열다』, 200-201.
390) 권오성, 『독일통일, 교회가 열다』, 202-203.
391) 주도홍, 『독일 통일에 기여한 독일 교회 이야기』, 84-85.
392) 주도홍, 『독일 통일에 기여한 독일 교회 이야기』, 90.
393) 주도홍, 『통일로 향하는 교회의 길』, 108-111.
394) 권오성, 『독일 통일, 교회가 열다』, 30-33.
395) 주도홍, 『통일로 향하는 교회의 길』, 112-114.
396) 주도홍, 『통일로 향하는 교회의 길』, 82.
397) http://www.kukinews.com/news/article.html?no=524348 (2018.2.14.검색)
398) 주도홍, 『통일로 향하는 교회의 길』, 115.
399) 주도홍, 『통일로 향하는 교회의 길』, 78-79.
400) 주도홍, 『통일로 향하는 교회의 길』, 118-120.
401) 강승삼 외 13인, 『평화통일과 북한복음화』, 16.
402) 권오성, 『독일 통일, 교회가 열다』, 36.

제6부
복음평화통일운동과 탈북자 선교

13
복음평화통일을 위한 탈북성도의 역할

한국교회와 탈북성도의 관계

　복음 평화통일을 위하여 탈북자들은 매우 중요한 역할을 감당할 수 있다. 우리나라에 입국한 탈북자들이 자유민주주의와 시장경제에 적응하여 민주시민으로서의 삶을 살아가며 신앙생활을 할 수 있도록 한국교회가 적극 도와야 한다. 수십 년간 주체사상과 공산주의 체제 집단에 살다가 갑자기 민주 시민으로 변화 된다는 것이 쉬운 일이 아니다. 남북한 이질성을 극복하고 동질성을 회복하기 위하여 탈북자가 자립할 수 있도록 돕는 것이 가장 좋은 방법일 것이다. 탈북자에 대한 교회 간의 정보를 공유하고 보완 발전시켜서 새로운 방향으로 교회와 탈북자들의 관계를 정립해서 그들이 신앙생활과 사회생활에 적응할 수 있도록 적극적으로 지원하여야 한다.

　정부는 "국가유공자 및 월남귀순자 특별 원호법"에 의거 1962년 4월 귀순자에게 국가유공자인 원호대상자로 우대하며 최초로 체계적 지원을 실시하였다. 1979년 1월 "월남귀순용사 특별보상법"을 제정하여 사선을 넘어 자유민주주의를 선택한 '귀순용사'로 간주하며, 이전보다 더욱 체계화하였다. 1993년 6월엔 "귀순북한동포보호법"을 제정, 생활보호대상자로 전환하며 정착금 등 지원규모를 조정하였다. 정부는 1997년 1월 "북한이탈주민의 보호 및 정착지원에 관한 법률"을 제정하고 종합적인 대책을 마련하였다. 기존의 "귀순" 개념을 "북한이탈"로 대체하고 자립, 자활능력 배양에 중점을 둔 이후 여러 차례 동법을 개정하여 탈북자들을 적극 지원하고 있다.[403]

탈북자들의 조기 정착을 위하여 정부에서는 주택제공, 진학 및 학비 지원, 의료지원, 취업 알선 등 각종 지원정책을 실시하고 있으나 탈북자들의 기대만큼 정착이 잘 이루어지지 않고 있다. 폐쇄되고 억압된 사회주의에서 살다가 적자생존의 논리가 지배하는 남한사회의 취업과 생존이 쉽지가 않다. 대체적으로 북한에 있을 때 제대로 먹지 못하고 건강 상태가 좋지 못하여 두고 온 부모 형제 때문에 항상 죄책감과 괴로움, 외로움에 시달리고 있다. 남한 사회의 편견과 무관심 등으로 우리가 생각하는 것 이상으로 어려움을 겪고 있다. 남북한 분단 이후 한국 교회가 한 동안 북한 선교에 대해 관심을 갖게 된 것은 동서독 통일과 1990년대 중반 이후 대거 입국한 탈북자의 증가 때문이다.

남한의 많은 교회들은 북한이 문이 열리면 무너진 북한 교회를 재건하겠다는 계획을 가지고 있으나 정작 선교의 대상인 북한주민들이 어떠한 사고와 행동을 하는가에 대해서는 관심을 갖고 있지 않다. 같은 민족이기 때문에 별다른 준비를 하지 않아도 될 것이란 막연한 기대는 큰 착각이다. 한국교회는 북한교회 재건 계획보다 현재의 탈북성도 지원에 대한 종합적이며, 세부적인 대책을 수립하는 것이 우선순위라고 해야 할 것이다.[404]

우리들의 사고방식은 매우 복잡한 인간관을 갖고 있다. 치열한 생존 경쟁사회에서 살아남기 위해서는 그럴 수밖에 없다. 그러나 탈북자들은 우리와 같이 사고방식이 복잡하지 않고 매우 단순하다. 거주이전의 자유가 없는 통제된 집단 사회에서 기계와 같은 조직생활을 했기 때문에 사고방식이 복잡할 필요가 없다. 오직 김일성 유일사상체계의 교육을 받아온 탈북자들은 지나치게 배타적이고 경직되어 있어 다면적인 사고력이 매우 결여되어 있다. 탈북주민들은 남한시민이 되었음에도 불구하고 이들은 자기 자신이 한 번 옳다고 인정하고 믿는 것은 끝까지 옳다고 주장하며 누구에게 배우려하지 않고 누구와 어떤 타협의 여지도 없이 남의 말을 잘 수용하지 않는다. 북한에서는 생활 총화 시간에 자아비판을 해야 하기 때문에 북한사람들은 좀처럼 자기 잘못을 인정하지 않는다. 이런 생활 습관 때문에 한국문화와 교회 생활에 적응하기 매우 힘들어 한다.[405]

북한주민들은 자기 의사와 관계없이 집단생활을 하므로 우리의 군대생활과 같이 생각하면 이해하기 쉽다. 탈북자들은 우리가 전혀 기대하지 않은 반응을 할 경우가 많다. 그래서 탈북자 사역자들 간에 애로사항이 너무 많다는 말이 생겼다.[406]

탈북자들 중에는 탈북자를 만나기 꺼려해서 탈북자가 많이 나오는 교회에 나오지 않는 사람들도 있다. 탈북자들이 이러한 행동을 하는 것은 북한사회 현실과 밀접한 관계가 있다. 탈북자들에 의하면 북한주민들은 "쪼들리고 핍박 받으니 이제는 악 밖에 남은 것이 없다."는 말을 자주하게 된다. 북한주민들은 짜증을 많이 내고 말이 거칠고 언성이 높다. 그래서 직장 동료, 친구, 이웃 간에 걸핏하면 싸움을 한다. 탈북자들이 이러한 성격을 갖게 된 것은 경제적 궁핍으로 인한 생활상의 어려움을 극복하지 못하여 감정이 갈등으로 비화되고 성격적 갈등으로 발전하기 때문이다.

즉 욕구 불만은 많은데 말을 제대로 하지 못하는 상황이 주는 스트레스 때문이다. 또 다른 원인은 북한에서는 어릴 적에 탁아소에서부터 직장생활에 이르기까지 늘 자기비판과 남을 비판하는 자아비판과 생활 총화를 해오며 상대방을 칭찬하거나 격려하기 보다는 상호비방을 하거나 서로를 불신하고 늘 감시하는 생활을 해 왔기 때문이다. 북한 체제 자체가 김일성·김정일·김정은에 대한 비판이나 체제를 비판하는 것은 허용하지 않지만 김일성·김정일·김정은 외의 당 간부를 비판하거나 주민들 간의 비판이나 폭행에 대해서는 어느 정도 용납하는 것으로 되어 있다. 어떻게 보면 북한체제 자체가 사람들의 폭력을 조장하고 있다고 볼 수 있다. 그래서 북한주민들끼리 싸우고 폭력을 행사해도 대수롭지 않게 생각하게 된 것이라고 짐작할 수 있다.[407]

타인에게 적의와 연정을 느끼는데 자신을 인정하고 싶지 않을 때 그 적의나 연애 감정이 자기 속에서는 억제되고 상대방에게 투사되어 마치 상대가 자기를 미워하거나 사랑한다고 느끼는 메커니즘 때문이다. 탈북자들은 경계심이 강하고 고집스러우며 속임을 당할까 걱정하고 다른 사람을 탓하거나 비난을 많이 하기도 한다. 탈북자들은 매사에 의심하고 조심스러워하는 태도를 보이며 좀처럼 자신의 속을 내보이지 않고 대인관계에서 피해의식이 많다. 같은 탈북자들끼리도 서로 경계하고 의심하는 태도를 보이는 등 잘 신뢰하지 않는다. 북한 뿐 만 아니라 사회주의 체제에 살고 있는 사람들의 의식구조는 대부분 이중의 도덕적 기준, 제2의 사회의식, 이중적 사고, 분열된 인격 또는 이중적 도덕률 등으로 특징이 지어진다. 이는 사람들이 공적 생활에서는 공식 규범에 순종하지만 개인적 일에서는 전혀 다른 자기 방식의 도덕 기준을 가지고 있는 것이다. 다시 말하면 사회주의 체제에서 개인들은 억압적인 체제의 정치적 처벌을 피하고 개인주의적 이익을 실현하는 이중적 전략을 구사하고 있다는 것이다. 공적인 세계에서는 공적 원칙을 따르지만 사적인 세계에서는 개인주의를 지향하며, 공적 세계에서는 복종하지만 사적 세계에서는 비판한다는 것이다.[408]

탈북자들은 사람을 만날 때 상대가 자신에게 도움이 되고 또 힘이 있는가를 순간적으로 판단하는 탁월한 능력을 소유하고 있다. 사회주의 국가는 주민들을 체제에 순응시키기 위해 공포와 위협을 주로 사용하고 개인은 공포와 위협에 순응하면서 국가가 베푸는 혜택에 전적으로 의존하기 때문에 정신적 미성숙 상태에 머무르게 된다는 것이다.[409]

북한선교 정책 개발

현재 한국교회는 북한선교를 대상으로 각 교회마다 각 교단 마다 북한의 문이 열리면 몇 개의 교회를 세우겠다고 준비해 왔다. 그러나 갑자기 1990년대 중반 들어 예상치 못했던 탈북자들이 많이 오게 되고 교회까지 오게 되자 충격을 받게 되었다. 탈북자들은 종래 우리들이 전도하던 방식으로는 별로 효과가 없다. 각 교회는 탈북자 사역을 감당하면서 엄청나게 상처를 받기도 하고 상처를 주기도 했다. 한국교회가 탈북자 사역을 너무 쉽게 생각했고 북한선교에 대해 현 시대의 흐름에 맞는 준비가 미흡한 결과이다. 즉 선교에서 중요한 것은 선교할 대상국의 상황을 올바로 이해해야 한다는 것이다. 효과적인 선교를 위해서는 선교 대상국의 지역적 그리고 사회 계층적 인종적, 문화적 각각의 상황이 가지는 특수성을 이해할 필요가 있다.[410]

한국교회는 탈북자들을 남한 출신자들을 대하듯이 전도하다가 난관에 부딪히게 되자 물질공세로 그들을 정착시키려고 했다. 탈북자 사역이나 북한에 대한 이해가 별로 없는 교회가 물질을 주면서 그렇게 하다가 돈을 주지 않자 탈북자들이 교회에 발길을 끊는 사례가 빈번하였다. 그래서 한국교회들은 탈북자들에게 사랑의 표시로 일부 교통비를 지원하게 된 것이다. 교통비를 지원해 주지 않으면 교회에 나오는 탈북자들의 출석 숫자가 급감할 것이라고 한 것은 현실이다. 남한의 교인들 역시 처음부터 믿음을 가지고 나오는 경우는 많지는 않다. 어려운 처지에서 공부하는 탈북 대학생이나 몸이 불편하고 고령자로서 생계 능력이 전혀 없는 탈북자들에게는 일정액수의 장학금이나 구제 헌금을 지급하는 것은 부당하다고 할 수는 없겠다. 그렇지만 신체 건강한 사람들에게 금전적인 혜택을 준다는 것은 적절하지 못하다고 생각한다. 물질을 동원한 방식의 탈북자 사역의 지원 방식을 계속한다면 통일 이후 북한주민들에게 물질로 그들의 마음을 붙잡는다는 것은 매우 어려울 것이 명약관화(明若觀火)한 일이다.[411]

14
한국교회의 탈북자 지원방안 강구

한국교회의 탈북성도 이해

한국교회가 탈북자 사역을 진행함에 있어서 간과해서는 안 될 것이 베푸는 자의 입장에서 무례와 교만함이다. 우리들이 정말 조심해야 할 것은 남을 도우려고 하는 사람들은 자기도 모르게 상대방보다 우월감을 갖는 태도를 취한다는 것이다. 겉으로는 그런 말은 하지 않는다 해도 보통 사람들은 내면에 그런 생각을 갖게 된다는 것이다. 순더마이어(Theo Sundermeier) 독일의 신학자는 "이러한 형태의 도움은 권력을 집중시킨다"고 보았다. "이런 권력 집중은 도움을 주는 사람에게는 우월감을, 도움을 받는 사람에게는 열등감을 불러일으킨다"는 것이다.

이러한 사역에는 상호성이 배제되고 공동체성이 없어서 오히려 방해가 될 수 있다. 탈북자들은 우리 사회에서도 소외된 이웃이지만 교회 내에서도 소외되어 단지 도움을 받을 대상으로 인식된다면 탈북자 사역, 아니 북한 선교는 어려울 수밖에 없다. 자존심이 강한 탈북자들이 형편이 어려워 도움을 받고 있지만 속으로는 수치감과 모멸감을 느끼는 경우가 많을 수 있다. 겸손하게 배우려는 자세가 아니라 선생님의 위치에서 그들에게 도움을 주고 가르치려고 한다면 탈북자 사역은 쉽지 않을 것이다. 탈북자 사역을 통해서 북한을 배우고 이해하며 서로 공감하며 서로 나눔이 있는 자세를 가질 때 큰 효과를 얻을 수 있다. 그러한 단계로 승화될 때 그들이 감동을 받을 것이며 예수 그리스도의 참 사랑을 깨닫고 변화될 수 있는 기회를 제공할 수 있을 것이다. 탈북사역자는 일정한 북한을 이해하기 위해 일정한 교육을 이수하고 사역자들이 그들에 대한 삶을 통해서 그들에게 잔잔한 감동을 줄 수 있을 때만이 그리스도에 대한 정신을 배울 수 있다.[412]

많은 교회들이 북한선교회는 운영하고 있으나 세부적으로 어떻게 접근해야 하는가에 대하여는 잘 모르기 때문에 탈북자 사역을 쉽게 포기하는 경우도 있다. 탈북자 사역은 탈북자 사역 그 자체로 끝나는 것이 아니라 북한동포 전체에게 복음을 전하는 사역과 밀접한 관계가 있다. 어떤 면에서 탈북자 사역은 북한선교의 리트머스 시험지와 같다고 볼 수 있다. 탈북자 사역에 성공한다면 통일 이후 북한선교에 청신호가 켜질 수 있다.[413]

영안장로교회는 2007년 1월 13일 '송준호 외 2가정' 탈북자 합동결혼식을 개최했고, 다음 해 2008년 9월 양병희 담임목사의 주례로 영안장로교회 본당에서 제2차 탈북민 8가정의 합동결혼식이 거행되었다. 이날 행사의 후원은 통일부와 중랑구청이 주관하였고 행사에 참여한 인사는 정치인을 비롯하여 지역유지들도 함께 하였고, 영안교회 성도 500여명이 행사의 도우미로 혹은 축하객으로 참석해 그들의 결혼을 축하하였다. 그리고 영안교회에서는 결혼한 신랑, 신부들이 입을 예복과 시계를 선물로 주었으며 그 외 설악산 신혼여행의 모든 경비를 지원하였다. 당회장 양병희 목사는 주례를 통해 "아내와 남편은 사랑의 공동체임을 깨닫고 먼저 하나님을 잘 섬기고 다음은 어른들을 잘 섬기며 사회에서는 인정받는 사람들이 되기를 바란다"고 권면하였다. 영안장로교회 양병희 담임목사의 통일에 대한 염원은 "독재자는 미워해도 굶주린 백성들은 도와야 한다"는 간절함이 있다. 그리고 영안교회는 매월 월삭 예배 시 드려진 헌금은 통일시대를 준비하기 위하여 통일기금으로 예치한지 20년이 되고 있다.[414]

한국교회에서 북한선교는 현재 현실적으로 불가능한 일이다. 그럼에도 불구하고 성경에서는 "오직 성령이 너희에게 임하시면 너희가 권능을 받고 예루살렘과 온 유대와 사마리아와 땅 끝까지 이르러 내 증인이 되리라 하시니라"(행1:8)라고 명령하고 있다. 하나님 말씀대로 사마리아와 땅 끝, 북한에 왜 복음을 전해야 하는지 탈북자 복음화와 북한선교의 필요성에 대해 살펴보고자 한다. "그러므로 너희는 가서 모든 민족을 제자로 삼아 아버지와 아들과 성령의 이름으로 세례를 베풀고 내가 너희에게 분부한 모든 것을 가르쳐 지키게 하라 볼지어다. 내가 세상 끝 날까지 너희와 항상 함께 있으리라 하시니라(마28:19-20)" 라는 말씀은 전통적인 선교의 성경적 기본이다.

주님은 우리에게 먼저 '가라' 고 명하신다. 어떤 민족에게는 가고 어떤 민족에게는 가지 말라는 말이 없다. 복음을 듣지 못한 곳이면 우리의 의지와 상관없이 어디든지 가야하는 것이다. 우리의 땅 끝인 북한에도 복음을 전파해야 한다. 예루살렘과 온 유대와 사마리아 땅 끝까지 온갖 위험과 장벽이 도사리고 있는 지역도 가야 하는 선교지이다. 땅 끝과 같은 북한은 우리의 동족이지만 공산주의와 주체사상으로 무장된 사마리아와 같은 곳이고 정치적 이데올로기의 장벽이 있는 '땅

끝'이라 할 수 있다. 그 어떠한 것도 하나님의 말씀보다 앞서서 갈 수는 없다.[415]

"하나님이 자기 형상 곧 하나님의 형상대로 사람을 창조하시되 남자와 여자를 창조하시고(창1:27)"라는 말씀은 인간은 하나님의 형상대로 지음을 받는 거룩한 존재이다. 인간의 존엄성이 성경에 있음을 알 수 있다. 기독교 국가는 인간의 존엄성과 행복을 추구할 권리가 있는 자유민주주의 체제인 것이다. 북한 체제는 기독교와 양립할 수 없다. 인간의 삶을 유린당하는 북한 동포를 위해 우리는 북한 선교의 사명을 감당해야 한다.[416]

사도 바울은 민족 구원을 위하여 애타게 간구하였다. 바울은 이스라엘 백성의 구원을 위해서라면 자기 자신이 그리스도에게서 끊어져도 좋다고 말하였다. 우리는 미국 다음으로 선교사를 많이 파송한 선교 대국이지만 북한에 복음을 전파할 수 없는 어려운 환경에 처해 있다. 많은 한국 기독교인들이 북한 동포의 구원을 위해 큰 근심을 가지면서 큰 고통을 얼마나 느끼겠는가? 일부 기독교인들을 비롯한 일반 국민들은 어려운 환경에 처해있는 북한과 통일을 원치 않는다. 그것은 북한과 통일되면 함께 못 살게 될까봐 걱정이 되기 때문이다. 어쩌면 하나님은 잘 사는 남한보다 굶주림에 지쳐 있는 북한에 더 관심을 갖고 계실지도 모른다. 북한 동포들을 안타까이 여기는 주님의 마음으로 돌아가야 한다. 사도 바울처럼 동족을 진정으로 사랑하는 마음을 가지고 북한선교인 탈북성도 지원협력의 필요성을 가져야 한다.[417]

한국교회는 아무리 북한 선교 방법을 강구한다 해도 직접적으로는 불가능하다. 그렇더라도 한국기독교인들의 사명 중 하나는 고통 받고 있는 북한 동포들에게 복음을 전하는 일을 결코 외면해서는 안된다. 탈북자들은 북한의 체제 교육을 받고 온 사람들이고 북한에 두고 온 가족들은 체제 교육을 지금도 받고 있다. 그렇듯이 탈북자의 복음화 전략의 상당부분은 통일 이후 북한에 그대로 적용해도 될 것이다. 2000년 6월 현재 한국기독교총연합회 북한교회재건위원회가 발굴한 북한 지역에 재건할 교회는 총 3,040개로 추정하고 있다. 각 교단과 개 교회 차원에서 경쟁적으로 북한교회 재건 운동과 북한 돕기운동을 전개하고 있고, 선명회, 동북아한민족협의회 등과 같은 NGO 단체에서 북한에 식량이나 의료품, 의류, 농산물, 농기구 등을 보내는 지원 활동을 전개하였다.[418]

북한 선교의 방법은 중국에 나와 있는 탈북 주민들을 전도하여 한국에 입국을 도와주는 방법도 있다. 북한에 성경을 보내기도 하고 북한지하교회를 돕기도 한다. 중국교회 특히 조선족이 많이 출석하는 교회를 통해 북한선교를 하면 좋을 것이다. 한국교회는 중국교회를 통해 적극적으로 북한선교를 지원할 필요가 있다.

기독교 북한 방송을 통한 선교가 보다 효과적일 수 있다. 또 성경책의 반입이 불가능한 북한에 방송이 큰 선교 역할을 담당할 수 있다. 한국 사람이 북한에 들어가 선교활동을 펴기에는 현실적인 제한이 많다. 그렇지만 미국·캐나다·호주 등에 있는 해외 동포들이 세운 한인교회 교인들이나 외국인들은 북한에 가는 것이 한국보다는 유리하다. 의료선교회 등을 만들어 북한주민들의 의료사업을 지원하면서 하나님의 사랑을 실천하는 것도 좋은 방법이 될 것이다.

한국교회는 복음 평화통일을 위해 전 교회를 아우르는 탈북성도의 구체적인 기본 전략을 마련해야 한다. 그렇게 하지 못할 때 통일이 된다면 이단들에게 북한 동포들을 넘겨주는 우를 범할 수도 있다. 북한 선교는 각 교단과 교회가 연합하여 겸손한 마음으로 서로 협력하여 각 영역별, 지역별, 구체적인 북한 선교전략을 마련하도록 해야 한다. 아울러 영역별 북한선교 전문가와 북한교회를 재건할 기독교인들을 양성해야 할 것이다.[419]

남북한은 한민족이지만 체제와 이념이 전혀 다른 체제 속에서 반세기를 넘게 살다보니 사상, 이념, 정서 등의 현격한 차이로 인해 공감대가 형성되기가 쉽지 않고 이질감이 매우 심각하다. 그렇더라도 우리들은 복음을 그들에게 전해야 할 책임과 의무를 갖고 있다. 전도와 선교는 사람이 하는 일이 아니다. 사람은 단순히 하나님의 도구로 사용될 뿐 실제로 역사하시는 분은 예수 그리스도이시다. 우리 믿음의 선진들도 선교할 적에는 사막과 같은 장벽이 있었음에도 헌신함으로써 복음의 결실을 맺게 되었던 것이다.

북한 선교나 탈북자 전도를 하기 위하여 교인들을 대상으로 북한사회와 북한 주민과 탈북자들을 이해하고 공부할 수 있는 '북한선교 학교'를 교회 안에 운영할 필요가 절실하다. 이런 제도를 정착시킴으로써 복음평화통일운동이 전개될 수 있고, 탈북자 사역과 북한선교가 동시에 아름답게 이루어질 수 있는 것이다. 탈북자에 대한 사전 지식이 없이 탈북자 사역을 하게 되면 상호간에 상처를 줄 수밖에 없다.[420]

탈북자는 분명히 한민족이지만 김일성주의의 체제에서 오랫동안을 살아왔기 때문에 문화와 정서의 차이가 매우 심각하다. 남북한의 차이점을 이해하지 못하고 우리와 같은 민족이라 해서 북한에 대한 기초

지식이 없이 접근하면 서로 상처를 주고받는다는 것을 잊어서는 안 된다. 그러므로 탈북 사역은 사전에 많은 준비가 필요하다는 점을 목회자들이 먼저 인식해야 한다는 점이 여기에 있다.

　탈북사역은 한국교회가 일방적으로 선교 차원에서만 접근해서는 되면 안 된다. 탈북사역은 탈북자를 먼저 이해하여 주고 서로 돕고, 서로 배우고, 서로 나누는 공동체를 이루어 가려고 서로가 부단히 노력해야 할 사역이다. 한국교회는 탈북자들에게 도움을 줄 때 언제나 주님의 이름으로 섬기고 취하는 자세를 늘 견지하고 종의 자세를 진심으로 보여 주어야 한다. 탈북자가 교회에 나오면 먼저 무시하거나 가르치려는 선생님의 자리에 서려고 하지 말고 먼저 탈북자들의 마음을 보듬고 그들의 태도를 이해하고 내려놓으며 열려 있는 자세를 갖고 함께 동질성을 찾아가는 형제애를 보여 주어야 한다. 그들은 오랫동안 북한에서 김일성 학습을 받아 온 사람들이기에 강제성을 띤 학습이나 조직생활을 싫어한다. 그래서 탈북자들에게 성경공부를 시키거나 집사 등 직분을 부여 하면 교회를 쉽게 떠나는 경우가 발생하게 된다.[421]

　영안장로교회는 하나님의 마음으로 북한 땅을 바라보고 민족의 마음으로 북한 땅을 품어 한반도 평화통일과 북한선교의 주역이 되는 교회로 사역하고자 앞장서 왔다. 이를 위해 진행되는 대북 지원 사업을 다양한 분야로 확장하고 탈북자 지원 사업을 전문화해야 할 것이다. 2025년까지 영안평화통일재단을 설립하여 한반도 평화통일을 준비하고 통일 시대를 이끌 지도자 양성하기를 꿈꾸며 아울러 북한 100교회 개척을 위한 초석 마련을 위해 노력하고 있다.[422]

　북한선교의 가장 큰 문제는 한국교회가 탈북성도에 대한 이해가 많이 부족하다는 점이다. 한국교회는 탈북성도사역이 거의 부재인 상태이다. 또 북한 선교를 일부 교회가 담당하고 있지만 방향성이 없다는 것이다. 그렇더라도 교회내 북한 선교 관심자를 세워가야 한다. 북한 선교를 위해 중보기도자, 북한선교 후원자, 교회 내 북한선교 사역자를 배출해야 한다. 교회 내에 목회자가 탈북선교하기를 원하나 협력자가 없을 뿐만 아니라 탈북정책의 실행에 어려움이 상존하고 있다.

이런 경우에 평신도가 북한선교를 이해하고 동참하는 데는 많은 시간이 걸린다. 북한에 급변 상황이 발생한다고 가정해 볼 때 북한선교를 할 수 있는 사람이 필요한 것이다. 교회 내 복음 통일 관심자가 많아질수록 북한선교가 용이해질 수 있다. 따라서 한국교회 내의 탈북자 선교 지원 대책이 가장 큰 숙제인 것이다.[423]

한국교회는 북한선교를 현재 실질적으로는 할 수 없으므로 탈북자를 지원하여 북한 선교사를 양성하는 것이 급선무이다. 탈북자를 기독교인으로서 완전히 거듭나도록 하기 위해서는 삼위일체 하나님의 강권적인 역사가 있도록 기도해야 한다. 동시에 탈북자들에게 신앙교육을 철저히 해야 한다.

예수 그리스도의 하나님 나라의 복음은 본래부터 지배자의 소유물이 아니라 가난한 자, 눌린 자를 자유하게 하는 하나님의 영의 능력이다(사61:1-2, 눅4:17-18). 한국교회는 이제 한민족의 바램에 따라 복음을 새롭게 이해하고 북한 동포를 구원하는 일에 주력해야 한다. 한국교회는 소위 자유 서방에 밀착해서 민족분단을 지탱시켜온 분단과 반공 이데올로기를 진리라고 잘못 생각하고 있다. 변증법적으로 말하자면 서양은 한민족에게 복음을 전하고자 했으나 실패했으며, 이제 그 실패를

디디고 넘어서서 한국교회는 복음 전파를 한민족에게 다시 새롭게 전파하는 계기를 마련해야 한다. 하나님 나라의 복음의 초월성은 주어진 세계 문제와 무관하게 사후에 들어갈 피안(彼岸)의 천당이라는 비역사적인 환상을 의미하는 것이 아니라 주어진 세계의 문제를 극복하고 종말론적 구원으로 넘어가게 하는 적극적인 자유를 말한다.[424]

북한선교는 분단을 넘어서는 새로운 선교를 암시하면서도 지금까지의 기독교선교의 오류에 대한 비판적 분석과 반성을 말해 주지 않았다. 북한선교라는 말은 마치 북한만이 선교를 필요로 하는 피선교지인 것처럼 잘못 인식할 수 있다. 차라리 통일을 위한 한민족의 선교라는 말이 더 좋다. 이 선교의 주체는 한민족 전체를 말한다. 선교는 하나님의 선교이니 한민족 전체가 그의 복음을 새롭게 받아들여야 한다. 북한의 무신론은 극복되어야 하지만 자본주의의 물신상이라는 우상도 반드시 극복되어야 한다. 남한에서는 서양 자본주의 문명에 복음의 초월성이 권력구조에 예속되어 있다. 복음은 공산당과 이념을 초월하며 이것과 공존할 수 없다. 종말론적인 하나님 나라의 복음은 역사 내에서의 분단된 세계의 양편을 다 초월하며 분단을 넘어서는 새로운 미래의 가능성을 내포하고 있다.[425]

한국교회의 북한 선교이해 필요

한국교회는 성경적 통일 신학이 무엇인지 이해해야 한다. 성경적 신학의 바탕 위에서 한국교회의 북한 선교회에 대한 이해와 고민이 있어야 한다. 급변하는 국제 정세와 남북한의 정치 환경의 급격한 변화에서 복음 평화통일을 위한 북한선교의 과제가 무엇인지 깊은 고민을

해야 한다.[426]

우선 북한교회를 교회의 형태로써 보이는 교회와 보이지 않는 교회로 구분[427] 하자면 보이는 교회로써 봉수교회와 칠골교회가 있지만 이 두 교회는 보편적인 교회라고 말할 수 없다. 따라서 북한지역에는 현재로써 지하교회가 있지만 보편적인 교회는 있다고 말할 수 없다. 북한의 현실에서 북한의 방식대로 공인된 기독교는 조선 그리스도교 연맹이 있고 1972년 남북대화를 시작한 뒤에 생겨났다. 1988년 봉수교회가 세워졌고, 1989년에는 칠골교회가 세워졌다. 그리고 2002년 김정일 위원장의 러시아 방문을 계기로 합의한 러시아 정교회 소속의 정백성당이 2003년에 착공되었다.[428]

북한은 현재 약 14,000여 명의 신자와 500여 개의 가정교회가 있고, 3년 과정의 평양 신학원이 있으며, 2003년 3월에는 김일성종합대학 종교학과 졸업생 4명이 조선그리스도교 연맹의 주관 하에 모스크바정교회 신학교에서 수학하였다. 조선그리스도교 연맹은 1976년 WCC에 가입하기 위해 노력했으나 한국 측의 반대로 성사되지 못했다. 1986년 남북기독교 대표자들이 첫 만남(스위스, 글리온) 이후에 한국교회의 적극적인 추천으로 WCC 가입을 추진했으나 이번에는 북한 측이 스스로 현실(가입요건: 등록된 세례교인 25,000명 이상)의 벽에 부딪혀 가입을 못하고 있었던 것이다.[429]

교회의 신학은 기존 이념이나 체제와 동일화될 수 없다. 역사적 연계를 풀 수는 없으나 지배 체제를 초극하는 하나님 나라의 진리에 충실하는 교회의 모습을 지녀야 한다. 교회의 역사성과 사회성과 종말적 정체성의 두 측면인 것이다. 한국교회는 여기서 체제 비판적 생존이 가능하지만 북한 교회와 북한지하교회 및 조선그리스도교도 연맹은 우리들이 생각하는 그런 교회 기능의 생존이 현실적으로 전혀 불가능하다는 것을 인식하면서도 정통적인 교회가 되도록 지원해야 한다.[430]

이와 같이 북한교회는 '조선 인민민주주의 공화국' 속에 있어서 전혀 교회기능을 할 수 없는 교회의 존재인 것이다. 김일성 사회주의 국가내지는 그 체제 속에 위치하고 있어서 한 마디로 교회가 위치하고 있는 그 곳은 북한의 공공기관이나 다름이 없다고 말할 수 있다. 그러니까 교회가 어떻게 무엇을 위해 존재해야 하는지를 생각할 필요성이 없다는 결론에 이른다. 왜냐하면 북한의 공공기관과 조금도 다를 것이 없기 때문이다.[431]

북한은 종교를 아편으로 판단하고 있으므로 북한에는 신앙의 자유가 없고 선교의 자유도 없는 게 사실이다. 그렇다면 북한선교를 어떻게 지원할 것인가? 임현수 목사는 2015년 1월께 북한에 들어갔다가 연락이 끊겼으며, 같은 해 6월 북한 관영매체는 그가 기자회견에서 국가전복 음모 행위를 기도한 사실을 자백했다고 선전했다. 이와 같은 해 12월 북한 법원은 임 목사에게 무기노동 교화형, 종신형을 선고했다. 이번 임 목사 석방은 쥐스탱 트뤼도 캐나다 총리 특사단이 방북하면서 전격적으로 이뤄졌다. 임현수 목사는 북한이 31개월째 억류 중에 2017년 8월 9일부로 석방되었다. 아직도 북한에는 많은 선교사들이 억류되어 있다.[432]

현재 한국의 현실을 보면, 한국교회가 나서지 않는다면 복음평화통일운동을 전개할 곳이 없다. 한국교회에서 북한실정과 북한선교의 필요성 및 북한 재건에 대해 비전을 제시하는 통일교육을 하여 일꾼들을 양성해야 한다. 한국교회가 탈북자 지원방안을 다양하게 전개해야 한다. 하나님께서는 인간의 방법과 전혀 다른 방법으로 역사하실 수도 있다. 문제가 되는 것은 한국의 많은 목회자들이 북한교회에 가서 설교하려고 거금을 준다든지 김일성동상이나 시신 앞에 참배하는 것은 큰 문제가 발생할 수 있다. 북한주민들을 접촉할 때 공식적으로 전도하려 하지 말고 성심성의껏 조건 없이 도와주면 된다. 내가 예수 믿는 사람인데 당신과 당신 가족을 위해 기도하겠다고 조용히 말하면 상대방이 이해할 수 있게 된다. 북한기업을 한국교회가 도와주거나 학교, 병원, 고아원 등을 도와주어야 한다. 이때에도 도와준다고 너무 생색내서는 안 된다.[433]

북한과 접촉할 때는 현금을 주면 안 되고 일반주민들에게 도움을 줄 수 있는 물건을 주어야 한다. 또한 지금도 북한 지하교인들은 어려운 중에도 신앙생활을 잘 하고 있다. 한국교회는 33,523명이 넘는 탈북자들을 잘 돌보아 자립할 수 있도록 다양한 프로그램을 개발하고 적응하여 정착하게 하는 것이 통일시대를 준비하는 길이 된다. 한국교회와 교인들이 입으로만 1907년 평양 대 부흥을 부르짖을 것이 아니라 지금부터라도 북한 동포들을 구할 수 있는 구체적인 방법들을 강구해야 할 것이다. 2,300만 북한 동포들에게 복음을 전하기 위해서는 현재로써는 탈북자들을 통하여 철저히 준비해가는 방법 밖에는 없다. 북한선교는 세계선교의 마지막 고지인 것을 명심해야 할 것이다.[434]

그런데 한국의 많은 그리스도인들은 주 예수 그리스도가 주신 선교

명령을 교회가 복음을 선포하여 사람들로 하여금 종전의 종교를 버리고 주 예수 그리스도에 대해서 신앙 고백하여 영혼의 구원을 얻도록 하는 것, 즉 그것을 대행하는 예수의 주권에 순종하여 하나님 나라의 주권을 실현하고 확대하는 일을 하도록 포함한다는 것에 대해서는 이해하지 못하고 있다. 그리하여 그들은 교회가 자유, 정의, 평화, 환경, 문화 등을 도모하는 일을 두고 교회가 구령사업만 해야지 '사회참여', '정치참여', '문화운동' 등을 하는 것은 교회 본연의 임무에서 벗어나는 것이라고 배격하는데 이러한 편협한 선교적 이해는 복음 평화통일을 이끌어 가기 위한 신학적 연구가 안 되어 있기 때문이다.[435]

우선 한국교회는 탈북자 33,523명을 진정성 있게 지원할 수 있는 구체적인 프로그램을 개발하여 탈북자들에게 맞는 제도를 시행해야 할 것이다.

한국 교회에서 육성된 탈북자들이 통일시대의 북한선교사가 될 수 있도록 실질적인 교육훈련과 지원으로 대비를 철저히 해야 할 것이다.

CHAPTER 6_ 복음평화통일운동과 탈북자 선교

미주

403) http://www.unikorea.go.kr/unikorea/business/NKDefectorsPolicy/status/history/ (2018. 3. 2검색)
404) 조요셉, 『북한선교의 마중물, 탈북자』 (고양: 도서출판 두 날개, 2013), 18-19.
405) 조요셉, 『북한선교의 마중물, 탈북자』, 38-40.
406) 조요셉, 『북한선교의 마중물, 탈북자』, 44-45.
407) 조요셉, 『북한선교의 마중물, 탈북자』, 47-48.
408) 조요셉, 『북한선교의 마중물, 탈북자』, 49-51.
409) 조요셉, 『북한선교의 마중물, 탈북자』, 52-53.
410) 조요셉, 『북한선교의 마중물, 탈북자』, 59-60.
411) 조요셉, 『북한선교의 마중물, 탈북자』, 61.
412) 조요셉, 『북한선교의 마중물, 탈북자』, 62.
413) 조요셉, 『북한선교의 마중물, 탈북자』, 63.
414) 양병희, 『영안교회 30년사, 위대한 소명, 위대한 역사』 (서울: 영성네트워크, 2010), 357-358.
415) 조요셉, 『북한선교의 마중물, 탈북자』, 161-162.
416) 조요셉, 『북한선교의 마중물, 탈북자』, 163-164.
417) 조요셉, 『북한선교의 마중물, 탈북자』, 165-167.
418) 조요셉, 『북한선교의 마중물, 탈북자』, 219-220.
419) 조요셉, 『북한선교의 마중물, 탈북자』, 221-225.
420) 조요셉, 『북한선교의 마중물, 탈북자』, 83-84.
421) 조요셉, 『북한선교의 마중물, 탈북자』, 85-88.
422) 양병희, 『영안교회 30년사, 위대한 소명, 위대한 역사』, 400.
423) 이승재, 『교회 내 통일선교 하기』 (서울: 북방선교부, 2017), 40.
424) 박순경, 『민족통일과 기독교』, 181
425) 박순경, 『민족통일과 기독교』, 182-183.
426) 김영동, 『북한선교 어떻게 할 것인가?』, 60-61.
427) John Calvin, 『기독교 강요』, 김문제 역 (서울: 혜문사, 1982), 59.
428) 한국기독교 통일포럼, 『통일한국포럼』, 12.
429) 한국기독교 통일포럼, 『통일한국포럼』, 13.
430) 한국기독교 통일포럼, 『통일한국포럼』, 14.
431) 주도홍, 『독일 통일에 기여한 독일교회 이야기』, 63.
432) http://news.kbs.co.kr/news/view.do?ncd=3530900&ref=D(2018.5.9 검색)
433) 한국기독교 통일포럼, 『통일한국포럼』, 106-107.
434) 한국기독교 통일포럼, 『통일한국포럼』, 108-109.
435) 김세윤, "한국교회 문제의 근원, 신학적 빈곤", 강영안 외 『한국교회, 개혁의 길을 묻다』 (서울: 새물결 플러스, 2013), 27; 한안석, "교회기능의 활성화 방안에 관한 연구", 122에서 재인용.

제7부
한국교회의
복음 평화통일 전략

15
복음 평화통일과 한국교회 연합운동

한국교회의 복음 통일 기도전략

21세기 초 한국 공적신학의 문제들을 민족통일, 경제, 정치, 사회(자살, 이주노동자, 동성애), 국제(테러, 환경, 제3세계, 핵 등), 문화 및 과학(예술적 표현의 한계 등), 의학(안락사, 배아줄기 세포 등), 공공신학의 기초개념(정의, 힘, 인권 등) 등으로 구분했다. 앞으로 이런 이슈들은 계속해서 교회내외에 쏟아져 나올 것이다. 필자는 우선 다른 이슈는 차치하고 한국교회가 복음 평화통일을 위한 공적교회의 전략을 제시해야 한다고 생각한다.[436]

따라서 통일신학은 오늘의 역사적 현실 앞에서 가난한 자에게 복음을 선포할 기독교 선교의 본질적인 과제를 설정하고 실천해야 한다고 생각한다. 지금 우리는 지구촌에서 유일한 분단국으로 사상 초유의 기근과 생존의 위협에 직면한 북한과 대치 속에서 살아가고 있는 분단의 실정이나 이를 반드시 극복해야 한다.[437]

최근 평창 동계 올림픽에 북한선수단 참가 계기로 남북정상회담(3차례)과 북미정상회담 등을 개최하였다.

민족의 복음 평화통일은 기도와 회개운동이 우선되어야 한다. 기도

하는 마음과 회개하는 마음으로 우리는 북한주민들의 마음을 얻기 위해 지속적인 노력을 경주해야 한다. 북한주민들을 도와서 우리가 그들과 같은 동포이고 이곳이 자유와 풍요의 땅이며 그들의 미래가 있는 곳임을 알 수 있게 해야 한다. 교회의 본질이란 교회는 하나님께 속한 것이다. 교회는 하나님의 말씀과 성령의 피조물이다. 교회는 스스로 존재하거나 그 자신을 위해 존재하지 않는다. 교회는 복음 곧 하나님의 말씀에 기초하고 있으며 하나님의 말씀이 그 중심을 구성한다. 따라서 교회는 하나님의 말씀의 피조물이다.[438]

그렇다면 교회는 무엇을 해야 하는가. 평화와 화목의 주인공이 되어야 한다. 동독 라이프치히 니콜라이교회(Church of Saint Nicholas)가 독일 통일을 위해 20년간 기도회를 하면서 목사들이 제일 강조했던 말씀이 산상수훈 중 '화평케 하는 자'였다. 이 기도회를 통하여 1989년 경찰과 군인이 대치한 시위에서 총성이 없고 피 흘림이 없는 평화적 통일을 이룩할 수 있었다. 통일은 기도만으로 되는 것이 아니다. 통일을 위한 기도는 기본인 반면에 복음통일을 위하여 실천적인 노력을 중단 없이 집중하는 것을 우리에게 요구하고 있다.[439]

1989년 동독의 민주화 물결 가운데서 동독민중의 힘을 결집시킨 구심체는 앞에서 말한 동독 라이프치히 니콜라이 교회이었던 것이다. 이 교회는 매주 월요일 모인 "평화기도회"로써 8년 만에 동독 개혁의 불을 당긴 것이다.[440]

크리스치안 퓌러 담임목사가 시작한 이 월요 평화기도회는 동서독 땅에 핵이 새로 배치되어 사회적 불안이 컸던 1982년 초 사람들에게 마음의 안식과 평화를 기원하기 위하여 매주 월요일 개최되었다. 처음 몇 년간은 50명에서 1~2백 명 참가자로 인권, 환경, 평화 등의 주제로 기도회를 가졌다. 1989년 1월 17일 동독 공산당이 주최한 관제 집회, 도중 평화기도회 교인들이 "단일 정당이 베푸는 자유는 자유가 아니다."라는 플래카드를 펼쳐들고 시위를 벌이는 우발사태가 발생했다. 이 사태로 연루자 120명이 체포되고 이들은 14일 만에 석방된다. 이 사건을 계기로 월요기도회 참석자는 몇 천 명으로 늘어난다. 공안당국은 교회를 포위하고 검문검색을 강화했다. 그러나 9월에 접어들어 몇 만 명으로 늘어난다. 9월 11일에는 2만 5천 명이 모였고, 기도회 후에 처음으로 침묵시위 행진을 벌인다. 1989년 10월 9일 월요기도회 후 10만 명의 개혁요구 촛불 침묵행진은 드레스덴, 동베를린 등 전국으로 번져 나갔고 마침내 호네커 정권을 무너뜨린 것이다. 월요예배 참가자들은 월요예배가 끝난 후 오후 5시 경부터 우리는 구체적인 변화를 요구한다. 아니면 우리는 모두 떠날 것이다. "에곤은 물러가라"고 외치면서 시내 중심부에서 평화로운 시위를 벌였다.

라이프지히의 니콜라이교회당과 더불어 베를린 겟세마네 교회당은 동독 내 개혁운동의 거점이 되었다. 겟세마네 교회당에서는 매주 월요일 6시에 구속자를 위한 기도회가 열렸다. 교회당 건물 앞에는 "깨어나라 그리고 기도하라", "부당한 구속자들을 위한 기도"라는 현수막이 걸려 있고 출입구 앞에도 당시 유일한 재야 단체인 〈신광장〉(Neues Forum)의 합법화를 요구하는 서명이 있었다. 이 겟세마네 교회당은 1980년대 중반부터 정부 시책을 비판하는 성명을 발표하거나 월요 기도회 후에는 수십 명에서 2백 명에 이르기 까지 민주화와 개방화를 위한 평화적 시위를 해 왔다. 동독의 구속자 석방을 위한 월요 기도회는 동독정권의 어두움을 밝히는 "자유의 빛"이 되었다. 이처럼 동독교회는 동독 내의 반정부 집단인 〈신광장〉과 더불어 민주화 개방화를 요구하는 대정부압력의 중심지이며 동독 내 민주화와 시위의 진원지가 되었다.[441]

이와 같이 동독교회는 위대한 교회이다. 왜냐하면 동독교회는 1968년 동독정권이 새 헌법으로 신앙의 자유를 고사시키려 할 때 교회를 지켰다. 사회주의 속의 교회인 동독교회가 위치한 현장에서 어떠한 고난 가운데 있는지 보여주고 교회가 무엇을 해야 하는지를 제시하며 교회가 무엇을 위해 이곳에 존재하는지를 보여 주는 교회였다.[442]

무신론주의 사회주의 아래에서도 교회는 복음진리를 말하고 실행에 옮길 수 있는 공간을 가지고 있었다는 점이 기적인 것이다. 동서독 교회 사이에 맺어진 '특별한 유대관계'는 동독 개신교연맹이 1969년 출범하게 되었을 때, 자신들의 교회법 4조 4항에서 '동독과 서독의 개신교회들이 각자의 기관을 통하여 동반자적 자유를 가지고 함께 만남'을 위하여 특별한 유대관계를 명시함으로써 공식적으로 쓰이게 되었다. 여기서 특별한 유대관계는 신앙의 자유를 압박해 오는 동독 정권을 향한 선언의 성격이었다. 동서독 교회는 이러한 선언에 그치지 않고 특별한 유대관계를 지속적으로 유지시키기 위하여 자문단과 협의단을 구성·운영하여 이 모임은 두 교회의 공식모임을 활성화시켜 독일 통일이 이루어지는 순간까지 계속되었다.[443]

그렇지만 남북한의 기독교 환경의 토양은 전혀 다르다. 김일성은 "종교는 반동적이며 비과학적인 세계관입니다. 사람들이 종교를 믿으면 계급의식이 마비되고 혁명하려는 의욕이 없어지게 됩니다. 결국 종교는 아편과 같은 것이라고 말할 수 있습니다"라고 언급된 바 있다.[444]

　북한의 이러한 입장은 철저히 주민들에게 주입되었고, 한국전쟁을 거치면서 반종교적인 입장은 보다 강화되었다. 북한의 반종교정책의 변화는 1970년대 들어오면서 찾아오기 시작했다. 1972년 남북적십자회담과 7·4남북공동성명을 통해서 북한은 종교의 자유가 보장되는 것처럼 선전하여 국제사회와 교류 및 협력과 같은 정치적 목적을 달성하는 도구로 종교를 활용하기 시작했다.

　1980년대 종교를 본격적으로 정치적 수단으로 이용하기 시작했고, 1990년대 핵개발로 인한 외교적 고립과 자연 재해 등 식량난이 심화되면서 북한의 대량 탈북으로 중국내에 탈북자들이 자연스럽게 종교를 경험하게 되고 북한으로 돌아가거나 송환되면서 비공식 종교 활동이 발생하고 있다.[445] 이렇게 동서독과 남북한의 기독교 환경은 전혀 다른 것이다. 남북한이 그럴지라도 성령님에게 이끌린 교회와 성도로서 조국 통일에 대한 책임감을 통감하고 한민족의 복음 평화 통일을 위해 기도해야 한다. 그러기 위해서는 목회자와 온성도가 분단된 민족을 위해서 회개와 기도운동을 계속해야 한다. 우리 동족이 굶어죽고 자유와 인권도 없이 노예생활을 하며 살아가고 있는 것이 북한실정이다. 북한 동포의 해방과 복음 평화통일을 위해 한국교회는 계속 기도해야 한다.

　한국교회가 복음 평화 통일을 위해 계속 기도해야 할 이유는 아래 사항을 살펴보면 더욱 더 알게 된다. 한국은 일제 강점기로부터 해방이(1945.8.15.)되자마자 남북이 분단 된지 2020년 현재 75년이 되었다.

CHAPTER 7_ 한국교회의 복음 평화통일 전략

남북 분단이 장기화되었지만 한민족의 저력으로 봤을 때 남북한이 평화통일이 될 경우 선진국으로 도약(跳躍)하여 선교강국이 될 수 있는 가능성이 충분히 있다. 한국 경제규모는 장기간의 분단사 속에 6.25 전쟁으로 인한 국가의 폐허를 딛고 세계경제 규모 10위권의 경제 발전을 지속하고 있다.[446] 이렇게 우수한 한민족이 만일 평화통일이 된다면 세계의 선교강국이 될 것이 확실하다고 기대가 된다. 2005년 골드만 삭스가 발표한 자료에 의하면 "한국이 통일이 되었을 때 30~40년 사이에 G7의 모든 나라들, 곧 미국을 제외하고는 일본, 영국, 독일, 프랑스를 다 능가할 것"이라고 발표를 한바 있다.[447]

한국은 민족공동체 통일방안[448]과 이에 따른 대북사업 추진 및 남북 정상회담이 세 차례(2000년, 2007년, 2018년) 있었지만 남북관계는 별로 발전이 없었다. 하지만 낙망하지 않고 복음 평화통일의 미래에 희망을 걸 수 있다. 우리 조상들은 일제 말기에 많은 지도층들이 '일제로부터 독립은 환상'이라고 보고 서슴지 않고 친일을 하였으나 선각자들은 독립은 반드시 온다는 믿음으로 독립운동에 앞장섰다고 한다. 우리 믿음의 선조들이 모든 것을 희생하며 독립을 쟁취한 것처럼 한국교회도 복음 평화 통일운동에 앞장서는 것이 당연한 것이다.[449]

특히 2017년 말 핵전쟁의 위기설이 농후한 가운데 평창 동계 올림픽(2018.2.9.~2.25, 92개국 2,925명 참가)[450]과 평창 동계패럴림픽(2018 .3.9. ~3.18, 50개국 1,400여명 참가)[451]을 성공적으로 치르게 해달라고 2017년 11월 12일 잠실종합운동장 올림픽 주경기장에서 한국교회 7만 여 성도가 모여 핵과 전쟁의 위협에서 민족을 구원해 달라고 하나님께 간절히 기도하였다. 이후 북한 선수단도 평창 올림픽에 참가하였고, "남북정상회담(2018년 4월 27일)에서 비핵화 선언이 나왔다. 하지만 북한이 핵을 정말 버릴 것인가 하는 문제는 국제정치를 볼 때 핵실험에 성공하고 핵을 버린 나라는 지상에서 없다는 점을 상기해 볼 때 아직은 낙관할 수 없는 것이 현실이다. 더욱이 리비아라는 반면교사가 있기 때문에 북한은 핵을 포기하기 어렵다. 북미정상회담(6월 12일) 이후 트럼프 대통령과 공화당은 철저하게 검증을 하자고 하였다.'[452]

'과연 북한이 핵을 포기할 수 있을까? 시간을 확보해 대북제재를 피한 상태에서 핵미사일 개발을 더욱 고도화할 가능성도 있다. 고도의 선전으로 북한이 평화국가라는 이미지를 세계에 알리는 전략을 쓰지 않을까 생각한다.'[453] 북한의 '비핵화는 남북정상회담과 북미정상회담에서 가장 중요한 주제였다. 이 문제를 북한이 어떻게 풀어나가느냐에 따라 북한이 현재 맞닥뜨린 경제문제를 손에 쥐게 될 것이다.'[454] 저자는 남북미의 이러한 상황을 판단해 볼 때 한국교회가 간절한 기도이외에 다른 방법이 없다고 생각한다. 통일신학이 이 때 필요한 것이다. 한국교회가 복음 평화통일을 위해서 먼저 진정으로 회개하고 하나님을 찾아 하나님의 응답받는 때를 기다려야 한다.[455]

한국교회 연합과 복음통일 운동

한국교회는 장로교, 감리교, 성결교, 오순절 등 교파가 160여 개가 있고 장로교만 해도 300여 교단이 있다. 이에 따라 진보와 보수 교단으로 분열되어 한국기독교총연합회와 한국기독교교회협의회와 한국기독교연합으로 되어 있다. 우리 한국교회는 135년 간 양적으로 급성장을 하였음에도 불구하고 민족의 분열에 통감하면서도 가시적인 복음통일정책의 실천 사항은 없다.

한국교회의 복음 평화통일연합운동은 앞에서 언급했지만 많은 분열을 가져왔던 한국교회처럼 수없이 분열된 교파의 논리를 가지고 접근하게 된다면 현 상황에서 많은 문제가 발생할 수밖에 없다. 한국교회 보수주의적 정통주의 신학이든 한국교회 진보주의 신학이든 문화대화적 토착 신학이든 신학이론을 가지고 교단 간에 논쟁을 할 것이 아니라 한민족의 평화통일운동만큼은 한국교회가 연합해서 추진해야만 복음평화통일의 효율성을 확보할 수 있는 것이다.

복음 평화통일이론에 있어서 신학이론만 가지고 접근해 갈 수는 없다. 통일문제를 보수진영, 진보 진영 등 이렇게 분리해서 추진할 수 없는 것이다. 신학만으로 통일문제에 절대로 접근할 수 없는 이유는 국가 안에는 말할 수 없는 각종체제가 존재해 있기 때문이다. 그 중에서 정치체제만큼은 교회차원에서 신학적 이론을 가지고 접근할 수 없다. 혹시 현대가 신정국가라면 정교분리가 되어 있지 않기 때문에 가능할 수도 있겠다.

한국 진보주의적 신학은 세속화신학, 신의 선교신학, 민중 신학 등으로 발전을 가져왔다. 민중 신학에서 민중이 누구인가? 라는 질문에 대하여 일반적으로 가난한 자, 눌린 자, 멸시 받는 자, 고난 받는 자, 소외당한 자, 병자, 즉 복음서에 나오는 오클로스, 미가서에서 말하는 '내 백성' '암 하아제츠' 등을 의미한다고 한다. 예수는 자기를 이들과 동일시하고 그 민중의 해방을 선포했다는 것이다(눅4:18). 따라서 민중 신학은 민중을 역사의 주체로 보고 있으며 이들의 소리를 하늘의 소리로 듣고 있다. 성경을 어떻게 해석하느냐의 차이를 가지고 신학자들 간에 논쟁은 될 수 있겠으나 복음 평화통일 현장에서는 진보와 보수 논쟁으로는 평화통일을 이룰 수 없다. 같은 진보주의 신학 계열에 속하는 신학자들의 부정적인 비판이다. 가장 강한 비판은 성서신학자 전 경연 교수는 민중 신학은 민중운동이지 신학일 수 없다는 입장이다. 필자가 말하고 싶은 것은 신학의 논쟁을 말하고자 하는 것이 아니라 평화통일문제는 적화통일이 아닌 자유민주주의에 입각한 평화 통일로 보수진영과 진보진영 등 모든 이념과 계층 등을 초월하여 대 단합함으로써 복음통일운동을 전개해야 한다고 보는 것이다. 복음평화통일운동에는 원칙이 존재한다. 남북한간에 무력 전쟁이 없는 복음평화통일이라야 한다. 한국교회는 보수진보연합으로 함께 올바른 복음평화통일을 전개해 나아가야 하는 이유가 여기에 있다.[456]

한국기독교교회협의회는 1988년 2월 29일에 "민족의 통일과 평화에 대한 한국기독교회 선언"이란 역사적인 선언을 발표하였다. 이 선언은 통일을 실현하기 위한 한국교회의 과제로 "1995년을 '평화와 통일의 희년'으로 선포"하고 이를 실현하기 위한 운동의 일환으로 다음과 같이 "평화통일기도주일을 설정하고 예배의식을 개발한다"라고 하였다.

이 예배의식에는 통일을 위한 기도, 분단의 죄책고백, 소망과 결단, 분단의 희생자들과 분단민족을 위한 중보기도, 민족화합을 위한 신앙고백, 말씀선포, 찬송과 시, 평화와 화해를 위한 성례전 등이 포함된다.

민족의 통일과 평화에 대한 NCC의 선언은 세계기독교공동체의 호응을 받아 같은 해 4월에 인천에서 열렸던 세계기독교 한반도 평화 협의회에서 그 메시지를 통해 한국 NCC의 1995년 통일평화희년 선포를 적극적으로 지지하고 "세계 기독교공동체가 남북한 기독교인들과 같이 평화적 통일을 위해 '함께 기도하는 날'을 연례적으로 가질 것과 이 기도 일을 해방절인 8월 15일 직전 주일로 제안한다."고 하였다. 이 제안은 같은 해 11월 23~25일에 세계교회협의회가 주선하여 스위스의 글리온(Glion)에서 가진 모임에서 남북한 교회 대표들이 받아들이기로 합의함으로써 8.15 직전 주일을 평화통일공동기도 주일로 제정하게 되었다.[457]

남한교회에서 11명, 북한교회에서 7명의 대표들이 참석한 이 모임에서 채택한 한반도의 평화와 통일을 위한 글리온에서 가진 모임으로 남북한교회는 남한교회에서 제안한 1995년 통일희년선포와 통일평화공동주일을 받아들이기로 합의하였다.

이 합의에 의하여 남북교회가 합의한 공동기도문으로 남북교회가 한 자리에 모이지는 못하나 각기 남북에서 같은 날, 같은 시간에 같은 주제로 평화통일주일로 지켰다. 최초의 평화통일주일로 지킨 것은 1989년 8월이었다. 이것은 역사적이라 할 만하다. 그것은 민족분단으로 하나였던 한국교회가 분단된 이래 처음으로 이러한 형식으로라도 함께 예배드린 공동기도주일이었기 때문이다. 그 후 해마다 8.15 직전 주일에 평화 통일을 위한 남북공동기도주일로 지키고 있는 교회가 있다. 민족의 염원인 통일이 될 때까지 이 땅의 모든 교인들이 기도와 실천적 생활에서 통일을 실천해 우선 마음의 통일을 이루어 나아가야 할 것이다.[458]

1945년 8.15해방은 민족 자주에 의한 해방은 아니었던 것이다. 제2

차 세계대전 이후 세계질서 재편 과정에서 '패전국의 의미'는 승전국의 전리품인양 처리되었고 해방은 미소 열강의 신탁통치라는 미명하에 분단의 이름으로 깨어지고 결국에 한반도는 동서 냉전체제의 희생양이 되었던 것이다.

남북분단은 얼마 가지 못해서 6.25전쟁이라는 참혹한 동족끼리 피바람과 피 흘리는 현장을 스스로 만들었고, 그 이후 남북 양 체제는 군사문화의 경쟁, 안보 이데올로기의 강화 속에서 인권과 자유를 유린하고 서로 극단적인 반목과 적대를 조장하면서 증오와 단절의 정서를 문화 전반에 걸쳐 형성하게 되었다.

미·소(구)를 중심으로 한 외세의 주도권 하에 대외적으로 종속, 대내적으로 독재라는 구조 악에 사로 잡혀 분단의 골은 갈수록 깊어만 갔고 안팎의 갈등은 더욱 심화되었던 것이다. 그러나 탈냉전 시대로 가는 세계사적인 추세와 민(民)의 민주적인 의식 및 운동의 성장과정에서 분단은 민족의 제 모순을 떠받치고 있는 근본적인 모순으로 인식되었고, 통일은 필수적으로 실현되어야 할 민족사적 과제로 확인되었다.[459]

선교의 주체이신 하나님은 모든 차별과 편견, 소외와 억압을 뚫고 만민, 즉 모든 인간을 구원하시려는 분이다. 한국교회는 7.4남북공동성명의 3대 원칙인 자주, 평화, 민족대단결을 계상하면서 인도주의 원칙과 민(民)의 참여라는 원칙을 추가로 제시하였고, 세계교회와 연대하여 분단 극복과 통일의 문제를 협의하고 실천적인 참여를 위한 노력을 계속하고 있다.

한국기독교협의회는 1988년 2월 29일 제37차 총회의 '88선언'에서 해방 50년이 되는 1995년을 평화와 통일의 희년으로 선포하고 매년 8.15직전 주일을 평화통일주일로 지킬 것에 합의하여 평화통일을 위한 일환으로 예배 공동체적인 삶을 구현하는데 큰 의미가 있는 것이다. 한국교회는 연합으로 평화통일예배를 위한 교회학교 영아·유치부 예배, 초등부 예배, 중고등부 예배, 청년부 예배, 장년부 예배 등 예식서를 제작하여 평화통일의식을 고취하여야 할 것이다.[460]

남북한은 75년 분단 역사 동안 이질화가 너무 심화되었다. 복음평화통일은 말로만 이룰 수는 없다. 복음 평화통일을 위해 하나님께 예배를 드리고 동시에 기도로 부르짖고 그 기도가 다 찼을 때 하나님께서 응답해 주신다고 믿는다. 그리고 평화통일 주일예배를 드림과 동시에 복음평화통일을 위한 실천적 노력을 집중해야 한다.

한국교회의 국가에 대한 비전은 복음 평화통일이라고 생각한다. 한국교회는 평화통일문제를 말하기 전에 먼저 세상의 빛이 되어야 한다. 빛은 매우 능동적이다. 빛의 역할은 어둠을 몰아내는 것이 사명이다. 그런데 한국교회는 문제에 억눌려 헤어나지를 못하고 있다. 한국교회의 문제는 평화통일문제와 동시에 비전을 품고 처리해야 할 과제인 것이다. 어둠이 빛을 추방하는 사례는 없었고 앞으로도 있을 수 없는 것이다. 이러한 원칙 속에서 한국교회는 정부의 통일정책 추진과 함께 나아가야 함은 당연한 논리이다. 그렇다고 정부의 눈치만 보는 한국교회 대북정책을 수립해서는 한 걸음도 걸어나갈 수 없다. 북한사회의 개방화 및 통일정책에 상응해서 거기에 맞는 현실적인 대북정책을 추진해야 한다. 해외 한인교회와 협력하게 되면 얼마든지 가능하게 되는 일이다.[461]

우리사회는 자유민주주의 체제의 우위성을 근거로 사회주의 내지 공산주의 사상에 대해 전향적인 과감한 개방정책을 추진해야 한다. 자유민주주의 체제의 강점은 사상의 자유, 비판의 자유, 양심의 자유 등이라 할 수 있다. 우리 사회는 '종북파'[462]라는 말이 정치권뿐 아니라 일반사회에서도 유행어와 같이 난무하고 있다. 금방이라도 나라가 북한 체제 속으로 들어갈 것처럼 우려하는 목소리가 있다. 우리 사회는 근 30년 동안 우익의 장기집권 체제 아래서 각종 반독재 민주 인사를 용공분자로 처벌한 매커니즘의 경험을 하여 왔기 때문이다. 그래서 공산주의는 음지에 기생하게 되었고, 이 음지에서 자생한 공산주의가 호기심과 동경의 대상으로 운동권 학생과 청년들 사이에 극소수이긴 하나 누룩처럼 번지고 있는 것도 사실이다.

공산주의라는 곰팡이는 억압해서 없어지는 것이 아니라 우리 사회가 완전히 사상적으로 개방되고 자유화되어 건강한 민주사회가 되면 마치 햇볕 아래서 스스로 사라지듯이 소멸되는 것이다. 정부는 북한의 출판물, 선전물, 신문, 방송, TV까지 단계적으로 공개하고 전향적이며, 과감한 개방정책을 추진하여 북한이 좋다고 판단되는 국민은 북한으로 이주해 살아보고 다시 돌아올 수 있는 방안도 고려해야 한다. 한국교회는 어떤 문제라도 앞장서서 때로는 정치 교육도, 통일평화교육도 앞장서서 중점적으로 실시해야 할 필요가 있다.[463]

한국교회 성도는 평화통일을 위해서 인간이 만든 인간의 법과 하나님께서 주신 하나님의 법이 충돌할 때 생명의 위협이 있다 해도 하나님의 법에 순종해야 한다는 것이다. 하나님의 법에 순종하며 말씀의 원칙을 따르다가 비폭력투쟁을 전개하던 중에 결국 순교하게 되었던 킹(Martin Luther King) 목사는 금세기가 낳은 선한 목자였다. 평화통일운동도 이런 비폭력운동이 필요한 것이다.[464] 우리나라 민주화운동 당시 개신교는 철저히 진보성향과 보수진영으로 분리되어 진보측은 민주화운동에 참여하였고 정치 민주화 발전에 기여했다는 것을 누구도 부인할 수 없다.

여기서 민중이란 무엇인가? 민중의 개념을 한 마디로 정의하기는 어렵다. 민중이 살고 있는 그리고 민중이 창조하고 있는 역사나 사회구조 속에서 엮어지는 그들의 이야기에 의해 그 모습이 결정되기 때문이다. 즉 부족 사회, 봉건사회 그리고 근대사회에 있어서 민중의 이야기와 모습이 다르기 때문에 민중에 대한 진정한 객관적인 정의는 있을 수가 없다. 그렇지만 한국 현 상황에서 말하는 여러 견해들을 종합해 본다면 민중이란 말은 적당히 만들어 낸 것이 아니고 시대와 사회를 배경으로 쓰여 졌고 민중이란 말의 근간은 중민, 민서, 서민, 인민하면서 "민"을 통치자와 피통치자의 관계에서 개념을 형성했고, '중'도 단순히 다수가 아니고 평등을 요구하고 실현하고자 하는 집단을 의미했다.

민중이란 말은 피지배자의 지배자에 대한 움직임을 의미하는 것인데 민중이란 말이 아니고도 이미 투쟁의식의 사람들 사이에서 다른 말로 쓰여 오기도 했던 것이다. 그런 과정을 배경으로 한 오늘 '민중' 개념이 어느 정도 이해될 수 있는데 누구까지를 민중으로 보느냐에 따라 다소 차이가 있을 수 있다. 민중과 통일신학을 논하면서 '민중' 개념에서 반드시 짚어야 할 것이 있다. 민중이란 공산당에서 즐겨 쓰는 유물사관에 의한 새 사회의 역사의 주체라는 프롤레타리아가 아니어야 한다. 통치자에게 무조건 복종하고 순종하는 자세의 백성도 아니다. 서구적 개념인 '민'도 아니다. 정치적 주체성이 없는 대중도 아니다. 아울러 정치, 경제, 사회, 문화적으로 우주 만물과 인간과의 관계까지도 새롭게 되기를 원하여 생동하는 실체라는 것이다.[465]

한국교회는 민중운동을 이해해야 할 필요가 있다고 생각한다. 이 민중운동은 성경이 가르치고 있는 예수 사랑의 범위 안에서 허용되어야 한다. 북한 동포를 위한 예수 그리스도의 사랑, 그 조건 없는 사랑의 인내 어린 실천이다. 독일교회가 보여 주었던 무조건적 지원만 했던 사랑을 배우고 실천해야 한다. 이렇게 하는 것이 공산 독재를 막는 방법으로써 가장 좋은 방안이라고 판단한다. 요즘 자주 종북 좌파니 하는 유행어라고 할 정도로 많이 떠돌고 있는 판국에 우리 주변사회에서 공산주의를 더욱 경계해야 할 필요가 대두된 것이다.[466]

20세기가 시작될 무렵 제정 러시아는 침울했다. 임금과 귀족과 대지주들은 궁궐에서 호화찬란한 생활을 하고 있음에 비하여 일반백성들은 겨우 생계를 유지했고 농민들은 반노예상태로 굶주림에 허덕였고, 도시에 사는 노동자들은 하루 12시간부터 14시간씩 일해도 생계가 어려워 불평과 불만이 터질 수밖에 없었다. 그 때 상트페테르부르크에서 가장 오래되고 가장 큰 중공업 공장인 푸틸로프 기관차 공장의 노동자들이 가퐁 신부의 주도 아래 기업에 대해 몇 가지 온건한 요구안을 작성해서 기업에 제출했으나 기업주가 이들을 해고해 버리자 그 공장 전체 노동자가 파업을 벌이고 20만 이상의 노동자들이 가을 신부 지도하에 나갔으나 500명을 총칼로 죽이고 3,000명이 부상당했던 것처럼 당시 민중들의 권익보장의 호소는 너무나 비참했다.

노동자들은 노동자들대로, 중산층은 중산층대로서 무장을 하여 죽이고, 죽고 하는 혼란이 계속되는 때 간교한 공산당 선구자 레닌의 유혹에 속아 공산화가 되고만 역사는 민중들의 외침에 교회가 어떻게 해야 할 것인가를 일찍이 교훈 했다. 지금도 호시탐탐 노리는 공산주의자들의 목표는 자본주의 모순이라 할 수 있는 부익부 빈익빈의 격차인 것을 알고 있다. 이때 교회는 자본가들을 깨우쳐서 못가진 자들의 호소에 부응하도록 활동을 해야 한다. 그래서 민중 신학의 역할은 매우 중요한 것이다. 여기서 말한 민중은 국가나 사회를 구성하는 일반 국민으로서 자유민주주의와 시장경제를 원칙으로 하는 것이다.[467]

공산주의자들은 모두 무신론자로 알려져 있기 때문에 기독교와 도저히 화합할 수 없는 것이다. 여기서 말한 민중은 '하나님의 참 백성'이 되어야 한다고 정의하는 것이 가장 바람직하다고 본다. 즉 성경 개역개정판에서도 '백성'(신 20:1), '무리'(마 14:5)로 번역했다. 한국교회가 이 세상에 타락의 모습을 보일 때 공산주의자들은 독버섯처럼 알게 모르게 각 곳에서 자라가고 있는 것을 인식해야 한다.[468]

민중 신학이 본질적으로 통일신학과 관련된 것은 아니다. 단 민중이 통일의 주체가 되어야 한다는 점에서 1980년대 통일 논의에서 민중 신학이 의미를 갖고 있다는 것이다. 통일신학은 민족문제에 더 치중하고 민중 신학은 계급문제에 깊은 관심을 가지게 된다. 민중 신학은 1970년대 남미의 해방신학이 등장한 것과 무관치 않다는 것이다. 해방신학은 남미의 사회경제적 계급모순의 상황에서 출발하여 종속이론을 통하여 경제적 식민지하에 대한 비판적 의식을 통해서 민족문제에 접근하게 된다.

그래서 해방신학은 기본적으로 계급적 모순에 대한 맑시즘적 관점에서 성경을 해석하였던 것이다. 한국의 민중 신학의 기본적 관점은 한 걸음 더 나아가 한국적 상황에서 민중을 부각시킨 것이라고 하겠다. 민중 신학의 성경 해석은 예수 사건을 신학적 문맥이 아닌 사회경제적 문맥에서 그와 같은 방식으로 천착(穿鑿)하려고 하지만 사실 이런 성경 해석은 오류를 발생할 수 있다. 예수의 죽음과 부활사건은 21세기에도 일어날 수 있는 사건이 되고 오늘 한국에서도 민중의 죽음과 벗에서 일어날 수 있는 구조를 갖게 된다. 민중 신학적 성경해석은 사회경제적인 민중을 신학적 주제로 더 강화하는 셈이라 할 수 있겠다. 신약 성경 복음서의 예수 사건은 드러난 하나님의 승리에 대한 초기 기독교 공동체의 해석과 실천을 반영하고 있을 뿐이다. 예수 사건을 민중의 승리의 이야기만으로 생각할 수 없는 것이다.[469]

한국교회의 복음통일운동 체계 확립

한민족의 복음 평화통일을 위해서는 한국교회 단독으로 수행해서는 안된다. 한국교회는 정부와 주변 4강과 관련 시민단체 및 시민들의 지대한 협조가 반드시 필요한 것이다. 평화통일운동은 정부와 시민 단체, 한국교회와 시민의 협조를 필요로 한 것이다. 그래서 한국교회는 아래와 같은 사항을 이해해야 한다.

첫째, 복음의 역사성을 이해해야 한다. 복음의 역사성이란 그리스도인들이 각자가 처한 상황에서 하나님이 어떻게 부르시는가를 깨우치기 위한 매우 중요한 기준이라고 할 수 있다.[470] 그렇다면 굶주리는 북한 동포를 돕는 일은 2000년대 초에 처한 우리 한국 그리스도인들의 집단이 구주 예수 그리스도로부터 받은 소명 중의 하나임이 분명하다. 이 시대에 이만큼 현존하고 명백한 문제가 어디 있겠는가. 온 세계가 이 문제에 관심을 가지고 있으며 한국교회의 역할을 기대하고 있다. 아니 저명한 한국교회의 모범을 기대하고 있다. 아무리 부정하려해도 소용없다. 더구나 굶주리는 형제를 구원하는 일은 그리스도인들이 가장 먼저 해야 할 일중의 하나인 것이다. 북한 동포들이 우리들의 원수는 아니다. 어디까지나 동족이며 함께 통일을 이루어야 할 대상이다. 하물며 성경은 네 원수를 사랑하고 그가 굶주릴 때 먹이라고 말씀하셨다.

둘째, 진실성에 대한 이해를 증진할 필요가 있다. 북한 당국은 김일성의 사망 3주기를 맞아 방대한 사업을 벌였다. 한국정부의 추계에 따르면 거의 2천 7백억 원에 해당하는 예산을 낭비 하였다고 한다. 만일 이 사회가 식량이 바닥날 지경에 이르렀다면 어찌 이러한 일이 쉽게 일어날 수 있겠는가. 그러나 거의 모든 객관적인 소식통들은 북한의 식량난은 진실이며 쉽게 해결될 기미가 보이지 않는다는 것이다. 국제 구호 단체들이 가져오는 소식과 사진들은 북한 동포들이 얼마나 굶주림에 시달리고 있는지를 잘 보여 주고 있다. 그렇다면 도대체 무엇이 진실일까? 그래도 유엔기관의 소식통들의 정보를 들으면 좋을 것 같다. 한국 정부 내의 일부 강경파들과 보수층은 한국민들의 북한동포돕기가 북한 정부의 붕괴를 지연시킬 것이라고 생각하는 것 같다.[471]

그래서 북한 정부에 도움을 줄지도 모르는 식량지원을 감소시키

위해 통계를 심하게 왜곡시키는 경향이 있다. 북한 당국은 1백억 달러 이상을 낭비하는 핵무장을 추구하는가 하면 굶주리는 배를 채우는 데 백해무익한 김일성의 우상화 사업에 몰두하고 있다. 진실의 수중에 있어서도 '퍼주기' 론은 타당치 않다. 정부와 여당은 지난 3년간 2억 달러를 제공했다고 주장하고 야당은 7억 달러를 제공했다고 주장한다. 그러나 적십자사의 지원금 사회단체의 지원금까지 정부의 대북지원으로 확대해석하는 태도는 바람직하지 않다. 설사 7억 달러를 정부가 지원했다 해도 정부 예산 규모로 봐서 큰 금액은 아니다. 현재 우리나라의 GDP가 대략 4천억 달러이고 정부 예산은 약 800억 달러이다.[472]

셋째, 한국교회의 정치지향성을 지양해야 한다. 제1공화국과 밀착하여 정경유착의 전형을 보여 주었던 기독교계의 형태에 대한 반성은 이미 수차례 지적된 바 있지만 이러한 현상은 이후 한국교회의 전통과 관례가 되어 많은 문제를 양산하게 되었다. 특히 한국교회에서는 한국전쟁을 전후한 시기에 새로운 문제점들이 부각되었다. 그것은 체제 수호와 국가 안보라는 절대 명제 앞에서 편향된 반공이데올로기를 가지고 상대방을 용공주의자로 몰아붙이는 메커니즘적인 풍토가 교회 안에서도 나타났다는 것이다. 해방 후부터 신사참배자들의 자숙과 한국교회의 개혁을 주장하던 경남 노회에서는 총회 측에 항의하여 1951년 7월 국회의원 22인의 명의로 된 「기독교와 용공정책」이라는 유인물을 통해 "한국장로교회는 용공단체이다"라는 주장을 하기에 이르렀다. 이러한 색깔 논쟁은 사실 여부와 관계없이 후일 교계에서 '보수세력' 들이 '진보세력' 들을 공격하는 명분으로 사용되기도 하였지만 오히려 교회 안에서 보다 밖에서 더 큰 영향을 미쳤다.[473] 5.16후 30년간이나

CHAPTER 7_ 한국교회의 복음 평화통일 전략

정권을 장악한 군부 세력들은 그들의 독재정치에 항거하는 교계의 민주화운동과 통일운동에 대하여는 항상 '용공성'이라는 사상적 잣대를 전가보도(傳家寶刀)처럼 휘두르며 탄압의 명분으로 삼았던 것이다.

또한, 한국교회와 정치의 관계성이다. 초기 한국교회사에서 정치와 종교의 관계를 정의한 것은 1901년 9월 장로회공의회에서 결의한 '교회와 정부사이에 교제할 조건'이었으며 그 내용은 철저한 '정교분리'를 적시한 것이다. 이후 정교분리의 원칙은 성경상의 옳고 그름을 떠나 한국교회가 금과옥조(金科玉條)처럼 일관되게 주장한 것이었다.

하지만 실제에 있어서는 무원칙하게 편의주의적으로 적용되어 왔는데 특히 교계가 각종 선거에 있어 집권당의 전위대로까지 활약한 제1공화국의 경우에는 정교유착을 넘어 정교일체로까지 발전하였다. 당시 기독교와 자유당 정권의 밀착관계는 밑 없는 늪과 같이 깊었다.[474] 북한공산집단에 항거한 유산은 이승만 정권의 반공정책과 밀착되는 결과가 되어 국가와 교회 사이에 정당한 관계를 위한 기반을 형성하지 못하였다. 특히 기독교로 하여금 제 맛을 잃은 소금처럼 부정과 부패에 무기력하게 하였고 그 본래의 예언자적 사명을 망각하게 하였다.[475]

제1공화국에서의 이러한 '정교유착'의 결과는 교회의 사회적 공신력 실추와 교세의 급격한 퇴조 현상을 가져왔고 다른 한편으로는 4.19 민주혁명의 실패와 군사정권의 등장을 틈탄 이후 30여 년간 지속된 군부독재 시대를 거치면서 항상 강자의 편에 서기 좋아하는 한국 교회상(像)을 창출하는 바탕이 되었다. 새로운 정권이 탄생할 때마다 대외적으로는 민간외교사절로서 정권 수립의 정당성을 통보하고 대내적으로는 국가를 위한 기도회 등을 통해 통치기반을 연장시켜 주는 역할을 하는 것으로 기득권을 유지하였던 것이다. 과거의 독재 정권은 정치적 이유에서 몇몇 종교지도자들과 연결하여 서로의 기득권을 유지하는 데 중점을 두어 왔으며 정부의 비호아래 활동한 일부 종교인들은 세속 정치인을 능가하는 '종교 정치꾼'으로 변질되어 교계를 혼탁 시켰다. 「한국교인의 정치의식 조사 연구」란 보고서에 의하면 자기 교회의 성직자가 특정 후보자를 지지할 때 맹목적으로 따르겠다고 응답한 교인은 전체의 3.3%에 불과하였고, 기독교 정당의 출현에 대하여도 36%만이 필요하다고 응답하였는데 이 같은 수치는 정교유착 내지는 성직자들의 지나친 정치관여에 대한 교인들의 부정적 시각을 단적으로 나타내고 있는 것이다.[476]

넷째, 한국교회는 민족 화해에 앞장서야 한다. 오늘날 우리 역사는 민족 구성원 내부에 자리 잡고 있는 복잡다단한 갈등과 반목의 소용돌이 현장에 서 있다. 이념적으로는 75년 분단사에서 비롯된 남북의 이질화와 남한 내부의 보수와 진보의 갈등, 정치적으로는 영호남의 지역감정에 기초한 지역정당의 출현과 국론의 분열, IMF 이후 1백만이 넘는 실업자의 발생과 중산층의 몰락으로 인한 갈등, 끊이지 않는 노사 간의 반목과 대립 등 흔히 학계에서 말하는 '동서간의 대립'(이데올로기적 대립)과 '남북 간의 대립'(경제적 빈부세력간의 대립)이 우리나라에서는 용어상 표현을 바꾸어 상호교차하고 있는 총체적 난관을 맞고 있는 것이다. 이러한 와중에 국민의 5분의 1을 포용하고 있는[477] 한국교회가 가장 시급히 해결해야 할 문제는 '민족화해'에 대한 문제인 것이다.

이런 점에서 한국교회의 과제는 불안정된 사회를 안정시키고 불신을 해소하게 하는 역할이다. 1970년대 급격한 산업화와 도시화로 인해 전통적 가치관을 상실하게 된 국민들은 사회를 지탱하게 해 주는 세력으로 종교를 들고 그 중에도 기독교가 중추적 역할을 해 주기를 기대하고 있다. 지난 1989년에 보고된 「대학생들의 사회적 종교적 안정도 조사」에 의하면 두 분야 모두의 안정도 평가 결과 기독교→유교→불교→기타 종교→무종교의 순으로 나타나고 있어서 아직도 기독교가 우리 사회의 안정에 상당한 기여를 하고 있다는 것이다.[478] 그럼에도 불구하고 1990년대에 접어들면서 기독교계에서 연속적으로 발생한 대형 사건들과 고위공직자들의 재산공개 과정에서 나타난 기독교인들의 부도덕성은 불신감을 증폭시켰으며 국민들을 위로하고 사회를 안정되게 해야 할 기독교가 오히려 국민들을 불안케 하는 결과를 낳았다. 1993년에 실시된 「정직한 직업인 신뢰도 조사」에 의하면 일반 국민들의 성직자들에 대한 평가는 정직윤리 평가도 면에서 불과 31%의 수치로 상당한 불신감을 나타내고 있으며 이후의 조사 결과 개선될 조짐을 보이지 않고 있어 기독교계에 대한 사회의 불신감을 구체적으로 반증하고 있다.[479]

이러한 현상이 나타난 또 다른 요인은 그 동안 교회 지도층이 시류에 편승하여 권력지향적인 성향을 보임으로써 지난 30년간 급속한 산업화 과정에서 나타난 빈곤층과 가족 윤리의 급격한 변화를 통해 양산된 소외계층을 포용하지 못하였기 때문에 빚어진 결과이다. 한국교회는 교세도 방대하고 경제적으로도 국가의 장래를 좌우할 만큼 거대 조직이 되었다. 그럼에도 불구하고 정부의 미공개 자료에 의하면 교계가 재정의 1.64%만을 사회봉사비로 지출하고 있으며, 특히 최대 교단인

장로교의 경우는 평균치에 미달하고 있다는 것이다. 이와 반면에 구세군에서는 재정의 35%를 봉사활동비로 지출하고 있어 통일시대를 맞은 한국교회가 나아가야 할 방향을 제시하고 있다.[480]

한국교회는 민족화해의 역할을 감당해야 한다. 한민족의 복음 평화통일문제는 진보와 보수, 여당과 야당, 계층을 초월하여 더불어 온 국민이 힘을 모아 추진해야 할 숙원사업이요 마지막 지상과제인 것이다. 특히 복음 평화통일은 이념논쟁이나 방법론상의 문제점에도 불구하고 변함없이 정부의 통일 정책을 후원해 줄 여론의 주도층이 절대적으로 필요한 것이다. 따라서 한국교회야말로 통일과업을 후원할 가장 적합한 세력이 될 수 있다. 분열을 극복하고 통일을 성취했던 신라나 고려의 통일이 불교와 유교가 안정적인 후원으로 많은 역할을 하였던 것이다. 독일 통일에도 기독교가 많은 역할을 하였기에 한국기독교도 충분히 민족 복음통일에 기여할 수 있음을 기대해 본다.[481]

다섯째, 한국교회는 사람통일을 이루어야 한다. 21세기 한민족의 최대 과제이자 우선적 과제는 민족통일이다. 지금까지 우리의 통일논의와 준비는 정치적인 면에 치중하여 왔고, 최근에는 경제적인 측면에서 관심이 고조되고 있으나 북한의 핵문제로 인해 유엔의 대북압박이 계속되고 있는 실정이다. 우리들은 독일 통일과 그 후유증에 대한 연구들로부터 정치와 경제를 비롯한 사회구조적 통일도 매우 중요하지만 사람의 마음속으로부터의 통일[482]이 근본적으로 중요하다는 사실을 인식하게 되었다. 이러한 사실은 북한과 남한에서 모두 생활한 경험이 있는 탈북자들의 증언을 통해서 확인이 된다. 탈북자들이 예상하는 복음통일 후에 우리가 직면하게 될 가장 심각한 문제는 사고방식, 가치

관, 문화, 생활 습관 등의 차이에 의한 이질감을 극복하는 일이다.[483]

남북한 간에 이질감이 극심한 정치군사적 통일보다 사람의 통일을 우선 달성하기 위해서는 문화적 통합이 중요한 것이다. 남북한이 분단된지 75년이 되다보니 남북한 사람끼리도 이질화가 심화되어 있는 상황이다. 남북한의 동질성을 찾기가 어렵지만 유교적 문화의 대표되는 문화의 측면에서 동질성을 유지하고 있는 것처럼 예수사랑으로 공동체성을 회복할 수 있어야 한다.[484]

여섯째, 한국교회는 남북문화통합을 이루는 역할을 하여야 한다. 우리 한국교회는 남과 북의 문화통합을 이루어낼 수 있는 역할을 감당하여야 한다. 남과 북의 이질성을 유지하고 있는 기본요소인 문화가 각각의 세계관의 변혁을 통하여 변화할 수 있다는 가능성의 확인인 것이다. 지금 문제가 되는 것은 남과 북의 세계관의 변혁작업의 시작과 정부터 남과 북의 문화통합을 의식한 구체적 노력이 동반되어야 한다는 것이다. 남북문화의 통합의 과제에 한국교회가 적극적으로 참여할 수 있도록 노력하여야 한다.

남북문화 통합과제에 있어서 한국교회 참여 가능성은 모든 종류의 세계관은 나름대로 종교적 성격을 가지고 있는 것이다. 각각의 세계관에 관한 그 추종자들의 질문과 답은 아래와 같다. 첫째, 세계의 존재 근원에 대한 물음이다. 둘째, 우리는 누구인가의 질문이다. 즉 인간의 본성과 존재 의미에 대한 질문이다. 셋째, 무엇이 잘 못되어 있는가의 질문이다. 이것은 이 세상의 악과 왜곡 되고 깨어진 삶을 우리가 어떻게 이해하고 설명할 수 있겠는가에 대한 질문이다. 넷째, 그렇다면 무엇으로 치유될 수 있는가이다. 우리의 왜곡되고 잘못된 삶이 어떻게 온전한 삶으로 회복될 수 있을 것인가에 대한 질문이다. 한 사회나 문화권의 전제를 제공하는 세계관은 나름대로 위 질문들에 대한 답을 제공하고 있다. 이렇게 남북한의 세계관의 관점에서 남북문화 통합을 위해 한국교회는 복음통일문화의 기반을 조성해야 한다.[485]

하나님의 경제원칙과 복음통일운동

신앙생활이 우리들의 삶의 전체와 관련되었듯이 경제학도 삶의 전 영역과 관련된다. 경제생활이란 희소한 재화의 생산과 분배 활동을 말한다.[486] 경제(economy)라는 용어는 어원인 그리스말 오이코노모스(oikonomos)에서 유래한 말이다. 이 용어는 오이코스(oikos, 집)와 노모스(nomos, 법)의 합성어이다. 오이코노모스는 주인집의 노예나 재산 등을 관리하는 책임을 맡은 자, 청지기로 번역되고 있다. 이코노미(economy)는 문자적으로는 '집의 법 또는 관리'를 말한다.

집이란 생활필수품의 생산, 분배 및 소비와 관련되어 있다. 집은 경제의 장(場), 인간 살림살이의 장을 말하는 것이다.[487] 그러므로 우리는 약화된 의미에서 전체 경제를 집이라고 부를 것이다. 집 없이 사람은 생존 할 수 없는 법이다. 왜냐 하면 집은 살아가는 데 필요한 매개체이기 때문이다.[488] 성경은 경제에 주된 관심을 갖지만 성경에는 근대적 의미의 과학적인 경제 이론은 없다. 그래서 성경은 우리가 직면하고 있는 어떠한 기술적 경제 문제를 풀지 못한다. 기독교 신앙이 경제생활의 모든 측면들과 관계를 가지고 있지만 통화주의나 케인지안이나 구조주의 또는 사회주의 경제학에 비견될 수 있는 기독교적 경제체제가 있는 것도 아니다. 그리스도인은 자본주의자가 될 필요가 없는 것처럼 사회주의자가 될 필요도 없다. 오직 그리스도 예수의 제자가 되어 세상에서 복음을 전파해야 하는 참 그리스도인이 되어야 한다.[489]

하나님의 의를 따라 경제적으로 살기 위해서 교회는 하나님이 비경제적이라고 하는 관념을 버려야 한다. 하나님의 집의 법은 하나님의 복음이라고 할 수 있다. 복음은 역사적으로 신앙 안에서 받아들여질 때 경제의 일정한 구체적 경향들을 연출한다. 우리가 신학적으로 오이코노미아를 논하는 경우 하나님이 세상을 어떻게 대속하고 있는지에 관련된 것이다. 집이란 이스라엘 백성이나 교회, 가족들, 왕가나 왕조, 하나님이 거하는 곳, 가장 포괄적인 의미에서 피조세계를 말하는 것이다. 하나님은 이스라엘 집과 교회, 민족이라는 집 그리고 하나님이 창조한 모든 것의 집에 대하여 스스로 책임을 져 왔다. 하나님의 경륜 또는 경제(oikonomia tou theou)는 피조세계(엡1:9-10, 3:9-10)의 집에 대한 구원을 창조하는 하나님의 일에도 그리스도교 공동체의 삶(골1:25, 고전 9:17, 엡3:2, 딤전1:4)에도 적용된다.[490] 그런데 북한지역은 복음을 자유롭게 전할 수도 없고 예수님을 자유롭게 믿을 수도 없는 장막이다. 이러한 북한지역에 대해서 우리는 이제 정말로 잠잠하지 말고 깨어 기도하고 북한 동포를 깨울 때이다. 북한도 하나님의 집이다. 같은 지붕아래 살고 있는 것이다. 그런데 북한은 하나님의 은혜를 누리지 못할 뿐 아니라 조선민주주의 인민공화국 체제에서 인간으로서의 자유와 인권을 심각하게 탄압 받고 있는 지역이다. 우리 한국교회는 이를 보고 수수방관만 할 것이 아니라 인간으로서 할 수 있는 복음 평화통일에 대한 최선의 방안을 강구해야 한다.

하나님의 특별한 언약으로 인해 하나님의 생명은 이 집들의 살림과 미래에 불가분적으로 연결되어 있다. 하나님의 집에서 우리는 '모두를 위한 자유와 정의'를 외치지만 자유나 정의 중 하나를 희생시키는 경향이 있는 사회와 관련해서 하나님의 경제를 생각하려고 한다. 어떤 사람들은 자유를 잃지 않으려면 생계 수단의 평등을 추구하는 것을 포기해야 한다. 다른 사람들은 만약 자유를 포기하는 것이 모든 사람들이 존엄성을 가질 수 있는 공정한 조건을 창출하는 데 필요한 것으로 입증된다면 자유는 포기되어야 한다. 자유와 정의만이 경합의 결과에 민주주의의 미래가 달려 있다는 데 이의를 제기할 사람은 별로 없다. 그러나 우리는 이 논쟁에 재산권의 교환에 기초한 부의 축적으로 형성된 사회 안에서 나오고 있다는 것이다. 부의 축적과 교환은 경제의 중심으로써 살림을 대체해 왔다. 경제 조직의 가치들은 인간의 존엄성보다 상위에 있는 것으로 여겨진다. 소수의 사람들이 다수의 희생 하에 재산권을 통해서 권력과 특권을 얻으면 얻을수록 민주주의는 점점 더 손상되고 더 이상 우리 미래의 모습을 기대할 수 없는 것이다.[491]

우리들이 이정도 잘 살 수 있는 것은 오직 하나님의 은혜임을 알 수 있다. 하나님의 집 경제체제에서 한국의 정치권력 구조는 자유민주주의와 시장경제 원칙 하에서 국민소득 3만 불이 넘는 한국이 되었다. 그렇지만 북한의 경제는 매우 어렵다. 남한의 하나님 경제체제가 북한에도 흘러 넘어갈 수 있도록 최대한 노력을 강구해야 한다.

하나님은 성경 속에서 대부분 정치적인 은유들로 등장하고 있다. 통치자, 왕, 심판자, 입법자 등이다. 고대사회에서는 정치적인 것들은 경제적인 것들보다 더 가치 있는 것으로 여겼다. 예로부터 정치인은 자유롭고 권위가 있고 힘이 있으며, 다스리는 자로 인식되어 왔다. 초기 기독교 선교는 오이코스에 대한 그리스-로마적 개념을 근본적으로 변화시켰다. 그리고 가부장적인 가족의 요구를 뒤엎고 새로운 가족 공동체를 형성하였다. 근대 이후로 경제가 정치보다 더 중요한 위치를 차지하게 되었다. 고대에서는 정치인과 경제인의 관계가 주종의 신분적인 관계였지만 현대에서는 이 둘의 관계가 전혀 아니고 경제인의 역할이 더 중요한 시대가 되었다.[492]

정치경제는 적어도 권력, 통치, 재산, 노동, 소비 등 네 가지 기본 요소 등이 있다. 공동체 혹은 사회가 이들 영역의 성격과 구조를 어떻게 결정하느냐 하는 것이 그 사회의 미래를 형성하고 자유와 정의의 의미가 생겨나는 틀을 제공할 것이다. 이것들은 단지 외적인 구조적 문제들이다. 장기적으로 볼 때 정치경제는 사람들이 정치경제를 현재 결정하고 있는 권력, 재산, 일 및 소비의 양식을 가지고 한 믿음에 의해서 재단된다. 우리가 이 4가지 요소에 관해서 질문하지 않는다면 우리는 지구라는 집(oikos)의 미래에 관해서 질문할 수 없다.

정치경제의 첫 번째 구성요소는 권력과 통치이다. 어떤 종류의 정치가 인도적인 경제에 도움이 되며 어떤 종류의 경제가 정치에 도움이 되는가 하는 것은 해묵은 질문이다. 정치와 경제는 동전의 양면과 같다고 할 수 있다. 비록 우리의 과거와 현재는 전자를 후자 속으로 흡수하려고 하는 시도들로 가득 차 있다고 해도 전자를 해석하거나 대체할 수는 없다. 우리는 오이코스(oikos)와 폴리스(polis)를 어떻게 관련시킬 것인가 그리고 이들 양자는 코스모스(kosmos)에 어떻게 연관되어질 것인가 경제체제의 배후에 있는 권위, 권력, 강제의 체계는 무엇인가 경제체제의 배후에 있는 권위, 권력 및 강제의 체계는 무엇인가 경제체제의 정당화 원리는 무엇인가 경제체제는 하나님을 배제시켰다는 주장이 있지만 하나님 개념들은 항상 정치 경제 속에서 기능을 발휘해 왔다.

두 번째 구성요소는 재산이다. 하나님 집안에서 가족들에게 물질적 필요를 돌보는 일은 매우 중요한 요소인 것이다. 오이코스적인 관점에서 우리가 하고 있는 십일조의 실천은 하나님의 오이코스를 세우는 행위만 아니라 광의적 의미에서 하나님을 경외하는 일이다.[493] 소유 혹은 소유권은 무엇을 뜻 하는가? 자원과 자본에 대한 권리를 누가 왜 지는가? 기획 및 투자 정책, 통화, 조세 체계들을 누가 통제해야 하는가? 자연의 권리들이란 무엇인가?[494]

세 번째 구성요소는 일이다. 사회를 어떻게 이해하는가? 의미 있는 일이란 무엇인가? 일은 인간을 정당화해 주며 인간의 삶을 빚어 내 주는가. 그것을 갈망하는 자들을 위한 의미 있고 보수를 받는 일은 인간의 권리인가. 일의 과정은 누가 통제해야 하는가. 누가 생산을 계획해야 하는가. 투자와 기획의 과정들은 생산과정을 진행하는 일을 하는 자들에게 책임으로 맡겨져야 하는가.

네 번째 구성요소는 소비와 인간의 필요들이다. 필요에 대한 우리의 이해가 우리의 자원, 재화, 소득의 분배 방식들에 영향력을 행사하는 길이 있는가? 인간의 욕구와 대비되는 인간의 필요란 무엇인가? 인간의 자유란 다른 사람들의 필요가 채워지고 있지 않을 때 사치품을 가질 권리를 뜻하는가? 인간의 만족에는 한계가 있는가? 인간의 만족은 여러 상품의 소비와 관련되어야 하는가? 어김없이 우리 사회의 자기도취를 가져오는 것이 아닌 그런 종류의 동기가 있는가?

그리스도교 신학은 이 각각의 네 가지 차원에서 그리스도교 신앙이 좀 더 인간적인 경제를 지향하여 공헌할 수 있는 것이 무엇인지를 묻는 데 관심을 가진다. 우리가 권력과 통치, 재산, 일, 소비에 관하여 질문 할 때 우리는 인간이 서로를 지배하고 착취 해 온 네 개의 주된 방식들에 관해 묻고 있는 것이다. 그리스도교적 정치경제 신학은 이 각각의 차원에서의 지배의 가정, 이론 및 체계들을 비판할 것이다. 그것은 매 순간마다 하나님의 경제는 한민족 공동체의 복음 평화통일을 위해서 존재한다는 것을 명확히 해야 할 것이다. 올바른 경제 체제에 대한 기준은 그것이 한민족 공동체의 생명과 미래를 위해 섬겨야 하는 것이다.[495]

하나님을 정치적인 존재로 말하는 것은 적당한 표현이다. 그것은 그리스 로마 문화에서 하나님은 정의상 완전히 자유로운 존재이기 때문이다. 가장은 자유인이고 정치적으로 사는 것이기 때문이다. 하나님은 '가장' 혹은 '집안 식구의 아버지' 라고 할 수 있었다. 세상에 있는 은유만으로 하나님의 정체를 제대로 설명할 수는 없다. '성부, 성자, 성령' 의 하나님에 관한 삼위일체의 이름은 하나님이 누구인지를 뜻한다.[496]

일반적 의미에서 정치란 희소한 가치를 권위적으로 배분하는 것이라고 할 수 있다. 정치와 경제는 따로 설명할 수 없다. 경제학은 인간의 사업에 너무도 중요해서 경제학자들의 손에만 넘겨질 수 없다. 정치와 경제는 하나님의 소관이다. 하나님을 떠나서 정치와 경제를 이야기 할 수 없다. 그래서 정치와 경제적 요소에 기독교인들이 적극 동참해야 한다.[497] 따라서 하나님을 떠나서 한민족의 평화통일을 위한 한국 교회 역할을 담론할 수 없다. 한민족 복음평화통일은 반드시 하나님아버지께서 허락해 주셔야만 가능할 것이다.

북한은 경제적 위기가 도래함에 따라 북한의 보다 적극적인 노력이 간헐적이지만 지속적으로 이루어져 왔다. 그 대표적인 예로써 1992년 10월부터 자유경제 무역지대를 중심으로 서방 선진국 자본의 유치를 위한 제반 후속 조치를 취하였다. 예컨대 「외국인 투자법」, 「자유경제 무역 지대법」, 「토지 임대법」 등 외자 관련 법률의 신규 제정 내지 개정을 통해 외국인 투자 관련 법제를 대폭 정비하고 관련 정부조직까지 개편하기에 이르렀다. 그 결과 100% 외국인 단독 투자가 허용되고 50년 범위 내의 토지 매매, 임대 상속 및 증여 그리고 저당을 허용하는 각종 조세 감면 혜택을 구체화하였다. 그러나 북한은 여전히 기본입장 및 기본 정책 노선에 질적인 큰 변화는 없었고, 북한경제 여건은 지속적으로 악화일로에 있다.

결국 2000년에 북한경제위기 타개를 위한 노력의 일환으로 남북정상회담에 응하며 경제 개혁 및 개방에 적극성을 보이게 되었다. 그러나 차후 북한의 개혁, 개방이 과연 언제부터 어느 정도로 실현될 것인지는 아직도 예측하기 어려운 실정이다. 북한 경제가 이렇게 난관에 봉착한 것은 그동안 국제정치 경제 환경이 급변함에 따라 공산권의 체제 변혁이 도래하여 대외경제 협력기반이 붕괴되었기 때문이다. 경제 측면에서 개혁을 지속적으로 천명했지만 군수산업 육성으로 무기 수출 이외에는 낭비만 초래한 채 판로 확보에 실패한 것이다. 북한 대다수 중화학공업이 1992년 기준으로 볼 때 생산 능력에 대한 생산량 비중이 30% 이내에 머물러 있는 것이다. 북한 수출의 대종인 군수품 수출이 냉전체제 소멸로 1984년 35.9% 수준에서 1990년에는 7.8%수준으로 감소하여 북한경제에 심대한 타격으로 경공업 산업, 도로, 항만 등의 기간산업들을 희생시킨 북한경제는 돌이킬 수 없는 패배와 좌절감에 빠져 있다. 소련(구)을 비롯한 동구권에서는 이미 공산주의가 몰락하고 말았다.[498]

북한은 고난의 행군을 거치면서 많은 북한 주민이 아사상태에 까지 이르게 되었음에도 근본적인 대안을 제시하지 못한 채 김정은 시대까지 도래되었다. 하나님의 경제원칙과 실천을 어떻게 지향해야 할 것인지를 추구하며 아래와 같이 북한 경제에 대하여 살펴보고자 한다.

북한 경제정책의 기본노선은 첫째, 자립적 민족경제 건설 노선 둘째, 군사·경제 병진노선 셋째, 선군시대 경제건설 노선 넷째, 실리사회주의 노선 등이다. 북한의 자립적 민족 경제 노선은 대내 지향적이고 수입 대체적 발전전략을 채택하였다.

1960년대 제3세계 국가들보다도 대외경제 관계를 최소화하였다. 또한 북한경제를 국제 분업 질서로부터 단절시키는 패쇄 경제형으로 만들었다.

1970년대에는 자립적 민족경제노선을 일부 완화하고 서방 자본주의 국가로부터 차관 및 기술도입을 추진하였다.

1980년대에는 합영법 제정으로 외자 유치 추진을 도모하였다. 이 노력은 1990년을 전후하여 사회주의 경제권이 붕괴되면서 보다 적극적으로 시도되었다. 1991년에 설치된 나진 선봉 경제 특구와 외국자본과의 합작 및 직접투자 유치를 했었다. 1990년대 중반에 이르러서는 제한적이지만 남한 자본의 투자도 허용하였다.[499]

2000년대에 들어서 국제 분업 질서를 인정하는 개방형 자력갱생을 모방하여 2002년 7월1일에는 경제관리 개선 조치(7.1조치)를 단행하였다. 2002년 9월에는 신의주 행정특구, 10월에는 개성공업지구, 그리고 11월에는 금강산 관광특구 등을 지정하며 대외 개방을 확대해 나갔다. 북한의 7.1조치는 국영기업소와 협동농장을 독점적으로 관리해 오던 중앙계획 당국의 권한을 경제 단위들에 부분적으로 이양하고 이윤은 자율 사용권을 부여하되 경영에 대해서는 책임을 지게 하는 독립채산제를 일부 도입한 것이다.[500]

2003년 3월 공식적인 종합시장을 허용하였으나 가격현실화 조치를 취함으로써 인플레이션이 발발하기도 하였다. 7.1조치는 어디까지나 계획경제라는 기본 틀 안에서 일부 시장경제 요소를 허용하는 제한적 조치였다. 따라서 공급부문의 애로를 타개하는 역할을 담당할 수는 없었다. 더구나 선군시대 경제건설 노선을 견지함에 따라 애초부터 7.1조치의 효과는 한계를 갖게 되었다. 결국 2006년부터는 다시 마이너스 성장으로 되돌아가고 말았다. 7.1조치에 따른 현실적 시장가격 도입이후 3년간 종합시장 물가가 200~300% 이상 오르는 결과를 초래시키는 추세로 결국은 대외 의존구조의 심화, 거시 경제적 불안정 요인 확대와 양극화 현상의 심화 등 각종 문제를 유발하였다.[501]

이러한 가운데 북한은 핵보유국 의지를 좀처럼 포기하지 않을 것으로 예상된다. 국제사회와의 대타협과 이에 대한 국면전환과 전환이후 해결방안 모색 및 점진적인 프로세스 과정들이 실제 상황에서는 쉽지 않게 많은 시간이 소요될 것이기 때문이다. 북한은 2006년 1차 핵실험 이후 2017년 말 현재 유엔 안전보장이사회의 대북제재가 계속 가중되고 있다. 2375호의 제재로 말미암아 북한은 외화벌이 90% 이상의 3대 수출 상품인 첫째, 광물자원, 둘째, 의류 위탁 가공 제품 수산물에 대한 수출 규제이었다.

넷째, 석유 제품에 대한 수입규제도 받게 되었다. 여기에 더해 미국 제재도 가중되고 있다. 이란과 쿠바 등 불량국가와 국제 사회 간에 해법 프로세스들이 조성되기 까지는 상당한 시일이 요구되었다. 북한의 개방이 조속히 확대되는 것이 북한 동족에게 시급함에도 불구하고 김정은 정권은 향후에도 '북한식 변화경로'를 반복해 나갈 것으로 추측되어 북한의 개방은 쉽게 이루어지기 어려울 것이라고 예측해 본다. 이런 예측이 가능할지라도 한국교회는 하나님의 경제원칙 속에서 북한 동포가 어서 속히 구원받을 수 있도록 하나님의 경제적인 책무를 다 해야 할 것이다.[502]

2016년 36년 만에 열린 북한 제7차 노동당 전당대회에는 새로운 얼굴들이 나타났다. 군사는 물론 경제, 정치 분야에도 새 바람이 불면서 젊고 실무에 밝은 이른바 테크노크라트들이 부각되기 시작한 것이다. 이는 이미 몇 년 전부터 예견된 현상이기도 하다. 김일성이 강력한 카리스마를 바탕으로 국정목표를 정치사상 강국으로 잡았다면 김정일은 군사강국을 지향했다. 그리고 김정은이 선택한 길은 인민들의 생활을 안정시키는 경제 강국이다. 김정은은 2013년 3월 30일 당 중앙위 전원회의에서 처음으로 육성을 공개하며 경제 건설과 인민 생활의 향상을 주장했다. 김정은은 정치전문가, 군사전문가도 중요하지만 경제

문제를 해결하기 위해 실용적인 인물들을 발탁해 자신의 국정 목표를 관철할 수 있는 테크노크라트들을 중임하는 것은 필연적인 흐름일 것이다.[503]

탈북민을 대상으로 한 연구 분석에 따르면 북한 주민 90%가 시장에서 생필품을 구매하고 있다. 가구당 한명 정도는 장사를 하고 있다. 가구 소득의 약 70% 정도가 시장 활동을 통해 얻어지며 장사를 하고 있다. 북한 주민들의 시장화는 돌이킬 수 없는 수준에 도달하고 있다. 어쨌든 북한이 변해가고 있는 것은 현실이다. 한국교회는 하나님의 경제효과가 북한에도 영향을 미칠 수 있도록 최선의 노력을 기울여야 한다.[504]

한국교회는 세계 기독교 역사상 유례없는 성장과 발전을 거듭해 왔다. 우리나라는 세계에서 가장 큰 오순절교회가 있고 세계에서 가장 큰 장로교회도 있다. 한국교회는 세상 곳곳에 하나님의 선교를 실천하는 일에 집중해야 한다. 더욱 중요한 일은 선교사들을 각국으로 많이 파송하는 선교 대국이라고 할 수 있다. 하나님의 경제 원칙이 없다면 그리스도의 사랑 실천은 불가능할 것이다. 열방(列邦)에 선교사를 많이 파송하는 사업은 두말할 것 없이 매우 중요한 일임에 틀림없다. 그러나 우리 한민족(韓民族)인 북한동포의 고통을 우리는 어떻게 치유할 것인가? 북한은 주체사상으로 무장된 체제이기 때문에 한국교회는 어쩔 수 없다는 것은 이제는 돌이켜봐야 할 때라고 생각한다. 왜냐하면 최근만 해도 남북정상회담을 3차례 하였고, 하노이 회담은 결렬되었지만 희망은 있다.

목사, 신학자, 언론가, 정치가였던 아브라함 카이퍼(Abraham

Kuyper, 1837-1920)의 말대로 우주에 한 치의 땅도 하나님이 다스리지 않는 영역이 없기 때문에 하나님의 주권은 국가와 정치에도 드러나야 한다는 것이다. 이런 맥락에서 하나님의 백성이 정치에 어떤 모습으로 든지 참여하는 것은 자연스러운 것이다. 칼뱅은 위정자들을 부르신 목적은 정의의 구현으로, 강자의 폭력과 비행으로부터 무죄한 약자를 지키는 것으로 힘을 가진 자에게 요구된 것은 도덕성이라 했다.[505]

한국교회가 코로나19로 인해 어려움을 겪고 있는 것은 사실이다. 그렇지만 한국교회가 부요한 교회인 것 또한 틀림없다. 부요해진 한국교회는 북한 동포에게 하나님의 경제를 흘러 보내어 복음통일운동에 적극적인 대비를 해야 할 것이다.

16
한국형 '디아코니아 재단' 운영의 필요성

한국적 '디아코니아 재단' 제도 시행

　남북분단 75년 동안 한국교회는 복음 평화통일을 위해 얼마나 노력해 왔는지를 회고해 보아야 한다. 한국의 정치가 비민주적이었을 때 한국의 진보진영의 교회 지도자들은 민주화 운동의 주역을 맡아왔다. 그러나 남북분단의 고통을 해결하기 위해서 노력하는 한국교회 지도자들은 많이 알려져 있지 않다. 지금부터라도 한국교회는 남북관계 해결에 동반자적 입장을 갖고 한국교회가 분단을 극복할 수 있는 방안과 함께 실천해야 하는 것이다. 한국교회는 복음 평화통일을 위해 연합하고 그 벽을 넘어서야 한다. 복음평화통일을 위해서는 교회에서도 사회에서도 더 이상 진보, 보수, 우파, 좌파로 나누고 자기만의 의견을 고집하고 주장해서는 안 된다.[506] 이념에 흔들리지 않는 하나님의 경제법칙에 따라 하나님께 드려지는 것을 어떻게 사용할지에 대한 원칙과 방향을 재설정해야 할 때가 온 것이다.[507]

　완전한 하나님 나라의 통치권(정치경제)과 사랑에 속한 한국교회는 보수정권이든 진보정권이든 이 세상의 현실 정치에 대해서 항상 비판적 자세를 갖지 않을 수 없다. 이것이 교회가 세상의 평화와 화해의 사도가 될 수 있는 힘이 될 수 있는 것이기 때문이다.[508] 종교 개혁자 루터는 신앙이 선한 행위를 중단하는 일은 있을 수 없다고 말하며, 선행은 다른 사람을 위한 봉사와 섬김 가운데서 일어난다고 했다. 디아코니아는 그리스어로 섬김과 봉사의 의미를 가지고 있다.

성경에서 예수 그리스도는 자신을 섬기는 자로서 종의 의미인 '디아코논'이라고 불렀다(눅22:27). 당시 디아코니아는 노예가 아닌 자유인에게는 있을 수 없는 일이었다. 예수 그리스도는 스스로 이 종의 신분을 취하셨다. 제자들의 발을 씻기셨으며 죄인들을 위하여 자신의 목숨을 십자가 위에서 기꺼이 내어 놓으셨다. 성경이 말하는 하나님 사랑과 이웃 사랑은 디아코니아를 이해하는 중요한 두 축인 것이다. 이런 정신을 바탕으로 하는 디아코니아는 1958년부터 시작되었다. 독일인의 삶 가운데에서 '보이는 사랑'의 실천은 이미 생활화 되었다.

디아코니아 재단의 활동은 동서독의 인간관계를 언제나 견고히 묶어주는 사랑의 띠였다. 서독의 교회는 사랑의 전문가였다. 한국교회가 성경적 정신을 바탕으로 하는 한국형 '디아코니아재단'을 설립, 추진할 때 생명의 원천이 되는 하나님의 경제는 북한으로 흘러 들어가서 복음이 전파되어야 할 것이다.[509] 한민족 복음 평화통일은 이념도 정치의 성향도 물을 필요 없이 오직 복음과 평화와 자유로만 이루어져야 한다.[510]

'한국형 디아코니아 재단'은 민간 형이라 한다면 통일비전으로써 개성공단은 민간형의 또 다른 형태라고 할 수 있다. 개성공단을 잘 가꾸어 나간다면 남북연합의 길을 걸어갈 수가 있을 것이다. 개성공단도 현 상황에서 볼 때 유엔 제재가 풀어지는 상황이 될 때 재개 되어야 한다. 북한은 장마당이 활발하게 운영되고 있다고 한다. 장마당에 하나님 경제의 중심에 그리스도의 십자가 사랑이 드러날 수 있도록 한류의 열풍과 연결하여 북한지역에 들어갈 수 있게 하여 하나님의 집을 확장해야 한다.[511] 북한을 명분 없이 돕는다면 '퍼주기' 논란을 불러일으킬 수 있으며 북한 측 입장에서도 명분 없는 도움은 자존심을 건드릴 수 있어서 바람직하지 못하다. 이런 맥락에 통일비용으로 생각하여 한국정부가 담당할 수 있는 부분은 담당하여 개성공단의 미래를 꿈과 더불어 전개할 수 있어야 한다.[512] 개성공단의 사업은 초당적 협력이 필요하다. 우리는 개성공단에 5억 달러를 투입하였고, 개성공단에서 30억 달러의 효과를 생산했다. 한국교회도 개성공단을 관망만 할 것이 아니라 하나님의 정치경제적 원칙 차원에서 기도로 후원하고 추진해야 한다. 그렇지만 국제 정세의 변화에 따라서 개성공단의 재개가 필요할 때가 올 것이다.

 한국교회가 디아코니아 재단을 설립하고자 하고 한국교회가 복음평화통일을 위해서는 분명한 하나님의 재정원리를 가지고 실천해야 한다. 한국 교회는 이제 한국사회에서 복음평화통일을 위해 구체적인 비전을 제시해야 한다. 그러기 위해 다섯 가지의 성경적 지침을 제시하고자 한다. 첫째, 심는 자의 씨(십일조) 둘째, 먹을 양식(소비) 셋째, 심는 씨의 배가(심고 거두는 것) 넷째, 의의 열매의 증가(사람들을 멍에로부터 풀어주기 위해 돈을 사용하는 것) 다섯 째, 관대함(주는 것) 등을 실천한다면 복음 평화통일은 당겨질 수 있다. 한국교회는 이러한 그리스도인의 재정법칙들이 북한에도 흘러 들어가 북한주민이 잘 살 수 있도록 상황에 맞게 능동적으로 대처해야 할 것이다.[513]

오이코스로써 교회는 반드시 건강한 가정을 세워야 한다. 교회가 가정을 세우면 교회도 그 가정과 함께 건강해 질 수 있다. 건강한 가정은 건강한 교회의 미래이기 때문이다. 교회는 건강한 가정을 세우는 오이코스가 되어야 한다.[514]

오이코스로써 교회는 하나님의 경제에서 결정적인 십일조에 관한 법칙이 존재한다. 십일조는 가난한 자들의 생명을 보호하기 위한 것이며(신14:22~29), 십일조의 본질적인 참 의미는 하나님의 오이코스에서 어느 누구도 집의 살림과 식탁에서 배제당하는 일이 없도록 하기 위한 최상의 수단이다. 오이코스로서 교회는 가난한 자, 약자, 곤궁한 자, 나그네를 보호 하는 법전들이 있다.

즉, 계약 법전(출20:22~23:33), 신명기 법전(신12~26) 등이다. 이 내용은 모두 가난한 자들과 약자들을 위한 것이다.[515] 십일조는 하나님의 주권에 의해서 가난한 자들에게 속한 것이다. 십일조는 하나님의 집에서 분배의 정의를 실현하기 위한 수단이며 생명을 위한 하나님의 권능을 재분배하는 것이다. 십일조로 가난한 자들을 보호하는 것은 하나님의 사역에 동참하는 것으로써 하나님의 은혜의 법칙을 실천하는 것이다.[516]

이와 같이 오이코스로써 교회는 십일조를 통해서 식생활 지원뿐만 아니라 교우가 전인적인 신앙생활의 삶을 누릴 수 있도록 돌보아 주어야 한다는 것이다. 교회에서 필요한 돈은 교회의 영혼의 경제에서 중요한 요소이다. 이 경제는 교회 공동체를 나눔과 생명으로 이끌기도 하고 파괴시키기도 한다. 돈은 교회 공동체에 활력을 주기도 하고 사랑을 베푸는 재료가 되기도 하고, 거룩한 공간을 창출하기도 한다. 교

회로서 풍족한 삶은 아마 이 지상에서는 없을 것이다.[517]

한국교회는 양적으로 질적으로 엄청난 성장을 기록했다. 동선교회는 2002년에 15곳 교회, 2003년에 35곳 교회, 2004년에 60곳 교회, 2005년에 80곳 교회, 2006년에 110곳 교회, 2007년에 120곳 교회를 지원하였고 이 아름다운 이야기는 지속되고 있다. 각 교회에 10개월씩 매월 30만원과 관련 물품 등을 지원한다. 2008년에는 교회 재정에서 3억 6천만 원을 개척교회에 지원했다. 초교파적으로 교단 관계없이 작은 교회 살리기 운동은 교회가 교회를 살리는 좋은 모델이다. 한국 개신교는 약 5만여 곳이다. 이 중에 절반 이상이 30명 미만인 미 자립 개척교회이다. 개척교회 가운데 3,000곳이 문을 닫고, 약 2,500곳이 개척한다. 매년 500곳의 개척교회가 사라진다. 이런 개척교회를 동선교회가 초교파적으로 지원한다니 다행이고 한국교회의 자랑이다.[518] 건강하고 아름다운 교회는 하나님의 경제를 이렇게 어려운 교회를 솔선해서 지원한다. 또 이런 교회는 평화통일 시대가 된다면 북한지역에도 개척교회 지원을 위해서도 정말 필요한 존재라고 생각한다.

한국에는 지금 '통일자금 공포증'이 광범위하게 퍼져있다. 특히 전후 세대들 사이에 많다고 한다. 사실상 통일자금의 수요 전망은 실제로 공포스럽다. 수백억 달러에서 수천 억 달러까지 추산하는 사람들도 있다. 지금 까지 식량 위기까지 구조화되면 상상을 불허하는 통일비용이 지출되어야 한다. 그러나 통일자금이 아무리 많이 든다고 하여도 갑작스럽게 통일의 기회가 왔을 때 주저하게 되지는 않을 것이다. 그러므로 통일비용을 감소시키거나 부담할 수 있는 다양한 장치와 제도의 개발이 필요하다. 남한이 주도하는 남북한 교차 승인을 통한 동북아 외교의 정상화가 이러한 방법 중의 하나이다. 이 외교의 핵심은 남한이 주도적으로 북한과 미국, 일본의 관계 정상화를 추구한다는 데 있다. 그러나 통일비용에 있어서도 긍정적이다. 첫째, 남북한 간의 특수 관계를 확인시킴으로써 장차 있을 지도 모르는 무역관계 마찰을 피할 수 있다. 둘째, 일본의 대북한 청구권 자금이나 미국의 대북한 원조가 흘러 들어갈 것이다.[519]

한국교회가 진정으로 연합할 수 있다면 한국교회는 통일자금의 분담에 크게 기여할 수 있다. 십일조의 나눔이란 방식으로 참여하면 된다. 지금까지 한국교회는 매우 헌신적으로 북한 동포돕기에 참여해 왔다. 많은 교회들이 통일통장 운동에 참여해 왔으며 지금쯤이면 그 액수가 상당할 것이다. 그러나 그 정도로는 부족하다. 한국교회는 현재 2조 5천억 원이 넘는 헌금을 쓰고 있는 것으로 추산된다. 한국교회의 십일조가 대략 매년 1조 2천억 원이라고 한다. 이 중에서 7천억 원을 할당하면 모든 종류의 한국 교역자들과 사역자들이 인간다운 생활을 영위할 수 있게 할 수 있다. 이는 농어촌과 특수선교 및 국외선교를 포함한 것이다. 나머지 5천억 원을 반으로 나눌 수 있다. 첫 절반은 국내외의 일상적 구제에 쓸 수 있다. 나머지 절반은 북한 동포 돕기에 쓸 수 있다. 그렇게 한다면 한국교회는 1년에 약 2천 5백억 원 정도를 북한 동포 구제에 쓸 수 있다. 북한 동포 돕기와 십일조의 복음적 의의를 생각하는 다양한 프로그램을 진행하는 것이 좋다. 한국교회는 당회나 공동의회에서 십일조의 나눔을 결정할 수 있어야 할 것이다.[520]

성경적인 통일선교라는 것은 오직 성경을 중심으로 삼고 성경의 비전과 가치관에 따르는 통일선교를 말하는 것이다. 하나의 중심적인 언약공동체로서의 통일선교공동체에 대한 비전을 말하는 경우도 있다. 특히 남북분단의 파괴적 현실 속에서도 우리들로 하여금 하나님의 형상대로 지음 받은 우리 이웃으로서의 북한 사람들의 존재를 항상 기억하도록 해 주어야 한다는 것이다. 통일선교는 정치적 현실에서 성경이 주는 교훈들이 직접적으로 적용될 수 없다고 반대하는 관점들까지 포함될 수 있다. 기독교적 통일선교 담론은 성경적인 것이 되기를 추구하고 있으나 내용적 다양성이 드러나고 있다.

통일을 위해 가장 중요한 역할을 감당할 세력은 다름 아닌 '한국교회' 라는 사명의식을 가지고 민족복음화를 위해 헌신해야 한다. 북한교회 세우기를 통해 생각해야 할 것은 무너진 성전의 수축과 예배의 회복이며 남한의 교회 세우기는 교회다운 교회되기 즉 교회의 교회됨을 통한 교회 세우기를 지속적으로 해야 한다.[521]

"너희는 가서, 모든 민족을 제자로 삼으라."고(마28:19) 했다. 하나님은 세상에 나가 제자들을 만들기를 원하신다. 하나님은 모든 사람을 제자화하기를 원하신다. 북한동포가 예외일 수 없다. 하나님은 북한동포의 구원을 하는 데 한국교회가 그 역할을 하기 원하실 것이다.[522]

봉수교회와 칠골교회를 1970년대 동독의 복음교회처럼 사회주의 속의 교회, 통일을 위한 독자적 공간으로 발전시킬 수 있는 전략적 대책이 수립되어야 한다는 주장도 있다. 이러한 주장은 이제까지 남한교회의 노력으로 교회 건물이 재건된 이 교회들이 내용적으로 복음적 정체성을 가질 수 있도록 지원해야 한다는 뜻으로 해석해야 마땅할 것이다. 하나님의 형상으로서 북한 주민들을 사랑하고 계시다는 점을 간과해서는 안 된다. 복음평화통일은 하나님의 선물이라는 사실을 항상 유의해야 하며 기다리는 자세를 가져야 할 것이다. 우리가 공 예배를 통해 북한 동포들을 위하여 지속적으로 중보기도하고 성도들의 북한선교헌금을 비롯한 인도주의적인 노력들은 이러한 신앙고백을 바탕으로 하는 것임을 항상 염두에 두어야 마땅하다.[523]

북한은 단순히 여러 민족 중의 하나가 아니다. 가장 가까이 있고 지상에서 유일하게 같은 언어를 사용하는 한민족이다. 원래 우리나라의 예루살렘에 해당하는 곳은 북한의 평양이었다. 평양은 영국의 런던 대학을 졸업한 토머스(Robert Jermain Thomas) 선교사가 27세의 나이로 순교의 피를 뿌렸던 곳이다. 평양 대 부흥의 발원지이다. 평양에서 수많은 전도자들이 탄생했다. 이기풍 목사는 제주도와 전라도 지역에 복음을 전하기 위해서 목숨을 바쳤다. 한국전쟁을 통하여 북한에서 내려온 북녘의 교인들이 서울과 부산에서 복음을 전하여 남한 사회를 복음화 시켰다. 이런 면에서 남한 교회는 북한교회에 빚을 지고 있다.

우리는 빚진 심정으로 북녘동포들에게 복음을 전해야 한다. 인간의 기본적인 삶을 누리지 못한 북한 동포들을 외면할 수는 없다. 현재 북한 동포들은 인권탄압과 식량 때문에 기본적인 인권도 누리지 못하고 있다. 북한의 실상을 생각할 때 주님의 긍휼과 은총이 절대적으로 필요한 것이다.[524] UBF[525]의 통일선교 노력은 첫째, 2000~2003년까지 북한당국이 전용할 수 없는 결핵환자들만 사용할 수 있는 약품, 의료기구 등을 지원하였다. 둘째, 2006년도에 굿네이버스를 통해 영유아와 고아를 돕기 위해서 분유와 밀가루, 영양식, 건강 보조 식품을 제공하고 있다. 셋째, 2008년부터 현재까지 옥수수가루, 밀가루, 밀국수를 1년에 여섯 차례에 걸쳐서 지원하고 있다. 그리고 PUST(평양과학기술대)를 지원하고 있으며, 평양과기대가 토마스 선교사 순교기념교회 터 위에 세워져 있는 것도 매우 의미가 있는 것이다. 탈북자 33,523명을 돕지 못한다면 북한 주민 2,200만 명을 도울 수 없다. 탈북자 돕기는 북한 동포들을 도울 수 있느냐 없느냐의 예행연습과 같다. 탈북자 30%가 20대이고, 약 500명의 대학생들이 각 대학에 있다. 이들을 돕는 일이 통일 북한선교를 하는 일이다. 굶주림이 심한 북한 동포들에게 식량지원은 계속 되어야 한다. 한국교회가 초기 사역을 섬길 때 해외에 선교사를 파송하기 위해 길을 찾고자 몸부림을 쳤던 것처럼 북한에 복음 전파를 하기 위해서 전략적인 선교차원의 지혜를 모색해야 한다.[526]

개혁주의 생명신학의 나눔 운동 확대

개혁주의 생명신학은 성경에 계시된 삼위일체 하나님을 바르게 이해하고 하나님의 생명 사역을 성경적으로 실현하는 영적 생명운동의 도구이다. 개혁주의 신학은 한국개신교가 직면한 문제들을 근원적으로 해결할 수 있는 신학이다. 개혁주의 생명신학은 이와 같은 개혁주의 신학을 올바르게 이해하고 회복시켜 계승할 뿐 아니라 삶과 사역의 현장에서 예수님의 영적 생명을 실현하는 측면에서 한 걸음 진일보한 발전된 신학으로 보아야 한다. 개혁주의 생명신학은 종전의 개혁주의 신학의 단점을 극복했다고 본다.[527]

개혁주의생명신학의 '나눔운동' 전문을 보면,[528] 개혁주의생명신학은 자신과 교회와 세상을 변화시키는 역동적인 실천을 추구하며 그리스도께서 세상을 위하여 자신을 희생시킨 것 같이 우리에게 주어진 모든 것들을 세상과 이웃을 위하여 나누고 섬기는데 앞장서는 나눔 운동이다. 인간 전 영역에서 예수의 생명을 불어 넣어 실천하는 실천 신학적 운동을 말한다.[529]

개혁주의생명신학 선언문에 제시된 '나눔운동'은 두 가지 실천운동으로 정의할 수 있다.

첫째, 자기희생을 통해 하나님 나라를 실현하는 운동이다. 개혁주의생명신학의 나눔운동은 예수 그리스도 안에서 하나님의 나라와 그의 의를 구하는 자녀로서의 특권을 실현한다(마6:33). 이 특권은 자신의 모든 소유와 목숨까지 드릴 수 있는 사랑의 특권이다(살전2:8). 이 나눔운동은 스티븐 마치아 Stephen A. Macchia가 지적했던 "자아도취적인 신앙형태"에 대한 해독제이다.[530]

칼뱅에 의하면 이 나눔 운동은 "하나님을 신뢰하는 것과 그에게 의지하는 것과 우리로 하여금 그의 피조물들을 사용케 하신 것에 대한 감사"를 배우게 하는 산제사라 설명하였다.[531]

예수 그리스도는 하나님 나라의 성전이며, 선지자이었다. 그리고 왕이시며 또한 제사장이었다. 그의 사역은 자신을 희생 제물로 드려 그 백성들을 살리셨고 하나님과 화목하게 하셨다(롬3:25). 이것이 개혁주의생명신학의 나눔운동이다. 성도는 하나님의 선한 일을 위하여 지으심을 받았다(엡2:10).

그러므로 하나님 나라의 제사장이며 그의 아름다운 덕을 선전하는 그의 백성이다(벧전2:9). 그러므로 개혁주의 생명신학의 나눔운동은 사역과 관심을 교회 외부로 돌려야 한다. 따라서 개혁주의생명신학의 나눔운동은 자신의 변화와 세상을 변화시키는 하나님 나라 실현으로 발전해야 한다.

둘째, 하나님의 좋은 것을 이웃에게 공급하는 사랑의 실천이다. 개혁주의생명신학의 나눔 운동은 하나님의 본질적 성품인 사랑을 실현하는 운동이다. 하나님의 사랑은 세상과 만물, 그리고 인간을 창조하였고, 인간이 사는 세상에 필요한 것들을 공급하신다(시136:25). 또한 영적으로 죄에 빠진 죄인을 구원하시고 그들에게 영원한 생명을 주신다. 이렇게 하나님의 사랑은 단순한 감성의 문제가 아니라 영원한 하나님 나라의 본질이며 실제 삶이다. 에드워즈(Jonathan Edwards)는 하늘의 완전한 상태에서 교회가 처하게 될 상태라고 했다. 하늘에서의 교회는 최종적으로 '사랑의 세계' 이다(고전13:13). 개혁주의 생명신학의 나눔운동은 예수님과 같은 종의 삶을 실현하면서 세상과 이웃에 하나님의 좋은 것을 공급하는 하나님 나라의 운동이다.[532]

개혁주의생명신학의 선언문을 통해 제안된 '나눔운동' 은 21세기 한국 개신교회를 회복시킬 중요한 사역의 원리이지만 이 '나눔운동' 의 실현은 세상을 사랑하시는 하나님에 대한 이해 부족과 이웃 사랑 실천에 이해부족과 이웃 사랑의 빈약으로 인해 참다운 '나눔운동' 을 전개할 수 없다. 그래서 '나눔운동' 의 사역의 문제점을 살펴보아야 한다. 개혁주의생명신학 선언문으로 제안된 '나눔운동' 을 실현하려 할 때 해결해야 할 사역의 문제점은 세 가지이다.

첫째, 사역의 자원이 빈곤하다. 개혁주의생명신학의 나눔운동을 실현하려 할 때 부딪히는 문제가 자원의 빈곤문제이다. 그러므로 나눔운동의 실현은 빈곤한 자원문제를 해결하는 것으로 시작되어야 한다. 정승훈은 기독교인의 경제적 윤리에 대하여 존 칼뱅의 경제윤리를 제시하였다. "하나님의 창조로부터 인간은 경제적으로 상호 의존성을 갖고 있으며, 경제적 유대와 교류는 하나님의 자연 질서에 속한다. 예수 그리스도의 구속은 개인의 삶뿐 아니라 창조질서의 회복을 위한 사회 경제적 삶을 제시한다.533)

둘째, 하나님의 사역을 사람의 가치로 제한한다. 개혁주의생명신학의 나눔 운동은 인간의 사역이 아니라 하나님의 사역이다. 그러므로 사역의 가치는 하나님차원의 것이며 그 범위와 능력도 하나님께 근원을 둔다(딤전6:17). 그러나 나눔운동이 인간의 이기주의와 탐욕주의에 가로막혀 인간의 이기주의와 탐욕주의에 가로막혀 인간의 가치와 한계로 제한 받고 있다. 고아의 아버지 조지 뮬러는 고아를 먹이고 돌보는 사역을 사람의 약속에 근거하지 않고 하나님의 약속과 그에 대한 믿음을 갖고 기도함으로 감당한 좋은 사역의 모델이다.534)

셋째, 하나님 나라 차원의 사회적 책임이 미약하다. 개혁주의생명신학의 나눔 운동은 하나님의 사역자로서의 자신과 타인을 성경적으로 변화시키는 사역이며, 하나님께서 공급하신 좋은 것을 이웃과 나누는 사랑의 실천 운동이다. 그러나 한국교회 속에는 많은 나눔운동들이 실행되고 있으나 이 사역을 하나님의 사역으로 실현함에 대한 신학이 약하고 개인이나 교회, 그리고 각 사역기관들이 사역의 관점을 하나님 나라 운동의 차원에서 보지 않음으로 사회적 책임을 다하지 못하는 현상들이 나타나고 있다. 그러므로 개혁주의생명신학의 나눔운동은 전체 공교회가 연합하여 실시함이 바람직하고 사회적 책임을 다하는 측면에서의 사역 공동체들의 결의와 사역이 필요하다.535)

개혁주의생명신학 선언문이 제안한 나눔운동은 실현하는 방안을 다음과 같이 살펴보고자 한다. 첫째, 하나님을 사역의 최고 자원으로 하여야 한다. 개혁주의생명신학의 나눔운동은 하나님을 사역의 자원으로 삼는다. 느헤미야 시대의 종교개혁은 예루살렘 성벽만 재건했던 것이 아니라 신앙의 개혁도 단행했다. 에스라는 자신들의 궁핍함을 모세의 율법을 통해 조명하므로 하나님의 일하심과 연관시켰다. 그들은 하나님께서 구름기둥과 불기둥으로 인도하심, 주의 선한 영을 보내셔서 만나를 주시고 목마르지 않게 하셨던 하나님에 대한 믿음을 새롭게 했다(느9:19-20). 개혁주의생명신학의 나눔운동의 자원은 하나님이시며, 자신과 교회, 그리고 세상을 변화시킬 사역의 당사자 자신이 그 통로가 되기 위해 말씀과 기도를 통한 하나님의 자원으로 사역하는 것이 필요하다. 둘째, 하나님 규모의 사역을 기대해야 한다.

개혁주의생명신학의 나눔 운동은 하나님의 신비한 능력과 사역을 기대하며 사역해야 한다. 스나이더(Howard Snyder)는 하나님 나라가 현재적인 동시에 미래적이고 개인적인 동시에 사회적이며, 지상적인 동시에 하늘에 속한 것이라면 교회는 지상에서 가장 신비한 유기체이며, 독특한 특성을 가진 하나님의 집으로 규정하고 있다. 사역 현장에 사람의 중심적인 사역보다는 하나님의 중심적인 사역이 드러나도록 신경을 써야 한다.

셋째, 하나님처럼 세상을 사랑해야 한다. 모든 그리스도인이 섬겨야 할 적절한 영역은 교회뿐만 아니라 세상도 품고 나아가야 한다. 개혁주의생명신학의 나눔운동은 세상을 사랑하신 하나님의 사역적 관점에서 실현하는 것이 필요하다. 그 범위는 복음의 영역과 재능의 영역까지 포함해 성도의 삶 전 영역으로 확대하는 것이 필요하다. 그러나 이 사랑은 예수님의 진리의 사랑이지 인본주의적인 사랑은 아니다.[536)]

개혁주의생명신학의 나눔 운동은 가급적이면 연합해서 하는 것이 바람직하지만 연합할 대상이 없다할지라도 포기해서는 안 된다. 개혁주의생명신학의 나눔운동의 사례로 모델이라고 할 수 있는 교회가 있다. 서울특별시 중랑구 신내동에 있는 영안교회(양병희 목사 시무)이다. 영안교회에서는 북한주민의 배고픔을 해결하기 위해 북한 봉수 '빵공장' 옆에 냉동 설비를 세우는데 선교비 120만 불[537)]을 지원했다. 2008년에는 결핵 약 한 알이 없어서 죽어가는 30만 북한 어린들이 병사하는 아픔을 직시하며 'SBS 북한 결핵어린이 돕기' 패널로 참석하여 전국적인 후원금 모금을 하였고, 선교비를 지원했다.[538)]

영안장로교회 선교위원회 산하에 '북한선교부'를 두고 탈북민 정착을 위해 지속적인 지원을 하고 있다.[539)] 지금 현재는 일반교구에 편성하여 목장에서 활동하도록 지원하고 있다. 정기 프로그램은 매월 마지막 주일 오후 1시부터 북한선교부 기도회가 진행되고 있다. 대표 기도와 피아노반주는 북한선교부 회원이 맡고 있으며 북한선교부 담당 목사가 설교말씀을 전하며 공동 기도 제목을 놓고 뜨겁게 기도하고 있다. 공동기도는 첫째, 국가와 민족을 위해 양병희 담임목사와 영안교회를 위해 둘째, 북한에 있는 가족이 굶지 않도록, 제3국에 있는 탈북자들을 위해서 셋째, 한국 소재 탈북자들이 잘 정착하고 잘 적응할 수 있도록 기도하고 있다.[540)]

영안교회는 매월 첫째 주 토요일 새벽기도회를 월삭예배로 드리고 있다. 3대가 나와서 함께 예배를 드리면서 부흥집회와 같은 뜨거운 열정으로 예배를 드리고 있다. 이 때 드려진 월삭예배 헌금은 별도로 통일기금으로써 관리가 되어 통일시대를 준비하고 있다. 조국이 복음으로 통일되는 날에 북한지역에 무너졌던 교회를 세우고 북한동포를 돕기 위한 기금을 확보해 가고 있다. 필그림선교교회(양춘길 목사 · 구 필그림교회)가 동성애 반대 뜻을 지키기 위해 시가(市價) 1200만 달러(약 128억 원) 상당의 예배당을 포기했다는 것이다(국민일보 2018년 1월 4일자 25면). 필그림선교교회 예배당은 대지면적 1만6,198㎡(4,900평), 연면적 5,024㎡(1,520평) 규모다. 700명을 수용할 수 있는 대예배당과 영어 예배실, 어린이 예배실 등이 있다. 교회 건물을 유지하려면 월 2만 달러가 필요하다. 이러한 교회를 다 포기하고 동성애 반대 뜻을 지키기 위해 교회를 떠나온 기사를 접하고 영안교회 당회장 양병희 목사는 필그림선교교회 양춘길 목사와는 일면식조차 없었음에도 3시간을 울었다고 한다. 예배 시간에 필그림선교교회를 지원하자고 선포하자 영안교회 전 성도가 동참하여 10만 불을 헌금하여 지원하였다.[541] 또한 백석대학교에 2억 원과 고려대학교 통일외교학부에 1억 원의 장학금을 기부하여 목회자 양성 후원과 통일외교 차세대 지도자 양성을 지원하였다. 이것이 개혁주의 생명신학의 나눔 운동으로서 복음통일의 기반을 조성하는 모델이라고 할 수 있다.[542]

17
한국교회의 복음평화 통일문화 기반조성

복음통일문화 일꾼 양성

그 동안 한국교회는 학문적으로 복음 통일 신학을 적극적으로 개발하지 못했다. 기독교학이라는 분야에서 응용적인 연구를 해왔지만 방법론에서는 신학의 전통적 사유에 전적으로 의존했다. 여기서 지적하고 싶은 것은 사회전반에 걸쳐 신학적 패러다임을 일괄적으로 적용하기에 사회가 너무 많이 변했다는 것이다. 변화에 적응하지 못한 결과 기독교계와 사회 간에 대화와 커뮤니케이션의 부족이 생기고 세상과 상황에 대한 이해가 부족하고 기독교와 일반사회와의 소외 현상이 심화되게 된 것이다.[543] 그래서 한국교회는 복음 통일을 위해서는 패러다임의 변화를 적절하게 대응하여야 된다고 생각한다.

복음 평화통일문화를 주도하기 위해서는 우선 성경에서는 어떤 일꾼이 있었는지 파악해 보고자 한다.

하나님의 명령에 따라 기드온은 300명의 군사를 통해서 이스라엘을 구원하였다. 기드온은 300명의 군사로 미디안의 군사 13만 5천명 대군을 이겼다. "여호와의 구원은 사람의 많고 적음에 달리지 아니하였느니라."(삼상14:6) 오늘날 복음통일을 위해 필요한 것은 바로 기드온의 300명 군사와 같은 정예부대이다. 성실하고 용감하고 인내력이 강한 십자가 군병인 크리스천이다. 하나님께서 함께하시면 악한 세력과의 싸움에서 승리할 수 있다. 아무리 수가 많더라도 오합지졸들이 모인 군대는 하나님께서 기뻐하시지 않는다. 기드온이 자격이 없는 병사들을 집으로 돌려보냈던 것처럼 하나님께서도 기뻐하시지 아니하는 사람들은 모두 돌려보내신다는 것이다. 우리 민족의 복음평화 통일을 위하여 필요한 것은 기드온의 300명 군사와 같은 크리스천이 이 시대에도 필요하다.[544]

한국교회는 지난 세기에 눈부신 발전과 교회 부흥을 이루어 세계 기독교인들을 놀라게 하였다. 한국에는 기독교인들 안에 인정되는 문화, 교회문화는 존재하지만 사회적으로 인정받고 수용되는 기독교문화는 없다. 그럼에도 불구하고 한국교회는 역사적으로 볼 때 사회를 인도하여 왔다.

한국교회가 복음전파 외에도 사회 계몽운동, 민족운동을 고취시킨 것은 간과할 수 없다. 일제 강점기시대 일부 기독교인들이 신사참배와 친일 행적을 행하였으나 이는 일부분이었다. 3.1운동을 위시하여 독립운동과 교육, 의료 사업에 기독교가 많은 힘을 기울인 것은 사회적 리더십을 인정하게 한 요인이었다. 또한 사회의 가치관, 윤리, 관습을 제공하여 건강한 사회를 만들도록 노력한 것도 기독교였다.[545]

독립운동가 말고도 화랑도의 정신을 평화통일 자료로 활용할 가치가 있다. 화랑도가 어떻게 형성되었으며 언제부터 신라에 있어서 국가적·사회적 중흥의 대도(大道)로 발전되고 체계화 되었는가 하는 것이 문헌의 불충분으로 분명한 추정이 이루어지지 않고 있다. 그러나 역사학자들의 연구에 비추어 볼 때 화랑도의 기원은 대체적으로 삼국시대 초에 남자 미성년자집단·청년집회로써 자생적으로 발생하였다. 신라의 융성기인 진흥왕 때 당시 고구려·백제와의 투쟁이라는 상황하의 위기 속에서 국가를 구하고 국가 중흥을 일으킨다는 대의 명분아래 민간청년운동을 전개하여 화랑 출신 용장이 배출되어 진흥왕 37년(576년)에 왕명에 의해 공식적 단체로서 성장하였다. 화랑도는 신라정신의 중추이며 삼국통일의 역군인 화랑의 지도이념이요 생활 철학이다.

신라에 의한 삼국통일의 성취는 첫째, 우리 민족의 민족 통일로써 이후의 민족주의적 발전의 기틀을 마련하였고, 둘째, 민족문화를 이룩하는데 초석이 되었음에 그 역사적 의의를 찾아볼 수 있다. 따라서 통일신라의 정치·사회·문화적 전통은 우리 민족의 새로운 역사와 문화를 세우는데 원동력이 되었다. 현재 민족 분단 하에서의 민족통일이라는 우리민족에게 부과된 지상명령을 수행함에 있어서 삼국통일의 지도 이념인 화랑도라는 민족의 얼을 재인식하고 오늘에 구현하는 것은 우리에게 중요한 과제인 것이다.[546]

한민족사의 주체는 말할 것도 없이 한민족이므로 한민족이 주인공이고 그 한민족에 의해서 진행되었다.[547] 한민족이 한반도에서 뿌리를 내려가고 있는 것이다. 현재는 한민족이 분단을 살아가지만 한민족이 반드시 평화통일을 이룰 수 있을 것이다. 그것은 우리 기독교인들이 복음평화통일의 중추적 역할을 준비하고 있기 때문이다.

복음평화통일 웰빙문화 및 방송운영

웰빙문화는 복음평화통일문화로써 웰빙(Well-being)문화에 대하여 현대인이 살아왔던 길, 역사적 길을 잠시 추적해 볼 필요가 있다. 20세기를 맞이할 때 인류는 거대한 희망에 부풀었다. 20세기는 인류에게 희망을 가져다주리라는 막연한 꿈을 품었다. 그러나 그것은 한낱 꿈이었던 것으로 판명 났다. 제1차 세계 대전이 일어나면서 '서구의 몰락'(O. Spengler)은 눈에 보이는 듯 했다.

인간은 어느 우연한 한 지점에 던져진 돌처럼 자신의 존재를 느끼며 불안해했다(Heidegger). 당시 인간은 '집 없는 존재'로 보였다(Rilke). 화난 젊은 세대들(Angry Young Men)이 그들이었다. 먹구름처럼 몰려오는 실존의 불안을 극복하고 미래를 건설하기 위해 그들은 너무 약했다. 그들이 남긴 것은 '아버지 없는 세대(Fatherless Generation)의 반항'이라는 또 다른 구호였다.[548]

현재 우리 한국에 탈북자는 33,353 명이다.[549] 한민족으로서 탈북자는 자신의 존재에 대하여 불안해하고 있는 것이 사실이다. 어쩌면 이 탈북자들은 화난 젊은 세대들처럼 아버지 없는 세대처럼 방황하고 있는지 모른다. 탈북자들의 웰빙 문화 조성은 곧 복음평화통일문화 조성이라고 해도 과언이 아니다. 복음평화 통일기반을 조성하는 데 있어서 사람이 중요한 것은 말할 것 없다. 웰빙문화 조성은 탈북자뿐 아니라 한민족 모든 사람이 참여해야 한다. 특히 한국교회가 탈북자들을 잘 지도하여 예수 제자로 거듭 태어 날 수 있도록 양육해야 한다.

한국교회 성도들은 자본주의 문화와 사회주의 문화의 삶의 방식의 이질성을 증폭시키기 보다는 원수까지도 용서하는 사랑의 정신을 가져야 한다. 서로의 인간성 속에 내재해 있는 하나님 형상의 동질성을 찾아내고 한민족으로서 문화적 동질성을 확대 재생산하게 될 때 웰빙문화는 통일문화로 승화시켜야 한다.[550]

복음 평화통일문화방송은 기존의 대북방송을 의미하지 않는다. 복음평화통일문화방송은 한국과 해외 동포 및 북한주민과 세계 각국에 한반도 평화통일기반 조성에 관심 있는 모든 사람을 대상으로 한다. 주로 기독교통일문화를 확산시키는데 목적이 있는 것이다. 대북방송의 기능도 부정할 필요는 없는 것이다.

현재 대한민국 대북방송으로는 극동방송(광야의 소리), 국민통일방송, 북한개혁방송, 열린 북한방송, 자유 한국방송, 인민의 소리, 자유코리아 방송, 희망의 메아리, 자유 FM, Korea MND Radio 자유의 소리 등이 있다.[551]

복음평화통일문화 방송 프로그램 제작엔 엄청난 재료가 널려 있다. 그럼에도 불구하고 수많은 사람들이 모르거나 알아도 그냥 지나치는 이야기이며 좋은 말들이 많이 있다. '기독교인의 삶'은 "누군가가 방해한다면 하나님께서 문을 두드리신다고 생각하라" 등 84가지는 기독교인이나 불신자도 다 좋은 이야기이다. 남북한 동포 모두에게 아무런 거부감이 없는 것으로 이러한 삶만 남북한동포가 살아낸다면 복음평화통일은 이루어질 것이다.[552]

복음 평화통일문화 드라마 및 영화제작 보급

복음평화통일문화 영화를 제작한다는 것은 엄청난 비용이 발생한다. 우선 10위-1위의 영화에 대하여 제작비 및 관객인원 특이사항에 대하여 알아보고자 한다.[553]

'대호' 10위는 170억 원의 제작비용이 발생했고 국내 관객은 176만 명이 관람하였다. 솔직히 말하면 이 영화는 이렇게 많은 제작비가 들어갈지는 아무도 몰랐던 영화중에 하나다. '최민식' 이라는 우리나라 최고의 배우가 출연했지만 사실 호랑이가 주인이었고, 대대적인 마케팅이나 언론광고를 한 것도 아니었기 때문에 170억 원의 제작비가 들어갔다.

'좋은 놈 나쁜 놈 이상한 놈' 9위는 174억 원의 제작비용이 발생했고, 국내 관객은 669만 명이 관람하였다. 수많은 패러디를 만들어냈던 '좋은 놈 나쁜 놈, 이상한 놈' 촬영 자체를 우리나라가 아닌 외국 로케이션에서 촬영했다고 알려져 있을 만큼 제작비가 많이 들어간 것이 사실이다.

'암살' 8위는 1270만 명으로 천만관객도 넘었고, 관객순위 10위 안에 들 만큼 대작이었음에도 불구하고 영화 제작비가 180억 원 정도 들었다는 것은 도전해 볼 수 있다.

'태풍' 7위는 200억 원의 제작비가 발생했다. 국내 관객은 347만 명이 관람하였다. 2005년 개봉되었던 영화라는 것을 감안하면 정말 당시 엄청난 투자와 관심을 받았던 영화 '태풍' 이다. 물론 스토리도 괜찮았고, 캐스팅도 장동건, 이정재, 이미연으로 우리나라 슈퍼스타급이었고, 감독도 곽경택 감독이었고, 모든게 다 괜찮았던 것에 불구하고 크게 흥행을 하지는 못했다.

'미스터고' 6위는 220억 원의 제작비가 발생했고, 국내 관객은 132만명이 관람했다. '신과 함께와 국가대표', '미녀는 괴로워' 등을 만든 유명한 감독인 김용화 감독이 만든 것이다. 고릴라라는 이색 시나리오 때문에 흥행은 하지 않아서 132만 명밖에 안되었고, 그에 비해 220억 원이라는 제작비가 들어가서 완전 망했다고 생각할 수 있지만 사실 이 영화는 중국에서 큰 대박이 나서 엄청난 수익을 얻었다고 한다.

'마이웨이' 5위는 280억 원의 제작비가 발생했다. 국내 관객은 210만 명이 관람했고, 위의 순위 중에 어쩌면 투자비용 대비 가장 쓸쓸한 관객흥행을 보인 영화이다. 210만 명이면 그냥 일반 흥행영화정도이다. 통상 재미있다고 입소문 나서 흥행한 영화들의 손익분기점이 250~400만 명 정도라고 한다.

'디워(D-war)' 4위는 300억 원의 제작비가 발생했다. 국내 관객은 780만명이 관람했다. 어찌 보면 애국영화, 심형래 감독이 만들었고 워낙 개봉 전부터 뉴스나 각종 매체들로부터 엄청나게 광고 및 이슈화 되어 있어서 사실 개봉하자마자 사람들이 엄청나게 몰리면서 영화 개봉 몇 일만에 300만 명 넘었다.

'군함도' 3위는 330억 원의 제작비가 발생했다. 국내 관객은 659만 명이 관람했다. 어쩌면 작년 2017년의 최대의 기대신작이었던 군함도, 직접 군함도의 모습을 세트장화 시켰고, 각종 특수효과 및 광고 마케팅 등 영화 개봉 전 막대한 비용을 사용했었는데 생각보다 흥행을 이루지는 못했다.

'신과 함께' 1,2편 2위는 400억 원의 제작비가 발생했다. 국내 관객은 1441만 명이 관람했다. 웹툰을 원작으로 한 '신과 함께' 그래도 1,2를 포함해서 400억 원이 들었다고 한다.

'설국열차' 1위는 437억 원의 제작비가 발생했다. 국내 관객은 935만명이 관람했다. 한국의 국가대표 감독 봉준호 감독이 오랜만에 들어왔던 복귀작 이자 헐리우드 데뷔작인 '설국열차' 이다.

이와 같이 복음평화통일문화 영화 제작에 있어서 가장 큰 문제는 예산확보방안이 문제이다. 그러나 평화통일문제는 개인적 문제가 아니라 국가민족의 문제이다. 따라서 복음평화 통일문화영화 제작은 국가 정책적 차원과 한국기독교적 차원에서 복음통일문화를 조성해야 할 것이다.

복음평화통일문화 드라마 제작은 꼭 필요하며 드라마 제작 및 시청률은 아래와 같다.[554]

<표7-1> 드라마 제작 및 시청률 내역

드라마 명	제작비 (억원)	시청률 평균(%)	시청률 최고(%)	비고
아무 생각이 없다.	430	29	35	
대조영	350	26.9	36.8	
불멸의 이순신	350	22	33	
연개소문	400	19	25	
무인시대	300	30		
임진왜란 [555]	13			
영웅 [556]	300			안중근일대기

그러나 평화통일문화 분위기를 조성하는데 있어서 통일비용은 감수해야 한다고 생각한다. 평화통일을 위해서 남북한의 동질성을 회복하기 위해서 통일문화 드라마, 예를 들자면 〈표7-1〉에 있는 작품이 민족동질성을 회복할 수 있는 드라마로 가정한 '영웅' 등을 제작하여 한국에서도 보급하고 북한 주민에게도 제공한다면 남북한 문화 동질성 회복에 많은 기여를 할 수 있을 것이다.

평화통일문화 법인 설립은 한민족의 최대과제인 평화통일의 목적의식과 투철한 사명감과 역사의식을 갖고 한국내의 평화통일 문화기반의 조성에 목적을 두고 있다. 그리고 정부의 통일정책과 기독교적 입장에서 바라본 민족 평화통일의 역할에 기여하며 민족의 동질성을 회복하는데 목적이 있다. 본 법인은 초당적, 진보 및 보수, 남녀, 세대 등 모두를 아우른 단체를 설립해야 한다.

평화 통일문화 법인 사업으로 평화통일문화 일꾼 양성 지원, 평화통일 웰빙문화 확산 및 평화통일문화 방송 지원, 평화통일문화영화 제작 및 평화통일문화드라마 제작 보급 등을 총괄 지원할 수 있는 단체를 설정할 수 있다.

평화통일문화 법인의 일반회원은 본 재단의 설립취지에 동의하는 자로서 소정의 입회 수속을 마치고 1년 1회 이상의 자발적인 회비를 납부하여 평화통일문화 조성비를 확충한다. 본 법인의 총회는 회원으로 구성하며 필요에 따라 이사장이 이사회를 거쳐 소집한다. 본 법인의 임원은 5인 이상 15인 이내의 이사와 3인의 감사로 한다.

평화통일문화 법인, 평화통일문화 영화 및 평화통일문화 드라마 제작 보급, 평화통일 웰빙문화 창설 및 평화통일문화 방송, 평화통일문화 일꾼 등은 모두가 상상의 세계에 불과하다. 그렇지만 하나님에 대하여 바르게 상상하려면 하나님의 아들 예수 그리스도에게로 돌아 와야 하고 주 예수 그리스도를 전해 주는 성경말씀 속으로 돌아 와야 한다. 하나님과 하나님의 나라는 광대하고 신비하다. 하나님의 계시를 근거로 하나님을 상상한다고 해도 아무리 연구를 많이 한다 해도 우리의 이해력은 여전히 불충분하다. 그래서 예수님도 많은 비유들을 사용하셨다. 하나님을 믿고 따르는 삶은 이전의 삶과는 전혀 다른 삶이다.

진정으로 복음 통일을 원한다면 기독교적 세계관, 기독교적 가치관, 새로운 인생관으로 살아가는 삶이 전제되어야 한다. 이러한 새로운 삶은 새로운 상상을 요구한다. 따라서 복음에 근거하여 형성해 가는 기독교 통일문화도 새로운 상상과 기독교적 가치관과 기독교적 세계관 등이 필요한 것이다. 따라서 복음 평화통일문화 조성은 새로운 상상을 필요로 한 것이다.[557]

미주

436) http://www.kidok.com/news/articleView.html?idxno=64537(2018.11.23. 검색)
437) 박정수, 『성서로 본 통일신학』, 176-177.
438) 정성한, 『한국기독교 통일운동사』, 39.
439) 김삼환, 『한국교회 평화통일기도회』, 25.
440) 기독교학술원외, 『독일 통일에서 교회 역할』 (서울: 기독교학술원, 2018), 9.
441) 기독교학술원외, 『독일 통일에서 교회역할』, 10.
442) 주도홍, 『통일, 그 이후』 (서울: 한국기독학생회출판부, 2006), 21.
443) 주도홍, 『통일, 그 이후』, 22.
444) 김일성, 『김일성 저작선집 5』 (평양: 조선로동당 출판사, 1979), 154; 양병희, "북한종교정책이 북한에 미치는 영향: 기독교정책을 중심으로", 22에서 재인용.
445) 윤여상, 『2008 북한종교자유 백서』 (서울: 북한인권정보센터, 2008), 27; 양병희, "북한종교정책이 북한에 미치는 영향: 기독교정책을 중심으로", 23에서 재인용.
446) 민경배, 『글로벌 시대와 한국, 한국교회』, 152
447) 민경배, 『글로벌 시대와 한국, 한국교회』, 163-164.
448) 통일교육원, 『2018 통일문제이해』, 98-107.
449) 허호익, 『통일을 위한 기독교 신학의 모색』 (서울: 도서출판 동연, 2010), 6.
450) https://www.pyeongchang2018.com/ko/index(2018.3.23검색).
451) https://www.pyeongchang2018.com/ko/paralympics/index(2018.4.13검색)
452) 류종훈, 『누가 북한을 움직이는가』, 149.
453) 류종훈, 『누가 북한을 움직이는가』, 146.
454) 류종훈, 『누가 북한을 움직이는가』, 253.
455) 대화문화아카데미, 『나는 왜, 어떻게 신학을 하는가?』 (서울: 대화문화아카데미 대화출판사, 2011), 211-213.
456) 한국기독교학회,『전환기에 선 한국교회와 신학』(서울:하우기획출판,1992), 85-96.
457) 서정래, 『교회절기프로그램』 (서울: 한국기독교장로회출판사, 1994), 288.
458) 서정래, 『교회절기 프로그램』, 289.
459) 서정래, 『교회절기 프로그램』, 290.
460) 서정래, 『교회절기 프로그램』, 291-303.
461) 김영한, 『평화통일과 한국기독교』, 165.
462) 「종북파」는 '북한의 조선로동당과 그 지도자의 정책, 이념 따위를 무비판적으로 따르는 공산주의자(주사파)'로서 대한민국 영토 내에 거주하는 자들을 가리킨다.https://blog.naver.com/mgblsori/221184126336(2018.4.16 검색)
463) 김영한, 『평화통일과 한국기독교』, 167.
464) 노정선, 『통일신학을 향하여』, 213.
465) 한시석, "한국민중운동과 목회현장", 『땅끝까지 이르러』 (서울: 한국기독교 장로회 신학연구소, 1997), 338-339.
466) 주도홍, 『통일로 향하는 교회의 길』, 142.

467) 한시석, " 한국민중운동과 목회현장", 『땅끝까지 이르러』, 378-379.
468) 허호익, 『통일을 위한 기독교 신학의 모색』, 35.
469) 박정수, 『성서로 본 통일신학』, 49-52.
470) 임성빈 외, 『통합적인 통일과 그리스도인들의 과제』 (서울: 예영커뮤니케이션, 2003), 92.
471) 임성빈 외, 『통합적인 통일과 그리스도인들의 과제』, 93.
472) 임성빈 외, 『통합적인 통일과 그리스도인들의 과제』, 94.
473) 임성빈 외, 『통합적인 통일과 그리스도인들의 과제』, 177.
474) 임성빈 외, 『통합적인 통일과 그리스도인들의 과제』, 178.
475) 김용복, "해방 후 교회와 국가", 『국가권력과 기독교』 1982, 203; 임성빈 외, 『통합적인 통일과 그리스도인들의 과제』, 178에서 재인용.
476) 임성빈 외, 『통합적인 통일과 그리스도인들의 과제』, 179.
477) 기독교인의 숫자에 관하여 전호진의 견해에 따르면 전체 인구의 15%~18%를 기독교 신자로 파악하고 있다. 전호진, "해방후 한국교회의 성장과 해외선교", 『한국기독교와 역사 연구소』 4, 한국기독교역사연구소,1995, 29-34;한편 1997년도 통계청 발표에 의하면 "기독교인은 876만명(19.7%)으로서 불교(23.2%)에 이어 두 번째로 많다"고 밝히고 있어 전호진의 견해와 어느 정도 일치하고 있다. ; 임성빈외, 『통합적인 통일과 그리스도인들의 과제』, 180에서 재인용. *2015년 인구센서스 결과(통계청): 개신교인구, 1995년(851만명), 2005년(845만명), 2015년(968만명), 10년 전보다 15% 증가하였음.
478) 임성빈 외, 『통합적인 통일과 그리스도인들의 과제』, 181.
479) 한국갤럽이 주관한 이 조사에 의하면 조사 대상인 18개 직업군중 1위는 신부(53%), 2위 TV 앵커(45%), 3위 승려(39%), 4위 언론인(37%), 5위 교육자 31.2% 등으로서 목사(31%)의 경우 종교인 가운데 최하위를 차지하고 있다; 임성빈 외, 『통합적인 통일과 그리스도인들의 과제』, 181에서 재인용.
480) 종교사회학자인 노치준교수는 "한국 교회 재정구조의 연구"에서 1992년도 한국교회의 재정구조 규모를 2조 5천 억 원으로 보고 있다. 임성빈 외, 『통합적인 통일과 그리스도인들의 과제』, 182에서 재인용.
481) 임성빈 외, 『통합적인 통일과 그리스도인들의 과제』, 184-185.
482) 우리는 정치적, 경제적, 군사적 측면에서의 통일이 '땅의 통일' 이라면 문화적 심리적 통일을 '사람의 통일' 이라고 말할 수 있다.
483) 전우택, "통일에 있어 민족 이질화의 내용과 극복방안", 탈북자들과 면담을 통한 전우택교수의 연구에 의하면 102명의 탈북자들이 예상하는 통일 후 직면하게 될 가장 심각한 문제는 '사고방식, 가치관, 문화, 생활습관 등의 차이에 의한 이질감' 이었다. 총 응답의 24.4%가 이것에 관한 것이었다.
'통일 후 남북한의 사상과 이념의 차이와 대립' 이 가장 심각한 문제가 될 것이라는 응답은 11.2%로 나타나 3위를 차지하였다. 이것은 탈북자들이 생각하기에 통일 후 직면하게 될 갈등은 정치 이념적인 것보다는 사고방식, 가치관 등의 차이에 의한 '이질감' 이 훨씬 더 큰 문제라는 것이다.
484) '장유유서 (長幼有序)로 대표되는 유교적 문화가 여전히 북한에서도 자리하고 있음을 우리는 김대중 대통령과 김정일 위원장과의 만남에서 확인할 수 있었다. 남북한 사

람들 사이에서도 장유유서가 동질문화로 자리하고 있다.
485) 임성빈 외, 『통합적인 통일과 그리스도인들의 과제』, 201-202.
486) J. Philip Wogaman, 『기독교인의 관점에서 본 경제학과 윤리학』, 김철영 역 (서울: 성지출판사, 2001), 19.
487) 최창국, 『영혼 돌봄을 위한 실천적 목회학』, (서울: 도서출판 대서, 2015), 57.
488) M.Douglas Meeks,『하나님의 경제학』,홍근수외역(서울:도서출판 한울, 1998), 19.
489) Meeks, 『하나님의 경제학』, 20.
490) Meeks, 『하나님의 경제학』, 21.
491) Meeks, 『하나님의 경제학』, 22.
492) 최창국, 『영혼 돌봄을 위한 실천적 목회학』, 61-62.
493) 최창국, 『영혼 돌봄을 위한 실천적 목회학』, 59-60.
494) Meeks, 『하나님의 경제학』, 25.
495) Meeks, 『하나님의 경제학』, 26.
496) 최창국, 『영혼 돌봄을 위한 실천적 목회학』, 103-105.
497) Wogaman, 『기독교인의 관점에서 본 경제학과 윤리학』, 21.
498) 이종원, 『통일에 대비한 경제정책』 (서울: 도서출판 해남, 2011), 72-74.
499) 이종원, 『통일에 대비한 경제정책』, 76.
500) 이종원, 『통일에 대비한 경제정책』, 77-78.
501) 이종원, 『통일에 대비한 경제정책』, 79.
502) 통일교육원, 『2018 북한이해』 (서울: 나인애드, 2017), 145.
503) 류종훈, 『누가 북한을 움직이는가』, 57-58.
504) 이종원, 『통일에 대비한 경제정책』, 81.
505) 주도홍, 『통일로 향하는 교회의 길』, 54.
506) 주도홍, 『통일로 향하는 교회의 길』, 60.
507) Meeks, 『하나님의 경제학』, 121.
508) 주도홍, 『통일로 향하는 교회의 길』, 61.
509) Meeks, 『하나님의 경제학』, 127.
510) 주도홍, 『통일로 향하는 교회의 길』, 80-83.
511) Meeks, 『하나님의 경제학』, 124.
512) 주도홍, 『통일로 향하는 교회의 길』, 114-115.
513) Craig Hill 외, 『그리스도인의 재정원칙』,허령역 (서울:서정문화인쇄사, 2004). 140-141.
514) 최창국, 『영혼 돌봄을 위한 실천적 목회학』, 88-91.
515) 최창국, 『영혼 돌봄을 위한 실천적 목회학』, 67.
516) 최창국, 『영혼 돌봄을 위한 실천적 목회학』, 68.
517) 최창국, 『영혼 돌봄을 위한 실천적 목회학』, 105.
518) 최창국, 『영혼 돌봄을 위한 실천적 목회학』, 80.
519) 임성빈 외, 『통합적인 통일과 그리스도인들의 과제』, 96.
520) 임성빈 외, 『통합적인 통일과 그리스도인들의 과제』, 97-98.
521) 김영동 외, 『북한선교 어떻게 해야 할 것인가?』, 302-304.
522) Fred Craddock,『크래독의 이야기 설교』,이우제역 (서울: 청목출판사, 2006), 93.

523) 김영동 외, 『북한선교 어떻게 해야 할 것인가?』, 308-309.
524) 이사무엘, 『정신․사역․비전』(서울: UBF, 2011), 153.
525) 대학생성경읽기선교회,http://ubf.kr/images/_main/logo.jpg(20185.10, 검색)
526) 이사무엘, 『정신․사역․비전』, 154-155.
527) 김태철, "개혁주의생명신학 7대 실천운동 활성화 방안연구" (신학박사 학위논문, 백석대학교 기독교 전문대학원, 2013), 34-35.
528) 김태철, "개혁주의생명신학 7대 실천운동 활성화 방안 연구", 204.
529) 최재건, 『한국교회사론』(서울: 기독교문서선교회, 2018), 1358.
530) Stephen A. Macchia, 『건강한 교회를 만드는 10가지 비결』, 김일우 역(서울: 아가페, 2000), 185; 김태철,"개혁주의생명신학 7대 실천운동 활성화방안연구" 204에서 재인용.
531) Samule Dunn, 『요한 칼뱅의 신학진수』, 김득용 역(서울: 성광문화사 1992), 268-269; 김태철, "개혁주의생명신학 7대 실천운동 활성화방안연구", 204에서 재인용.
532) Jonathan Edwards, 『사랑과 그 열매』, 서문강 역 (서울: 청교도신앙사, 1999), 409; 김태철, "개혁주의생명신학 7대 실천운동 활성화방안연구" 205에서 재인용.
533) 정승훈, 『종교개혁과 칼빈의 영성』 (서울: 대한기독교서회, 2001), 166-168; 김태철, "개혁주의생명신학 7대 실천운동 활성화방안연구" 206에서 재인용.
534) George Muller, 『기도가 전부 응답된 사람』, (서울: 규장, 2005), 119; 김태철, "개혁주의생명신학 7대 실천운동 활성화방안연구", 207에서 재인용.
535) 김태철, "개혁주의생명신학 7대 실천운동 활성화방안연구", 208.
536) 김태철, "개혁주의생명신학 7대 실천운동 활성화방안연구", 209.
537) 120만불(2018년 8월 28일 현재 한화 13억 3천 2백 1십 2만원)
538) 양병희, 『영안교회 30년사, 위대한 소명, 위대한 역사』, 356.
539) 양병희, 『영안교회 매뉴얼』(서울: 영성네트워크, 2017), 142.
540) 양병희, 『영안교회 30년사, 위대한 소명, 위대한 역사』, 357.
541) http://blog.naver.com/PostView.nhn?blogId=dreamteller&logNo=221191845865 (2018.5.15. 검색)
542) http://blog.naver.com/PostView.nhn?blogId=ks_enter&logNo=221229291655 (2018.5.15. 검색)
543) 추태화, 『대중문화 시대와 기독교 문화학』 (서울: 코람데오, 2004), 271.
544) 강성구, 『하나님이 쓰신 사람들(하권)』 (서울: 도서출판 서로사랑, 1995), 60-61.
545) 추태화, 『대중문화 시대와 기독교 문화학』, 272-273.
546) 모연호 외, 『화랑도와 화랑열전』 (서울: 학문사, 1978), 9-21.
547) 한국일보사, 『독립운동가 열전』 (서울: 한국종합물산주식회사, 1989), 28.
548) 추태화, 『대중문화시대와 기독교 문화학』, 136-137.
549) http://www.unikorea.go.kr/unikorea/business/NKDefectorsPolicy/status/lately/ (2018.8.29.검색)
550) 이문식, "한국교회의 평화 통일노력의 역사와 과제", 「목회와 신학」 (2018년 9월), 52.
551) https://namu.wiki/w/%EA%B5%AD%EB%AF%BC%ED%86%B5%EC%9D%BC%EB%B0%A9%EC%86%A1 (2018.8.29. 검색)
552) W. Paul Jones, The Art of Spiritual Direction; Giving & Receiving Spiritual

Guidance, 배정웅 역, 『영적 지도의 이론과 실천 (서울: 은성, 2005), 311-318; 최창국, 『영혼돌봄을 위한 해석과 분별』(서울: 기독교문서선교회, 2018), 12-21에서 재인용.
553) http://blog.naver.com/PostView.nhn?blogId=storeljh&logNo=221248126362 (2018.8.29.검색)
554) https://cafe.naver.com/dieselmania/14901162(2018.8.29.검색)
555) https://cafe.naver.com/booheong/139441(2018.8.29.검색)
556) http://tenasia.hankyung.com/archives/1549033(2018.8.29.검색)
557) 문화선교연구원, 『기독교문화와 상상력』(서울:예영커뮤니케이션,2006), 103-104.

제8부
나가는 글

18
복음통일의 희망

한국교회는 통일의 길을 내야 한다

1971년부터 2018년까지 남북회담은 667회 있었으나 남북한 간에 제대로 이행되고 있는 것은 아무것도 없다. 하지만 하늘에서 내려온 예수 복음 평화 통일의 꽃이 필 수 있도록 특히 한국교회는 최선을 다해야 할 책무가 있다.

남북한은 분단을 극복하기 위해서는 복음 평화통일을 염원과 꿈만으로는 이룰 수 없고 한민족이 지혜를 모아 함께 풀어가야 하는 민족의 남은과제인 것이다. 그렇다고 해서 통일이 모든 문제를 풀어줄 수는 없는 것이다. 국민의 거듭남이 없는 평화통일을 말한다는 것은 남한과 북한이 유사 하다. 남북한이 다 같이 민족의 통일을 정략적으로만 이용하고 있으니 안타깝기만 하다. 오늘날 분명한 것은 하나님은 사람을 불러 이스라엘의 온전한 기둥을 세워 엄청난 일을 섭리하시고 계신다고 믿는다. 따라서 한국교회는 복음 통일을 위해 철저한 대비가 필요한 것이다. 북한의 지하교회와 한국교회가 지속적으로 기도해 왔고 통일이 되는 그날까지, 그 후에도 계속 기도를 이어갈 것이기 때문이다.

우리가 원하는 민족 복음 평화통일은 사람의 통일이 우선이 되어야 하고 복음에 의한 바른 통일을 이루어야 한다는 것이다. 남북한통일 방안이 있지만 통일방안만으로는 복음 평화통일을 이룰 수 없는 것이다. 복음 평화통일을 위하여 한국교회가 국민과 함께 정부와 함께 협력하여 그 역할을 잘 감당할 때 남북한 모두가 복음통일과 복지국가를 지향해 나아갈 수 있을 것이다.

정치학적인 한민족의 통합이론과 통일편익에 대한 이해도 너무 부족할 뿐만 아니라 실천적 대안도 미비하다는 것이 현실이며, 통합이론 법칙에 따른 통일되는 사례가 없다는 것이다. 문제는 평화 통일을 위한 사회과학적인 통합이론과 방법이 있음에도 불구하고 이를 정치현실에 적용할 수 없는 것이다. 그리고 남북한의 통일방안이 있어도 실효성이 없지만 남북한의 체제를 남북한 국민들이 스스로 선택하고 결정할 수 있는 통일 환경의 기반을 마련해야 한다. 따라서 통일비용과 통일의 편익만 봐서도 통일은 반드시 이루어져야 할 것이다.

우리가 원하는 한민족의 복음평화 통일은 하나님의 섭리와 경륜 없이는 절대로 불가능하다. 평화통일문제는 사적인 분야가 아니라 공적이고 한민족문제이며 국제정치 관계이기 때문에 하나님의 적극적인 인도하심이 절대로 필요한 일이다. 평화적인 복음 통일문제는 한국교회, 공공 부문과 시민단체, NGO와 국민이 함께 공동으로 풀어 가야만 하는 역사적 과업이다. 역사적으로 봤을 때 하나님은 시대마다 민족에게 사람을 보내서 하나님의 뜻을 이루어가셨다.

남북한 분단 상황은 심각하지만 통일의 당위성은 누가 뭐라고 해도 당연한 것이다. 한민족의 평화통일관련 사항들은 일반적으로 정치 분야에 해당한다고 하여 정치적으로 해결해야 한다고 생각하기 쉽다. 그러나 한민족의 복음 통일은 하나님의 경제학이 동원되어야 가능한 일이다.

일제 강점기에서 해방되자마자 분단되었고 6.25한국 전쟁을 치렀지만 짧은 기간에 전 세계가 놀라운 경제의 근대화와 정치민주화를 이루었다. 이러한 한국의 성공으로 국제사회에서 인정받고 있다. 그러나 지구촌에서 하나뿐인 남북분단의 연속은 국력 낭비 등 여러 측면에서 많은 피해를 양산하며 민족의 무궁한 번영과 미래의 꿈을 저해하고 있다. 또한 남북분단의 장기화로 말미암아 남북 이질감의 심화, 남북한의 현격한 경제력 차이 등으로 민족 정체성의 확립에 큰 장애를 주고 통일에 대한 부정적 시각이 팽배하고 있다. 21세기의 국제사회는 자국의 실리만을 추구한 무한경쟁 시대에 진입했다. 이러한 추세 속에서, 한민족통일은 민족의 생존과 번영을 위한 시대와 헌법적·역사적 사명이라고 할 수 있다. 한민족복음통일은 남북분단의 폐해를 완전히 극복하고 국가발전을 위해서 필수적으로 성취해야 할 절체절명(絕體絕命)의 민족적인 대과제인 것이다.

한국교회가 위기에 몰려 있는 현실이 관리 대상임에도 그 한국교회 위기를 관리하는 시스템이 없는 것이 큰 문제점이다.

한반도의 긴장은 분단이후 북한의 수 없는 도발이 반복되었다. 북한의 'NLL침범의 연평 해전', '천안함 폭침사건' '핵무기 발사실험' 등으로 한반도의 긴장은 계속 되었다. 2018년 평창 올림픽에 북한선수단의 참가이후 남북정상회담, 북미정상회담에서 비핵화 논의가 있었지만 실질적인 한반도 평화체제는 발전되지 못하고 긴장관계가 계속 있는 실정이다.

한국 통일방안으로써 민족 공동체통일방안은 남과 북의 화해 협력 단계와 남북연합단계를 거쳐 최종적으로는 1민족 1국가의 통일국가를 완성하는 민족공동체 건설을 위한 3단계 통일방안으로 공식적인 통일방안이 지금 정부에도 계승되고 있다.

북한의 통일방안은 북한의 대남 전략 하에 남북연방제 통일방안을 제기하였고, '고려민주연방 공화국 창립 방안'을 제시하였으며 2000년대는 낮은 단계의 연방제를 제기했다. 1민족, 1국가, 2제도, 2정부 원칙에 기초하되 남북한 정부가 현재의 기능과 권한을 그대로 가지게 하는 것이다. 양국 통일방안을 요약하자면 한국은 민족공동체로써 통일 철학은 자유민주주의이며, 북한은 고려민주연방공화국 창립방안으로써 통일 철학은 주체사상이다. 한국의 통일원칙은 자주, 평화, 민주이며, 북한 통일원칙은 자주 평화 민족 대단결(남조선혁명, 연공합작, 통일 후 교류협력), 한국의 통일 주체는 민족 구성원인데 북한의 통일 주체는 프롤레타리아이며, 국가보안법 폐지, 공산주의 활동의 합법화, 주한미군 철수를 주장하고 있다.

한국의 통일과정은 화해협력→남북연합→통일국가 완성을 말한다. 북한의 통일과정은 연방국가의 점차적 완성으로 제도 통일은 후대에 하자는 것이며 국가 통일을 먼저 하고 민족통일은 후에 하자는 것이다. 한국은 과도기적인 통일체제로 남북연합을 이룬 다음 정상회담에서 남북연합 헌장을 채택하고 남북연합기구를 구성운영하자는 것이다. 남북합의로 통일헌법 초안으로 국민투표로 확정하자는 것인데 북한은 이런 과정을 설정하지 않고 있다.

한국은 통일국가의 실현 절차를 통일헌법에 의한 민주적 절차에 따라 남북한 총선거를 하자고 하는데 북한은 연석회의 방식에 의한 정치협상을 통해서 하자는 것이다. 한국도 통일국가 설정은 1민족 1국가 1체제이며, 북한은 1민족, 1국가, 2제도, 2정부의 연방 국가를 추구하고 있다.

남북한 분단비용의 효율적 관리 면에서 남북한 군사력을 살펴보면 그 규모는 20배 이상 많은 중국 다음으로 세계 2위에 속하고 미국, 인도, 러시아보다 많은 숫자이다. 우리나라는 2010년 기준으로 한 해 30조원을 국방비 예산을 집행하고 있다. 정부 예산의 10%에 해당되는 엄청난 비용이며 북한은 국가 예산의 3분의 1이상을 국방비로 집행하고 있다.

평화통일의 구상은 민족의 통합이 국가 통일의 성취로 이어진다는 '선민족 공동체 건설 후 통일국가 수립'으로 요약되는 통일의 기본 구상과 원칙에 기초하고 있다.

한국교회의 복음통일은 하나님의 정의와 구원의 표징임을 알고 민족 통일을 통한 화해와 구원의 공동체가 될 한국은 이제 이 갈등과 분단 속에서 고난 받고 있는 세계를 화해하고 구원하시는 구속행위에 함께 동참하는 선교적인 사명을 완수해야 한다.

남북한 분단 비용으로 총 군사비 연간 230억 달러 가운데 남한만 보면 40억 달러가 소요된다. 남한 병력을 30~40만 명으로 축소할 경우 남한 국방비는 현재 44조 원에서 29조 원으로 15조 원 가량 줄어든다. 통일이 이루어져 우리나라 국방비 수준의 20% 절감되는 효과만 가져 오더라도 연 5조원 이상을 절감할 수 있다.

남북한 통일비용은 통일부에서 발표한 자료에 의하면 통일 전 20년간 남북한 공동체 형성비용으로 734조 6천 억 원 내지 2,757조 2천억 원 등 813원 내지 2,836조 원의 통일비용이 소요될 것으로 추정하고 있다. 통일비용에 대한 추정치는 기본 가정 및 추정 방법에 따라 비용이 최소 5백억 달러에서 최대 6천 억 달러에 이르기까지 편차가 나타나고 있다. 현대 경제 연구원 추정치는 통일 후 북한의 1인당 소득 3천 달러를 달성하면 통일편익은 통일비용 1,570억 달러보다 630억 달러 많은 2,200억 달러가 된다. 북한의 1인당 소득 7천 억 달러와 1만 달러를 목표로 했을 경우에도 통일비용보다 통일편익이 각각 650억 달러, 1,300억 달러 클 것으로 추정된다. 통일비용을 넉넉히 잡으면 2,800조 원을 가정하면 순 혜택이 4천 조 원을 넘는 액수가 될 것이다. 남북한의 통일이 주변국에도 편익을 발생하여 중국 3,009억 달러, 미국 379억 달러, 일본 244억 달러, 러시아 136억 달러가 될 것으로 추정하고 있다.

우리나라 통일방안은 정부에서 일방적으로 결정했다고 해도 과언이 아니다. 물론 사회지도층들의 일부 의견을 수렴했다고는 하지만 일부 계층의 의견수렴일 뿐 국민적 합의를 거친 평화통일방안이라고 말할 수는 없다. 지금 4차 산업혁명의 시대상황에서는 국민들의 새로운 인식 전환이 필요하기 때문이다. 북한을 적으로만 본다면 한반도의 분단과 전쟁, 냉전체제의 지속과 구조화 그리고 오늘날까지 이어지는 대립체제의 역사를 종결지을 수 없게 된다. 북한으로부터의 국가 안보는 꼭 지켜야 하는 안보와 더불어 평화통일을 대상으로 해야 하는 공존의 딜레마가 바로 지금 우리 대북정책이 안고 있는 어려움의 단면이라고 할 수 있다. 그래서 북한을 적으로만 봐서는 안 되고 동포로서 인정해야 한다. 따라서 북한은 우리의 동포인 것이 틀림없다. 북한은 붕괴되어서는 안 되고 흡수통일 되어서도 안 된다. 왜냐 하면 한국이 북한 경제 수준을 감당할 재정적 능력이 미치지 못할 뿐만 아니라 사람의 통일도 이룰 수 없기 때문이다.

한국인의 내면에는 냉전과 한국전쟁, 사회정치적 재생산에 의해 내면화된 의식의 일부라면 다른 한 편으로 동포애를 기반으로 한 화해의식 역시 우리 의식의 일부를 차지하고 있다고 할 수 있다. 김대중 정부의 햇볕정책의 추진으로 민족화해가 증진되는 듯 했다. 민족화해는 단순히 정치군사적으로 풀어 갈 수 없고 경제논리로 민족화해를 풀어가야 하는 것이다. 아울러 정치논리와 경제 논리로 풀어가기 전에 영적 차원의 문제가 우선 해결되어야 한다. 우리 그리스도인은 화해를 세상에 증거하는 실천적 모습을 드러내 보여야 한다. 더욱이 북한을 증오하고 적대시하면서 복음을 전파할 수는 없는 것이다. 한국교회는 민족의 복음평화통일을 위하여 구체적으로 설계하고 실천해야 한다. 민족의 평화통일운동을 하면서 진보, 보수 등의 이념적 갈등과 분열을 초래해서는 안 된다. 새로운 평화통일운동에 대한 구체적 대안이 없이는 복음평화통일을 이룰 수 없다.

대북정책을 새롭게 전환하고 추진하기 위해서는 현재의 '통일부'의 조직을 독립성을 갖는 기관으로 개편하고 통일부의 정체성을 확보할 수 있도록 정치권 뿐 아니라 시민단체 등 국민의 지지를 적극적으로 받을 수 있는 기관이 되어야 한다.

국가 안보를 철저히 강화하고 남북경제 공동체 추진이 동태적 · 단계적으로 발전되어 갈 수 있도록 국민적 합의와 수준을 이끌어내는 작업이 필요하다. 아울러 북한의 핵, 대륙간 탄도미사일(ICBM), 생화학무기 등 대량 살상무기 등은 한반도에서 반드시 폐기되어야 한다. 한반도에서 이러한 평화의 무드가 조성될 때 남북화해와 남북경제협력, 남북경제 공동체를 통한 남북연합과 복음과 평화통일의 가능성이 있는 것이다. 이렇게 되도록 미국, 일본, 러시아, 중국 등 관계국의 적극적인 협력이 필요한 것이다.

이스라엘 민족이 애굽에서 해방이 되고 회복된 것처럼 자유민주주와 시장경제, 인권과 복지, 행복을 추구하는 체제를 선택할 수 있는 진정한 자유가 북한에도 있어야 한다. 그렇게 되기 위해서는 북한에도 평화, 사랑, 용서, 화해 등이 전제 되는 북한의 민주화가 선행되어야 한다.

한국교회 복음 평화통일운동은 1988년 KNCC에서 '88선언'을 통하여 민족의 통일과 평화에 대하여 입장을 발표함으로써 한국교회 대내외 영향을 끼친 것은 사실이다. 그러나 아무리 좋은 영향력을 끼쳤다 해도 그 속에 독소 조항이 존재한다면 그것은 큰 문제인 것이다. 그 당시에 주한미군철수를 주장했다는 것은 이유와 설명이 필요없이 큰 착오라고 생각한다. 북한의 대남전략은 지금까지 주한미군 철수이다. 그 전략은 한국에 미군을 철수시킴으로써 한국 공산화 혁명을 꾀한 것이기 때문이다. KNCC의 평화통일운동을 전개함에 있어서 한국교회 내의 통일에 대한 새로운 인식의 전환이 필요한 것이었다. 한민족의 복음 평화통일운동의 저해요인을 극복하고 성경으로 돌아가 말씀을 실천하여 사는 길 뿐이다. 그런데 문제는 한국교회의 복음통일철학이 부재한 현실이다.

　동서독이 분단되었을 때, 서독교회의 동독교회를 향한 사랑은 결코 일방적인 사랑만은 아니었다. 비록 정치적으로 분단된 민족사이지만 얼마나 놀랍고 두터운 유대관계가 사랑의 실천을 통하여 이루어졌는 가를 확인할 때 이는 돈을 주고도 살 수 없는 거대한 열매를 수확했다. 서독교회는 동독 교회에서 순수한 사랑에 의해 물질적인 도움을 주면서 상대방의 자존심을 지켜 주었다. 서독 교회는 동독 교회를 지원하면서 도와 준 돈의 사용처를 확인하지 않았다. 우리 한국교회도 이러한 서독교회의 모습을 본받아 실천해야 한다.

　종교 개혁자 칼뱅이 제네바를 복음화하면서 정치와 교회는 혼합되어서는 안 되지만 중요한 동역자로서 간주하고 긴밀하게 동역했던 것을 한국교회는 거울을 삼아야 한다. 동독 교회는 단 한 사람의 희생도 없이 평화적으로 정권이 무너진 무혈혁명의 변혁을 가져온 시위에 결정적인 기여를 했다.

　그렇다면 우리는 탈북자를 평화통일에 어떻게 활용할 것인지를 살펴보기로 하자. 탈북자들의 조기 정착을 위해 정부에서는 주택제공, 진학 및 학비지원, 취업 알선 등 각종 지원 정책을 실시하고 있으나 기대만큼 정착이 제대로 이루어지지 않고 있다. 한국교회는 북한의 문이 열리면 무너진 북한교회를 재건하겠다는 계획을 가지고 있으나 정작 선교의 대상인 북한 주민이 어떠한 사고와 행동을 하는가에 대해서는 별로 관심을 갖고 있지 않다. 한민족이기 때문에 별다른 준비를 하지 않아도 그냥 될 것이란 기대는 큰 착각이다.

CHAPTER 8_ 나가는 글

현 상황에서 속히 한국교회는 탈북자 지원에 대한 종합적인 대책을 수립할 필요성이 제기되고 있는 탈북자들은 조심스러운 태도를 보이며 좀처럼 자신의 속을 내보이지 않고 대인관계에서 서로 경계하는 태도를 자주 갖게 되는 것은 북한 사회의 의식 구조의 오랜 생활에서 나타난 현상이다. 탈북자 선교를 위해서는 먼저 북한지역, 사회 계층적, 인종적, 문화적 상황의 특수성을 먼저 이해하고 접근해야 한다. 어려운 처지에 있는 탈북학생에게 장학금이나 구제 헌금을 지급하는 것은 부당하다 할 수 없다. 현재 남북관계상 북한선교는 현실적으로 불가능한 실정이다.

북한선교를 위한 프로그램의 운영이 현실적으로는 불가능한 상황이다. 탈북사역은 한국교회가 서로 나누는 공동체를 이루어 가려고 서로가 노력해야 한다. 탈북자들의 마음을 그리스도의 사랑으로 품고 그들을 이해하고 동질성을 회복하기 까지 인내하는 형제애를 나누어야 한다. 탈북자를 북한선교사로 양성하는 것이 가장 바람직하다. 강제적으로 양육할 수는 없고 그들 스스로가 필요를 느껴야 하지만 생활고에 시달리는 관계로 탈북자를 통한 북한 선교문제는 하루아침에 정립될 문제가 아니다.

1982년 이래로 동독 라이프치히 니콜라이 교회에서는 매주 월요일 동서진영 군비 경쟁에 반대하는 평화 기원 기도회가 정례적으로 열렸고, 처음에는 담임목사 크리스 타앙 퓌러 목사와 7명의 성도가 참석하였다. 1989년 들어 월요 기도회는 교회와 국가기관의 대립이 커졌고 1989년 9월 4일 월요일 동독 라이프치히 니콜라이 교회에서 정례적 기도회 가 있었고, 기도회를 마친 사람들을 중심으로 자유와 민주화를 외치는 시위를 시작하였다. 동독 개신교인들 뿐 아니라 공산체제에 불만을 가진 사람과 표현의 자유를 억압당한 사람들이 참석하였다. 양손에 촛불을 든 시민들이 비폭력 평화 시위를 하였다.

1989년 10월 6일 동독 전역에서 평화기도회와 가두시위가 대대적으로 열렸다. 라이프치히 시내만 15만 명, 베를린에서 50만 명이상 인파가 교회와 거리로 몰려들었다. 동독 라히프치히 니콜라이 교회는 1989년 매주 월요일 "평화 기도회"로 8년 만에 동독 개혁에 불을 당기게 되었다.

1989년 11월 7일 동독 정부는 총사퇴하여 사회주의 정권은 붕괴되었다. 라이프치히에서 한 달 뒤인 1989년 11월 9일 베를린 장벽이 무너지고 베를린의 상징인 브란덴부르크 문이 개방되어 1989년 12월 18일 동독 라이프치히 니콜라이 교회가 월요 기도회를 종결지었고 1990년 10월 3일 동서독이 통일을 공포하였다. 독일통일의 물꼬는 트게 되었는데 문제는 북한에서는 신앙의 자유가 동독처럼 보장되어 있지 않을 뿐만 아니라 봉수교회와 칠골교회는 선전용이기 때문에 동독 라이프치히 니콜라이 교회를 모델로 할 수는 없다. 그럴지라도 한국교회는 평화 통일 기도회를 교회마다 지속적으로 해 온 것은 사실이나 하나님께서 평화와 복음 통일이 될 수 있도록 북한당국자들의 마음 문을 열어 주고 북한의 민주화와 인권이 보장되어야만 가능하다고 판단된다. 이것이 바로 복음통일인 것이다. 복음통일운동을 함에 있어서 가장 큰 문제는 한국교회가 연합이 잘 이루어지지 않고 있는 현실이다.

한국교회에서 복음 평화통일을 위해서 기도는 정말 필요하다. 하나님의 응답도 중요하다. 그러나 남북한 동포가 자율적으로 자유민주주의와 시장경제를 선택할 수 있는 환경이 조성될 때 복음통일은 가능할 것이다.

독일기독교는 2000년을 살아왔고, 한국기독교는 135년이 되었다. 짧은 역사 속에서 한국교회가 급성장한 것은 사실이다. 하지만 한국교회를 독일교회와는 비교대상이 될 수 없다. 독일교회는 종교개혁을 일으킨 아름답고 훌륭한 교회이다. 독일교회는 야생마와 같았다면 한국교회는 온실 속에 화초와 같다면 너무 지나친 표현일지 모르나 한국교회의 현주소이다.

동독교회는 독일이 분단되었지만 동독교회는 물론 핍박이 있었어도 그걸 극복하여 서독교회의 지원을 받아서 통일나무를 기를 수 있었던 것이다. 동독 라이프치히 니콜라이교회는 독일 평화통일의 열쇠 역할을 했다. 그렇다면 북한에는 니콜라이교회와 같은 교회가 있는가? 봉수교회와 칠골교회 및 지하교회는 현시점에서 봤을 때 기도의 등불을 밝힐 힘이 없다. 동독교회는 교회 본질로서 역할을 감당할 수 있는 교회였다. 동독에서 목사가 서독으로 내려오면 그 목사는 인정을 받기가 어려웠다는 것이다.

서독교회는 동독교회에 교회 예산의 50%를 무상으로 아무런 조건없이 지원했다. 그런데 한국사회는 김대중 정권, 노무현 정권 때 대북지원시 '퍼주기' 했다고 모든 언론과 국민들은 매우 비판적이었다. 한국교회도 '대북지원 퍼주기' 비판에 한 몫을 했다. 그렇다할지라도 독일교회 통일운동을 모델로 하여 대북 인도적 지원에 앞장서는 한국교회가 되기를 기대한다.

한국교회는 복음평화통일운동을 함에 있어서 2019년 12월 31일 현재 33,523명 중 크리스쳔 탈북자와 서로 동역할 수 있도록 구체적인 세부사항을 마련하여야 한다. 탈북자를 잘 보듬고 지원해서 통일시대에 북한선교사로 활용해야 할 준비를 해야 한다. 한국교회와 탈북자의 관계를 잘 정립하여 반드시 성공적인 관계가 형성되어야 한다. 북한선교의 방향은 먼저 와 있는 탈북자들을 대상으로 북한 선교 정책을 수립해야 하는 것이다.

한국교회는 평화통일기도회를 전국적이고 지속적으로 실시해서 하나님의 마음을 움직여 성도들의 분단에 대한 회개운동과 화합과 단결심을 확보하도록 해야 한다. 한국교회는 평화통일 주일 예배일을 지정해서 전국에서 예배를 드림으로써 통일성을 기하고 교육의 역할도 확보하고 참 예배를 회복할 수 있어야 한다. 한국교회의 선교의 종착점은 땅 끝 북한임을 깨닫고 북한동포를 구원하는 방안을 수립해야 한다.

평화통일을 우리가 힘쓰는 것도 결국에는 먼저 믿는 우리들이 받은 은혜와 구원의 감격을 탈북 성도와 북한 동포들과 함께 나누어야 하는 것이다. 개혁주의 생명신학의 나눔 운동을 진실하게 실천 할 때 한민족의 복음 평화통일을 위한 한국교회의 역할을 감당하게 될 것이다.

"모든 길은 로마로 통한다"는 격언이 있다. 로마의 모든 길이 하룻밤 동안에 건설되는 것이 아니라는 고유(古喻)와 같이 우리들의 역사적 성사도 아무 준비도 없이 갑자기 이루어진 것은 결코 아니다. 이러한 역사를 바라보면서 우리 민족이 깊이 새겨 볼 일은 한민족의 복음평화통일을 위한 남북관계의 현실이 너무 안타깝다는 사실이다. 한반도 금수강산을 우리 한민족이 마음대로 통행할 수 있는 길을 8천만 동포가 함께 지혜를 모아서 그 길을 함께 만들어 가야 한다.

  남북한 동포가 자유롭게 다닐 수 있는 길을 만드는 것은 어떤 특정인만이 만들 수 없는 것이다. 이 길을 만들어 가는 것은 한민족에게 필요한 십자가의 길인 것이다. 한민족에게 맡겨진 십자가를 한국교회가 반드시 지고 가야만 한다. 한국교회는 북한동포를 위해 눈물로써 평화의 씨를 뿌려야 할 것이다.

  한반도의 상황은 상전벽해(桑田碧海)와 같다. 복음통일을 아무도 예측할 수 없다. 하나님께서 마음만 먹으면 언제든지 복음통일은 올 수 있다. 한국교회는 하나님의 그 때를 준비함에 있어 복음 통일의 역할에 최선을 기울이기 위해 다음 사항을 제안한다.

  첫째, 통일 후에 남한이 부담해야 할 통일 비용과 경제통합 시 발생하는 부작용에 대한 대책을 세워야 한다. 독일 통일에서 보았듯이 남북한의 예상치 못한 통일비용과 큰 경제 차이로 인한 경기침체를 극복하기 위한 방안을 일부 제시 했지만 그 외에 발생하는 예상치 못한 통일비용과 후유증을 어떻게 대처할 것인가에 대한 논의가 통일 이전에 대책이 이루어져야 할 것이다.

  둘째, 자유민주주의와 공산주의, 자본주의와 사회주의 체제에서 오는 서로 다른 사상과 이념을 극복할 수 있는 제도와 교육이 필요하다. 교육은 지금부터 실시해야 할 것이다. 북한동포는 일인 독재체제 하에서 자유와 평화를 억압당한 상태에서 통일이 되어도 사상이나 이념이 하루아침에 바뀌지 않기 때문에 이에 대한 체계적인 교육과 실천 방안을 수립하여 빠른 시간에 자유민주주의 체제에 편입할 수 있는 방안을 강구해야 한다.

셋째, 북한의 토지 공개념에 관한 연구를 해야 한다. 북한지역은 사회주의 국가이기 때문에 토지는 모두 국유지로 되어 있고 한국은 자본주의이기 때문에 국공유지는 극히 제한되어 있고 대부분의 토지는 사유지이다. 남북한의 토지제도는 이렇게 현격한 차이가 있는데 남북한이 통일이 된다면 남북한의 토지를 어떻게 이용할 것인가? 북한의 토지문제를 사전에 충분히 논의하고 연구해야 할 필요가 있다.

넷째, 탈북청소년들의 지도자 육성방안에 관한 교육정책 연구를 해야 한다. 남한과 북한은 교육 분야에서도 현격한 차이가 있어 탈북청소년 교육재단을 설립하여 이를 극복할 수 있는 교육 시스템과 교육 프로그램을 개발하고 탈북청소년 3천여 명을 도울 수 있는 장학재단 설립이 필요하고 통일시대에 대비한 북한최고 전문가를 양성함으로써 복음평화 통일 일꾼을 사전에 양육하는 프로그램이 필요하다.

다섯째, 나눔 운동에 관한 구체적 실천방안을 정부와 교회 차원에서 공동으로 연구해야 한다. 나눔 운동은 우리가 받은 하나님의 은혜와 축복을 이웃과 함께 나누는 운동이다. 나눔 운동을 통해 자신을 변화시키고, 교회를 변화시키고, 사회를 변화시키고, 세상을 변화시키는 역동적인 실천을 추구해야 한다. 하나님께서 한국에 내려 주신 영육간의 축복을 북한 동포에게도 조건 없이 나눌 수 있는 구체적인 실천 방안을 정부와 교회가 공동으로 수립하여 향후에 긴밀한 관계를 유지하는 것이 필요하다.

그밖에도 하나의 복음 평화 통일국가로 가기 위한 과정에서 정치, 경제, 사회, 문화, 종교, 예술, 체육 등 각 분야에서 오는 남북한의 차

CHAPTER 8_ 나가는 글

이와 이질감을 하루빨리 극복하고 한민족으로서의 동질감을 회복하기 위한 세밀한 분석과 연구와 실천을 위해 근본적인 대책 수립을 담은 매뉴얼이 절실히 요청된다.

부록 1

민족의 통일과 평화에 대한 한국기독교회 선언
('88선언')

우리는 먼저 한반도에 그리스도의 복음을 보내 주셔서 우리로 하여금 예수 그리스도의 십자가 죽음과 부활을 알게 하시고, 그것을 믿는 우리를 당신의 자녀로 삼으사 구원해 주신 하나님의 은혜와 사랑에 찬양과 감사를 드린다. 또한 하나님의 성령이 한반도의 역사와 모든 믿음의 형제 자매들 속에 함께 하셔서 온 교회가 민족의 해방과 구원을 위하여 하나되어 일할 수 있도록 선교의 결단을 하게 해 주신 것을 감사드린다.

우리는 하나님이 만물을 창조하신 한 분 창조주(창1:1)이심을 믿으며, 모든 인간이 당신의 자녀로 초대받았음(롬8:14~17, 갈3: 26, 4:7)을 믿는다.

예수 그리스도는 '평화의 종'(엡2:13~19)으로 이 땅에 오셨으며, 분단과 갈등과 억압의 역사 속에서 평화와 화해와 해방의 하나님 나라를 선포하셨다(눅4:18, 요14:27). 또한 예수 그리스도는 사람을 하나님과 화해하게 하시고, 인간들 사이의 분열과 갈등을 극복하고 해방시켜서 하나되게 하시려고 고난을 받으셨으며, 십자가에 못박혀 죽으시고 묻히셨으나 다시 부활하셨다(행10:36~40). 예수 그리스도는 평화를 위하여 일하는 사람들을 축복하시면서 하나님이 그들을 자녀로 삼으실 것이라고 하셨다(마5:9). 우리는 성령이 우리로 하여금 역사의 종말론적 미래를 보게 하시고 우리를 하나되게 하셔서, 하나님의 선교사역에 참여하게 하신다(요 14:18~21, 16:13~14, 17:11)는 것을 믿는다.

이제 우리 한국교회는 그리스도인들 모두가 평화를 위하여 일하는 사도로 부름을 받았음(골3: 15)을 믿으며, 같은 피를 나눈 한 겨레가 남북으로 갈라져 서로 대립하고 있는 오늘의 이 현실을 극복하여 통일과 평화를 이루는 일이 한국교회에 내리는 하나님의 명령이며, 우리가 감당해야 할 선교적 사명(마5:23~24)임을 믿는다.

이러한 우리의 기본적인 신앙고백에 입각하여 한국기독교교회협의회는 한국교회와 세계 에큐메니칼 교회 공동체 앞에 민족의 통일과 평화에 대한 입장을 밝히고, 남북한의 정부 책임자들과 우리 민족 모두에게 기도하는 마음으로 이것을 호소하는 바이다.

1. 정의와 평화를 위한 한국교회의 선교적 전통

이 땅에 예수 그리스도의 복음이 전파된 지 1백여 년이 지나는 동안 공교회가 저지른 민족사에 대한 많은 허물에도 불구하고 한국 그리스도인들은 하나님 나라를 선포함으로써 이 땅에 살고 있는 백성들의 참 소망이었던 해방과 독립을 실현하려고 애써 왔다. 우리 신앙의 선배들은 성령에 힘입어서 성경말씀이 명하는 대로(눅4:18~19) 가난한 이들에게 복음을 선포하였고, 억눌린 백성에게 자유와 자주의 희망을 심어 주었으며, 일제에게 노예가 된 한국 민족과 함께 고통을 나누며, 민족의 해방과 독립을 위하여 선교하여 왔다.

한국의 그리스도인들은 평화의 의미를 노예처럼 굽히고 복종하면서 얻는 안일이나 안정에서 찾지 않았다. 평화는 정의의 열매(사32: 17)이어야 했으며, 민족의 독립이 없거나 인간적 자유를 누릴 수 없는 평화는 거짓 평화(렘 6:13~14)일 뿐이었다. 일본 제국주의가 우리나라를 식민지로 다스리던 때의 한국교회의 평화운동은 곧 민족의 독립운동이자 노예 된 민족의 아픔에 동참하는 것이었고, 하나님 나라를 선포하고 그에 대한 믿음을 역사 속에서 실천해 나가는 민족해방 운동이었다.

1919년 3·1 독립운동에 한국의 그리스도인들은 앞장서서 참여하였으며, 일본 제국주의의 민족 말살정책에 저항하였고, 국가주의를 종교화한 일제의 신사참배 강요에 항거하여 순교의 피를 흘렸다.

1945년 남북분단 이후 남한의 그리스도인들은 분단의 현실 속에서 고통당하는 피난민들과 전쟁 고아들과 희생자들을 돌보아 왔다. 또한 북한을 떠난 이산가족들과 교우들을 교회의 품안에 받아들였고 사랑으로 치유하여 왔다.

분단이 고착화되면서 나타난 군사독재정권은 안보를 구실로 인권을 유린하고 경제성장 논리로써 노동자와 농민을 억압했으며, 한국교회는 이에 대하여 정의와 평화를 위한 신앙으로 저항하여 왔다. 1970년대와 80년대 한국교회의 인권 및 민주화운동은 바로 이러한 정의와 평화를 위한 선교운동의 전통을 이어받은 것이다.

2. 민족분단의 현실

한반도의 남북분단은 현대 세계의 정치구조와 이념 체제가 낳은 죄의 열매이다. 세계 초강대국들의 군사적, 이념적 대결, 상호분쟁 속에서 한국 민족은 속죄양의 고난을 당하여 왔다.

1945년 제2차 세계대전이 끝나자 한국 민족은 일본 제국주의의 식민지 노예상태로부터 해방되었으나, 남북분단이라는 또 다른 굴레가 민족을 속박하기 시작하였다. 일본 제국주의 침략군대의 무장을 해제시킨다는 명목 하에 설정된 남북분단선은 소련과 미국의 냉전체제에 의하여 고착화되었고, 남북한에는 각각 서로 다른 정부가 수립되어 한반도에서는 지난 40여 년 간 군사적, 정치적, 이념적 갈등과 분쟁이 심화되어 왔다.

1950년 6월 25일 일어난 한국전쟁은 동족상잔의 비극을 낳았으며, 국제적 갈등은 극대화 되었다. 제2차 세계대전 동안에 유럽 전 지역에 투하된 폭탄보다 더 많은 양의 폭탄이 투하되어 한반도는 초토화되었다. 이 전쟁에서 남한군 22만 명, 북한군 60여 만 명, 중공군 1백만 명, 미군 14만명, 유엔군 1만 6천여 만 명의 사상자가 났으며, 전쟁 중에 병으로 사망한 숫자를 포함하면 2백 50만 명이나 되는 군인들이 희생되었다. 남한 50만명과 북한 3백 만의 민간인 사망자를 합치면 6백만 명의 피가 이 땅에 쏟아진 것이다(브리태니카 백과사전 1970년도판 통계임). 그리고 3백만 명의 피난민과 1천만 명의 이산가족이 생겼다.

6·25를 전후하여 북한 공산정권과 대립했던 북한의 그리스도인들은 수난과 죽음을 겪어야 했으며, 수십만의 북한 그리스도인들이 납치되었고, 참혹하게 처형되기도 했다. 한편 공산주의 동조자들은 이념전쟁의 제물이 되었고, '부역자' 라는 명목으로 사회에서 매장을 당하지 않으면 안 되었다.

전쟁으로 초토화된 한반도는 계속해서 동서 냉전체제의 국제정치적 갈등과 반목에 휘말렸으며, 이에 따라 남북한 간의 군비경쟁과 상호불신, 상호비방과 적대감정도 점차로 증가되어왔다. 한반도의 평화는 파괴되었고, 민족의 화해도 불가능한 것으로 여겨지게 되었다.

1953년 휴전 이후 일시적일 것으로 여겨졌던 '휴전선'이 영구불변의 '분단선' 처럼 되면서 남북분단의 벽은 높아져 갔고, 남북한의 두 체제는 단절과 대결 속에서 적대적이고 공격적인 관계를 지속시켜 왔다. 남북한의 군비경쟁은 가속화되었고, 북한 병력 84만 명과 남한 병력 60만을 합하여 근 1백 50만 군대가 무장대치하는 상태에 이르게 되었으며, 한반도에 배치되었거나 겨냥되고 있는 핵무기는 이 땅을 없애 버리고도 남을 정도의 가공할 파괴력을 보유하기에 이르렀다.

민족의 분단이 장기화되면서 양 체제에서 모두 안보와 이데올로기의 이름 아래 인권은 유린되어 왔으며, 언론과 출판, 집회와 결사의 자유는 억압되어 왔다. 그리고 서신 왕래도, 방문도, 통신도 두절된 양쪽은 한 땅덩어리 위에서 가장 멀고 이질적인 나라가 되었다. 남북한의 교육과 선전은 상호비방 일색이며, 상대방을 상호체제경쟁을 통하여 약화시키고 없애야 할 철천지 원수로 인식하게 하고 있다. 따라서 남북한 국민들은 동족의 생활과 문화에 대하여 서로 무지할 뿐 아니라 서로 알아서는 안 되는 관계로까지 길들여져 왔다. 양체제는 같은 피를 나눈 동족을 가장 무서운 원수로 인식하게 하고 있는 것이다.

남북대화의 길은 1972년 이른바 7·4 공동성명이 계기가 되어 트이기 시작하여 대화와 협력과 교류의 희망을 갖게 하였다. 1985년에는 남북적십자 회담이 재개되고 이산가족 고향방문이 이루어졌으나, 그 수는 극히 한정되었으며 대화와 협상은 끝없이 공전되고 있는 실정이다.

남한 그리스도인들은 1980년대 초반까지만 해도 북한에 그리스도인들과 교회가 있는지 없는지조차 확인할 수 없었고, 분단이 고착화되는 과정에서 북한 공산정권에 대하여 깊고 오랜 불신과 뼈에 사무치는 적개심을 그대로 지닌 채 반공 이데올로기에 맹목적으로 집착해 왔다.

3. 분단과 증오에 대한 죄책고백

한국의 그리스도인들은 평화와 통일에 관한 선언을 선포하면서 분단체제 안에서 상대방에 대하여 깊고 오랜 증오와 적개심을 품고 왔던 일이 우리의 죄임을 하나님과 민족 앞에서 고백한다.

1) 한국 민족의 분단은 세계 초강대국들의 동서 냉전체제의 대립이 빚은 구조적 죄악의 결과이며, 남북한 사회 내부의 구조악의 원인이 되어 왔다. 분단으로 인하여 우리는 "네 이웃을 네 몸같이 사랑하라"는 하나님의 계명(마 22: 37~40)을 어기는 죄를 범해 왔다.

우리는 갈라진 조국 때문에 같은 피를 나눈 동족을 미워하고 속이고 살인하였고, 그 죄악을 정치와 이념의 이름으로 오히려 정당화하는 이중의 죄를 범하여 왔다. 분단은 전쟁을 낳았으며, 우리 그리스도인들은 전쟁방지의 명목으로 최강 최신의 무기로 재무장하고 병력과 군비를 강화하는 것을 찬동하는 죄(시33:1,6~20, 44:6~7)를 범했다.

이러한 과정에서 한반도는 군사적으로 뿐만 아니라 정치, 경제 각 분야에서 외세에 의존하게 되었고, 동서 냉전체제에 편입되고 예속되게 되었다. 우리 그리스도인들은 이러한 민족 예속화 과정에서 민족적 자존심을 포기하고, 자주독립정신을 상실하는 반민족적 죄악(롬9:3)을 범하여 온 죄책을 고백한다.

2) 우리는 한국교회가 민족분단의 역사적 과정 속에서 침묵하였으며, 면면히 이어져 온 자주적 민족통일운동의 흐름을 외면하였을 뿐만 아니라 오히려 분단을 정당화하기까지 한 죄를 범했음을 고백한다. 남북한의 그리스도인들은 각각의 체제가 강요하는 이념을 절대적인 것으로 우상화하여 왔다. 이것은 하나님의 절대적 주권에 대한 반역죄(출20:3~5)이며, 하나님의 뜻을 지켜야 하는 교회가 정권의 뜻에 따른 죄(행4:19)이다.

특히 남한의 그리스도인들은 반공 이데올로기를 종교적인 신념처럼 우상화하여 북한 공산정권을 적개시한 나머지 북한 동포들과 우리와 이념을 달리하는 동포들을 저주하기까지 하는 죄(요13:14~15, 4:20~21)를 범했음을 고백한다. 이것은 계명을 어긴 죄이며, 분단에 의하여 고통받았고 또 아직도 고통받고 있는 이웃에 대하여 무관심한 죄이며, 그들의 아픔을 그리스도의 사랑으로 치유하지 못한 죄(요13:17)이다.

4. 민족통일을 위한 한국교회의 기본원칙

정의롭고 평화로운 하나님의 나라가 임하도록 우리 그리스도인들은 평화와 화해의 복음(엡2:14~17)을 실천해야 하며, 동족의 고통스러운 삶에 동참해야 한다. 이 일을 감당하는 것이 곧 민족의 화해와 통일을 이룩하는 데 있으므로 우리는 통일에 대한 관심과 노력이 바로 신앙의 문제임을 인식한다. 통일은 곧 민족의 삶과 세계 평화를 위협하는 분단을 극복함으로써 갈등과 대결에서 화해와 공존으로 나아가는 것이며, 마침내 하나의 평화로운 민족공동체를 이룩하는 것이다.

한국기독교교회협의회는 1984년 이래 수차에 걸친 협의 모임을 통하여 민족통일을 향한 한국교회의 기본적인 원칙을 다음과 같이 설정하였다.

한국기독교교회협의회는 1972년 남북간에 최초로 합의된 7·4 공동성명에 나타난 ① 자주 ② 평화 ③ 사상·이념·제도를 초월한 민족적 대단결의 3대 정신이 민족의 화해와 통일을 위한 기본원칙이 되어야 한다고 믿는다. 또한 이와 함께 우리 그리스도인들은 최소한 다음과 같은 두 가지 원칙이 통일을 위한 모든 대화 및 협상, 실천 속에서 전개되어야 한다고 믿는다.

1) 통일은 민족이나 국가의 공동선과 이익을 실현하는 것일 뿐 아니라 인간의 자유와 존엄성을 최대한 보장하는 것이어야 한다. 국가나 민족도 인간의 자유와 복지를 보장하기 위해서 있는 것이며, 이념과 체제도 인간을 위해 존재하는 것이기 때문에 인도주의적인 배려와 조치의 시행은 최우선적으로 고려되어야 하며, 다른 어떠한 이유로도 인도주의적 조치의 시행이 보류되어서는 안된다.

2) 통일을 위한 방안을 만드는 모든 논의 과정에는 민족 구성원 전체의 민주적인 참여가 보장되어야 한다. 특별히 분단체제하에서 가장 고통을 받고 있을 뿐 아니라 민족 구성의 다수를 차지하고 있으면서도 의사결정 과정에서 늘 소외되어온 민중의 참여는 우선적으로 보장되어야 한다.

5. 남북한 정부에 대한 한국교회의 건의

이상의 원칙들에 입각하여 본 협의회는 다음과 같은 사항들이 실질적으로 하루 속히 이루어질 수 있도록 남북한 정부당국이 성의를 가지고 임해줄 것을 촉구한다.

1) 분단으로 인한 상처의 치유를 위하여
⑴ 무엇보다도 먼저 지난 40여 년 간 분단체제에서 온갖 고생을 겪으면서 희생되어온 이산가족들이 다시 만나서 함께 살 수 있도록 해야 하며, 어느 곳에서든지 당사자들이 살기 원하는 곳으로 자유롭게 옮겨 살 수 있도록 보장하여야 한다.
⑵ 통일이 되기 전이라도 남북으로 갈라져서 사는 모든 사람들에게 일년 중 일정한 기간동안(추석이나 명절 같은 때) 자유롭게 친척과 고향을 방문할 수 있도록 허용해야 한다.
⑶ 민족분단의 고정화 과정에서 불가피하게 나타날 수밖에 없었던 일시적 과오나 가족이나 친척이 특수한 전력을 갖고 있다는 이유 때문에 오늘날까지도 사회적으로 부당한 차별을 받고 있는 사람들이 존재하는 현실은 즉각 타파되어야 한다.

2) 분단극복을 위한 국민의 참여를 실질적으로 증진시키기 위하여
⑴ 정부당국이 남북한 양쪽에 관한 정보를 독점하거나 통일논의를 독점하여서는 안 되며, 남북한 국민이 통일논의와 통일정책 수립 과정에 주체적으로 자유롭게 참여할 수 있도록 언론의 자유를 보장하고, 통일 문제의 연구 및 논의를 위한 민간기구의 활동을 제도적으로 현실적으로 보장하여야 한다.
⑵ 남북한 양측은 체제나 이념의 반대자들이 자기의 양심과 신앙에 따라서 자유롭게 비판할 수 있도록 최대한 허용하여야 하며, 세계 인권선언과 유엔 인권협정을 준수해야 한다.

3) 사상·이념·제도를 초월한 민족적 대단결을 위하여
민족 자주성을 실현할 수 있으려면 남북한 국민이 각각의 사상, 이념, 제도의 차이를 초월하여 남북한 국민 스스로가 같은 운명체로서 하나의 민족이라는 사실을 상호 분명하게 확인할 수 있어야 한다. 이러한

상호 확인을 위해서는 남북한이 서로 굳게 신뢰할 수 있어야 한다. 따라서 서로를 신뢰할 수 있도록 하는 일은 남북통일을 위한 모든 노력의 가장 기본적인 출발점이 되어야 한다. 상호신뢰를 조성하기 위해서는 불신과 적대감을 낳는 모든 요소들이 제거되어야 함과 동시에 상호교류를 확대하여 상호이해의 기반을 넓히는 민족동질성을 시급히 회복시켜야 한다. 신뢰조성을 위한 모든 조치들은 분단극복에 있어 가장 본질적인 것이기 때문에 비록 남북한 정부 당국자간의 회담이 진전되지 못하고 있거나 협상타결이 이루어지지 못하고 있을 때에라도 민간 차원에서는 추진될 수 있어야 한다.

(1) 남북한은 상호 적대감과 공격적 성향을 없애고, 상대방에 대한 비방과 욕설, 배타주의를 제거해야 한다. 또한 상대방의 이질적인 이념과 체제에 대한 극단적이고 감정적인 비난을 상호 건설적인 비판으로 전환시켜야 한다.
(2) 상호 이해의 증진을 위해서는 서로의 실상을 편견없이 객관적으로 파악할 수 있어야 하기 때문에 교류, 방문, 통신이 개방되어야 한다.
(3) 민족 동질성 회복을 위하여 남북의 언어, 역사, 지리, 생물, 자연자원 등에 관한 학술분야에서 교류와 협동연구를 추진하고 문화, 예술, 종교, 스포츠 분야에서도 서로 교류하여야 한다.
(4) 남북한간의 경제교류는 민족의 이익에 부합될 뿐 아니라 상호 이해증진의 계기가 될 수도 있으므로 가능한 최대한 개방되어야 한다.

4) 남북한 긴장완화와 평화증진을 위하여
(1) 한반도의 전쟁방지와 긴장완화를 위해서는 하루 속히 전쟁 상태를 종식시키는 평화협정이 체결되어야 하며, 이를 위해서 남북한 당국과 미국, 중공 등 참전국들이 휴전협정을 평화협정으로 전환시키고 불가침조약을 여기에 포함시키는 협상을 조속히 열어야 한다.
(2) 평화협정이 체결되고, 남북한 상호간에 신뢰회복이 확인되며, 한반

도 전역에 걸친 평화와 안정이 국제적으로 보장되었을 때, 주한미군은 철수해야 하며 주한 유엔군 사령부도 해체되어야 한다.

(3) 과대한 군사력 경쟁은 남북한의 평화통일의 가장 큰 장애요인이며, 경제발전에 있어서도 역기능을 하고 있다. 따라서 남북한은 상호간의 협상에 따라 군사력을 감축해야 하며, 군비를 줄여서 평화사업으로 전환시켜야 한다.

(4) 핵무기는 어떠한 경우에도 사용되어서는 안 되며, 남북한 양측은 한반도에서 핵무기의 사용가능성 자체를 원천적으로 막아야 한다. 따라서 한반도에 배치되었거나 한반도를 겨냥하고 있는 모든 핵무기는 철거되어야 한다.

5) 민족 자주성의 실현을 위하여

(1) 남북한간의 협상이나 회담, 국제적인 협약에 있어서 주변 강대국이나 외세의 간섭에 의존하는 일이 없어야 하며, 민족의 자주성과 주체성을 지켜 나가야 한다.

(2) 남북한 양측은 민족의 삶과 이익을 우선으로 하지 않고 오히려 이것에 배치되는 내용으로 체결된 모든 외교적 협상이나 조약을 수정하거나 폐기하여야 하며, 국제 연합이나 동맹국들과의 관계수립이나 협약에 있어서도 남북한 상호간의 합의와 공동의 이익을 우선적으로 고려하여 반영시켜야 한다.

6. 평화와 통일을 위한 한국교회의 과제

우리는 예수 그리스도가 '평화의 주'(골1:20)이심을 믿으며, 하나님의 인간구원과 해방을 위한 선교사역이 우리와 이념과 체제가 다른 사회 속에서도 이루어지고 있음을 믿는다. 다른 사회체제 속에서 살고 있는 그리스도인들이 갖는 신앙고백의 형태와 교회의 모습이 비록 우리와 다르다 할지라도 우리는 그들이 한 분이신 하나님, 한 분 그리스도에 매어 있으므로 우리와 한 몸을 이루는 지체들임(고전12:12-26)을 믿는다.

세계 에큐메니칼 공동체는 최근 몇 년간, 놀랍게도 우리와 떨어져 있던 북한 사회 내의 신앙의 형제자매들과 접촉하고 그들의 소식을 알려옴으로써 우리의 이같은 확신을 더욱 굳게 하여 주었다.

우리는 다시금 이 한반도 역사 안에서 활동하시는 하나님의 해방 사역에 감사를 드리며, 어려운 상황 속에서도 꿋꿋하게 신앙을 지켜 나가고 있는 북한에 있는 믿음의 형제자매들에게 하나님의 은총과 축복이 함께 하시기를 기원한다.

이와 같은 고백에 입각하여 한국기독교교회협의회는 평화와 화해의 선교적 사명을 다하기 위하여, 그리고 민족분단의 고통에 동참하고 통일로써 이를 극복해야 한다는 역사적 요청에 응답하기 위하여, 회개하고 기도하는 마음으로 평화와 통일을 위한 희년 선포운동을 다음과 같이 전개하고자 한다.

1) 한국기독교교회협의회는 1995년을 '평화와 통일의 희년'으로 선포한다.

"주님의 성령이 나에게 내리셨다.
주께서 나에게 기름을 부으시어
가난한 이들에게 복음을 전하게 하셨다.
주께서 나를 보내시어
묶인 사람들에게 해방을 알려주고
눈먼 사람들은 보게 하고
억눌린 사람들에게는 자유를 주며
주님의 은혜의 해를 선포하게 하셨다."(눅4:18~19)

'희년'은 안식년이 일곱 번 되풀이되는 49년이 끝나고 50년째 되는 해이다(레25:8~10).

희년은 '해방의 해'이다. 희년 선포는 하나님의 백성이 하나님의 역사적 주권을 철저히 신뢰하고, 그 계약을 지키는 행위이다. 희년은 억압적이고 절대적인 내외 정치권력에 의하여 이루어진 모든 사회적 갈등을 극복하여 노예된 자를 해방하고, 빚진 자의 빚을 탕감하며, 팔린 땅을 본래의 경작자에게 되돌려 주고, 빼앗긴 집을 본래 살던 자에게 돌려주어 하나님의 정의를 바탕으로 하는 샬롬을 이루어 통일된 평화의 계약 공동체를 회복하는 해(레25:11~55)이다. 한국교회가 해방 50년째인 1995년을 희년으로 선포하는 것은 50년 역사를, 아니 전 역사를 지배하시는 하나님의 역사적 현존을 믿으면서 평화로운 계약공동체의 회복을 선포하고, 또 오늘 한반도의 역사 속에서 그것을 이룩하려는 우리의 결의를 다지려는 데에 있다. 따라서 희년을 향한 대행진은 희년 대망 속에서, 민족사 안에서 역사하시는 하나님의 주권에 대한 우리의 믿음을 갱신하고, 하나님의 선교에의 부르심에 대한 우리의 결단을 새롭게 해나가는 과정이 되어야 할 것이다.

2) 한국교회는 '희년을 향한 대행진' 속에서 평화와 통일을 위한 교회갱신 운동을 활발히 전개한다.
(1) 평화와 통일의 선교적 소명을 감당하기 위해서 한국교회는 개교회주의와 교권주의를 극복하고 교회일치를 위한 선교적 협력을 더욱 강화해야 한다.
(2) 희년을 선포하는 한국교회는 '참여'를 제약해 온 교회의 내적 구조를 갱신해야 한다. 따라서 여성과 청년을 포함하는 평신도의 선교사역에의 참여는 과감하게 개방되고 촉진되어야 한다.
(3) 한국교회는 우리 사회의 경제적 사회적 정의를 실현하기 위하여 예언자적 역할을 계속해 나가야 한다.
3) 평화와 통일의 희년을 선포하기 위하여 한국교회는 평화와 화해의 결

단을 하는 신앙공동체로서 평화교육과 통일교육을 폭넓게 시행해 나
갈 것이다.
(1) 한국교회는 평화에 관한 성서연구와 신학연구 등 평화교육을 널리 보
급하고, 각종 신학연구기관과 기독교교육기관은 이를 위하여 정보교
환과 연구를 촉진시킨다.
(2) 한국교회는 민족통일에 대한 교회의 관심을 높이기 위하여 분단구조
및 분단역사에 대한 이해와 분단문제에 관한 신학적 인식을 심화함으
로써 민족통일의 역사적, 신학적 당위성을 인식하게 하는 통일교육을
촉진시킨다.
(3) 한국교회는 기독교신앙에 대한 신학적 성찰과 결단을 통하여 공산주
의 이데올로기에 대한 학문적 이해를 넓히고, 이념적인 대화에 필요
한 이데올로기의 연구와 교육을 촉진시킨다.

4) 한국교회는 평화와 통일을 선포하는 희년축제와 예전(禮典)을 통하여
신앙을 새롭게 하고 참다운 화해와 일치를 실천해 나간다.
(1) 한국교회는 평화와 통일의 희년을 기념하는 '평화와 통일 기도주일'
을 설정하고 예배의식을 개발한다. 이 예배의식에는 통일을 위한 기
도, 분단의 죄책고백, 소명과 결단, 분단의 희생자들과 분단민족을 위
한 중보의 기도, 민족화합을 위한 신앙고백, 말씀선포(희년선포), 찬
송과 시, 평화와 화해를 위한 성례전 등이 포함된다.
(2) 남북한 교회의 상호 왕래가 실현될 때까지 세계교회와 협력하여 평화
와 통일의 희년을 남북한 교회가 공동으로 선포하도록 하고, '평화통
일 기도주일'을 공동으로 지키는 일과 '평화와 통일을 위한 기도문'
을 공동으로 작성하여 사용하도록 하는 일을 추진한다.
(3) 한국교회는 세계교회와의 협력을 통하여 이산가족의 생사확인, 서신
왕래의 가능성 등을 모색하고 남북으로 헤어진 친척과 교우, 친구 찾
기 운동을 전개한다.

5) 한국교회는 평화와 통일을 위한 연대운동을 지속적으로 전개해 나간다.

(1) '평화와 통일을 위한 희년'의 선포는 신앙고백의 행위로서 지속적으로 확대되는 '평화와 통일을 위한 연대운동'으로 전개될 것이다. 이것은 개 교회 차원에서, 교단적인 차원에서 에큐메니칼 운동의 차원에서 포괄적으로 진행되어야 한다. 특별히 한국기독교교회협의회는 평화와 통일을 위한 신앙고백적 행동과 실천을 가맹교단뿐만 아니라 비가맹교단과 천주교를 포괄하는 차원에서 공동으로 해 나갈 수 있도록 노력할 것이다.

(2) 평화와 통일을 위한 선교적 소명은 한반도의 모든 그리스도인들의 보편적인 과제이므로 한국교회는 북한 기독교 공동체의 신앙과 삶을 위하여 기도하며 남북한 교회의 상호교류를 위하여 노력할 것이다.

(3) 한반도의 평화와 통일은 동북아시아 평화뿐만 아니라 세계평화에 있어서도 하나의 관건이므로, 한국교회는 한반도 주변의 미국, 소련, 일본, 중국 등 4개 국내의 기독교 공동체를 비롯한 세계교회들과도 긴밀하게 협의하여 연대운동을 전개해 나갈 것이다.

(4) 한국교회는 타종교, 타 운동들과의 대화를 확장, 심화시키고 평화와 통일을 위한 연대의식을 촉진시켜 공동연구와 연대활동을 전개해 나갈 것이다.

1988년 2월 29일
한국기독교교회협의회

부록 2

한국기독교인 통일선언 (94선언)

한민족통일의 원리와 방안을 모색하기 위해 모인 우리 기독인은 지난 50년간 총체적 냉전의 대결장이 된 한반도의 비극적 역사에 동참한 자로서 책임을 인식하고 그 죄과에도 불구하고 한민족은 선진국과 어깨를 나란히 할 정도로 발전하였고 한국교회는 성장을 거듭하여 우리 사회를 책임져야 할 위치에 서게 되었다.

이제 국제사회는 냉전이 종식된 새로운 시대로 접어들었지만 한반도에서는 여전히 대립과 긴장이 가시지 않고 있다. 이 땅에서 평화의 복음을 전하고 민족의 상처를 치유하는 일에 부름받은 우리 기독인들은 한민족의 평화로운 통일이야말로 우리가 앞장서야할 시대적 소명임을 절감하고 기도하는 마음으로 다음과 같이 다짐한다.

1. 우리는 한민족의 통일이 하나님의 섭리와 자비로운 손길에 달려 있음을 고백한다.
2. 우리는 민족통일이 자유와 복지와 인권의 증진을 가져와야 한다고 믿으며 이에 배치되는 어떠한 형태의 통일 시도도 바람직하지 않음을 확인한다.
3. 우리는 민족통일의 대의를 이데올로기화하려는 어떤 시도에도 반대하며, 평화통일의 가장 큰 장애인 냉전적 반공주의의 경직성에서 벗어나야 한다고 믿는다.

4. 우리는 남북한 정부가 민족통일의 범민족적 성격을 깨달아 통일의 통로를 독점하거나 압제하려는 일체의 태도를 버리고 민족 동질성과 화합을 증진할 수 있는 모든 방법을 동원해야 한다고 믿는다.
5. 우리는 민주화가 민족의 평화통일을 위한 필수적인 조건임을 인식하며 민주화를 위해 지속적으로 노력할 것을 다짐한다.
6. 우리는 분단의 비용이 통일의 비용보다 비할 바 없이 크다는 점을 인식하고 통일을 위한 희생과 대가를 기독인의 희생적 사랑으로 흔연히 감당할 것을 다짐한다.
7. 우리는 한반도의 운명이 강대국들의 의사에 의해 좌우되는 것을 결단코 용납할 수 없으며 핵문제를 포함한 남북한 간의 모든 문제가 반드시 자주적이고 평화적인 수단으로 해결되어야 하며 또 우리에게는 그렇게 할 민족적 역량이 있다고 믿는다.
8. 우리는 성경이 우리에게 현실적 행동규범을 제공한다는 원칙을 확인하며 성경적 토지제도 등 보다 구체적인 성경적 통일사회상을 제시하기 위하여 노력한다.
9. 우리는 그 동안 한국교회가 민족통일에 대해 소극적이었으며 오히려 분단의 고착에 안주하려 했던 점을 회개하면서 검소와 절제에 기초한 남북나눔을 통하여 민족의 아픔을 줄여나가는 일에 앞장서고자 한다.

1994년 2월 19일

'민족통일과 한국기독교' 회의 참여단체
기독교학문연구회, 기독교대학설립동역회
한국기독교역사연구소, 기독교윤리실천운동
학원복음화협의회, 아시아미션, 남북나눔운동

부록 3

한국교회의 통일정책 선언 (96선언)

　우리는 세상을 지으신 하나님께서 오늘도 우주와 역사를 섭리하고 계심을 믿는다. 우리 민족의 통일이 하나님의 경륜 속에 있음을 믿고, 하나님의 은혜로 우리에게 주어지고 있으므로 우리의 믿음의 화답이 필요하다. 우리 민족의 통일은 하나님으로부터 오는 은혜요, 우리가 이루어 가야 할 과제이다. 또한 통일은 한반도 내의 평화와 동북아시아의 평화, 더 나아가 세계 평화에 크게 기여할 것이기 때문에 평화를 원하시는 하나님의 뜻에 합당한 것이다. 우리 민족의 통일은 복음에 대하여 오랫동안 닫혀 있었던 북한 선교의 문을 활짝 열게 할 것이다. 이런 점에서 우리 민족의 통일은 우리 주님께서 교회에 주신 지상 과제인 선교와 직결되고 있음을 고백한다.

　해방 후 남한의 교회가 하나님의 은혜로 크게 성장·부흥하였고, 받은 바 축복이 컸음을 감사하거니와 이에 상응하는 하나님과 민족 앞에서의 책임, 특히 통일을 위한 기독인으로서의 사명을 다하지 못했음을 솔직히 고백하고 회개한다.

　한편 국민들 간에 통일 논의는 있으나, 통일을 이루기 위한 실천적인 삶의 자세 변화를 포함한 제반 준비가 제대로 되어 있지 못하다. 그러므로 이제 국민적 지혜와 힘을 모아 통일을 위한 구체적인 정책을 개발·추진해 가야 할 현실적 요구에 부응해서 우리 기독교계의 통일에 대한 열정을 재확인하고, 1200만 선도를 대변하는 한국 교회의 통일 정책 선언이 제시되어야 할 매우 긴요한 시점에 이르렀다.

이에 다음과 같이 한반도의 통일 정책에 관한 한국 교회의 입장을 밝힌다.

통일한국의 상(像)

1. 통일 한국은 하나님의 공의와 사랑이 지배하는 민족공동체이어야 한다.
2. 통일 한국은 자유와 평등 평화의 나라이어야 한다.
3. 통일 한국은 모든 사람이 하나님의 형상으로 지음 받은 인간으로서의 존엄성이 존중되는 나라이어야 한다.
4. 통일 한국은 모든 국민에게 인간다운 삶을 보장할 수 있는 경제질서가 운영되는 나라이어야 한다.
5. 통일 한국은 모든 계층간 · 세대간 · 지역간의 갈등이 해소됨으로써 유기체적 화합을 지향하는 나라이어야 한다.
6. 통일 한국은 동북아시아의 지리적 중시지요 태평양과 유라시아 대륙을 잇는 중계적 위치에 있는 만큼, 이 지역의 안전과 세계 평화를 도모하며 예수 그리스도의 정신으로 이웃나라들과 협력과 발전을 이뤄가는 나라이어야 한다.

통일의 방법

7. 통일은 그 자체가 목적이 아니라 과정이므로 맹목적 통일지상주의를 거부하고, 하나님의 뜻과 방법에 부합하는 통일을 추구한다.
8. 통일은 모든 폭력적 방법이 아닌 평화적인 방법으로 이루어져야 한다.
9. 통일은 인도적 차원에서 남북한 이산가족의 문제를 최우선적으로 해결해야 하며, 다각적인 남북교류협력이 이루어져야 한다.

10. 통일은 정치적·경제적 통일뿐만 아니라 문화적·심리적 통일까지도 이루어져야 한다.
11. 통일은 정부의 민간의 협력 하에 이루어져야 한다.
12. 통일 후, 각 지역의 새로운 건설은 그 지역 주민들의 의사가 최대한 반영되고, 그들의 이익이 보장되어야 한다.

우리의 실천 과제

13. 우리는 남한 사회가 내부의 제반 분열과 갈등을 치유하고, 국론통일을 이루어 가는 것과 북한 사회가 인간의 존엄성과 자유를 회복하는 것이 통일을 이룩하기 위한 기반이 됨을 강조한다.
14. 남한 당국은 '통일 한국의 상'에 접근해 갈 수 있도록 사회적 대개혁을 지속적으로 추진해 가야하며 북한 당국도 통일을 위하여 신앙의 자유를 비롯한 인간의 기본권을 보장하는 내적 개혁을 단행하여야 한다.
15. 한국의 기독인들이 교회의 일원으로서 뿐만 아니라, 민주국가의 시민으로서 통일운동에 선도적 책임을 다하며, 통일을 위한 교회교육을 강화하여야 한다.
16. 우리는 북한 기독인들과 교회를 돕는 사업뿐만 아니라, 북한동포돕기운동이나 탈북동포지원사업 및 북한교회재건사업에도 적극 참여하여야 한다.

1996년 12월 17일

한국기독교총연합회 가맹 49개 교단 교단장 및 13개 기관단체 단체장 및 한국기독교총연합회 통일정책위원회 임원, 전문위원, '한국 교회의 통일 정책 선언' 공포를 위한 공개정책회의 참석자 일동

참 / 고 / 문 / 헌

Ⅰ. 국내문헌

1. 단행본

강인덕. 『페스트로이카 소련주요논문선집』. 서울: 극동문화, 1988.
권문상. 『성경적 공동체: 삼위일체 하나님을 닮은 가족교회』. 용인: 킹덤북스, 2013.
권오성. 『독일통일과 교회의 노력』. 서울: 도서출판 고려글방, 1995.
　〃　『독일 통일, 교회가 열다』. 서울: 두어자, 2016.
권율. 『양자간 개발기구의 체계와 활동』. 서울: 양동문화사, 2008.
구교형. 『뜻으로 본 통일한국』. 서울: 한국기독학생회출판부, 2014.
구영록 외. 『한국의 통일정책』. 서울: 도서출판 나남, 1993.
강성구. 『구약시대 하나님이 쓰신 사람들(상권)』. 서울: 도서출판 서로사랑, 1995.
　〃　『구약시대 하나님이 쓰신 사람들(하권)』. 서울: 도서출판 서로사랑, 1995.
강승삼외 13인. 『평화통일과 북한복음화』. 서울: 쿰란출판사, 1997.
강인덕. 『신앙계』. 서울: 신앙계사, 1980
경희대 아태지역연구원. 『남북한 통합의 이론과 실제』. 서울: 도서출판 책이 나무, 2001.
국토통일원. 『공산주의본질』. 서울: 정화인쇄문화사, 1985.
　〃　　『민족통일로의 전진: 국토통일원 20년』. 서울: 정문사문화, 1989.
　〃　　『미군정정보보고서(주한미육군사령부 정보참모부 일일보고서)』. 서울: 화성문화사, 1989.
　〃　　『통일문제』. 서울: 국토통일원, 1983.
　〃　　『독립·통일운동 사료집(Ⅱ)』. 서울: 양동문화사, 1989.
김경재. 『함석헌 사상을 찾아서』. 서울: 삼인, 2001.
김광수. 『북한기독교탐구사』. 서울: 기독교문사, 1994.
김근식 외. 『통일․남북관계 사전』. 서울: 통일정보, 2004.
김기숙. 『신앙세계』. 서울: 도서출판 준, 1983.
김기흥. 『서희, 협상을 말하다』. 서울: 새로운 제안, 2005.
김덕수. 『삶의 변화를 일으키는 변혁적 기독교리더십』. 서울: 대서, 2017.
김도종. 『정치심리학』. 서울: 명지대학교출판부, 2004.
김병국. 『신구약중간사 이야기』. 서울: 도서출판 대서, 2014.
김병로. 『다시 통일을 꿈꾸다』. 서울: 도서출판 모시는 사람들, 2017.
김덕수. 『요한계시록에서 보는 새로운 시작』. 서울: 대서, 2017.
김도일. 『조화로운 통일을 위한 기독교교육』. 서울: 도서출판 나눔사, 2013.
김성은. 『구조자』. 서울: 영성네트워크, 2015.
김상구. 『세례로의 초대』. 서울: 대서, 2009.
　〃　『한국교회와 예배』. 서울: 기독교문서선교회, 2013.
　〃　『개혁주의 예배론』. 서울: 대서, 2017.
김성철. 『북한관료부패연구』. 서울: 민족통일연구원, 1994.

김순환. 『예배와 예술』. 서울: 쿰란출판사, 2014.
김영동외. 『북한선교 어떻게 할 것인가?』. 서울: 제이 앤 제이, 2013.
김영윤. 『국가연합사례와 남북한 통일과정』. 서울: 한울아카데미, 2004.
김영태외. 『원효연구논총』. 서울: 국토통일원, 1987.
김영태. 『존 웨슬리로 본 한국교회 주일예배 이렇게 드리라』. 서울: 대서, 2018.
김영한. 『평화통일과 한국기독교』. 서울: 도서출판 풍만, 1990.
김용구. 『세계외교사』. 서울: 서울대학교출판부, 2005.
김운태. 『조선왕조 행정사(근세편)』. 서울: 박영사, 1981.
김운태외. 『한국정치론』. 서울: 박영사, 2004.
김은홍. 『선교학』. 서울: 백석대학교 신학대학원, 2013.
김인성. 『러시아 정치와 사회』. 서울: 고려대학교 정책대학원, 2008.
김종수. 『새로운 통일 이야기』. 파주: 한울렘 플러스, 2017.
김중규. 『행정학』. 서울: 도서출판 성지각, 1996.
김중기. 『한국교회와 신학의 과제』. 서울: 연세대학교출판부, 1985.
김창영. 『하나님의 타이밍』. 서울: 생명의 말씀사, 2010.
김철수. 『신고 헌법학 신론』. 서울: 박영사, 1988.
김충립. 『정교와 분리 악인가? 선인가?』. 서울: 성광문화사, 2011.
　　〃　『기독교인의 정치 참여』. 서울: 성광문화사, 2000.
김현진. 『공동체 신학』. 서울: 예영커뮤니케이션, 2000.
김홍기. 『존 웨슬리의 경제윤리』. 서울: 대한기독교서회, 2001.
남경태. 『남경태가 읽어주는 종횡무진 서양사』. 서울: 그린비, 2000.
남기범. 『현대정책학강의』. 파주: 한국학술정보(주), 2006.
남서울은혜교회. 『남북이 하나되는 교회이야기』. 서울: 남서울은혜교회, 2007.
노의일. 『월간목회』. 서울: 월간목회사, 1980.
노정선. 『통일신학을 향하여』. 서울: 도서출판 한울, 1988.
노태구. 『한국정치학의 토착화(평화통일학의 모색)』. 서울: 백산서당, 2006.
대화문화아카데미. 『나는 왜, 어떻게 신학을 하는가?』. 서울: 대화문화아카데미 대화출판사, 2011.
도흥렬외. 『민족사 입장에서 본 김일성 정권』. 서울: 남북문제연구소, 1993.
류호준. 『통일의 복음』. 서울: 새물결 플러스, 2013.
류종훈. 『누가 북한을 움직이는가』. 고양: 가나문화콘텐츠, 2018.
문익환. 『통일은 어떻게 가능한가』. 서울: 학민사, 1978.
문화선교연구원. 『기독교문화와 상상력』. 서울: 예영커뮤니케이션, 2006.
민경배. 『글로벌시대와 한국, 한국교회』. 서울: 대한기독교서회, 2013.
박경서. 『지구촌정치학』. 파주: 법문사, 2006.
박상봉. 『독일통일 통일한국』. 서울: 도서출판 진리와 자유, 1999.
박상진. 『성경적통일 교육』. 서울: 도서출판 창조와 지식, 2017.
박순경. 『민족통일과 기독교』. 서울: 한길사, 1976.
　　〃　『통일신학의 여정』. 서울: 도서출판 한울, 1992.
박양식. 『선교하는 예수 공동체』. 서울: 도서출판 예안, 1990.

박재규 외. 『새로운 통일 이야기』. 경기파주: 한울엠플러스, 2017.
박제이. 『열린계시록과 한국통일』. 서울: 기독교문서선교회, 2016.
박정수. 『성서로 본 통일신학』. 서울: 도서출판 한국성서학, 2010.
박종만. "특집: 북한선교론". 『신앙세계』. 서울: 도서출판 준, 1983.
박종화. 『평화신학과 에큐메니칼 운동』. 서울: 한국신학연구소, 1991.
배찬복. 『비틀거리는 한국정치 그 원인과 처방』. 서울: 법문사, 2006.
백낙준. 『조선예수교장로회사기하권』. 서울: 연세대학교 출판부, 1968.
백완기. 『한국행정학의 기본문제들』. 서울: 나남출판, 1998.
　〃　『성경과 민주주의(삶의 양식으로서 문화적 접근)』. 서울: 예영커뮤니케이션, 1999.
　〃　『한국행정학 50년: 문헌검토를 중심으로』. 파주: 나남출판, 2006.
　〃　『신판 행정학』. 서울: 박영사, 2007.
백은실. 『샬롬! 소그룹』. 서울: 두란노서원, 2012.
백충현. 『남북한 평화통일을 위한 삼위일체적 평화통일을 위한 신학의 모색』. 서울: 도서출판 나눔사, 2012.
서정래. 『교회절기 프로그램』. 서울: 한국기독교장로회출판사, 1994.
서진영. 『21세기 중국외교정책』. 서울: 폴리테이아, 2007.
성갑식. 『기독교사상』. 서울: 대한기독교서회, 1981.
성경륭 외. 『국가균형발전의 비전과 전략』. 서울: 동도원, 2004.
성종현. 『설교의 원리와 실제』. 서울: 기독교연합신문사, 2005.
손병호. 『교회헌법학원론』. 서울: 도서출판 유앙게리온, 2001.
손병해. 『경제통합의 이해』. 서울: 법문사, 2002.
신동천외. 『사회경제적 통합의 이론과 실제』. 경기: 한국학술정보, 2006.
신정현. 『정치학』. 서울: 법문사, 1995.
송영대. 『크리스천의 애국심과 복음통일』. 서울: 보이스사, 2016.
아태평화재단. 『김대중의 3단계통일론: 남북연합을 중심으로』. 서울: 아태평화출판사, 1995.
안찬일 외. 『10명의 북한출신 엘리트들이 보는 10년 후의 북한』. 서울: 백왕인쇄, 2006.
안희수 외. 『정치학』. 서울: 대왕사, 1994.
연하청. 『북한경제 학습』. 고양: 한국학술정보, 2002.
오기평. 『세계외교사』. 서울: 박영사, 2000.
이도형 외. 『남북한유엔시대의 출발』. 서울: 자유평론사, 1992.
이상우. 『통일한국의 모색』. 서울: 박영사, 1987.
이상훈 외. 『공공신학이란 무엇인가?』. 서울: 북코리아, 2007.
이양구. 『신학과 신앙의 자주성을 위하여』. 서울: 박영사, 1991.
이종원. 『통일에 대비한 경제정책』. 서울: 도서출판 해남, 2011.
양금희. 『하나님나라를 꿈꾸는 기독교통일교육』. 서울: 장로회신학대학교 출판부, 2018.
양병희. 『북한교회 어제와 오늘』. 서울: 제네시스 21, 2006.
양병희. 『영안교회 30년사, 위대한 소명, 위대한 역사』. 서울: 영성네트워크, 2010.
양병희. 『중국인권과 종교』. 서울: 친디루스연구소, 2010.

양병희. 『영안교회 매뉴얼』. 서울: 영성네트워크, 2017.
양창석. 『브란덴부르그 비망록-독일통일 주역들의 증언』. 서울: 늘품플러스, 2011.
오기성. 『남북한 문화통합론』. 서울: 교육과학사, 1999.
박태규외. 『유럽의 정치와 경제』. 서울: 지식산업사, 1988.
박현모. 『현대정치학』. 서울: 법문사, 1995.
법무부. 『통일법무기본자료(남북관계)』. 과천: 법무부 통일 법무과, 2008.
변창구. 『아세안과 동남아 국제정치』. 서울: 대왕사, 1999.
이광규. 『세계의 한민족 총관(총관)』. 서울: 통일원, 1996.
이극찬. 『정치학』. 서울: 법문사, 1995.
이기택. 『국제정치사』. 서울: 일신사, 2005.
이사무엘. 『정신–사역–비전』. 서울: UBF, 2011.
이옥련. 『남북한언어연구』. 서울: 박이정, 1998.
이용필외. 「남북한 통합론: 이론적 및 경험적 연구」. 서울 : 인간사랑, 1992.
이동원. 『우리가 사모하는 공동체』. 서울: 두란노서원, 2011.
이상만. 『남북한 경제공동체 형성전략(남북한경제협력, 통합방향과 재원 조달방안)』. 서울: 집문당, 2003.
이수인. 『한국사, 자주·민주·통일을 향하여』. 서울: 도서출판 한길사, 1994.
이승구. 『기독교세계관이란 무엇인가?』. 서울: 독일인쇄, 2012.
이승재. 『교회 내 통일선교 하기』. 서울: 북방선교부, 2017.
이어령. 『지성에서 영성으로』. 서울: 도서출판 열림원, 2010.
          『빵만으로는 살 수 없다』. 서울: 도서출판 열림원, 2011.
이영훈. 『경제공동체의 형성과 발전』. 서울: 도서출판 장백, 1994.
이윤규. 『북한대남침투도발사』. 파주: 살림출판사, 2014.
이일형 외. 「남북한통일편익 추정」. 세종시: 대외경제정책연구원, 2015.
이종성. 『통전적 신학』. 서울: 장로회신학대학교출판부, 2004.
이종원. 『통일에 대비한 경제정책』. 서울: 도서출판 해남, 2011.
이중근. 『1950.6.25.-1953.7.27. 6–25전쟁 1129일』. 서울: 우정문고, 2013.
이태일. 『한국민족주의와 국제평화학』. 수원: 경기대학교, 2008.
이학준. 『한국교회, 패러다임을 바꿔야 산다』. 서울: 새물결플러스, 2011.
이희승. 『국어대사전』. 서울: 민중서림, 1991.
임동원. 『피스메이커』. 서울: 중앙북스, 2008.
임성빈 외. 『통합적인 통일과 그리스도인들의 과제Ⅱ』. 2003.
임원택. 『역사의 거울 앞에서』. 서울: 역사의 거울 앞에서, 2012.
임혁백외. 『한반도는 통일 독일이 될 수 있을까?』. 서울: 송정문화사, 2010.
장종현. 『헌법』. 서울: 대한예수교장로회 총회, 2016.
장형수외. 『다자간 개발기구의 체계 및 활동』. 서울: 양동문화사, 2008.
정성한. 『한국기독교 통일운동사』. 서울: 그리심, 2006.
정일웅. 『한국교회와 실천신학』. 서울: 이레서원, 2002.
정재영. 『한국교회 10년의 미래』. 서울: SFC, 2012.
정정길외. 『정책학원론』. 서울: 대명출판사, 2004.

정진민. 『후기 산업사회 정당정치와 한국의 정당발전』. 서울: 도서출판한울. 1998.
조엘박. 『맞아 죽을 각오로 쓴 한국교회 비판』. 서울: 도서출판 박스북스, 2008.
조요셉. 『북한선교의 마중물, 탈북자』. 고양: 도서출판 두 날개, 2013.
조효제. 『NGO의 시대(지구시민사회를 향하여』. 고양: 창비, 2005.
주도홍. 『통일로 향하는 교회의 길』. 서울: 세계기독문서선교회, 2015.
　〃　『독일통일에 기여한 독일 교회이야기』. 서울: 기독교문서선교회, 1999.
　〃　『통일, 그 이후』. 서울: 한국기독학생회 출판부, 2006.
주재복. 『정책개론』. 서울: 고려대학교 정책대학원, 2007.
차배근. 『커뮤니케이션학개론(상)』. 서울: 세영사, 1981.
최명외. 『현대미국정치의 이해』. 서울: 서울대학교 출판부, 2004.
최문형. 『국제관계로 본 러일전쟁과 일본의 한국병합』. 서울: 지식산업사, 2004.
최성훈. 『통일을 대비하는 한국교회』. 서울: CLC, 2017.
최운열. 『한국경제의 희망을 말하다』. 서울: 좋은 북스, 2010.
최윤영. 『사회봉사실천론』. 서울: 백석대학교 신학대학원, 2013.
최재건. 『한국교회사론』. 서울: 기독교문서선교회, 2018.
최창국. 『영혼 돌봄을 위한 기독교 영성』. 서울: CLC, 2013.
　〃　『영혼 돌봄을 위한 해석과 분별』. 서울: 기독교문서선교회, 2018.
　〃　『영혼 돌봄을 위한 실천적 목회학』. 서울: 도서출판 대서, 2015
추태화. 『대중문화 시대와 기독교 문화학』. 서울: 코람데오, 2004.
태영호. 『태영호의 증언 3층 서기실의 암호』. 서울: 도서출판 기파랑, 2018.
통일원. 『김정일 우상화 사례집』. 서울: 통일원 정보분석실, 1992.
통일부. 『남북기본합의서 해설』. 서울: 웃고문화사, 1992.
　〃　『통일부 30년사』. 서울: 서라벌 데이터, 1999.
　〃　『남북합의서』. 서울: 웃고문화사, 2004.
　〃　『통일을 말하다』. 서울: 늘품플러스, 2010.
　〃　『통일문답 100』. 서울: 양동문화사, 1998.
　〃　『독일통일백서』. 서울: 통일부, 2003.
　〃　『2018 통일백서』. 서울: 장애인동반성장협회. 2018.
　〃　『2017 통일백서』. 서울: 장애인동반성장협회. 2017.
　〃　『2016 통일백서』. 서울: 장애인동반성장협회. 2016.
　〃　『2015 통일백서』. 서울: 한국장애인 e-work협회. 2015.
　〃　『2014 통일백서』. 서울: 한국장애인e-work협회. 2014.
　〃　『2013 통일백서』. 서울: (주) 이오북스. 2013.
　〃　『2012통일백서』. 서울: 다해미디어. 2012.
통일연구원. 『남북한 평화공존과 남북연합 추진방안』. 서울: 통일연구원, 2001.
통일교육원. 『통일문제 이해』. 서울: 나인애드, 2017.
한국기독교 통일포럼. 『통일한국 포럼』. 인천: 도서출판 바울, 2006.
한국기독교 역사연구소 북한교회사집필위원회. 『북한교회사』. 서울: 한국기독교 역사연구소, 1996.
한국기독교학회. 『기독교신앙과 이데올로기』. 서울: 양서각, 1988.

『전환기에선 한국교회와 신학』. 서울: 하우기획출판, 1992.
안병무. 『1980년대 한국민중신학의 전개』. 서울: 한국신학연구소, 1990.
한국역사연구회 현대사연구반. 『한국현대사 4, 1980년대 한국사회와 민족민주운동』. 서울: 풀빛, 1998.
한국일보사. 『독립운동가 열전』. 서울: 한국종합물산주식회사, 1989.
한시석. 『땅 끝까지 이르러』. 서울: 한국기독교장로회출판사, 1997.
한용운. 『조선불교유신론』. 서울: 민족사, 1983.
한완상외. 『민족통일과 한국기독교』. 서울: 한국기독학생회 출판부. 1994.
한완상외. 『한국교회 성령운동의 현상과 구조』. 서울: 대화출판사. 1982.
허경희. 『새로운 밀레니엄은 없다』. 서울: 오름시스템, 1999.
함석헌. 『뜻으로 본 한국역사』. 서울: 한길사, 2003.
허동찬. 『김일성 평전-허구와 실상』. 서울: 북한연구소, 1997.
허호익. 『통일을 위한 기독교 신학의 모색』. 서울: 도서출판 동연, 2010.
홍인규. 『우리의 자화상』. 서울: 킹덤북스, 2013.
황승룡. 『21세기 한국교회와 신학』. 서울: 한국장로교출판사, 2007.
황장엽. 『황장엽의 대전략』. 서울: 조광출판 주식회사. 2003.
황해두. 『경제통합과 세계화』. 서울: 무역경영사, 2005.
흥사단 민족통일운동본부. 『대북포용정책 10년의 평가와 과제』. 서울: 대동인쇄, 2008.

2. 번역문헌

왕지아펑 외 『세계를 호령하는 강대국의 패러다임 대국굴기』. 양성희 외 역. 서울: 크레듀, 2007.
Anderson, Ray S. 『새 천년을 위한 영성 사역』. 강성모 역. 서울: 도서출판 나눔사, 2012.
Arnold, Eberhard. 『공동체로 사는 이유』. 안정임 역. 서울: 예수전도단, 2012.
Backus, Willlam D. 『죽음에 이르는 7가지 죄를 극복하는 비결』. 전요섭 역. 서울: 가독교문서선교회, 2017.
Becker, Jasper. 『불량정권』. 김구섭외. 서울: 도서출판 기파랑, 2005.
Bernard, Ranmm. 『성경해석학』. 권혁봉 역. 서울: 생명의말씀사, 1993.
Bernard, Manin. 『선거는 민주적인가』. 곽준혁 역. 서울: 도서출판 후마니티스, 2004.
Calvin, John. 『기독교 강요』. 김문제 역. 서울: 혜문사, 1982.
Carr, E. H. 『역사란 무엇인가』. 길현모 역. 서울: 탐구당, 1974.
Cornelius Plantinga Jr. 『우리의 죄 하나님의 샬롬』. 오현미 역. 서울: 도서출판, 복 있는 사람, 2017.
Craig. Hill 외. 『그리스도인의 재정원칙』. 허령역. 서울: 서정문화인쇄사, 2004.
Edwards, Jonathan. 『그리스도를 아는 지식』. 서문강 역. 서울: 지평서원2001.
Engstrom, Ted W. 『크리스챤 지도자가 되는 길』. 권명달 역. 서울: 보이스사, 1987.
Foley, Edward. 『예배와 성찬식의 역사(그리스도인들은 어떻게 성찬식을 행하여 왔는가)』. 최승근 역. 서울: 기독교문서선교회, 2017.
Fred Craddock. 『크래독의 이야기 설교』. 이우제 역. 서울: 청목출판사, 2006.

Frederick Verinder. 『이 땅의 회복을 위한 하나님의 토지법』. 대구: 기독교대학설립동
역회 출판부, 1996.
Hybels, Bill. 『섬김』. 서원희 역. 서울: 두란노서원, 2012.
J. Philip Wogaman. 『기독교인의 관점에서 본 경제학과 윤리학』. 김철영 역. 서울: 성
지출판사, 2001.
John Bright, 『이스라엘 역사』. 박문재역. 고양: 크리스챤 다이제스트, 2012.
Kane, J. Herbert. 『세계를 품은 그리스도인 왜 되어야 하는가?』. 민명홍 역. 서울: 죠
이선교회, 2009.
Kempis, Thomas a. 『그리스도를 본받아』. 조항래 역. 서울: 예찬사, 1991.
Kornberg, Judith F. 『중국외교정책 정책․과정․전망』. 이진영 외 역.
서울: 명인문화사, 2008.
Kratschell, Werner. 『독일통일에서 교회의 역할』. 정일웅 역. 서울: 온누리교회, 2018.
Larry, Burett. 『성경 속의 경영학』. 김종근 역. 서울: 도서출판 엠마오, 1996.
Leon P. Baradat. 『현대정치사상사』. 신복용 외 역. 서울: 평민사, 2001.
Luther, Martin. 『마틴 루터의 신학』. 최대형 역. 서울: 도서출판 은성, 2003.
M.Douglas Meeks. 『하나님의 경제학』. 홍근수 외 역. 서울: 도서출판 한울, 1998.
Nicholas Wolterstorff. 『샬롬을 위한 교육』. 신영순외 역. 서울: SFC출판부, 2014.
Paddicord, Clark. 『마가복음에 나타난 예수님의 생애』. 김상구 역. 서울: 기독교문서
선교회, 2003.
Quicke, Michael J. 『예배와 설교』. 김상구·배영민 역. 서울: CLC, 2015.
Robinson, Marilynne. 『길리아드』. 공경희 역. 서울: 마로니에북스, 2013.
Robert, Gilpin. 『세계정치경제론』. 고현욱 외역. 서울: 도서출판 인간사랑, 2005.
Sandel, Michael J. 『정의란 무엇인가』. 이창신 역. 서울: 김영사, 2010.
Swindoll, Charles. 『교회의 각성』. 유정희 역. 서울: 두란노서원, 2012.
Stickelberger, Emanuel. 『하나님의 사람 칼빈』. 박종숙외 역. 서울: 나단,1992.
Smith, James Bryan. 『선하고 아름다운 공동체』. 김창영 역. 서울:생명의말씀사, 2011.
Snyder, Howard. 『그리스도공동체』. 김영국 역. 서울: 생명의 말씀사, 1987.
Stookey, Laurence Hull. 『성찬, 어떻게 알고 실행할 것인가?』. 김순환 역. 서울: 대한
기독교서회, 2011.
Vaillent, M. D. George, E. 『행복의 조건』. 이덕남 역. 서울: 프런티어, 2010.
Watson, David. 『제자도』. 문동학 역. 서울: 두란노, 2001.
Wilkins, Michael J. 『제자도』. 이억부 역. 서울: 도서출판 은성, 1995.

3. 학술지 및 정기 간행물

김상구. "초기기독교 예배형태에 대한 소고." 「복음과 실천신학」 봄호(2007): 17-57.
외. "2015년 한국신대원생들의 의식과 사역에 관한 이해: 아이굿 뉴스의 설문
조사를 중심으로"「복음과 실천신학」 제41권 (2016): 39-41.
김종아. "인구절벽시대의 어린이 목회와 설교."「복음과 실천신학」 제46권(2018): 62-96.
김진섭. "유대인과 무슬림 선교의 비전과 사명."「백석신학저널」 제22호(2012): 111-172.

이경재. "선한사마리아인의 비유와 기독교 이웃사랑의 원리."「백석신학저널」제24호 (2013): 201-227.
나삼진. "한국교회 교회교육 지도자 양성방안 연구."「성경과 신학」(2014): 103-120.
노항규. "개혁주의생명신학과 목회자의 자기 돌봄."「생명과 말씀」제5권(2012): 217-240.
안인섭. "한국교회에 '통일신학'이 필요하다."「목회와 신학」통권 351호(2018): 42-47.
오현철. "인구절벽에 대한 목회적 대응영혼 돌봄."「복음과 실천신학」제45권(2017): 105-130.
이우제. "삶을 변화시키는 요한계시록 설교를 위한 고찰."「복음과 실천신학」41권 (2016): 224-261.
이은규. "성인기독교 교육의 방향에 관한 연구."「신학과 실천」제43(2015): 401-431.
안인섭. "한국교회에 '통일신학'이 필요하다."「목회와 신학」통권351(2018): 42-83.
임원택. "신학은 학문이 아니다."「생명과 말씀」제6권(2012): 57-95.
조광현. "공동체를 세우는 전략으로서의 내러티브: 데살로니가전서를 중심으로 된 한국 교회."「복음과 실천신학」제37권(2015): 68-94.
주도홍. "분단의 땅과 개혁신앙고백."「백석신학저널」제25호(2013): 135-158.
진미수. "중국교회 전도전략으로서의 자립화운동에 관한 연구: 1920-30년대를 중심으로."「복음과 실천신학」제47권(2018): 147-180.
진정길. "제퍼슨의 민주사상"「사상계 영인본」제4권(1985): 24-35.
〃 "헌법제정의 유래"「사상계 영인본」제2차 제4권(1985):18-33.
〃 "현대교육사조의 근본성격"「사상계 영인본」제2차 제14권(1985) :158-163.
〃 "한국적사회주의의 길"「사상계 영인본」제2차 제18권(1985): 179-187.
〃 "북한에 있어서의 소련과 중공"「사상계 영인본」제2차 제2권(1985):126-134.
최창산. "영혼 돌봄을 위한 무의식의 언어로서의 꿈의 이해와 해석."「복음과 실천신학」제43권(2017): 174-204.
박찬호. "학문으로서의 신학의 성공과 실패."「백석신학저널」제20호(2011): 63-85.
류호영. "목회자의 소명에 대한 성경신학적 이해."「백석신학저널」제33호(2017): 119-146.
류호준. "정의와 샬롬이 포옹할 날을 기다리며."「백석신학저널」제22호(2011): 75-106.
민경배. "일제말기 한국장로교회 조직변천과정: 일본화의 강요와 저항."「백석신학저널」 제23호 (2012): 219-242.
통일부.『통일문제연구(제1권 2호)』. 서울: 서라벌인쇄주식회사. 1989.
〃 『통일문제연구(제1권 3호)』. 서울: 서라벌인쇄주식회사. 1989.
〃 『통일문제연구(제1권 4호)』. 서울: 서라벌인쇄주식회사. 1989.
〃 『통일문제연구(제2권 1호)』. 서울: 서라벌인쇄주식회사. 1990.
〃 『통일문제연구(제2권 2호)』. 서울: 서라벌인쇄주식회사. 1990.
〃 『통일문제연구(제3권 1호)』. 서울: 서라벌인쇄주식회사. 1991.
〃 『통일문제연구(제3권 2호)』. 서울: 서라벌인쇄주식회사. 1991.
〃 『통일문제연구(제5권 2호)』. 서울: 서라벌인쇄주식회사. 1993.
현유광. "침체된 한국교회의 활력회복방안연구."「복음과 실천신학」제33권(2014): 224-261.

4. 학위 논문

강철민. "북한이주민선교 현황과 북한선교에 대한 함의 연구–오리엔탈리즘과 삼애 사상의 기여 가능성을 중심으로." 박사학위논문, 연세대학 교 연합신학대학원, 2011.
김태철. "개혁주의생명신학 7대 실천운동 활성화 방안연구." 박사학위논문, 백석대학교 기독교전문대학원, 2013.
송영호. "부시 행정부의 대북정책 변화에 관한 연구 : 제1기와 제2기의 비교를 중심으로." 정치학석사학위논문, 고려대학교 정책대학원, 2007.
양병희. "북한 종교정책이 북한에 미치는 영향 : 기독교정책을 중심으로." 정치학석사학위논문, 고려대학교 정책대학원, 2008.
이동춘. "공공신학의 관점에서 보는 한국교회 통일방안에 관한 연구." 미간행박사 학위논문, 장로회신학대학교 대학원, 2009.
추원서. "신 기능주의적 관점에서 본 남북경제공동체연구: 정치통합조건으로서의 경제통합." 고려대학교 박사학위 논문, 2005.
한시석. "한국민중운동과 목회현장," 석사학위논문, 선교신학대학원, 1985.
한안석. "남북경제협력정책에 관한 연구 : 개성공단을 중심으로." 정치학석사 학위논문, 고려대학교 정책대학원, 2010.
〃 "교회기능의 활성화 방안에 관한 연구." 목회학석사학위논문, 백석대학교 신학대학원, 2015.
〃 "한민족 평화통일을 위한 한국교회 역할 연구" 신학박사 학위논문, 백석대학교 기독전문대학원, 2018
편송경. "북한이탈주민의 남한사회 적응에 관한 연구." 미간행 박사학위논문, 서울기독대학교 대학원, 2008.
홍성철. "통일 후 북한교회의 선교지향적 예배 회복의 연구." 박사학위논문, 아세아연합신학대학교 대학원, 2009.

5. 기타논문

김계동. "주변 4강의 한반도 통일에 대한 정책과 한국 통일외교의 방향", 백학순 편. 『남북한 통일외교의 구조와 전략』.155-198. 서울: 세종연구소, 1997.
김동선. "민족통일과 북한선교". 호남신학대학교 편. 『기독교와 한반도 평화 정착』, 161-220. 서울: 한들, 1988.
김병로. "민족공동체 형성을 위한 사회적 과제". 임성빈 외.『통합적인 통일과 그리스도인의 과제Ⅱ』, 13-41. 서울: 예영커뮤니케이션, 2003.
김학성. "한국의 통일문제 연구방법: 동향과 과제."『초국가적 관점에서 본 체제 전환: 독일과 한국』, 21-50. 이화여대 통일연구원 국제학술회의 발표 논문집. 2008.
이만식. "탈북자들의 교회에 대한 태도의 영향요인에 관한 연구." 기독교북한선교회 제7회『통일과 교회 위한 학술 세미나』, 1-82. 서울: 기독교북한선교회, 2005.
임성빈. "사람의 통일을 위한 교회의 역할."『통합적인 통일과 그리스도인들의 과제Ⅱ』,

197-233. 서울: 예영커뮤니케이션, 2003.
주도홍. "한국교회의 통일관 무엇인가? '88선언'과 '96선언'을 중심으로". 한국기독교 통일포럼.『통일한국 포럼』, 43-66. 서울: 바울, 2006.
한시석. "한국민중운동과 목회현장."『땅 끝까지 이르러』, 336-389. 서울: 한국기독교 장로회 출판사, 1997.
허문영. "기독교와 통일운동." 기독교학문연구회 엮음.『민족통일과 한국기독교』, 123-152. 서울: IVP, 1995.

6. WEB SITE

http://100.daum.net/encyclopedia/view/b17a2005b010(2017.2.3검색)
http://law.go.kr/lsInfoP.do?lsiSeq=61603#0000 (2017.6.28검색)
http://www.unilaw.go.kr/bbs/selectBoardArticle.do(2017.6.28검색)
http://nkinfo.unikorea.go.kr/nkp/overview/nkOverview.do?sumryMenuId=MR116(2017.7.7.검색)
http://blog.naver.com/PostView.nhn?blogId=mnd9090&logNo=221007810433(2017.6.18검색)
http://www.ymca.pe.kr/801(2017.6.19검색)
http://100.daum.net/encyclopedia/view/24XXXXX70336(2017.10.27.검색)
http://www.dailian.co.kr/news/view/701542/?sc=naver(2018.3.22검색)
http://blog.naver.com/PostView.nhn?blogId=kidarikhfc&logNo=221086914166(2018.3.23.검색)
https://www.pyeongchang2018.com/ko/index(2018.3.23.검색)
https://www.pyeongchang2018.com/ko/paralympics/index(2018.4.13.검색)
http://www.unikorea.go.kr/unikorea/business/NKDefectorsPolicy/status/lately/ (2018.8.29.검색)
https://namu.wiki/w/%EA%B5%AD%EB%AF%BC%ED%86%B5%EC%9D%BC%EB%B0%A9%EC%86%A1 (2018.8.29.검색)
http://blog.daum.net/xoneroom/16669277(2018.8.31.검색)